上海领军人才

（第六辑）

中共上海市委组织部
上海市人力资源和社会保障局 编

文汇出版社

院 士 寄 语

尊敬的各位领军人才：

    《上海领军人才》已经出版到第六辑，在细细翻阅中，我看到越来越多在岗位上创新奉献的闪光身影，深刻感受到人才传承发展的无穷力量，上海"四个中心"建设有你们的功劳，上海"创新驱动、转型发展"的进程中融汇了你们的智慧。在此，对你们为上海经济社会发展和科学技术进步所做出的贡献表示由衷的敬意！

    "致天下之治者在人才，成天下之才者在教化。"近年来，随着人才强国战略的深入实施，人才辈出的势头之劲，人才培养的力度之大，人才发展的环境之优，人才贡献的成果之丰，我们有目共睹。然"兴业强国，任重道远"，身为各行各业的领军人物，我们唯有做品德高尚、甘于奉献的模范者，做脚踏实地、建功立业的带头者，做开拓创新、孜孜以求的实践者，才能在改革开放的浪潮中激流勇进，才能在薪火相传的事业中成就"中国梦"。

    领军人才是人才队伍中的"头雁"，是方向，是榜样，是科技创新和学术发展的灵魂。让我们坚持"有德"为先，"有才"为重，"有为"为实，牢记肩负的使命责任，创造更加美好的未来。

杨 榅

2014 年 3 月

编 委 会 名 单

序

　　人才是成就一切伟大事业的核心因素，是实现"中国梦"的第一资源。党的十八届三中全会《关于全面深化改革若干重大问题的决定》指出，要"建立集聚人才体制机制，择天下英才而用之"，"加快形成具有国际竞争力的人才制度优势"，吹响了人才工作体制机制改革的"冲锋号"。制度是引才用才的根本保障。只有与时俱进、谋划长远，破除僵化、落后的体制机制，建立有利于各种人才创新、创造、创业的体制机制，才能在激烈的国际竞争中披荆斩棘、脱颖而出。

　　按照中央改革开放排头兵、科学发展先行者的要求，上海市一直以建设国际人才高地为目标，强势推进人才强市战略，特别是将创新型领军人才的培养和开发作为人才工作的重中之重，以制度机制为保障，开展了一系列的探索和实践。2004年，制定了《上海实施人才强市战略行动纲要》，明确提出，要实施领军人才开发计划，培养和选拔一批各行各业的领军人才。2005年，发布了《关于加强上海领军人才队伍建设指导意见》，明确了领军人才工作的总体目标、基本思路和组织机制，开始在教育、卫生、金融、科技等七大领域正式启动上海领军人才队伍建设试点工作。2006年以来，先后发布和完善了《上海领军人才队伍建设实施办法》、《上海领军人才队伍建设专项资金资助暂行办法》等一系列配套规定，明确了领军人才分类、选拔培养、考核管理等具体实施办法，设立上海领军人才队伍建设专项资金，全面推进领军人才队伍建设，基本实现了领军人才工作的"全覆盖"和"制度化"。截至2013年底，全市累计选拔培养7批835名领军人才，形成了层次分明、衔接有序的高端人才梯队。其中，10人入选两院院士，99人成为"新世纪百千万人才"工程国家级人选，27人入选长江学者奖励计划，60人获得国家杰出青年科学基金，72人获得国家科技进步奖励。最近，上海市人才工作协调小组办公室集中整理了第六批上海领军人才的先进事迹，并从中选取了109位优秀人才的事迹材料，汇编成《上海领军人才》（第六辑），旨在通过宣传领军人才的突出贡献，弘扬领军人才热爱祖国、追求理想、执着科研的崇高精神，弘扬百折不饶、求真务实、锐意创新的优良作风，弘扬顽强拼搏、爱岗敬业、诲人不倦的奉献思想，进一步营造尊重知识、尊重人才、尊重创新的良好社会氛围。

发展呼唤人才，人才支撑发展。当前，上海正处于转型发展的关键时期。人才支撑对上海发展至关重要。如何充分调动和发挥人才的积极性、创造性，确保改革事业的科学发展，如何在深化各项改革过程中集聚和培养大批优秀领军人才使之成为改革事业的中流砥柱，这已经成为各级党委政府以及人才工作者必须面对的重大而又紧迫的研究课题。必须进一步增强战略意识，坚持"面向基层、面向实践、面向群众"的选人用人导向，建立健全集聚人才的体制机制。必须完善党管人才工作，推动党的政治优势充分发挥，注重分析人才形势、研究人才政策、服务人才需求、加强人才思想教育、营造人才发展环境，把各方面优秀人才集聚到党和国家事业中来。

藉本书出版之际，衷心希望广大领军人才执着追求、勇攀高峰、再创新高，为促进上海科技、经济、文化和社会进步发挥关键支撑作用。衷心希望广大人才部门和人才工作者，勇破人才体制机制壁垒，为各类人才提供施展才华的广阔天地，为党和国家的伟大事业集聚一支宏大的高素质人才队伍。

上海市人才工作协调小组办公室
2014 年 3 月

目录
Contents

9

　　王以政　研究员。1957 年 7 月生,2001 年获加拿大 Laval 大学博士学位。现任中国科学院神经科学研究所副所长、神经科学国家重点实验室主任,兼任中国神经科学学会常务理事、国家自然科学基金委生命学部咨询委员会成员;973 计划项目首席科学家助理。

　　长期研究离子通道和离子稳态对细胞存活和增殖的意义,获得了既有理论意义又有潜在应用价值的原创性发现,对该领域的发展有重要推动作用。他发现了TRPC 这类阳离子通道对神经元存活和突触形成,脑卒中引起的神经元死亡的作用;揭示了神经发育新的分子机理和 TRPC 通道新的功能;对理解脑发育和学习记忆机制,提供了新的思路和启发。回国后以通讯作者发表(包括 Nature 等高影响力期刊)SCI 文章 23 篇,曾被多个杂志邀请写综述并在国际会议做专题报告。

　　先后获美国肾脏学会基金奖学金(1992—1994)、中国科学院"百人计划"(2001—2003)、中国科学院"杰出青年人才基金"(2001—2003)、国家杰出青年基金(2003—2006)、赛诺菲-安万特中国神经科学优秀学者奖、"十一五"国家科技计划执行优秀团队奖(2011,主要骨干)、中国科学院优秀研究生指导教师奖(2012)、中国科学院杰出科技成就奖(2012,主要完成者)、上海市自然科学一等奖(2012,第一完成人)。

执着、严谨、追逐真理

——记中国科学院上海生命科学研究院神经科学研究所王以政研究员

锲而不舍,探索未知

脑发育是一个受精细调控的复杂过程,当神经元以突触的形式联系成网络后,脑的发育得以完成。突触(synapse)是神经系统接收、处理、储存和传递信息的结构基础。由突触连接的神经网络如何形成,是研究脑发育最重要的问题之一。突触形成涉及神经元存活、轴突导向、极性建立和树突形成等关键过程。钙离子(Ca^{2+})是细胞内重要的第二信使,调控着细胞的存活,分化与增殖等重要生理功能。Ca^{2+}内流在这些过程中发挥着十分重要的作用,但是Ca^{2+}内流如何影响突触形成并不十分清楚。

上海生命科学研究院神经科学研究所王以政研究员带领他的研究团队,在研究脑发育的过程中,系统地研究Ca^{2+}内流如何影响脑发育的相关机制,通过长期不懈地努力和坚持,不断创新研究方法,发现非选择性阳离子通道,TRPC通道对脑发育十分重要,后来通过实验反复验证,揭示了TRPC通道在神经细胞分化和损伤中的重要作用,对理解脑发育和学习记忆机制,提供了新的思路和启发,他成为研究TRPC通道在神经领域有影响的学者之一。他坚持所有的科研发现都必须通过反复的实验验证,确保数据的准确与可靠。这些原创性的工作和他严谨的科研态度,得到了国际同行的认可。相关论文发表后,受到了广泛的关注,应当指出,这些发现也被其他实验室重复并发展。European J. Physiology的主编Nilius邀请王以政在该杂志写综述介绍他的工作,并在国际会议做专题报告。

科学无国界,学者有祖国

　　王以政曾作为下乡知青,在经历了农村的生活以后,立志学医,治病救人。在"文革"后恢复高考的第一年,以优异的成绩考入了中国医科大学医疗系。通过大学五年的勤奋学习,王以政发现在医学领域还有很多亟待研究的科学问题,他觉得弄清楚这些问题,可以帮助解决很多医学的疑难杂症,有助于提高人的健康水平,从此开始了探索科学奥秘的研究生涯。大学毕业后,他考入军事医学科学院,硕士毕业后,前往加拿大 Laval 大学攻读博士学位。

　　1986 年至 1991 年在加拿大 Laval 大学攻读博士学位期间,他运用生物化学和细胞生物学技术研究前列腺分泌的机制。1991 年至 1994 年在美国 Case Western Reserve 大学做博士后研究期间,证明了血管内皮素通过 ETA 和 ETB 受体激活 Gi -蛋白,进而激活致分裂原激酶的级联反应,从而导致肾细胞的繁殖。此工作部分结果发表在美国生理学杂志等刊物上,其后被多次他引。

　　1995 年至 2001 年在加拿大国家研究院和美国 Thomas Jefferson 大学任职期间,他结合分子生物学和经典的生物化学思想和技术,研究谷氨酰胺的信号传导通路与神经元存活和死亡的机制。发现并提出 AMPA 受体同时具有离子与配体驱向性的双重功能,且两种功能互不依赖。这些研究为 AMPA 受体的研究带来了概念性的发展,推动了 AMPA 受体信号传递的研究,为理解 LTD 或 LTP 的分子基础提供了新的思路和靶分子。该结果发表在国际著名学术杂志《自然》上。

　　王以政留学后,他一直希望能够早日学成归来,报效祖国。在取得一系列的科研成果,被中国驻美使馆称为"能独立主持科研实验项目,具有一定的教学经验并指导研究生的优秀留学人员"以后,王以政放弃国外优厚的工作待遇,回到了当时神经科学相对薄弱,国家财政支持也很有限的国内,加入了新成立的中科院神经科学研究所,在艰苦努力下,从零起步创建实验室,开始了国内的科研工作。

立足科研,服务社会

科研工作如果脱离社会需求,是没有任何社会价值的,为了让科研成果能够与应用挂钩,促进科研成果转化,王以政积极与医院、大学的同行们建立科研合作关系。回国以后,王以政发现 TRPC 通道通透 Ca^{2+},在不同的细胞中发挥多重的生理和病理作用。揭示了 TRPC 通道除在神经细胞分化和损伤中的作用外、在肿瘤细胞增殖中也有重要作用。

王以政在研究谷氨酸影响突触形成和谷氨酸的兴奋性神经毒时发现,谷氨酸受体的 AMPA 亚型具有离子和代谢趋向性的双功能,谷氨酸兴奋性毒是很多神经疾病的病理原因之一,如脑卒中致神经损伤,他提出了影响 TRPC6 可能保护缺血性脑损伤。中国每年约 200 万脑中风病人,目前尚无有效治疗方法。该项研究为治疗脑中风提供了新的策略,其发现已获得了专利。

王以政还发现 TRPC6 蛋白在人脑胶质瘤、人食道癌组织样本中的高表达、TRPC3 蛋白在人卵巢癌组织样本中的高表达,揭示了 Ca^{2+} 影响肿瘤细胞增殖新的分子机理。论文发表后,得到了同行的关注,并认为 TRPC3/6 有可能作为肿瘤治疗新的靶点。

踏实工作,促进发展

作为中国科学院神经科学研究所成立之初的"老人"之一,王以政的工作与神经所的"促进神经所出国际一流成果和人才"的建所目标是紧密联系在一起的。除了科研,他将很多精力投入到促进神经所发展的管理事务中。为了让学科能够有更好的环境发展,他积极投入神经科学国家重点实验室工作中,无论是实验室的各项规章制度,还是各个实验室门口张贴的宣传海报,都倾注了王以政大量的心血。作为神经科学研究所副所长和神经科学国家重点实验室主任,他为神经科学研究所和神经科学国家重点实验室的发展做出了贡献,2011 年,神经科学国家重点实验室第一次参加全国生命科学领域国家重点实验室评估,获得了优秀。王以政通过实验室沙龙等多种方式,促进神经所内人才的交流与成长,通过与医院、大学的合作,促进学科交叉与融合。同时,王以政还不断开拓创新,抓住发展机会,为神经科学研究所营造一个有利于科研发展、有利于人才培养、有利于科学文化建设的科研环境努力做出了贡献。

传道解惑,甘为人梯

在坚持追求科学原创性、运用性和新颖性的同时,王以政积极投入到研究生培养教育工作中去,在中科院系统内开设了"论文指导委员会"、"生物信息与技术课"等。

高水平的科研工作离不开高素质的研究生培养。王以政自担任神经所教育委员会主任后,努力摸索科学、切实、有效的教学与管理方法。根据学生实验技能的实际需要,设计了"Neuroninformatics & Techniques"课,并联络国内外在本领域杰出的青年科学家来上课。这一课程在介绍各研究领域的最新发展的同时,教授了从设计到分析数据及撰写学术论文在内的一整套完成的实验室流程。2002年上半年,王以政具体落实在神经所采用定期"Thesis committee"的方法,这不仅帮助学生选择好题目,设计可行的实验方法及撰写高质量的毕业论文,同时也保证了学生的研究进展。

王以政还注重与学生的互动与沟通,积极参加学生组织的各种集体活动,勉励研究生要坚持严谨的科研态度和作风,并围绕学生所关心的毕业发文章问题,在科研中遇到的各种各样挫折困难,以及对科学魅力的理解等方面的问题进行了广泛的探讨,从而打开了一部分学生的心结,使他们对于生活、学习有了更深刻的理解。他指导的学生论文获得了多次奖励,包括中国科学院优秀博士学位论文奖和中国科学院院长特别奖学金等。

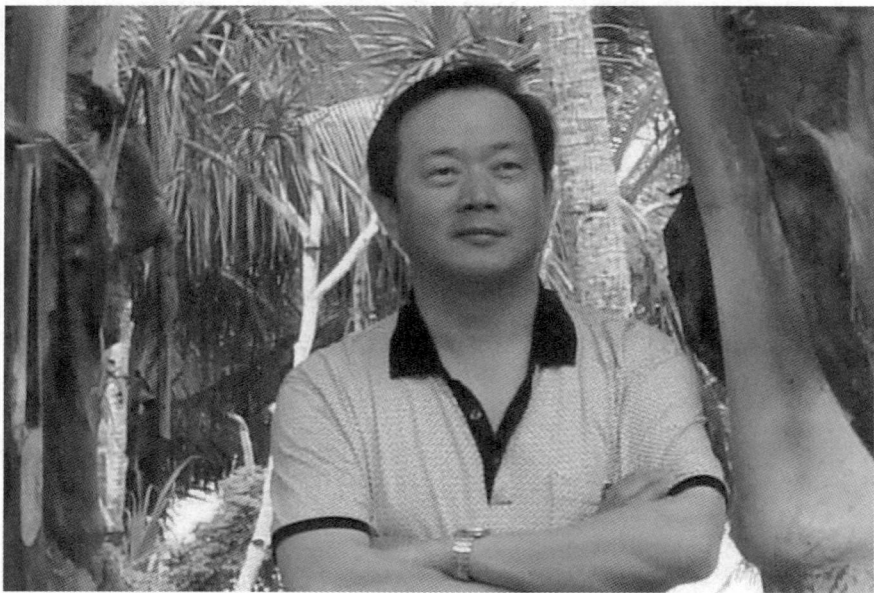

志当存高远，真诚写春秋

果德安 研究员。1962 年 4 月生，1990 年获北京医科大学博士学位。现任中国科学院上海药物所二级研究员、中药标准化技术国家工程实验室主任。

从事中药现代研究至今 30 年，在中药质量标准相关基础和应用研究以及推动中药国际化方面做出显著成绩。制订的中药丹参标准首次被美国药典采纳；研制的创新中药"丹七通脉片"正开展 II 期临床研究。

1999 年获国家杰出青年基金；2005 年、2007 年分获教育部自然科学一等奖；2012 年获国家自然科学二等奖；2012 年获美国植物药委员会卓越研究奖。发表 SCI 论文 300 余篇，被 SCI 引用 4 000 余次，H 指数 33，获授权发明专利 13 项；主编专著 5 部。

深入浅出，中药标准国际化之路

——记中国科学院上海药物研究所 果德安研究员

佳音频传，硕果累累

2012 年 4 月一个阳光明媚的春天，位于美国马里兰州的美国药典委员会（USP）会议室传出一阵热烈的掌声，中国学者果德安提交的丹参药材标准以全票通过了 26 个专家组成的 USP 食品补充剂及草药专业委员会的最后评审程序，从而成为由中国学者制订的、第一个进入美国药典的中药标准，继而美国药典会明确提出"将果德安团队制定的丹参的标准作为今后中药标准进入美国药典的模板与典范"。

2012 年 11 月，美国第 11 届国际植物药科学大会上，果德安获得首届杰出贡献奖，这个奖项每年全球仅授奖一人，果德安是第一位获得该奖项的科学家。

2013 年 1 月 18 日，由果德安领衔的"中药复杂体系活性成分系统分析方法及其在质量标准中的应用研究"项目荣获 2012 年度国家自然科学奖二等奖，这是国家对科技奖励制度进行重大改革设立自然科学奖以来，中医药研究项目首次获得该奖项，填补了中医药在此领域的空白。

2013 年 3 月 7 日，美国植物药委员会（American Botanical Council）在加州 Anaheim 市隆重举行一年一度的庆典活动及颁奖典礼，给来自中国的果德安授予 2012 年度最高荣誉 Norman R. Farnsworth 卓越研究奖，表彰他在中药化学、分析和药理学研究领域做出的有重要意义的工作以及为此研究所发表的大量论文。美国植物药委员会奠基人兼执行主席

Mark Blumenthal 博士评价："我们非常高兴能把该奖授予在中草药化学和药理学研究领域做出杰出成就的果教授,很显然,他是中国中草药研究领域的领军人物之一。"果德安是获得该奖的唯一亚洲和华人学者。

3 月,治疗冠心病、心绞痛的五类创新中药丹七通脉片二期临床以北京西苑医院为组长单位正式启动,其为果德安从 2002 年即着手研发的中药有效部位组成的新药,已经历时 11 年。

佳音频传,硕果累累。这是果德安从事中药现代研究 30 余年的结果,他在中药质量标准相关基础和应用研究以及推动中药国际化方面做出了显著成绩。

深入研究,浅出标准

果德安自 1996 年回国之后,面对国内中药产业化所面临的瓶颈以及走向国际市场的困境,他清醒地分析到目前中药行业主要问题是缺乏科学系统的标准体系。他在国内率先开展中药质量标准的系统研究工作,提出了多指标成分定量结合指纹图谱技术等多手段控制中药复杂体系质量的模式,体现了中医药的整体观和多靶点作用,是国内中药指纹图谱技术研究的先行者和实践者,作为核心专家起草了 SFDA《中药注射剂指纹图谱技术要求》和《天然药物新药研究技术要求》等 2 个法规文件。他创新性地构建了中药复杂体系"化学分析-体内代谢分析-生物学分析"三位一体的系统分析方法学体系,提出了"深入研究,浅出标准"构建中药质量标准的指导思想,建立了中药整体质量控制模式,解决了中药质量控制的方法学问题,该研究成果获得 2012 国家自然科学奖二等奖。

作为国家药典委员会执行委员和天然药物专业委员会主任委员,他致力于 2005 版和 2010 版中国药典中药标准的制订、编撰和评审工作;作为主要专家参与了 2015 版中国药典规划、药典品种遴选、技术要求和指导原则的制修订等重要工作,并承担了 30 多个中药标准科研任务,是中国药典中药标准体系建设和药典标准制修订的核心专家;作为 2005 版中国药典 I 部英文版副主编和 2010 版 I 部英文版主编为药典英文版的编译发挥了重要作用。

他负责制订的丹参酮提取物等 10 个中药标准收入中国药典,成功把中药指纹图谱技术应用于 2010 版中国药典中药标准中；制订的中药丹参标准被美国药典采纳，成为第一个把中药标准引入美国药典的中国学者。目前，他作为负责人正组织全国专家团队开展 100 个中药美国药典和欧洲药典推荐标准的研究与制订工作。

要推进中药国际化与现代化，中药质量标准模式建立及新方法研究已成为首要任务。他经过多年努力和积累，建成了国内设备和技术一流具有国际影响力的中药质量标准研究平台，成功组建"中药标准化技术国家工程实验室"，是国家发改委首批批复的工程实验室之一。

创新中药，瞄准国际

目前，国内的中药创新与现实成果之间存在巨大落差。果德安从有效部位创新中药入手，基于中药多成分、多靶点的作用特点，在符合中医药理论的同时，对中药进行纯化与精制，除去无效成分从而提高疗效并降低服用剂量以达到化学成分清楚、质量易控的目的，符合中药现代化的发展趋势。丹七通脉片以中药丹参和三七深入的药效物质研究为基础，结合丹参三七方长期治疗冠心病的临床特点，从丹参中提取出丹参总酚酸与三七中的总皂苷经过药理试验筛选出最佳配比，从而使所研发的制剂具有安全性好、药效确切、质量可控、作用机理相对清楚等现代创新中药的显著特点。

在中药的国际化进程中，果德安毋庸置疑是领跑者。他不仅是第一个把中药标准引入美国药典的中国学者，还担任着美国药典委员会两届委员，欧洲"中医药规范研究学会"候任会长，美国"药用植物与天然产物研究学会"理事兼顾问，美国植物药委员会顾问等职；受邀担任《Journal of Ethnopharmacology》、《Phytomedicines》等 15 个国际杂志副主编或编委；在国际药用植物大会、国际传统药物大会、美国生药学大会等知名国际会议上作大会报告 28 次；作为发起人连续组织召开 5 届"上海中药与天然药物国际大会"，作为大会主席连续召开 4 届"中药分析国际学术研讨会"，这些系列会议已经成为具有重要国际影响的中药国际学术会议和交流平台，为促进我国中药领域的国际交流与合作、提升中药的国际影响力、推动中药国际化做出了贡献。

上善若水

陈立东　研究员。1960 年生，1990 年在日本东北大学获工学博士学位。现任中国科学院上海硅酸盐研究所副所长。先后在日本理研株式会社、日本航空宇宙技术研究所、美国密西根大学物理系、日本东北大学金属材料研究所任职和工作。2001 年由中国科学院海外杰出人才引进计划资助进入中国科学院上海硅酸盐研究所工作。

　　长期从事高性能热电材料与器件的可控制备与性能调控的研究，所开发的高性能热电材料与热电转换技术正在逐步应用于热电制冷与温控、热能高效回收利用、空间科学等技术领域。国家杰出青年基金获得者。2009 年入选上海市优秀学科带头人计划，2011 年入选上海市领军人才培养计划，2012 年获得上海市自然科学一等奖。

数载磨剑格物意，
精益求精科研情

——记中国科学院上海硅酸盐研究所副所长
陈立东研究员

抓住机遇，勇于挑战

热电转换技术在工业余废热发电、太阳能综合高效利用、特种电源、固态制冷等领域具有重要应用价值，高性能热电材料是发展热电转换技术的关键。热电材料性能优值 ZT 的提高决定于电输运性能（赛贝克系数与电导率）和热输运性能（热导率）的协同优化，即同时获得优良电输运性能和极低热导率；但是，电、热输运之间存在相互矛盾的本征关联。如何协同调控电热输运、提高热电性能一直是热电材料科学和凝聚态物理领域的历史性难题。直至 21 世纪初，热电材料性能优值仍与 20 世纪 60 年代相当，徘徊在 ZT 值约 1.0 的水平。

我国工业每年排放余热超过十万亿千瓦时，相当于每年我国能源消耗总量的 60%，其中 200—600℃ 低密度分布式余热非常适合利用基于热电材料的热电发电技术进行回收利用。汽车尾气排放废热是工业余热的重要组成部分，汽车尾气热电发电技术及其工业化应用已经引起了世界发达国家的高度重视。世界各国包括美国、日本和欧盟都投入了大量的人力物力来发展热电材料及其应用化研究，其研究队伍不断扩大。21 世纪初，美国能源部就启动了汽车尾气热电发电的国家项目，由通用汽车公司牵头承担，研发了尾气热电发电回收利用原理样车，回收功率达到 600 W，可节省燃油约 5%，无论对石化能源的节约利用还是环境保护都有重大意义。2001 年刚从日本回国工作的陈立东研究员，在上海硅酸盐所组建成立了热电材料研究课题组,在国家 863 计划、自然科学基金等多项国家科研项目的支持下进行热电能量转换材料及器件的研究与开发。2007 年作为主要研究单位参加我国第一个热电相关的 973 项目"高效热电转换材料及器件的基础研究"的研究。

锐意创新,硕果累累

陈立东带领的热电能量转换材料研究小组,通过十余年的努力,在电热输运新效应、热电材料结构优化设计原理与调控方法等方面取得了一系列创新性成果。在多种热电材料体系中实现了电、热输运协同调控,获得了系列高性能热电材料。研究成果《几类典型热电材料的高性能化及其微观结构调控机理》获得了 2012 年上海市自然科学奖一等奖。

三维笼状结构方钴矿化合物($CoSb_3$)是 20 世纪末发现的新型热电材料,但是材料的高晶格热导率导致其热电性能 ZT 不高,能否在方钴矿材料体系中实现 ZT 的进一步突破成为本世纪初以来热电领域最受期待和关注的方向。陈立东研究小组首次提出填充原子/基体元素(Sb 或 Co)形成的杂质相与填充方钴矿相的相互竞争决定最大填充量的观点。系统研究了填充量影响原子填充形成能的微观机制,建立了填充原子——框架结构相互作用能与元素电负性和化学价态的定量关系,揭示了原子的最大填充量与化学价态及电负性等性质间的本征关联,发现了填充原子与 Sb 元素之间的电负性差必须大于 0.8 的填充方钴矿稳定存在的电负性选择规则,突破了试错法寻找新型填充方钴矿的局限,为探索新型填充方钴矿材料、优化其热电性能提供了依据,在其它笼状结构热电化合物的设计中也开始被借鉴和应用。

研究小组在单填充方钴矿材料研究的基础上,发现了笼状结构化合物中多原子填充的宽频声子散射效应,提出了多原子填充有效降低晶格热导率的最优化异种原子组合原则和设计原理,设计合成了国际上性能最好的新型填充方钴矿热电材料,热电优值 ZT 突破了单填的 1.1—1.2,系列双填体系达到 1.4—1.5,三填体系达到 1.7,为目前块体材料最高性能水平。高性能多原子填充方钴矿热电材料被美国工程院院士 Gang Chen 教授誉为"里程碑"式的工作,其相关研究结果受到美国能源部与航天局的关注,美国喷气推进实验室在下一代空间特殊电源热电发电器中首选使用多原子填充方钴矿材料。

热电材料的传统探索一直采用试错法，主要依赖直觉和经验积累，不仅周期长、成本高，而且由于热电性能提高涉及电热输运多参数协同优化，传统试错法效率尤其低。现代热电材料科学的研究急需摆脱传统束缚，发展有效的理性探索模式。陈立东研究小组是国际上最早明确提出结合电热输运性能预测开展热电材料的"预测—设计—实现"的理性探索思想的研究组之一。结合第一原理电子能带结构、群速度和态密度等的计算和典型体系输运特性的测量，建立了以电输运为重点的热电性能预测方法。利用该方法系统开展了新热电化合物体系的设计与探索。

从20世纪80年代以来，经过热电材料领域的科学家们不断尝试，发现在基体材料中引入微米或亚微米尺度的第二相通常只能产生宏观复合效应，热电性能未能得到明显改善。陈立东带领的研究小组提出在块体热电材料的晶内和晶界引入纳米第二相，通过调控纳米第二相的尺寸和分散状态，强化界面效应，形成有效的声子和电子选择性散射结构，在散射声子降低晶格热导率的同时保持优良电输运性能的研究思路。建立了基于原位反应调控第二相尺寸和分散状态的纳米复合热电材料制备新方法，实现了纳米第二相的尺寸与分散状态可控，引入的纳米第二相作为声子散射单元有效降低晶格热导率，同时利用界面能量过滤效应等实现了电输运性能的同步优化。

海外协作，创新团队

2008年，在中国科学院创新团队国际合作伙伴计划的资助下，陈立东研究员组建创新研究团队，团队由从事能源材料研究的9名上海硅酸盐研究所青年科学家（7名入选中国科学院"百人计划"，4名入选国家杰出青年）和8名来自美国、日本、欧洲等地的海外著名学者组成。研究目标面向国家能源材料的战略需求，聚焦高性能无机复合热电与光电能量转换材料的研究，坚持"不求所有、但求所用"的原则，充分发挥海外优秀人才的优势，开展面向能源应用的无机材料设计、制备科学与应用研究。到2012年该团队运行的四年时间里，创新团队共发表SCI论文300余篇，申请中国、美国发明专利数110项，国内成员与海外成员合作发表高水平文章50余篇，培养从事能量转换材料与器件的研究骨干40

名,培养研究生 50 名,取得了卓越的成绩。

创新团队不仅积累了学科交叉、团队合作的经验,完善了合作体制,更建设成一支研究目标明确、学科相互交叉、相互支撑相互融合的优秀团队,在国际上形成了一定的影响,提升了我国在能量转换材料领域的科研水平和科技实力,推进了无机材料科学的建设与发展。

言传身教,为人师表

作为上海硅酸盐所的热电能量转换学术带头人,陈立东研究员不仅承担了大量的科研任务,而且还担负了培养研究生的重任。他时刻告诫学生严格要求自己,保持纯洁正直的学术品格。他积极地在课题组内营造严谨同时又宽松的学习氛围,以身作则,激励学生刻苦钻研,悉心培养学生的科研能力。对于学生的科研工作,陈立东研究员以他扎实的专业知识提出指导,启发活跃学生的科研思路,给予一定的研究自由度,积极推进素质教育。他对科研事业的热忱与严谨,对待学生培养的一丝不苟以及为人的宽宏大量也深深感动了每一位同学。他鼓励自己的学生不要计较个人得失,要为我们的国家贡献自己的力量!

讲真话，做实事。

廖新浩 二级研究员。1961 年 2 月出生，1989 年毕业于南京大学天文学系，获理学博士学位。中国科学院"百人计划"入选者。曾任中国天文学联合会副理事长和天体力学专业委员会主任，国家基金委数理学部第一届和第二届专家咨询委员会委员；现任国家自然科学基金委员会数理学部天文评审专家组委员，《中国科学》副主编，国际天文学联合会（IAU）会员。

主要从事行星流体动力学基础研究和天体轨道动力学应用研究，先后主持完成国家 863 计划和国家基金委重点等多项重要科研项目，迄今已发表学术论文 100 余篇，其中 SCI 论文 70 余篇。

科研路上不悔的探索者

——记中国科学院上海天文台廖新浩研究员

踏实探索世界科学前沿

随着国际上众多太阳系深空探测计划的相继实施和太阳系外新行星不断地被发现,行星科学已成为国际天文学的热点前沿研究领域。廖新浩研究员在十多年前密切关注这一学科发展趋势,在国内开始了行星流体动力学这一重要基础理论课题研究。基于已有的天文动力学的研究积累,通过切实开展国际研究合作交流,他在行星大气和内部动力学方面取得了若干创新性研究成果,主要体现在两个方面:

第一,在动力学分析理论方面,对已有百年历史的旋转球形流体对应的 Poincare 方程,发现了完整显式分析解,并在此基础上给出了计算粘性流体波动耗散率的分析表达式和建立了新的对流渐进分析理论;将上述对旋转球形流体动力学研究思路,成功地拓展到了旋转椭球体、旋转柱形和旋转长矩形等不同几何形状的流体运动,分别建立了其动力学基本分析理论;发现了一个用于描述行星地转流的新多项式,并详细描述了其所具有的若干基本数学性质。上述系列理论研究工作,为全面深入研究行星内部流体非线性动力学提供了一条全新的研究途径。

第二,在大规模数值模拟研究方面:采用差分或有限元方法,自主建立了行星大气和内部对流的并行计算机模型,并已对若干重要行星动力学问题进行了数值模拟。如,在旋转流体环中,首次发现了纯热对流也可以导致扭转振荡现象发生,并且在非线性情况下该扭转振荡现象得以稳定保持,这为天体中扭转振荡现象的产生提供了一种新机制;基于类木行星大气环流的主要特性,建立了一个二维拟地转流模型,研究了强非线性情况下的环流运动,首次清楚揭示了小尺度对流向大尺度环流能量输运随时间变化的过程,很好地解释了 Cassini 飞船和 Hubble 空间望远镜的综合观测结果。以上成果,都已发表在该领域内的国际主流学术期刊上,引起了国际同行的关注。为此,廖新浩研究员获国际著名的英国剑桥大学出版社正式邀请,合作撰写一部《旋转流体动力学》专著,不久将出版。

努力服务国家战略需求

随着人造卫星技术的发展,空间探测能力不断提高,它不仅可以提升国家防御能力,而且还可以推动经济发展和改善人类生活,因此它也是一个国家基本国力的体现。基于以前在天体轨道理论研究基础,廖新浩积极组织上海天文台相关研究力量,联合国内相关单位,作为项目总指挥积极申请并承担了国家重大科技专项"北斗卫星导航定位系统"中若干关键科研攻关和具体工程任务。项目团队通过多年的辛勤工作,克服了诸多困难,圆满完成了各子系统的建设任务,现都已交付用户使用,很好地满足了国家战略和项目需求,由此上海天文台也成为我国卫星导航系统建设的中坚力量之一,同时上海天文台也成为科学院从原来仅从事纯基础研究的研究所,成功转变为同时可以服务于国家重大战略需求的研究所的好典型。

我国已制定了宏伟的深空探测计划,未来 20 年,我国将对月球、火星、金星、小行星乃至木星发射多个探测器,对其开展科学探测。我国深空探测需要创新性的科学目标支持。为此,2011 年,廖新浩开始牵头联合科学院内行星科学相关研究人员,筹划成立"行星科学研究中心",努力为我国未来深空探测战略需求提供科学和技术支持,促进我国行星科学的深入开展。2013 年已获得中国科学院的批准,以廖新浩作为首届主任的"中国科学院行星科学重点实验室"已经成立。

高度关注团队人才建设

如今,科学研究已非单兵作战所能完成,更多地需要团队的联合攻关。廖新浩以身作则,冲在科研前列,放弃了很多节假日和休息时间,经常加班加点工作。同时,他十分注意发挥团队中每一个科研人员的特长,给他们提供课题合作机会,鼓励他们参加各种国内外的专业学术交流。自 2000 年担任创新研究团组首席研究员以来,他带领团队成员潜心于基础研究,积极培养青年研究骨干。如李力刚研究员获得了 2008 年国际大地测量与地球物理学联合会(IUGG)地球深内部研究(SEDI)委员会授予的 Doornbos 纪念奖;黄乘利研究员在国际天文学会(IAU)大会上当选为地球自转专业委员会主席(2012—2015 年)。

廖新浩尽管科研工作忙,但他仍然坚持每年给研究生讲授完整一个学期的基础专业课程。在课堂上,他力求提升学生的分析和解决问题的能力,努力开拓学生学术视野,受到了每届学生的一致好评。

严格坚守讲真话做实事

自 2001 年起,廖新浩先后担任上海天文台副台长、常务副台长(主持工作)等职,后因个人身体原因辞去常务副台长职务。在他担任常务副台长主持工作期间,正是上海天文台困难转型时期,他凭着强烈的事业心和责任感,勇挑重担,不惧困难,带领班子成员,团结广大科学家,努力化解各种矛盾,按照公平、公正原则,依法治台,积极推进各项改革,努力营造和谐的环境和氛围,得到了广大职工的认可和支持,为上海天文台的发展作出了重要贡献。

他反对浮躁,始终倡导"踏实、严谨"的学风和勤恳尽责的工作作风,身体力行"公平、公正、公开"的领导原则。同时,他坚持民主办台的思想,树立为科研服务的理念。在他的组织领导下,通过征求各方面的意见,制定了上海天文台的科研发展战略;为推动科研创新,大力做好人才培养和引进工作,他主持制定了两项促进人才培养和引进的新政策,设立了创新人才基金。在他任职台领导的十多年中,每年上级领导机关对单位领导班子及个人的考核和民主测评中,他都获得很好的评价。

廖新浩严于律己、品德端正、作风严谨、成果丰硕,在同行同事中有口皆碑。用心追求完美、用心科研创新、用心教书育人。廖新浩以他出色的工作成绩和为人获得了全台职工的广泛认可。

要最老实地做事 本是最普通的人

李昕欣 研究员。1965 年 6 月生，于 1987 年和 1998 年分别获清华大学学士学位和复旦大学博士学位。现任中国科学院上海微系统与信息技术研究所研究员，传感技术国家重点实验室主任。国家自然科学基金杰出青年基金获得者。

长期从事微纳传感器技术、微纳电子机械系统技术和微纳集成技术等方面的研究，承担了 973 计划、国家自然科学基金、863 计划、上海市科技攻关和国际合作等 30 多个重大项目，发表 SCI 期刊论文 130 多篇。

分别于 2012 年、2005 年和 2006 年获得国家技术发明二等奖、上海市技术发明一等奖和二等奖。

刻苦钻研，不懈攀登

——记中国科学院上海微系统与信息技术 研究所李昕欣研究员

瞄准国家需求，刻苦攻坚

李昕欣入选中科院"百人计划"，于 2001 年初回到上海微系统所工作。他没有优先考虑延续自己在日本东北大学原来的纳机电探针研究方向，而是积极地投入到国家急需战略性传感器研发的事业中。在当时只有一名合作指导的研究生和一名科研助手的情况下，每天艰苦奋战到很晚，在短短一年后就为国家建设的需要打出了合格的国产传感器。他自主创新发明一整套专利技术，研发出 MEMS 高 g 值冲击加速度传感器系列产品技术，并批量提供产品给重要系列化应用，多项产品的专利技术已被企业购买转移进行产品化生产和应用推广。

专利技术群包括：第一，发明曲面贴合方法和微机械结构实现优化阻尼控制和对高冲击过载保护，解决了高冲击环境下传感器信号高质量和可靠工作的难点，该高冲击保护方法受到美国 MEMS 著名专家 Najafi 教授著文引用中高度评价；第二，发明高冲击加速度传感器芯片制造方法和器件结构在晶圆级实现对准三明治封装技术，进一步提高可靠性的同时提高了成品率和降低了成本，使传感器价格比国际禁运产品低一个量级，确保我国大量应用能用得起；第三，发明三轴高 g 传感器在一个芯片上的集成技术，解决了倾斜情况下精确定深的问题；第四，发明一种在硅刻蚀深槽侧面集成 MEMS 敏感与执行元件的 Trench-sidewall MEMS 集成工艺，该成果发表在 2004 年电子器件旗舰会议 IEDM 上，打破了我国在该论文录取难度极高会议长达 10 年的"论文荒"，获得专业媒体

《Semiconductor International》专门著文高度评价。自主研制了传感器，作为核心器件独家提供关键应用，实现了技术能力的显著突破和升级。为推广应用，已将传感器产品多项产品专利技术授权转让给企业，转产后已实现产量扩增和批量供货。

面向高技术产业化，积极贡献

近年来，国际上 MEMS 传感器产业化事业发展迅速。李昕欣作为研究该领域二十多年的资深科技人员深感我国 MEMS 产业化事业的迫切和重要。他先对情况进行了深入调研，得出的结论是：我国最缺乏的是像 Bosch、意法半导体等强势的专业产品 IDM 企业，但在半导体微制造领域有大量的 foundry 产能的优势。因此，他为自己研发技术确立了一个产业化方向，就是将 MEMS 工艺改造成可以与 IC 在标准半导体生产线上混线生产的单硅片单面加工工艺，以借助 foundry 的规模制造力量推进我国的 MEMS 产业化。为实现 MEMS 在半导体 IC 芯片生产线上兼容制造以促进规模产品化，他带领研究组研发出多种创新的 MEMS 制造关键技术：

发明专利技术，只在硅片正面加工，就可实现体微机械与半导体压阻敏感元件的芯片集成，避免集成电路加工厂不便进行的硅片双面光刻、双面微机械加工和硅片键合，实现 MEMS 传感器在标准半导体加工厂的混线生产。所发明的技术用来制作压力、加速度、汽车电子和物联网用复合传感器等。由于避免了背面深度刻蚀而采用正面微机械加工，显著减小工艺不一致（包括初始硅片厚度偏差）造成的低成品率问题，并使芯片尺寸更小，大大降低了制造成本，用技术创新提高了市场竞争力，多篇论文发表在 IEEE EDL 和 J－MEMS 等著名期刊。其中，在 2013 年 IEEE MEMS 大会上就这种被称为"微创手术 MEMS 工艺"的成果做了被会议唯一选中来自大陆的口头报告，报告结束后，日经新闻社科技在线专门著文给予了高度评价，认为技术水平优于德国 Bosch 的同类产品技术，并根据李昕欣研究组自主研发的创新性指出在 MEMS 产品化领域"中国走出代工模式实现自主产业化指日可待"。使用该技术研发的汽车胎压智能监测系统（TPMS）传感器，将压力与加速度传感器集成在一个 1.5 毫米见方的芯片上，经上海先进半导体制造公司（半导体制造业上市公司,简称 ASMC)评估,批量下制造成本低于 0.1 美元/只。ASMC 按照用户提供的进口主流产品(德国英飞凌 SP30、35)指标测试,TPMS 传感器完全达到指标,并且在传感器价格上有近一个量级的优势。因此承担 TPMS 传感器国产化任务的企业 ASMC 选中李昕欣研究组的技术并购买了该产品技术的有偿授权转让。将该先进技术兼容地移植到其半导体生产线上进行 TPMS 传感器规模生产来满足我国迅猛增长的市场需求。目前,利用该创新技术的拓展性,已经与多家高科技产品公司合作进行系列的 MEMS 器件产品化开发,借助技术独特的优势,渴望在手机等消费类电子产品中实现系列国产产品化。

Post－CMOS 兼容工艺制作 MEMS 射频无源组件和电路单元,用 MEMS 技术实现无源高性能(如高 Q 值或高频率调谐范围)电感、互感、可变电容、可调谐谐振器、滤波器等,可与 CMOS 射频集成电路兼容制造形成高性能 RF－IC,应用于 GHz 通信系统中。研发的 Post－CMOS 集成三维微机械射频元件性能如 Q 值,可用增益、带宽、调谐范围、抗环境冲击可靠性等很多重要参数与国际已发表的对比都达到了最好水平。多篇论文发表在 IEEE EDL、T－ED、T－MTT 和 J－MEMS 等专业顶级期刊,另有 3 篇论文发表在 IEDM 著名会议。在 2008 年 IEEE－RFIC 国际会议做第一次来自中国的邀请报告。2008 年培养出全国百篇优秀博士论文。在上海市科委产业化项目支持下,该 Post－CMOS 兼容的 RF MEMS 技术已经向 ASMC 生产企业转移。

立足科学发展前沿,不断创新

李昕欣始终坚持在本领域的前沿研究方面保持较强的竞争力,以使研究事业能够长期的健康发展、科研成果源源不断产出。近些年来,在纳机械传感器和纳机电系统(NEMS)方面做出有国际影响力的学术前沿成果:

在悬臂梁微纳结构与器件基础前沿方面,李昕欣率先研制出薄至 12 纳米(数十层晶格)的单晶硅悬臂梁,实验首次发现纳米硅杨氏模量显著尺度效应和变化规律,利用了该纳米效应制作出创新敏感模式的纳米厚度谐振悬臂梁传感器,比传统模式提高灵敏度 20 多倍。李昕欣发表硅杨氏模量纳米尺度效应的单篇论文被 Science、PNAS、PRL、Nano-

Letters、Advanced-Materials 等引用约 200 次，该效应机理及原始数据被引用者广泛使用和为其研究作印证，并多次被综述文章大段落高度评价。国际著名 NEMS 科学家 M. Roukes 在其综述文章中谈及"what size scale does continuum mechanics break down and corrections from atomistic behavior emerge?"力学理论适用尺度的重要科学问题时，指出该"initial experiments appear to indicate that this becomes manifested only for structures on the order of tens of lattice constants in cross section."的重要意义。与日本 T. Ono 教授合作研究的纳米梁传感器，被国际同行评价为首次使痕量气体检测分辨率达 10—18 克量级，发表的论文被 Nature 等引用 100 多次并获得高度评价。

李昕欣研制出集成了传感器阵列的微管道芯片，并通过实验发现滑移流压力降落非线性等偏离经典流体理论的微流体现象，为微尺度流体建模提供重要依据。论文被引用数十次并获得高度评价，认为该成果是为在微尺度下发现尺度效应并建立微管道流新模型做出了贡献。将"自上而下"集成制造与"自下而上"纳米组装两种微纳制造模式结合并兼容一体化集成，实现了先进纳米敏感结构材料在微传感器主体结构上的精确定位集成和高一致性的批量制造，研制出集成微纳悬臂梁生化分子痕量现场检测传感器，在这个国际前沿领域上取得一系列学术成果和科技发明。例如实现对沙林、肝癌抗原、TNT 等痕量快速检测，多篇综述文章在引用李昕欣组的成果时指出，传感器指标分别达到 ppb 量级、ng/mL 和 ppt 量级的国际领先或先进的痕量检测水平。论文发表在 Analytical Chemistry、J. Mat. Chem.、Adv. Func. Mat.、Chem. Comm.、Nanotechnology、APL、J－MM 等期刊，被多次引用和高度评价，其中超低浓度肝癌抗原检测传感器单篇论文发表后，迅速被十多篇专家综述论文共同评价为"为癌症早期诊断提供了一种新的方法"。制作的沙林和爆炸物传感器和手持检测仪表，分别安装在上海世博会重点监控地铁站的安全监控系统中和交由防化某部队在世博会期间成功获得了试应用。近期采用将"自上而下"批量制造与"自下而上"纳米组装两种微纳制造模式结合并兼容一体化集成的方式，将纳米分子层和管道集成到为流控芯片上并形成精确的图案化，在高效混合和化学萃取方面显示了优异的性能。

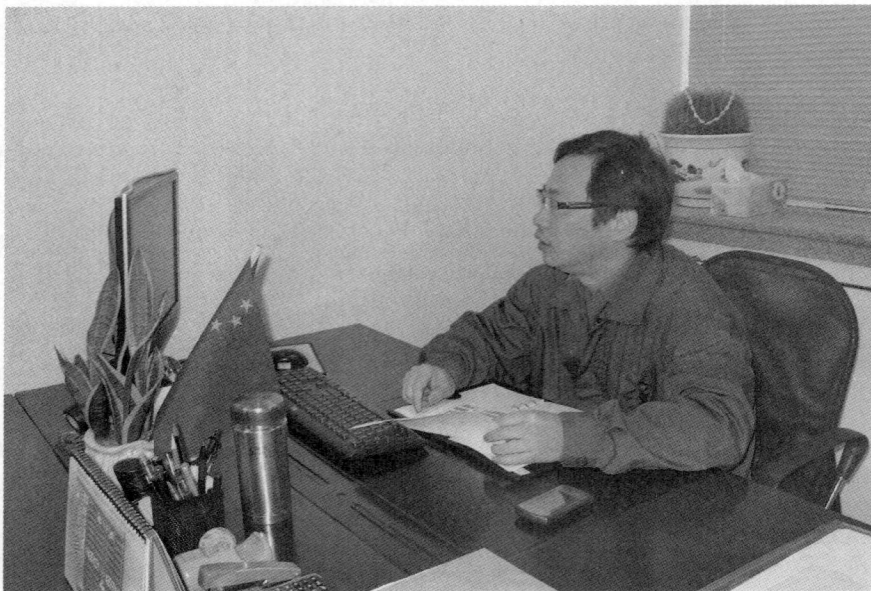

仰
之
弥
高
钻
之
弥
坚

　　苏红斌　高级工程师。1969 年 11 月生,2010 年获青岛科技大学工学硕士学位。现任双钱集团轮胎研究所副所长,兼任双钱载重轮胎分公司总工程师。

　　长期从事轮胎设计技术、工艺转化、关键材料的应用研究等方面的研究,完成了三十多个新产品项目的开发任务,发表论文 2 篇,个人共获得专利 18 项。

　　近年来,苏红斌多次获得南通市科学技术进步奖以及江苏省科学技术进步奖,上海市科学技术进步奖。

坚持科技创新，凝聚团队力量

——记双钱集团轮胎研究所副所长苏红斌

技术一流，学科带头，屡获殊荣

苏红斌1992年毕业于上海交通大学工程力学专业，并且通过自己的努力，于2010年获得青岛科技大学工程力学硕士学位。

从1998年底起，苏红斌先后担任双钱载重轮胎分公司技术部部长助理、副部长、部长、研究所副所长兼分公司总工程师，承担了日常的工艺技术管理工作。在公司"技术先导"的指导方针下，他参与建立了全公司的标准化管理体系和网络化运行体系，使公司的各项管理工作能以产品质量为核心顺利开展和运行。工艺的稳定能够直接影响到轮胎质量的好坏，在这些年中，他也不断地研究新的稳定工艺的方法，并且协助公司培养了多名优秀的技术人才，也为公司的人才储备提供了宝贵的财富。

苏红斌先后完成了30多个新产品的设计开发，形成了18项专利，完善了双钱牌全钢丝子午线载重轮胎的产品系列，其中多项产品为国内首创，填补了国内轮胎工业的空白，并多次荣获上海市优秀新产品奖。同时作为学科带头人，他推动了公司技术管理体系的建立和完善，领衔完成了公司多个科研创新项目，建立了大量行之有效的工艺技术标准，稳定提高了产品质量。

新品研发，团队协作，攻坚克难

双钱集团是国内首家研究开发全钢丝子午线工程机械轮胎的企业。

从 2004 年开始,苏红斌作为巨型全钢丝子午线工程机械轮胎的项目负责人,带领技术团队,克服重重困难,从产品设计、工艺设计到装备选型,历时四年,完成了项目的研发、建设任务。

巨胎开发研制技术难度相当大,主要体现在:一是轮胎规格大,负荷高同时有速度要求,使用条件极为复杂;二是结构及配方设计要求特殊,与普通子午胎有很大差异;三是生产工艺过程相当复杂,必须依靠合理的工艺方法和开发相应的装备来实现;四是国内目前尚无成熟的产品技术和工艺方法以及生产、测试装备。

面对上述种种困难,苏红斌带领的技术团队,响应公司"打造精品工程、提升技术含量、促进新品开发"的号召,紧紧围绕巨胎核心技术为主攻目标,采用工艺技术先行,设备开发并重,在技术、工艺、装备、管理上形成了多项突破。

在苏红斌的带领下,技术团队以严谨的科学态度,团结协作、刻苦钻研,充分发扬团结协作精神,研发团队走访了国内使用巨型工程胎需求较大的矿区,得到了第一手资料,为设计开发创造了良好的条件。在研发过程中,遇到疑难杂症,结构和配方以及测试中心的年轻技术人员都积极发挥自己的主观能动性和创造性,或连续昼夜刻苦钻研,或与专家一起集体讨论会诊。整个研发过程,有多少次反复失败的痛苦,也有多少次柳暗花明、技术突破的欣喜。就这样,他们以顽强的毅力解决了一个又一个技术难题,攻克了一个又一个难关,终于圆满完成了巨胎研制开发的重任。

目前该项目已形成了年产中型工程轮胎 5 万条的生产能力,每年出口轮胎 3 万条以上,为企业带来了客观的经济效益,2007 年该项目荣获了上海市科技进步一等奖。现在 27.00R49、37.00R57 等四个产品都已顺利下线,其中 27.00R49 的产品质量已得到了用户的认可,开始正常生产、销售;其余三个产品将在年内完成试验,明年进入批量生产。根据计划,该项目将在明年接受国家发改委的验收。

除巨胎项目外,苏红斌还参与了低滚动阻力绿色环保轮胎项目。低滚动阻力绿色环保轮胎,欧美发达国家已制定相关法规限制车辆排放,将成为今后轮胎发展的趋势。该项目在材料配方开发、轮胎结构设计等方面针对低滚动阻力技术进行了重点研究,苏红斌在该项目中承担了轮胎结构优化改进的重任。2010 年公司自主研发的低滚动阻力轮胎经国际权威机构 SMITHERS 公司测试，滚动阻力降低近 20%，相当于节油 5%—6%，效果非常显著；并通过了美国环保署（EPA）的 SmartWay 认证，这标示着双钱集团成为中国第一个、世界第八个获得 SmartWay 认证的轮胎企业。公司今年将加快推进产品开发进程，争取 2—3 年内形成产品的系列化和规模化。

规范管理，培养人才，面向未来

苏红斌在担任轮胎研究所领导期间，他始终把技术管理规范化当作日常管理工作的基础，严格按照技术管理办法的要求，组织工程技术人员学习，结合各项目的特点和不同，在学习过程中予以具体化并不断创新。全面实现了技术管理的标准化、程序化，质量管理网有序可控，在集团公司多次组织的质量信誉评价中，各项评比居各标段前茅，在公司组织的技术管理检查和评比中，也多次获得好成绩。严谨的管理，更为项目取得较好的经济效益夯实了基础。

苏红斌也非常注重人才的培养，他组织见习生、实习生和成熟的工程技术人员开展学技带徒活动，形成了技术人员边工作边学习的良好氛围，着力培养年轻的技术人员的技术水平和独立工作能力。他会定期地通过提问及解答，将项目的技术准备工作、开发过程中关键工序的技术要求以及项目完成后对于开发过程的思考进行指导及交流，让他们学会想、学会做、学会总结。他会定时集中培训，定期考核，使年轻的技术人员迅速成长，迅速充实在项目管理的关键岗位上。目前他所带领的技术团队，共有中青年技术人员近 30 名，专业涵盖了产品设计、配方开发、工艺管理等轮胎技术的所有领域。经过不断的锻炼，这支队伍具有了较强的自主创新能力，已成为企业科技创新和发展的骨干力量。近几年团队在行业内核心期刊上发表了近 100 篇学术论文，并在相关国内外技术交流会上公开发表了关于噪音、低滚动阻力、钢丝材料应用等方面的交流论文。

苏红斌自比大雁，他常说，大雁能够飞越千里，不是因为他自己本身有多么的强，而是因为他们团结起来，目标一致，群策群力，共同努力，让他们达到了独自所难以实现的迁徙。在一个公司里面，他就像大雁，团队就像雁群。"如果我们能将大雁的精神，运用到我们的团队中，将使双钱技术团队的能力发挥到极限,我们就能实现并超越我们的目标。"

苏红斌认为"路漫漫其修远兮,吾将上下而求索",双钱的明天需要创新,而创新需要经历一个艰苦漫长、厚积薄发的过程,而现在得到的好评和肯定只是创新实践过程中的一种鞭策、一次加油。在寻求技术创新、管理创新、产品突破、理论升华的道路上,他将百尺竿头,更进一步,为实现"把双钱建成中国的双钱、世界的双钱,努力成为中国第一,进入世界前三甲"的双钱梦而继续拼搏、努力奋斗。

探索未知世界是件很快乐之事。

童小川　研究员。1963 年 8 月生,1987 年获中国舰船研究院工学硕士学位。现任中国船舶重工集团公司第七〇四研究所所长,博士生导师,上海市人大代表,全国优秀科技工作者,"全国五一劳动奖章"获得者,享受国务院政府特殊津贴,"511 人才工程"学术技术带头人,国防科技工业有突出贡献中青年专家,担任国际标准化组织 ISO/TC8/SC4 主席,重点专项工程责任单位行政指挥,重点专项工程科研项目负责人,船舶特种装置及热能工程专业学科带头人,第七研究院优秀青年,第七研究院"舰船科技英才",第七研究院研究生优秀导师,第七研究院优秀中青年科技专家,国防科技工业优秀博士硕士学位获得者,中国船舶工业总公司优秀青年科技工作者,"上海市优秀科研院所长奖"获得者。

长期从事船舶特辅机电设备、船舶特种装置等方面的研制工作,承担了预研、科研及型号科研等几十项重大项目。

1996 年获中国船舶工业总公司科技进步二等奖,1997 年获中国船舶工业总公司第七研究院科技进步二等奖两项、中国船舶工业总公司科技进步二等奖,2002 获中国船舶重工集团公司科学技术一等奖、国防科学技术二等奖,2009 年获中国标准创新贡献二等奖,2013 获中国标准创新贡献二等奖。

埋首铸剑为海疆

——记中国船舶重工集团公司第七〇四研究所所长童小川研究员

赤胆忠心铸辉煌

　　童小川 1987 年毕业于中国舰船研究院，获得船舶特辅装置与系统专业硕士学位，毕业后进入中国船舶重工集团公司第七〇四研究所从事船舶特辅机电设备和船舶特种装置等方面的研制工作。

　　在重点专项工程研制工作中，七〇四所作为第一大供货方，承担了特种装置、供电系统、动力辅机、制冷空调等数以千计台套设备的研制任务。童小川作为工程责任单位行政指挥，开展了大量卓有成效的管理工作，确保了所有设备"开得出、运转顺"、保障了重中之重的特种装置适配性试验"安全可靠、万无一失"。重点专项工程的试航任务，不同以往一般的装备试航，由于其航次密、进度紧、要求精、风险高，参试团队承担着巨大的风险和压力，作为参试团队行政指挥，童小川说："就像学生参加高考一样，虽然细心再细心，但还是惴惴不安，生怕出问题。"为圆满完成"二十年磨一剑"中最重要、最关键的这一环节，童小川向参试人员提出了"组织有序、完美收官、整齐划一、干净利落"的十六字要求。他亲赴一线指挥，带领团队迎难而上，先后六次全程带队参加试航，在试航中身先士卒，靠前指挥，运筹帷幄，精心组织，周密策划，统筹兼顾。童小川对全所约 200 人的试航试验团队统一指挥、统一调度，组织团队成员模拟演练，每日一分析、每日一总结，不放过任何一个细枝末节，及时发现潜藏的问题和隐患，及时实施改进和预防措施。同时，组织落实责任制，成立了试航工作组，建立了例会制度和报告制度，落实了每套装置的责任人和各个工作岗位的工作要求,形成了一个职责明确、组织有序的整体。最终,适配性试验取得圆满成功,这标志着我国船舶制造技术取得了历史性的突破,使"走向深蓝"迈出了关键性的一步,对实现党的十八大提出将我国建设成为海洋强国的目标,具有重要意义。童小川的领导组织工作获得了上级领导机关的高度肯定,荣获"全国五一劳动奖章"。

在童小川领导下的七〇四所科研团队,为了我国船舶工业的壮大和发展,近二十年默默无闻的埋头苦干和无私奉献,以百折不挠的勇气克服困难、披荆斩棘,以二十年磨一剑的精神,以"特别能吃苦,特别能战斗"的意志品质和对党的事业的忠诚信念铸就了新的辉煌。

长风破浪会有时

童小川专业功底深厚、涉及领域广泛,在船舶特种装置、热交换器、海水淡化、空气分离、制冷空调等方面都有很高的造诣,取得了显著的成绩。

特别是其目前所主持进行的船舶特种装置研制项目,是七〇四所承担的又一个重点专项工程科研项目,该项目经过预研、科研、演示验证等多个阶段的刻苦攻关,获得了成功。在预研阶段,首次运用有关理论和方法,通过数学建模、数值计算、系统集成、仿真试验等先进设计分析手段,大大缩短了研发周期,提高了装备的可靠性。在科研阶段,其带领下的研发团队研制出与国际先进水平相当的装置及系统实物样机,攻克并掌握了主要关键技术,突破发达国家对我国的技术封锁,并且在预研成果的基础上完成了试验样机的研制工作,开展了大量的试验,攻克了预研阶段多个方面几十项关键技术。

进入演示验证阶段后,在突破单项关键技术基础上,整合装置全系统,验证装置关键技术兼容性和系统集成技术。童小川指导并亲自参与研制和技术攻关,作为项目负责人长期驻扎试验现场,全过程指挥试验工作。经过几百次演示验证动态试验,各项性能指标均满足要求,取得了预期成果。标志着我国已经具备了研制这一世界先进装备的能力,从而使我国成为世界上为数不多的掌握该项装备研制技术的国家之一,攻破了西方专家所认为的"中国人无法在短时期内掌握该项技术"的断言。由于在研制工作中的出色表现，童小川获得了全国优秀科技工作者的荣誉称号。

栉风沐雨不辞苦

童小川数十年如一日，始终奋战在科研、管理一线，将青春和智慧奉献给了祖国的科技事业。虽然在科研、管理工作繁重的同时又承担了多项社会职务及社会活动，但他在把握全局的同时，始终保持身先士卒的工作作风。

作为重点工程和我所工作的重中之重，特种装置研制、试验倾注了童小川大量心血。作为这项工作的全面负责人，他带领全所党政领导班子进一步统一全所思想、落实责任。每周主持召开工作会，指导和检查工程开展情况；重大项目任务工作安排所领导担任负责人，全力调动所内人力、物力，优化资源配置。同时，严格落实专项工程责任制，加强过程监督，严格计划管理，关注安全保密，成立试验现场组织管理机构，以确保项目的质量、进度、安全符合规定要求，保障了工程任务的顺利开展。

作为总设计师，童小川全程指挥调度，带领科研人员共同努力，紧扣任务时间节点，攻克加工制造难点，特别是在试验装置现场安装过程中，不畏数九严寒，冒着寒风雨雪，不分昼夜地开展工作；作为试验总指挥，他始终在现场，靠前指挥，不放过每一个细微环节。午饭也经常是一个盒饭匆匆解决。由于涉及项目批复等原因，本应在室内的试验设施最终建在了露天。有一年，上海遭遇了70年一遇的暴雨，致使试验基地多个试验室漏雨、进水。大量雨水透过雨棚，倒灌进现场，淹没了管道、阀门、传感器及数据线等。童小川立即第一时间驱车赴试验基地。但雨量太大导致交通瘫痪，他便冒雨深一脚浅一脚赶至现场，指挥防汛抢险工作。最终，试验基地安然无恙地渡过了特大汛期，保证了验证试验的圆满成功。

培育桃李化春风

童小川非常重视科研人才队伍的建设和培养，他深知人才队伍的水平决定着重大工程项目的成败，在他的主导下七〇四所开展了"三类人才"选拔考核、激励型福利等一系列人才培养和激励政策,同时在高层次人才培养方面近年来着力进行人才结构的优化。高层次技术专家方面,七〇四所每年获得专家荣誉,目前各类国家级和省部级专家荣誉共30人。在综合荣誉称号方面,在童小川领导下的团队,涌现出许多先进人物事迹,受到上级的表彰,近年来有11人获得各项国家级和省部级综合荣誉称号。

童小川在担任繁重的科研设计、生产管理工作的同时,利用业余时间从事教学工作,为人师表、诲人不倦,先后培养了5名硕士研究生,目前正带教博士研究生2名。童小川培养的青年人才,目前都已成为七〇四所科研战线上的技术骨干力量。童小川在困难面前身先士卒,在成果面前却主动谦让、不计名利。走上领导岗位后,在带领和培养年轻人的同时,他把许多科技成果主动让给年轻同志,用科技成果奖励来激励年轻同志全身心地投身事业,他这种为了党的事业甘当人梯的高风亮节获得了大家的钦佩与尊敬。

童小川在带教青年人才的时候有意识地引导他们养成"注重全系统、关注相关技术"的治学习惯,不断累积和提高学术素养。起初,不少青年科技人员觉得面对的是所长,所以在同他讨论技术问题时有点紧张,放不开、不敢讲。他得知这一情况后,主动召集大家与他一起展开学术、技术讨论。对于青年人提出的问题,他总是尽其所能、毫无保留地进行讲解,每一次都务求穷形尽致、穷究其理。他每次回答完后,还会组织展开进一步的技术讨论,甚至是"辩论",他希望在激烈的技术思想交锋中能使团队中的青年技术人员得以迅速的成长。对他来说,与具体的工程项目相比,整个团队的成长和成熟更为重要。童小川所带领的团队是目前国内该项装备研制技术领域唯一的技术研发团队,技术水平已达到国际同等先进水平,多次获得上级领导机关的高度评价。

人生格言

坐而言，不如起而行.

邹勤宜　高级工程师。1965 年 10 月生,中共党员,1995 年获同济大学工学硕士学位。现任中国电子科技集团公司五十所副总工程师,通信事业部副主任。长期从事通信系统总体方案论证和网络协议设计,积累了丰富的工作和技术经验,在战术通信领域,尤其在超短波跳频通信和战术应用方面,解决了多项重大关键技术,取得了丰硕的成果,所主持完成了 20 多个军工重点型号项目,多次获得荣誉称号,为我国国防现代化建设做出了突出贡献。

　　曾荣获国防科学技术进步奖二等奖 2 项、集团公司科学技术奖二等奖 3 项、兵器工业集团公司科学技术奖一等奖 1 项,信息产业部军工电子质量工作先进个人、上海市领军人才等奖项和荣誉称号。

献身国防写忠诚

—— 记中国电科第五十研究所
邹勤宜副总工程师

德能兼优的垂范者

为国防事业奋斗了十几年,爱岗敬业、严谨务实、孜孜不倦、谦逊坦荡的品质已经深深根植于邹勤宜的心中,他时刻这样做着,并以自身行动影响周围的年轻同志。

邹勤宜深知,选择了国防事业就是选择了奉献,因此,他时刻不忘自己身上肩负的重担,一心扑在科研上,以一种百折不挠的精神刻苦钻研,凝聚并激励部门员工同样忘我地投入到工作中去。2010年9月,为确保某重点工程各型武器装备按时向部队交装,五十所原定研制计划被整体提前了近6个月。面对考验,邹勤宜率先垂范,以常人无法想象的毅力和决心连续多天熬夜,最终带领项目组在一个月内完成了这几乎是不可能完成的任务,为该重点工程各武器型号顺利完成设计定型打下了坚实的基础,确保了部队交装任务圆满完成。

为完成装备科研保障任务,邹勤宜带领团队长期奋斗在装备的最前线,无论是烈日炎炎的南疆,还是在冰天雪地的北国,他们的足迹遍布大江南北,他们的汗水在野外试验场和奔波忙碌的差旅中挥洒,邹勤宜用无言的行动鼓舞科研人员战胜艰难险阻,不辱使命完成了肩负的重任。在国庆60周年阅兵盛典上,五十所承担了五个武器装备阅兵方队的技术保障工作,邹勤宜多次冒着酷暑奔波往返于野外试验场和阅兵村,指导阅兵装备保障人员开展技术服务工作,经过四个多月坚持不懈的努力,确保了五十所参阅的数百套通信设备全部正常运行,得到了国资委、集团公司、装备方队指挥部奖励和表彰。

一线前沿的急先锋

作为一名军事通信技术骨干,邹勤宜把全部的精力都放在了科研工作上,在攻关前沿锐意拼搏创新,冲锋陷阵。

邹勤宜严谨求实,常常深入一线查找问题,分析原因,研究解决方案。在某重点工程装车组网试验中,为保证试验一次成功,他往往在一周内多次往返于位于北京的某兵种试验基地和位于上海的内场联调试验场之间,亲自勘测外场的地形条件、电磁环境,亲自解决内场联试中的技术难点和遗留问题,有时在往返的路程中,还要协调各联试厂家的交付进度、产品质量和人员保障等问题。这是五十所第一次牵头组织大型联试试验,涉及多个炮种和侦察平台,在他的精心组织和安排下,试验顺利完成,为上级机关交上了满意答卷,也为五十所今后承接大型项目和重点工程打下了坚实的基础。

邹勤宜大胆创新,多年来先后主持承担了多项重点科研项目,具有很强的技术创新能力。在某重点项目的研制过程中,邹勤宜担任了主持设计师,他紧紧抓住关键技术开动脑筋,充分利用先进的通信和组网技术,并结合他多年积累的理论知识和实践经验,将通信网络与指挥系统、武器平台和侦察平台的具体特点紧密结合,提出炮兵防空兵指控通信网的设计方案以及炮防统一的通信技术体制,解决了很多关键问题,大大地发挥了武器装备的整体作战效能。该技术成果在后续的某重点工程改进项目中,也被充分继承和吸收,目前已成为炮兵防空兵领域通信业务的工程标准。在邹勤宜的带领下,他带领的团队多次成功突破关键技术,为新项目研制开拓了思路、提供了研究途径,为五十所在战术通信领域的发展、国防事业的进步做出了重要贡献。

攻关团队的指挥员

邹勤宜既是战斗在第一线的"拼命三郎",又是一名能攻善战的出色管理者。

邹勤宜把提高科研人员思想政治水平作为提高队伍素质的重中之

重,以周末例会为学习平台,以理论原著、学习读本、报刊、影视等为载体,积极组织开展思想政治学习,有效提高了科研人员的政治素质、责任意识、大局意识和创新意识,为开展好军工科研工作提供了思想动力,形成了积极向上、锐意创新的良好作风。在先进性教育期间,科研人员在紧张的工作之余集中学习先进性教育读本,在外场基地成立临时党支部并抓紧试验间隙时间进行学习,中央电视台《新闻联播》和上海电视台《先锋》栏目先后进行了报道,得到了充分肯定,荣获上海市文明班组称号。

邹勤宜重视营造学习氛围,努力促进科研人员岗位成才。为了提高这支平均年龄不足30岁的年轻团队的知识能力与技术水平,邹勤宜将创建学习型班组工作纳入了部门发展规划,确定了在工作中学习、在学习中工作的思路,并通过建立导师制度、举办内部技术培训活动、外请专家专题讲座、开展读书活动等形式,成功地营造了充满活力的工作环境和学习氛围,提高了科研人员的业务能力、思想素质和文化内涵,建成了一支工作效率高、学习氛围浓、攻关能力强、业务领域广的富有战斗力的团队。

邹勤宜注重加强民主管理,致力于建设和谐团队,在部门内形成了团结、沟通、协调的良好风气。部门每月召开三、四次负责人会议,及时解决问题、协调关系,为员工创造良好的科研环境,使各项任务有条不紊地正常开展。针对青年员工多的特点,邹勤宜主动关心他们的生活,切实解决他们的实际困难,在工作和学习方面更是悉心培养,关心备至,经常跟他们一起分析并击破难题,部门里迅速成长起了一批能够独自承担课题、攻关能力突飞猛进的年轻技术骨干。同时,利用部门内党员较多这一优势,开展了党员与群众结对活动,使党员和群众互相帮助,共同进步。

在邹勤宜的带领下,这支奋战在国防科研战线上的年轻团队成员上下一条心,拧成一股绳,在难题面前同甘共苦,互帮互助,携手完成了多项具有高度挑战性的任务,为国防信息化建设做出了重要贡献。

人生格言

止于至善

孙毅勇　博士。1972 年 11 月出生,2002 年获美国田纳西大学电气工程专业博士学位。现任上海微创医疗器械(集团)有限公司电生理业务资深副总裁,兼上海微创电生理医疗科技有限公司总裁。上海理工大学兼职教授,浦东新区十四届十大杰出青年获得者。

从事开发中国自主知识产权的电生理医疗器械和设备,先后承担了 863 计划、科技部国际合作项目、上海市战略性新兴产业项目等 17 个项目,拥有美国及中国专利 20 余项,在国际性学术期刊上发表论文 30 余篇。

勇于创新,为国解忧

——记上海微创医疗器械(集团)有限公司 电生理业务副总裁孙毅勇

　　随着人口老龄化的加剧,房颤等复杂心律失常、顽固性高血压的疾病患病率将进一步增加,对人体健康造成了很大危害。通过对这些疾病发生机制的不断深入认识,电生理介入治疗成为最有前景的治疗方法。随着电生理介入治疗研究日趋深入,市场上电生理产品日渐丰富,却普遍面临着过度依赖进口产品的问题,高昂的治疗费用成为患者沉重的经济负担。

　　为了减轻此类疾病患者高昂的治疗费用,孙毅勇博士依靠其长期在海外工作学习积累的丰富经验,深厚的技术功底和敏锐的业内洞察力,带领着电生理产品研发团队在自主创新道路上锐意进取和不断打拼,开发国产具有自主知识产权的三维标测设备和标测消融系列导管,在技术及性能方面达到国外同类新型产品的先进水平。目前,孙毅勇博士带队研发的电生理产品均有了显著成果,其中,三维磁定位标测系统和配套导管填补国内空白。

瞄准前沿,大胆创新

　　孙毅勇博士常说,微创集团的远景是建设属于中华民族的世界级医疗集团,我们每一位员工都有义务承担起这一令人骄傲的职责。电生理子公司肩负着微创集团在电生理领域发展的使命,我们正在向着正确的目标迈进。要在业内保持先进领先,就不仅是把手头上的产品做精,更要有敏锐的嗅觉,瞄准前沿。因此,孙毅勇博士经常花费大量的业余时间,潜心研究国内外专利及文献,参加学术会议与专家沟通,将业内第一手动态分享给团队。

2007年,经过大量市场调查、论文及专利检索,孙毅勇博士了解到国内尚无一家企业进行基于磁定位技术的三维标测设备和射频消融导管的研究。于是,他带领着团队不懈探索,使公司成为国内首家并且唯一一家开展此类设备和导管研发的厂家。2012年,三维标测设备又加入了多道记录仪功能,使这一系列产品的整合开发达到国际先进水平。

几年来,孙毅勇博士不仅专注于心脏电生理领域的研究,新项目推陈出新,新构思络绎不绝。电生理肾动脉消融治疗顽固性高血压项目——包括肾动脉消融导管和射频仪,成为公司在继三维系统基础上开发的第二个成套设备加导管耗材的综合解决方案,也成为公司在心脏电生理外开拓的又一新领域。

要创新,要突破,要实现从无到有,就不能退缩。孙毅勇博士凭着坚定的信念和求实的态度,带领团队积极挑战,迈过了一道又一道坎坷,攻克了一个又一个难关。目前,公司产品涉猎已由房颤诊断治疗领域逐步开拓至包括高血压治疗在内的其他各个领域,各类电生理辅助产品及附件也全面开花。

求真务实,硕果累累

作为技术背景出身及项目研究开发负责人,孙毅勇博士承担了大量研发任务。为了实现项目既定进度,孙毅勇博士身体力行,在任何一项新的科研项目启动后,他总是会亲手参与第一次试验,为的是从中发现问题,更好地解决问题。

在孙毅勇博士的带领下,用于治疗室性心动过速的 Firemagic 消融导管和 Easyfinder 标测导管,在获得注册证后已经在全国各地医院进行使用,形成了完备的产品链,稳固了电生理市场产品占有率,具备了与进口产品竞争的实力。

Columbus 三维标测系统——代表了目前国际上治疗房颤的最先进技术,其研发过程经过了种种考验。在国外同类产品高手如林的局面下,如何绕开专利壁垒设计出有特色且具备国际一流水准的系统?在项目任务紧、团队经验少的情况下,如何完成这项艰巨任务?这些难题如同层层厚茧，考验着这支年轻的团队。但是凭着坚持不懈的努力，他们做到了。目前，该项目已顺利完成系统检测和设计验证，在全国十余家大型房颤治疗中心进行临床试验，产品无论是各项性能指标还是外观都获得了来自多家中心专家的认可和赞许。

六年时间，孙毅勇博士带领着他的团队，已自主开发了多项具有国际先进水平的高端医疗器械产品，其中 3 项已上市，3 项进入临床试验阶段。同时，7 项产品即将完成欧盟 CE 认证，开启海外销售。

团队协作，成就事业

孙毅勇博士行事一丝不苟、求真务实，对自己以及团队一视同仁，从不放松。他的做事风格感染着团队中的每一位成员。

2010 年，为了确保项目样机送检顺利完成，许多个夜晚和周末，孙毅勇博士和他的团队共同加班加点。他笑称，"大家付出了那么多，我帮不了大忙，能做的就是给大伙跑跑腿买买饭，再做做司机加班后把大家送回家"。正是这样一份真实与朴素才最能打动人心，在团队共同努力下，各个项目得到快速推进。

多年来，孙毅勇博士通过精心培养，打造了一支能征善战的团队，出色完成了电生理介入产品的研发。公司在雏形之际，各项资源均十分有限，不容易吸引高技术人才的加入。孙毅勇博士勇于吸收新兴力量，招募了大批应届毕业生，并通过悉心培育、并肩作战，使这支年轻朝气的团队越战越勇，出色完成了各项攻关任务且屡获集团殊荣。他还非常注重员工培养与丰富员工业余生活，重视团队培训工作，在公司内部多次举办电生理知识学术研讨及分享会等。为了活跃大家的思维、修养大家的身心、释放大家的压力、培养大家全面发展的人格，他鼓励每一位成员培养健康的业余爱好。在他的培育下，项目团队面对困境时始终保持积极乐观的心态，也正是这种心态成就了这一番事业。

人生格言

多家创新，精益求精．

张　芩　高级工程师。1965 年 10 月生，毕业于上海科技大学。现任上海高智科技发展有限公司系统部总监。

近年来在高智公司主持和参与多项研发项目，获得上海市重点新产品证书 4 项，国家重点新产品证书 3 项，上海市高新技术成果转化项目证书 2 项，上海市科学技术进步奖二等奖，中国国际工业博览会创新奖等。

务实创新结硕果，
精益求精无止境

—— 记上海高智科技发展有限公司
高级工程师张芩

以科技创新著称的上海高智科技发展有限公司，有一支坚持发扬"脚踏实地搞科研、开拓创新争一流"拼搏精神的科研团队，其中有位长期来埋头苦干、辛勤耕耘、成绩突出的佼佼者备受赞誉，他就是现任上海高智公司系统总监的高级工程师张芩。

坚持务实苦干，走创新之路

张芩在科研工作实践中，坚持发扬公司一贯倡导的科技创新精神，以身作则，与团队成员一起攻克难关，多年来成功完成许多具有自主知识产权，达到世界先进、国内领先水平的重大科技攻关项目，公司产品为国家经济和社会发展事业做出重要贡献。

在上海重大科技攻关项目"大容量同步卫星数字广播数据通信接口"的研发、建设与应用过程中，根据当时国内证券金融市场急剧发展需求和新闻媒体传播需求，张芩通过不断摸索，攻克了卫星大容量同步数字广播通信传输的许多技术难点，研发专用的高速通信接口设备，在公司的"上海证券交易所卫星数字广播系统"研制项目中，一举改变了当时卫星异步数据通信传输的技术模式，投入社会使用后，对我国证券市场长期安全、稳定发展发挥了关键技术保障作用，取得了巨大的经济效益和社会效益。

由他作为主要骨干参与公司自主研制设计高速数据通信接口，从而在计算机和卫星设备之间采用自行研制的高速数据通信接口实现同步 128 kbps 通信,且传送速率可用软件调整,打破了国内外在串行接口传输速率一般只能达到异步 19.2 kbps 的水平。同时,项目首次采用 128 kbps 同步 HDLC 协议,成功应用于同步卫星通信,开创了国内数字卫星通信的先例。

坚持拼搏攻关,成绩面前不停步

在公司研发项目多次荣获国家和市里的颁奖后,张芩没有停步不前,而是坚持作为新的起点,继续努力,带头拼搏攻关。

根据中央有关部门的要求,几家主流新闻媒体希望解决报纸异地分印及时发行难题。张芩带头钻研,带动团队一起为该项目自主研制设计了高速数据通信接口实现了 2 Mbps 速率同步数据传送,解决了动态、静态数据发送、文字发送包括静止图像画面(照片)的无差错发送等一系列技术难题,建设了"新闻媒体报纸卫星传版系统",成功实现了《文汇报》、《上海证券报》的大容量卫星传版,从此上海之外甚至海外等地的读者,每天都能够准时看到当天出版发行的传统纸质报纸,受到社会的好评。《新民晚报》的国际卫星传版也使用了该系统,其中使用的关键设备 SPL－1000 高速数据通信接口,列入国家级重点新产品。

张芩在负责"卫星数据广播 IP 接入系统"的研发中,针对卫星广播特点,综合利用了通信、图像、卫星、计算机软件等技术,建设成以卫星 IP 数据广播网为载体的"跨网络多协议卫星 IP 多媒体信息平台"和符合 DVB－S 标准的卫星宽带多媒体网络系统,产品推出受到社会用户的欢迎和好评。

坚持服务社会,精益求精无止境

张芩牢记公司长期坚持的"服务社会,多作贡献"宗旨,在科研工作中一贯带头从己做起,做到精益求精无止境,不断提高公司产品先进科技含量,更好地为社会用户服务。

由张芩主持研发、系统设计完成的卫星数据广播接收机"STOR3000 产品",以及完成研究开发基于 DVB S2 的卫星数据通信产品和设计完成上海证券交易所 Ku 项目二期主站系统(8 路 IP 数字电视)、监控接收系统设计产品等,就是常年滚动、从来不能有所松懈的重要项目,正是由于长期坚持"精益求精无止境"精神,常年更新先进成果,陆续不断用于上海证券交易所宽广项目的顺利实施,从而进一步完善我国最大的证券信息发布系统能够更加规范和整合信息及发布渠道,为努力建成符合我国国情的强大的综合证券信息发布平台,发挥了重要的技术保障作用,同时也有力地促进了我国证券市场持续稳步地发展。

近年来,由张芩负责完成研究和开发基于网络的 MV3 终端,为高智公司成功推出"数字媒体-电子出版物网格服务系统"(产品代号:MV3),在市场推广应用中发挥了很大的作用。该产品是高智公司具有自主知识产权的核心研发项目,该产品的服务系统采用 web 服务开发网格系统,兼容了网格计算和 Web 服务,兼蓄了网格计算和 web 服务的诸多优点,符合现代社会精神文明和文化建设的持续发展需要,能够不断满足和适应现代人高层次以及内容更加丰富多彩的文化需求,为此得到了社会各界的较高评价。

在成绩和荣誉面前,张芩继续坚持自主创新、不断努力、开拓进取。他作为高智公司的科技带头人和重要骨干,瞄准世界同行的新技术、新水平,积极协助公司在内部建立"实验室"科研体制,实行课题项目负责考核制度,充分发挥科技团队和工程技术人员的创造积极性,努力让公司研制开发新产品始终保持国内领先、世界先进技术水平,服务社会,多作贡献!

座准方向，躬身耕耘，心态开放，合作包容。

顾国强 教授级高工。生于 1956 年 3 月，1985 年 3 月获交通部上海船舶运输科学研究所船舶港口电气自动化专业工学硕士学位。现任上海众恒信息产业股份有限公司总经理。国务院特殊津贴专家，东华大学、华东理工大学、上海计算技术研究所兼职教授、研究生导师，同时担任上海市计算机应用高级专业技术职称评委、上海市政府采购评审专家、上海微电脑协会理事、静安区政协委员等社会职务。

长期从事计算机信息系统领域开发应用工作，在船舶柴油机自动控制、大型数据库设计与应用、数据安全和软件工程领域具有相当的学术造诣和丰富的实践经验，承担过国家"863 计划"项目、国家"九五"地方重大计划项目、国家计委高技术产业化推进项目、国家科技型中小企业技术创新基金项目等多项重大项目，并先后撰写了40 多篇项目可行性研究报告及解决方案，并在各类刊物上发表了20 多篇论文。

近年来获得交通部科技进步三等奖、上海市科技进步二等奖（两项）、上海市科技进步三等奖、全国工商联科技进步一等奖、"上海市软件行业协会优秀企业家"等奖励和荣誉称号。

求实创新，与企业共同成长

——记上海众恒信息产业股份有限公司总经理顾国强

1996 年，顾国强与其他两位技术人员一起创建上海众恒信息产业有限公司，当时注册资金为 500 万元，发展至现在已拥有净资产 1.6 个多亿，三个专业子公司分别负责产品代理、工程、软件等方面的生产任务，并在全国各地开设多家分公司与办事处。众恒公司的发展历程与创业者的性格与做事风格分不开的。

耐住寂寞，埋头耕耘

对于中小企业的发展，顾国强有自己的观点：中小企业发展需要耐得住寂寞，每个行业都有成功与失败者，他认为成功需要有"愚公精神"，在一个行业里坚持并寂寞耕耘。许多高智商的创业者由于无法忍受行业周期性起伏的折磨，总期望赚快钱而不断掉入低层次重复的创业陷阱中，终因缺乏企业家情商而可惜。

顾国强还认为，企业经营说到底是资源的经营，企业的规模就是资源积累的结果，如何寻找具有辐射和迁移的资源高地就是企业家的任务。基于这样的认识，众恒公司成立初期主要是证券业的信息化业务。当 1998 年证券行业发展趋向饱和后，公司经营决策层决定转型发展——政府信息化行业的发展前景和覆盖面更广阔。这次业务体系转型，为众恒公司进入稳健的可持续发展轨道提供了契机。

应对危机，开拓市场

2009 年金融危机造成许多企业面临亏损甚至结业的窘迫局面，面对危机，顾国强提出了企业开源节流的"剧场与剧团"经营模式。开源是将企业打造成剧场平台，越是经济形势不好，越要增大市场的开拓力度和投入，打造企业品牌，吸引弱小企业抱团取暖。节流不是简单地裁员和压减市场费用，那是"自杀"做法。顾国强认为，真正有效的开源节流是提高投入产出比，让员工分别组成多个公司内部独立核算剧团，成为公司股东的"合伙人"，加强 KPI 考核管理。同时集中公司优势资源，抓住优质客户，实施"将鸡蛋放在一个篮子里，然后看住"的策略，在经济不景气的年代避免多元化带来的资源损耗。

在公司董事会和顾国强总经理的领导下，众恒公司制定了一系列政策应对危机，增强公司抗风险能力的同时扩大了公司的规模。在企业经营模式转型中尝到甜头后，公司加速在全国范围内的市场布局，顾国强又提出了跨地区"连线剧场"经营模式，整合全国各省市行业内地方企业的各方面优势，形成非资产性战略联盟。该模式没有采用传统的加盟或控股形式，而是一种垂直产业链整合加"联邦制"企业合作模式，既保持了各企业的财务独立以避免法律风险蔓延，又达到了市场、技术和产品的资源共享目的。有了正确的决策引导，公司在 2010 年跨过了中小 IT 企业的"销售门槛"，收入突破 2 个亿。

提升内涵，打造品牌

顾国强认为，从投资回报角度来看，金融是直接的钱生钱行当，而一般企业是钱转化为物、物再转换为钱的"曲线"增值模式。因此，通常企业更需要重视有关"物"即产品的技术、人员和品牌建设，而其中技术和人员素质都体现在品牌即企业的无形资产中，股东的初始投入在企业初创期是以"现金流失"形式出现，若实现了企业的无形资产增值，才是企业能实现可持续发展的真正资产。

因此，早在企业开创之始众恒公司就成功注册了"TRIMAN"商标，自此公司就以"众志成城、持之以恒"的企业文化和科技创新精神引导与团结每一位员工,使每一位"众恒人"都将创造品牌产品、提供优质服务、提升企业形象作为职业信仰与操守。在众恒公司创建之初开发的中国第一套"证券业务处理系统",带着公司"TRIMAN"商标走向市场。该系统两次获得上海科学院科技进步二等奖,创造了当年上海市高新技术企业人均创利名列前茅的业绩。

凭借着在科技创新、品牌经营方面下的苦功,众恒公司的产品及服务已覆盖全国15个省、直辖市。同时,众恒公司也是公安部指定的"治安管理信息系统"系统集成商、"公安人口管理信息系统"系统集成商和"第二代居民身份证系统"系统集成商,并拥有多项自主知识产权。2009年和2012年,众恒公司先后获得为"上海名牌"和"上海市著名商标"称号。

注重节奏,持续发展

企业该走什么发展之路,是作为一个经营者必须考虑的问题。顾国强认为,企业发展不能一味地贪快求大,企业的规模必须与市场的容量相适应,否则就会规模失当,企业发展的速度有时不能太快,当历史的轨道发生拐弯时,前进速度太快的列车就很容易出轨,作为经营者需要时时注意技术、市场的变轨,小心驶得万年船。

众恒公司从自主研发的"证券业务处理系统"开始创业,之后顺应热点市场切入公安领域,开创新的业务市场,并经过多年的努力,成功地推出"派出所管理"、"治安管理"和"人口管理"三大公安系列产品。接着,众恒公司在人口信息管理的基础上开展地理信息综合应用,形成了以地理信息技术为核心、以人口信息管理为应用的业务体系,并逐步扩展到城市管理。

面对当前全球的移动网络和大数据热潮,众恒公司并没有急于求成,而是将自主开发的系统中大量的与人口和治安相关的数据、文档、图片和视频的信息慢慢积累,为今后开展大数据分析管理平台的研发和产业化提供坚实的数据基础。

17年来,众恒公司踏实地迈着每一步,并最终确立了众恒在全国同业竞争中的领先地位。

兴趣、自信和努力是成功的前提.

吴晓晖 教授。1972 年 6 月生,2001 年获复旦大学理学博士学位。现任复旦大学发育生物学研究所教授。"973"计划项目首席科学家,国务院政府特殊津贴专家。

长期利用小鼠等模式动物研究发育和疾病机理,并发展哺乳动物遗传学研究新方法,承担了 973 计划、国家自然科学基金、教育部和上海市项目 10 余项,发表论文 30 多篇,他引逾 500 次。

获全国高校十大科技进展、上海市自然科学一等奖、上海市科教党委系统青年科技创新人才、上海市青年科技启明星、上海市曙光学者、上海青年科技英才、上海领军人才、新世纪百千万人才工程国家级人选等荣誉。

与兴趣同行

——记复旦大学吴晓晖教授

兴趣让他选择小鼠

吴晓晖出生于上海的一个知识分子家庭。受父母影响,他从小对自然科学有广泛兴趣,尤其喜欢各种小动物。他小学和中学时曾参加过多个课外兴趣小组,有关生物的小论文还在区里得过奖。1990 年,吴晓晖考入复旦大学遗传学和遗传工程系本科,按学校统一安排前往大连陆军学院接受军政训练。和许多抓紧时间学外语的同学不同,吴晓晖在课余阅读了分子遗传学等许多生物类书籍。一年的军政训练强化了他的纪律性和团队精神,锻炼了他吃苦耐劳的品格,对他今后的学习和工作产生了积极的影响。

1991 年,吴晓晖回到复旦大学学习。出于对当时正在兴起的人类基因组计划的兴趣,他在三年级时加入遗传学研究所柴建华教授实验室,参与人 X 染色体短臂部分区域片段排序。他在一年多里进行了大量分子生物学实验,显示了较强的动手能力,也进一步激发了对实验室工作的兴趣。由于学业优异,他于 1994 年获准提前一年攻读本校研究生,两年半后又获准提前转入博士生培养计划。1997 年,经导师李昌本教授和赵寿元教授推荐,吴晓晖作为交换学生前往耶鲁大学遗传学系许田实验室学习。在耶鲁的三年间,吴晓晖接受了果蝇遗传学研究的系统训练,围绕神经发育和神经退行性疾病的机理开展研究,与他人合作在《科学》等杂志上发表了有关成果。

1999 年起,吴晓晖逐渐对小鼠产生了兴趣。与果蝇相比,小鼠基因组序列和人更加类似,解剖结构和生理活动与人基本相同,可以为解读人类基因功能,研究人类发育和疾病机理提供更加直接的启示。为了像研究果蝇那样研究小鼠,吴晓晖在回国取得学位后谢绝了友人的好意,没有选择继续出国进行果蝇研究,而是留下来参与许田、韩珉、庄原等海外学者领衔的复旦大学发育生物学研究所筹建。他从实验室图纸设计和总体装修改造开始,与同事一起白手起家,选购仪器设备,制定实验室规章制度,使研究所工作迅速展开。他在庄原教授帮助下于2003年前往美国杜克大学转基因中心学习,随即回国建立了发育生物学研究所小鼠实验设施和转基因及基因剔除技术平台,成功培育转基因和基因剔除小鼠逾千例,为研究所进一步开展小鼠遗传学研究奠定了基础。

兴趣让他取得突破

解读基因功能的基本策略是通过生物体基因变异后的生命活动改变推测正常基因的作用。利用基因剔除等方法诱变小鼠基因风险比较小,但研究效率低,不能像果蝇那样进行大规模基因功能筛选分析。为此,吴晓晖和许田等合作,着手借鉴果蝇的经验进行基因诱变新方法研究。在多次尝试失败后,他们终于通过改造来自昆虫的PB转座子取得了成功。转座子是一类特殊的DNA片段,因其在基因组里的位置可以改变(转座)而得名,被广泛用于果蝇转基因和基因插入诱变等研究。通过改造,吴晓晖等让PB转座子在哺乳动物细胞和小鼠体内高效可控地发挥作用,并证明这一系统能够用于小鼠转基因和基因诱变。这些工作首创了一个高效实用的哺乳动物转座因子系统。该系统不仅可以携带大片段DNA高效培育转基因动物,也可以直接通过交配小鼠产生各种新的基因突变,为大规模哺乳动物基因功能和疾病模型研发提供了新方法。

该成果于2005年8月被国际一流生命科学杂志《细胞》作为封面论文发表,这是我国科研人员的成果首次登上该杂志封面。《细胞》杂志审稿人评价它"是里程碑式的发现,将可能在世界范围内改变小鼠遗传学研究,并有用于人类基因治疗的前景"。《科学》等杂志进行了大幅报道,《纽约时报》、《福布斯》杂志、德国《商报》等媒体也纷纷作了重点报道。该成果被中国科学院评为十项"2005年中国科学家具有代表性的部分工作"之一。目前,哺乳动物PB转座子系统已经被小鼠转基因和基因诱变、干细胞、基因治疗、体细胞遗传学和动物遗传学等领域的研究人员广泛采用,其中不乏如开创小鼠基因剔除技术的诺贝尔奖得主 Capecchi 实验室等著名团队。

作为大规模基因功能筛选分析的第一步,吴晓晖直接主持培育基因突变小鼠 5 000 多种,建立了规模世界领先的基因突变小鼠和疾病模型资源库。凭借新方法的优势,这一工作以不到国际竞争对手 1/5 的投资获得了 6 倍以上产出,4 年中培育的基因突变小鼠数量相当于国外同行之前 20 年的总和。现有突变小鼠库中包括了已知人类疾病基因相应突变体 280 种,候选基因相应突变体 447 种,还有大量药靶和重要信号转导途径相关基因,为寻找和验证疾病和重要生理功能基因,研究相关生命活动机理,建立疾病动物模型,筛选生物标志物和药物靶标,发展创新预防、诊断和治疗方法提供了丰富资源。目前,全部品系已在线发布,并向国内外同行提供突变小鼠和工具试剂 500 余例。

兴趣伴他继续前行

吴晓晖的工作已在国际国内学术刊物上发表论著 30 余篇,他引逾 500 次。他曾先后获得中国高等学校十大科技进展、上海市科教党委系统青年科技创新人才、上海市青年科技启明星、上海市自然科学一等奖、上海市曙光学者、新世纪百千万人才工程国家级人选、上海青年科技英才、上海领军人才等荣誉。目前,他的研究兴趣集中于代谢和肾脏发育机理。通过对基因突变小鼠库的初步筛选分析,吴晓晖及其研究团队已经发现了一批导致代谢和先天性肾脏异常的突变基因,进一步研究将可望发现调控这些生命活动过程的新基因和新通路,为相关疾病干预提供新线索。

人生格言

好的研究成果终将传承、并造福人类！

    廖世俊 上海交通大学特聘教授。1963 年 9 月 15 日出生,1992 年获上海交通大学船舶及海洋工程博士学位。现任海洋工程国家重点实验室副主任。国家自然科学基金杰出青年基金获得者,教育部长江学者奖励计划"特聘教授"。

    1992 年原创性地提出了求解强非线性问题的解析近似方法 ——"同伦分析方法"。该方法克服了传统解析近似方法的局限性,适用范围更广,已被十几个国家的研究人员成功应用于科学、工程和金融领域。出版两本相关英文专著,发表近百篇学术论文,专著和论文共被 SCI 检索他引 4 457 次,h-index 为 34(截至 2012 年底)。

    获"上海市自然科学一等奖"(独立获奖人)和第七届"上海市自然科学牡丹奖"。

大胆创新,坚持不懈

——记上海交通大学廖世俊教授

突破传统,大胆创新

　　力学中的大部分问题是非线性的。非线性问题的求解,首推实验和数值方法。但解析近似方法在处理无穷域、多解、奇性等方面具有独特的优势,一直得到国际学术界的极大关注。因此,提出求解非线性方程全新的解析近似方法具有重大的理论和应用价值,也是国际力学界的研究热点之一。

　　传统的解析近似方法中,建立在物理小参数假设之上的摄动理论最为著名,因其物理意义明确、较易理解,被广泛地应用于力学中的许多非线性问题,从深度和广度上都大大加深了人类对非线性问题的理解。遗憾的是,摄动理论通常仅适用于弱非线性问题。为了克服摄动理论的局限性,国际学术界已提出了一些传统的"非摄动方法",如 Lyapunov 人工小参数法、δ 展开法、Adomian 分解法等。这些方法虽然形式上似乎都不依赖物理小参数,但仍然不能提供一个便捷的途径保证所获得的级数解收敛,从而确保所求得的解析近似足够精确。因此,本质上而言,传统解析近似方法通常仅适用于弱非线性问题。所以,提出求解力学中强非线性问题全新的解析近似方法,不仅具有重大的理论意义,而且具有宽广的应用前景,一直为国际学术界所瞩目,也是长期困扰国际学术界的一个难题。

　　自 1989 年攻读博士学位开始,廖世俊一直致力于提出一种全新的解析近似方法,不仅能克服传统解析近似方法的上述局限性,而且适用于强非线性问题。廖世俊彻底抛弃了摄动理论对物理小参数的依赖性,利用拓扑理论中的同伦概念,国际上首次提出求解非线性方程解析近似解的"同伦分析方法",经过十几年坚持不懈的努力工作,形成了一个较为完整的理论体系:

(1)率先将拓扑理论的同伦概念应用于非线性方程的解析近似求解,首次提出求解力学中强非线性方程级数解的一般性方法:"同伦分析方法",且在应用和理论上不断发展和完善该方法,逐步形成一个较为完整的理论框架。

(2)率先引入"收敛控制参数"将同伦概念一般化,提出"广义同伦"和"收敛控制"之概念,首次提出一个便捷的途径控制级数解的收敛,使同伦分析方法适用于强非线性问题,克服了传统解析近似方法之局限性。

(3)证明"同分析方法"逻辑上包含一些传统的解析近似方法,如著名的俄罗斯数学家 Lyapunov 提出的"人工小参数法",美国数学家 Adomian 提出的"Adomian 分解法",等等。这显示了"同伦分析方法"理论上的继承性和一般性。

(4)成功求解了许多不同类型的非线性问题,不仅能更好地求解某些经典问题,而且获得某些非线性问题全新的解,这些新解被其他解析近似方法、甚至数值方法所遗漏。这显示了同伦分析方法的有效性、创新性和潜力。

"同伦分析方法"已被中、美、英、加、澳、日、韩、印度、伊朗、土耳其、巴基斯坦、南非等十几国的研究者广泛应用于求解科学、工程和金融领域多种类型的非线性问题。英国 Newcastle 大学讲座教授 Tao 和美国工程院院士 Chakrabarti 教授在其论文中全面肯定了同伦分析方法不依赖物理小参数以及适合于强非线性问题之优点;美国 Sherif 教授在 Applied Mechnics Review 上撰文指出:"该方法可以调节收敛区间;特别适合于求解强非线性问题;Turkyilmazoglu 教授在流体力学知名杂志 Physics of Fluids 上撰文指出,当用其他解析近似方法获得的级数解发散时,同伦分析方法却可以给出收敛的级数解,充分肯定同伦分析方法求解强非线性问题的有效性;Hayat 教授在其论文中指出,廖世俊教授"做出了开创性的工作(pioneering work)。"《科学观察》2009 年和 2011 年度将"同伦分析方法"作为研究热点加以介绍。

廖世俊教授率先提出的"同伦分析方法"克服了传统解析近似方法

的局限性，为力学和应用数学中许多强非线性问题的求解开辟了一个全新的途径、提供了一个有效的工具，推动了力学和应用数学中强非线性问题解析近似方法的向前发展。

持之以恒，坚持不懈

自 1989 年攻读博士学位至今，廖世俊以及研究小组 20 多年来一直坚持不懈地不断完善"同伦分析方法"，不仅证明了一些关键的定理，形成一个较为完整的理论体系，而且不断扩展"同伦分析方法"的应用范围，将其成功应用于求解物理、天文、力学、化学、金融等领域的非线性问题，证实了其普遍有效性。

特别是，在进行该研究的前十年，廖世俊教授及其研究小组的工作，并没有得到国际学术界的关注，其论文很少被引用。即使这样，廖世俊教授也没有放弃在该领域的研究和探索，坚信"好的研究成果终将传承、造福人类"。近年来，廖世俊教授以及研究小组的研究论文被大量引用，"同伦分析方法"得到国际学术界的广泛关注和研究同仁的广泛采用。

欲 做 学 问，先 修 人 品
无 求 无 争，功 到 自 成。

王浩伟 教授。1966 年 4 月生，1992 年于西北工业大学获得工学博士学位。教育部"长江学者"特聘教授、国务院特殊津贴专家、上海市领军人才，教育部高校青年教师奖、上海市育才奖、上海市科技启明星和上海市优秀青年教师获得者。

一直从事金属基复合材料的研究，在铝基复合材料原位合成制备技术和性能方面的研究取得突破性进展，实现了复合材料大型复杂构件的直接铸造成形，应用于国防战略武器和先进半导体设备获得突破，为解决金属基复合材料发展与应用的关键问题开辟了新途径；研究成果广泛应用于国家多个重要领域。发表论文百余篇，获得授权国家发明专利 50 余项，讲授的本科生专业基础课"材料加工原理"获上海市教学成果一等奖等荣誉。

无求无争,为国为校

——记上海交通大学材料科学与工程学院王浩伟教授

赤子之心,钟情于材料研究

"国家的重大需求就是我从事研究的使命。"这是王浩伟教授常常挂在嘴边的一句话。正是这句话的指引,让王浩伟教授根据国家的重大需求,以敏锐的目光一直瞄准着金属及复合材料的国际发展动向,突破一个又一个难题。1997 年他完成德国 STUTTGART 大学高级研究员和 MAX－PLANCK 金属研究所博士后工作,怀着一颗拳拳报国之心回国工作。多年以来国际上作为铝基复合材料能够在工程上规模应用的陶瓷颗粒增强铝基复合材料存在许多不足,其表现出来的主要问题有性能稳定性差,铸造成型困难等等问题。王浩伟教授回国后一直在思考如何能制备一种新型的铝基复合材料以摒弃传统材料存在的不足。就在这个时候,我们国家的某重点国防项目迫切需求一种具有高强度、高弹性模量、高阻尼性能的铝基复合材料,该研究内容在国家"九五"期间攻关未能取得重大突破。王浩伟教授以全新的理念通过化学反应的方法制备出超细纳米颗粒增强的铝基复合材料。他研究出了一种新型的颗粒增强铝基复合材料——跨尺度微元控制自生长铝基复合材料,真正实现了复合材料增强体颗粒从形状及尺度的可控制生长,制备出的复合材料性能稳定,并可重复使用,同时具有非常好的铸造性能。取得了一系列具有自主知识产权的原创性成果,首次实现了复合材料大型复杂构件的直接成形,应用于船舶、航空、航天工业领域和先进半导体设备,为国家重大项目所需关键材料的研究做出了重大贡献。据不完全统计,该项目为某 XX 制造企业带来直接经济效益 8 000 万元人民币,为某半导体设备生产企业带来经济效益 6 000 万元人民币,5 年内累计为企业产生经济效益 1.4 亿人民币。最为重要的是该项目解决了国家急需的关键产品所需的关键材料制备技术,为产品技术水平的提升起到了决定性的作用。在 2011 年的项目鉴定会上,科学院、工程院四位院士和从事复合材料研究多位专家一致认为,王浩伟教授团队所做出的工作成绩已处于国际领先水平。

重在创新,欣慰于成果应用

满足国家的重大需求一直是王浩伟教授从事研究工作所追求的目标。近年来,为满足我国在材料领域的一些重大需求,解决材料研究领域存在的瓶颈问题,王浩伟教授带领他的团队在复合材料界面与性能、近零膨胀铝基复合材料、金属基复合材料的疲劳行为等方面开展了深入研究。他是一个对从事科学研究有浓厚兴趣的人,总是能用创造性思维方式,找到一些奇思妙想的科学方法。他和他的团队利用机械能-电能-热能的相互转化机制,创新性的制备出了一种超高阻尼性能的结构功能材料;通过复合材料的热流取向性设计,制备出了二维超高导热性能的结构功能铝基复合材料;通过增强体的物理特性设计,制备出了一种零膨胀的结构功能铝基复合材料。王浩伟教授团队的研究工作处处体现奇思妙想,同时所设计的材料除具有功能性以外,还具有良好的结构性能。正是由于他的这种求实创新的精神,在这二十年中取得了累累硕果。目前他的研究成果已应用在天宫 1 号、天宫 2 号、资源卫星以及侦察卫星的关键零件的制造,同时在重型直升机旋翼关键零件的新材料研究方面也取得了重大突破。

众所周知,一个新材料的科研成果要在实际得到应用,对材料的可靠性、稳定性、成型性、加工特性以及材料性能数据的全面可靠性都具有极高的要求。王浩伟教授及其团队多年来从事科学研究工作以应用为主,以重大应用需求为导向,解决重大问题。他们的一个又一个研究成果都很好的在实际中得到了应用,也得到了实践的检验。在他的心里,研究成果不能仅仅停留在论文上,要在工业得到应用,这才能使他感到欣慰。

在回国后短短的十几年里,王浩伟教授已主持承担了国家重点攻关项目、国家自然科学基金、国际合作项目几十余项。发表研究论文百余篇,获得国家发明专利50余项。

拼命三郎,奉献于教书育人

"拼命三郎"这是王浩伟教授身边的人对他的印象,"严于律己、宽以待人"是王浩伟教授的人生态度,他要求别人做到的,自己一定会先做到,这种精神和态度也不断地激励着他的团队和他学生们,这也使得他所领导的团队是一个团结-友爱-奋进的团队。

在每一次项目攻关过程中,不管是在烈日炎炎的盛夏,还是在寒风冽冽的严冬,王浩伟教授时时刻刻都冲在科研的第一线,全程跟在整个的实验过程中,不断发现问题解决问题。有付出才会有回报,王浩伟教授通过努力的拼搏,他所发明的新型复合材料,已经在电子装备、国防等国家重大领域得到了广泛的应用。为了急需的科研攻关,他和他的团队可以投入所有的人力和精力,凝心聚力,坚决攻关,无怨无悔。即使在王浩伟教授身体不适的情况下,他也念念不忘课题组的工作安排及进展情况,大家都在干什么,有什么困难需要解决。有一位从王浩伟教授这里毕业的研究生,在法国一所知名大学博士毕业后回国,他首选就是到王浩伟教授的团队从事科研工作。王浩伟教授的人格魅力吸引着周围的人,他的严谨工作态度影响着周围的人,他的忘我工作的精神激励着周围的人。

在培养学生方面,他的教育原则是先学做人,再学做事。所培养出的三十多名博士个个都成了岗位上的中坚力量,可谓桃李满天下。学生们都说,他们的成功受益于王浩伟教授的科研理念和做人做事原则。

王浩伟教授认为"教书育人是教师的天职",作为一名教师,首先要先给学生们上好课。尽管王浩伟教授的科研工作任务非常繁重,但是他也时时刻刻不忘本科生的教学工作,并且他的既严谨又生动的授课十多年以来一直受到学生的好评。他讲授的本科生专业基础课"材料加工原理"获上海市教学成果一等奖,被评为上海市精品课程等。正是因为他的对教学工作的投入和经验,学院领导请他担任了学院教学委员会主任,主抓学院教学质量。担任教学委员会主任以来,他出台了许多新方法、新规则、新点子,不仅对授课教师有严格的规则要求,还有公平的激励办法。在他担任教学委员会主任以来,重建授课团队,编审教学大纲,他不辞辛劳,忘我工作,无私奉献于教书育人。他所在的材料科学与工程学院在教学改革取得的优秀成果,学院教学改革模式成了上海交通大学的典范。他自己也多次获得高校青年教师奖和上海市科技启明星和上海市优秀青年教师等光荣称号。

服务决定心胸

心胸决定成败

关新平 教授。1963 年 6 月生,哈尔滨工业大学工学博士学位。现任上海交通大学自动化系教授,教育部重点实验室主任,上海交通大学科学技术发展研究院副院长。国家自然科学基金杰出青年基金获得者,教育部长江学者奖励计划"特聘教授",国家百千万人才工程国家级人选,国家自然科学基金委创新群体带头人。

长期从事非线性系统智能控制、网络系统组网与控制及其工程应用等方面的研究,承担了 973 课题、科技部重大仪器专项、国家自然科学基金重点项目、上海市科技攻关项目等 30 余项重要科技项目,发表 SCI 论文 120 余篇,SCI 他引 1 912 次。近年来获得国家自然科学二等奖、教育部自然科学一等奖及 IEEE 模糊系统汇刊杰出论文奖。

志存高远,脚踏实地

——记上海交通大学关新平教授

初识关新平教授的人都会对他留下深刻的印象,高高的个子,稍显瘦弱的身躯,透着学者的谦谦风度,却不失幽默和风趣,言语间思维活跃,见解独到。他既是一位志存高远的追梦人,更是一位脚踏实地的践行者。

锲而不舍,创新求实

这位从小对数学有着极度热爱,立志用科学知识改变世界的学者,在求学和科研工作中涉猎了数学、控制科学、信息科学等多个领域。自20世纪80年代末,关新平在没有导师指导、没有经费支持、缺乏参考资料的情况下,凭着对数学的热爱和悟性,凭着顽强的意志和拼搏的精神,开始了"泛函微分方程振动理论"研究道路上艰难的起飞。即使在生病住院两年多的时间里,他经常一只手打点滴,一只手看书或做演算,用光了100多本废卷纸订成的演算本。正是凭着这种决不向厄运屈服的顽强精神,关新平在最终战胜病魔的同时,也为他在科研领域不断攀上新高峰奠定了扎实而深厚的基础。

经过几年的努力,关新平逐渐在国际泛函微分方程领域小有名气,但一直在思索理论与实践的结合。他对控制理论与工程这一领域所蕴含的数学精髓和所展现的广阔应用充满了好奇,于是在自学相关课程之后考上了哈尔滨工业大学的博士生,开始了在控制科学与工程领域展翅飞翔。关新平教授治学严谨,注重将逻辑缜密、深入完备的数学美融入工程技术创新研究中,这也许是他在新领域脱颖而出的一大法宝。经过十多年的努力，关新平教授在时滞非线性系统的鲁棒控制和智能控制领域取得了一系列重要研究成果，获得国家自然科学二等奖、教育部自然科学一等奖等国家级和省部级奖项 6 项，研究论文获得"IEEE 模糊系统汇刊杰出论文奖"，这也是该奖项第一次授予大陆学者。关新平本人获得了国家杰出青年基金资助，获聘教育部长江学者奖励计划"特聘教授"，入选国家百千万人才国家级人选。

当国内外学术界纷纷探讨"控制应何去何从"之时，这位富有责任感、勇于担当的控制理论与应用专家认为：只有面向国家需求，积极拓展控制课题的内涵和外延，才能跟得上信息技术高速发展，控制人在此发展洪流中应该勇担责任，且必定大有作为。关新平对于研究方向的把握总能高瞻远瞩，他认为创新意识是决定成败的关键。从 2001 年开始，关新平又一次发挥他前瞻性的眼光，开始研究网络系统这一复杂对象的控制和优化问题，带领团队先后承担了 973 课题、杰出青年基金、国家自然科学基金重点项目、上海市科委重大项目等重大课题，完成冶金企业污水处理等多个无线监控系统的示范应用，完成了上海市第一个智慧社区示范工程的整体架构设计和统一管理平台构建。

他用自身的探索和实践告诉我们，科学研究永远不可能一劳永逸，一成不变，寻找问题比解决问题更加考验创新能力，要用科学工作者敏锐的眼光和视角，不断地"突围"，才能取得创新成果。

群策群力，科学求真

如果说关新平教授在学术上是有高度和深度的学者，那么他同样是有宽度的教育工作者。高度表现在，以满足国家需求体现人生价值，获得诸多荣誉之后的淡然；深度表现在，思维的敏锐和前瞻，与时俱进，开拓进取；宽度表现在，他既有专业知识又有管理能力，运用严谨的科学态度和方法来对待管理工作。

"如果一个人去奋斗，最多出一个比较有造诣的人，而如果我去团结一批人，那么依靠集体的智慧与力量，就会开创一个新局面，就可能出一批知名学者，多个知名学科。"这是关新平 16 年管理工作的指导思想。关新平在担任上海交通大学科研院副院长之前担任了 10 年的院长职务，对于学科建设和团队建设可谓经验丰富。在加入上海交通大学的 6

个年头里,关新平勇挑重担,担任"系统控制与信息处理"教育部重点实验室主任,明确发展方向,挖掘特色,在实验室同事的共同努力下用了两年时间便完成了教育部的验收和评估工作。他一直有个目标,就是带领大家将这个实验室发展成为国家重点实验室。

2012年,上海交通大学自动化系的"网络系统的设计、控制与优化"团队成功入选国家自然科学基金委创新群体,上海交大自动化系十余年的梦想终于得以实现! 作为这一群体负责人的关新平,长期以来夜以继日地工作,在他的带动和全盘策划下,群体发展方向和重心得以凝聚,整体实力凸显,并最终赢得了专家的一致好评。然而,关新平并没有停下脚步,他深知如何将这一研究群体建设成具有国际知名度的优秀群体是一项新课题。经过长期深入的调研、广泛走访全国相关科研院所、撰写了数十稿调研报告,关新平决心将"船舶电子系统"这一领域作为群体长足发展的突破口。多年的学科建设和科研管理经验让他坚信,"以实体对象带动技术发展"这条路行得通,以船电系统为背景和对象,可以带动制造、控制、通信、网络等多方面技术全面发展,这正是一个强大的创新群体应该有的定位。

举贤使能,政策求才

无论科学研究还是学科建设,找到正确的方向固然不易,登上山顶则是难上加难。成功的关键还是人才! 关新平一直强调"用政策和关怀诚揽天下英才,用事业和感情留住人才",始终把培养人才、吸引人才、留住人才当作最重要的事情来抓。在他培养的研究生中有21名毕业生在高校担任教职,其中6名已经是正教授,一篇博士论文获得全国百篇优秀博士论文提名奖,获得省级优秀博士和硕士学位论文十余篇。关新平非常爱才惜才,对青年学者的关心无微不至,大到人生思考、职业规划、学术发展,小到诸如租房等生活琐事,不少青年教师知道他白天工作繁忙,只能半夜12点打他电话,畅谈心声,关新平不顾劳累亦是耐心开导、苦口婆心。他最开心的事就是看到怀揣理想、满腔热血的青年学者,在高校的熔炉中,经过自身努力和不断锤炼,成长为在科学求真道路上独当一面的领军人才。在他的引导和支持下,不乏从默默无闻的讲师,成长为国家杰出青年基金获得者。关新平上任上海交通大学科研院副院长之后，推出一系列科研政策扶持青年人的成长，设立青年学者科研启动基金，层层把关国家自然科学基金申请书的撰写，使得青年项目的获资助率和项目数连续三年在全国高校中排名第一。

　　关新平教授用坚韧不拔的意志、锲而不舍的精神践行着他对科学的孜孜以求；用开阔前瞻的视野、敏锐深入的把握引领着他对团队发展的坚定笃行；用无私奉献的人格、宽广包容的胸怀感怀着他对青年人成长的深切希望！

人生格言

科学如藏宝金山，技术为开发利器。

理想欲达高峰，条件建设先行。

思维要创新超前，方法求变革更进。

灵感发于深思，机遇依从追索。

道路循择优捷径，成果累勤作收获。

　　张亚非　教授。1955 年生，兰州大学物理学博士。现任上海交通大学微纳科学技术研究院教授、博士生导师，"薄膜与微细技术"教育部重点实验室主任。教育部长江学者计划特聘教授，优秀留学回国人员，国务院特殊津贴获得者。国际英文 SCI 期刊《Nano-Micro Letters》主编。

　　长期从事薄膜材料与器件、光伏器件、纳米加工技术研究。已获授权国际发明专利 2 项，获授权发明专利 35 项。技术转让创造产值数千万元。承担和完成 973、863、国家自然科学金重点项目等十几项科研项目。发表相关的 SCI 论文 280 多篇，被他引 4 500 余次，其中多篇论文被选为著名学术期刊的封面文章，被科技网和科学时报头版等专题报道，并被 Nature China 杂志选为突出科学研究成果，作为"研究亮点"刊登报道。

　　先后分别获得单篇论文被 SCI 引用次数全国个人排名第七名证书、日本表面技术协会论文奖、上海发明专利金奖及国家和教育部自然科学二等奖等。上海市领军人才，2010 年全国百篇优秀博士学位论文指导教师。

创新求实，厚德敬业，观微见著

——记上海交通大学张亚非教授

    微纳米科技对于当今社会的影响日益增加，许多人通过微纳米技术获得更加舒适的生活工作环境。经济与社会发展对纳米材料和微细加工技术与器件有重大需求，相关领域的发展存在许多关键科学问题，需要多学科交叉，将纳米材料和微细技术与信息、材料、能源、生物技术有机结合，系统、深入地开展创新性基础和应用基础研究，为科学前沿发展、国家经济建设和国防科技提供了有力的支持。

求实创新，观微见著

    张亚非教授于十多年前（2001）作为长江学者奖励计划微纳科学技术岗位特聘教授回国来到上海交通大学，面对新的环境，在设备、经费和人员缺乏的情况下，从零做起，事必躬亲，画图纸、跑工厂，建设了以纳米电子材料与器件为研究方向的实验室和研究团队，指导微纳科学技术研究院的纳米科学技术方向，研发纳米电子元件、电路、集成器件和信息加工的理论和技术，以纳米效应和纳米电子学为理论基础，以纳米材料制备与操控加工方法为技术基础在电子科学技术领域创新研究，取得多项重要研究创新和突破。

    在理论方面提出了亚氧化物蒸发法生长纳米线机理、单原子掺杂碳纳米管的金/半电性转化微扰机理、多势垒结构隧穿和能级的精确理论公式和共振隧穿反对称磁势垒结构自旋过滤器等。在实验方面，首创多沟道碳纳米管 FET、碳纳米管微型太阳能电池、纳米呼吸传感器、碳纳米管跨紫外/红外焦平面探测器、纳米焊接技术与设备、纳米材料操纵排布技术、纳米机械剪切技术、氧化物辅助蒸发法大量制备纳米晶须技术、多种纳米材料表面修饰方法、发现 β‑SiC 纳米线的光催化重要性能等。完成了 10 余项科研项目,经费 3 千余万元。面向纳电子器件制造技术难题深入攻关,取得多项重要成果,得到多个纳米期刊和网站的封面论文和专文报道,与国内外许多纳米科学技术领域政府机构、研究所和高校进行协作与交流,在促进发展上海高端纳米科技方面做出了贡献。在 Small APL、IEEE、Carbon、Nanotechnology、NRL、NML、Appl. Surf. Sci. 等专业期刊上发表论文 100 余篇,主编国际专业期刊 Nano-Micro Letters,获得 2005 年度国家自然科学二等奖和 2007 年度教育部自然科学二等奖。

张亚非教授任职薄膜与微细技术教育部重点实验室主任,主持建设了一个国际知名、国内先进的微纳科学技术教学和研究基地,完成 973、863、02 重大计划、国家自然基金重点项目、国防专项和企业技术研发等许多项目,目前已经成为微纳科学技术领域国际交流的重要科技基地。他以讲学、报告、指导和协作等方式,促动和带领许多教师研究人员、学生和产业人员发展微/纳米科学与技术。他在国内外学术会议报告和单位邀请报告数十次,被数十所高校、研究所和相关企业邀请、咨询和指导协助,在推动和发展微/纳米科学技术方面,起到了加强联系沟通、协助合作和学术交流作用。

厚德敬业,创新求进

张亚非教授作为科研的学术带头人,不仅承担了大量的科研任务,而且把人才培养作为第一要务,传道、授业身体力行,做了大量卓有成效的育才工作。

他利用自己实验室较好的条件,设立多项纳米科技前沿科研课题,吸引和培养本科生的科研兴趣和进行科技创新活动,他特别注重营造浓郁的学术氛围和活跃自由的学术空间,鼓励学生不怕困难、敢于创新、勇于攻关。学生与他可以随时通过电话、邮件等方式进行课题交流与探讨。尽管工作繁忙,但他每信必复。他对事业的热忱,对待学生一丝不苟的态度以及为人宽宏大度的品格深深感动了每一位同学。此外,他十分关心和照顾学生的学习、生活等,设身处地为身边的师生着想,例如通过联系企业为博士生争取到了"力特奖学金",关心和帮助毕业学生就业,多数实现了出国深造、在高校从事教学科研工作和在上海高科技公司从事研发工作。近年来,在他的实验室不仅有数十名本院的研究生,还吸引了数名来自校内外高校的本科生和研究生来他的实验室进行深造。他注重身体力行指导和培养学生,亲自示范讲解复杂实验,并与学生一起分析研究,对学生高标准严要求,指导撰写研究进展报告以及发表学术论文。他的亲自指导和讲解使学生了解世界前沿的科研动态,提高了科学探索能力。目前已有十多名学生被美国、英国和新加坡等国外著名高校录取为博士研究生,有多名研究生参加大型科技创新竞赛获奖。张亚非教授已培养纳米科学技术方向博士和博士后 20 多名,硕士和工程硕士 40 多名,其中 1 名获全国优秀博士学位论文,另 2 名获上海市优秀博士论文。

针对微纳米器件领域缺乏先进的教材和教学参考书的现状,他利用节假日和周末时间,总结自己这方面的研究成果,并结合相关文献报道,自编教材,撰写了 4 部前沿学术著作,其中《半导体集成电路制造技术》一书属于世界第一重大产业微电子技术产业领域的第一本中文著作;《薄膜体声波谐振器的原理、设计与应用》著作是国际上薄膜体声波谐振器领域第一本专著,《Nanowelded Carbon Nanotubes》是在交大自主创新研究的先进纳米器件加工技术之上的英文著作,对先进微纳米器件技术产业的发展具有重要作用,为这一领域的教学提供了教材。

他于 2009 年 10 月开始创办了国际水平的英文期刊《Nano-Micro Letters》,2012 年 8 月被收录为 SCI 期刊,这是完全由我们自主创办和运行的 SCI 期刊,国内除生物医学类外,NML 影响因子在国内排第二(影响因子为 2.057)。张亚非教授现阶段重点建设一流的国际学术期刊,提供快速专业的学术平台,促进微纳科技的发展,促进学术交流,为我国建设国际一流科研条件发挥重要作用。

认真对待并做好手中的
每一件事。

李国强 教授。1963 年 2 月生,1988 年获同济大学工学博士学位。现任同济大学教授、建筑钢结构教育部工程研究中心主任、国家土建结构预制装配化工程技术研究中心(筹)主任。国家自然科学基金杰出青年基金获得者。

长期从事钢结构设计与抗震、抗火理论研究。主持国家自然科学基金重点项目和重大国际合作研究项目、国家"十一五""十二五"科技支撑计划项目等重要科研项目 30 多项。

出版研究专著 13 部,其中英文专著 2 部,发表学术期刊论文 500 多篇,其中 SCI 收录 78 篇,EI 收录 196 篇;应邀作国际学术会议大会主题报告或邀请报告 45 次,担任 2 本国际学术期刊主编,主持编写了 7 部国家、行业或地方工程建设规范;取得 11 项发明专利授权和 23 项实用新型专利授权,获国家科技进步二等奖 1 项,省部级科技进步(自然科学)一等奖 7 项。

辛勤耕耘,开拓进取

——记同济大学李国强教授

奋发钻研,辛勤耕耘

李国强教授凭借扎实的研究功底和对学科发展的敏锐洞察力,潜心于科学研究,二十多年如一日奋发钻研、辛勤耕耘,在多高层钢结构设计、钢结构抗火和抗震等多个方面的理论研究和工程实际应用方面取得了令人瞩目的成果。

李国强教授带领科研团队艰苦攻关,研究解决了多高层建筑钢结构非线性分析与设计、钢结构抗震与抗火理论中一些关键问题,提出了屈曲约束支撑框架结构、半刚性连接结构和钢-混凝土混合结构的工程实用与抗震设计方法,为在我国建筑中推广应用这三种新型抗震结构体系提供了重要的理论支撑。

屈曲约束支撑是一种抗震结构新技术,最早由日本人提出,并在日本神户地震以后在日本和美国开始应用。2000 年以后,我国也开始应用这种技术,但却没有自己的屈曲约束支撑产品,要从日本进口,周期长、造价高。为解决屈曲约束支撑技术的国产化问题,李国强教授带领科研团队开展自主研发,通过理论攻关和数十次反复实验,终于研制出具有中国独立自主知识产权的屈曲约束支撑产品,并在上海世博中心工程中替代日本产品,成为我国第一个采用国产屈曲约束支撑的重大工程。目前李国强教授团队研制的屈曲约束支撑已在上海虹桥交通枢纽、东方体育中心、中国商飞大飞机总装厂、天津 117 大厦、甘肃玉树红旗小学等两百多项新建工程和加固改造工程中应用,取得了很好的社会经济效益。

突破传统，开创新局

我国人多地少，又是多地震国家，因此研制开发抗震性能优越、经济性能良好的高层建筑结构形式，对于我国城市建设具有重大意义。传统的钢框架-混凝土芯筒结构间刚度、延性差异大，地震下难以协同工作，至 1980 年代末期，国际上对这种结构体系的抗震性能一直存有质疑，并限制其在地震区应用。

为此，李国强教授突破地震工程中"硬抗"的传统思路，率先于 1991 年开展了以"塑性耗能、延性匹配、协同工作"为核心思想的钢框架-芯筒结构耐震机制研究。历经近 20 年持续攻关，克服经费紧张、设备缺乏等困难，创造条件，带领团队，自行研制试验设备，持之以恒地开展了一系列的攻关试验。

在攻关期间，李国强教授从试验方案的制定、设备的研发、试验过程及试验数据各个方面，全面负责并指导推进研究工作的进行。他经常中午也顾不得吃饭、休息，直奔试验室，观察试验过程，及时讨论解决试验中的问题。而每天晚上也已经成了李国强教授多年来雷打不动的工作时间，不论酷暑严寒，刮风下雨，都可以在晚上看到李国强教授办公室亮起的灯光，在无数个夜晚，李国强教授或伏案疾书，或缜密思索，或循循善诱的指导学生，或邀请研究团队的人员一起讨论、思辨，他常说，科研需要静心，而晚上正是可以用来工作的最好时间。

正是由于李国强教授热爱科研、心系科研，克服种种困难，攻克了钢框架-芯筒结构体系耐震设计方法和控制指标、耐震计算与评估理论、芯筒耐震、连接耐震等关键技术难题，形成系统创新技术，并直接用于北京国贸大厦、广州国际金融中心、天津环球金融中心、大连中心·裕景大厦等 120 余项 100 米以上高层和超高层建筑工程的建设，建筑面积超过 1 000 万 m^2。

李国强教授带领团队的研究成果，为地震区高层建筑提供了一种可靠、经济的结构解决方案，使钢框架-芯筒结构成为目前我国和世界地震区 200 m 以上高层建筑应用最广泛的结构形式，有效推动了世界高层建筑结构耐震技术的进步，提升了我国地震工程领域的国际影响力。

百折不挠,勇于创新

钢结构自重轻、抗震性能好、施工速度快,近年来,在建筑工程中应用越来越广泛,特别是在大型公共建筑、超高层建筑和工业建筑中应用已十分普遍。但是,与混凝土结构相比,其最大缺点是耐火性能差。近些年来,我国年均发生火灾约 25 万起,仅上海在 2006 年就发生数起钢结构厂房因火灾而倒塌的事故,可见我国钢结构抗火安全形势十分严峻。

李国强教授早就关注到这个问题,他从 90 年代初开始进行钢结构防火保护研究。李国强教授带领科研团队在国内率先进行了高温钢材特性、各类钢构件、高强螺栓连接节点、钢框架结构的抗火试验与理论研究,解决了钢材高温力学性能、各类钢构件抗火极限承载力、基于火灾下结构承载极限状态安全准则、结构火灾效应、钢构件防火保护计算方法等一系列问题,提出了现代钢结构抗火设计方法。

正是由于李国强教授长期以来突出的研究成果,他于 2006 年主持编制了中国第一部《建筑钢结构防火技术规范》(CECS 200:2006),并于 2008 年获国家公安部和建设部批准,主持编制国家标准《建筑钢结构防火技术规范》。

2008—2009 年李国强教授团队接受了世博中心、中国馆、主题馆和演艺中心四大核心场馆在火灾下的安全性评估与防火保护设计任务,为这些场馆的钢结构抗火安全提供了合理、可靠的解决方案,为上海世博会的成功举办做出了贡献。此外,李国强教授团队钢结构抗火研究成果,还被用于上海浦东机场、上海火车南站、上海虹桥交通枢纽、高铁广州站、武汉站、上海闵浦大桥、广州新电视塔、上海中心大厦等近百个国家重大工程。

李国强教授在长期的科学研究和实践中,始终站在科研工作第一线,充满热情与激情,主动学习、积极探索,不畏艰难,勇于创新,在研究领域内取得了一系列丰硕的成果。他没有豪言壮语,只是普普通通一句"认真对待并做好手中的每一件事",平凡的话语,却孕育了不平凡的行动,这不正是科研精神的写照!

人而本質特征在于
人之生能修養的开始！

孙周兴 教授。1963 年 9 月生,浙江绍兴人。1992 年获浙江大学哲学博士学位,1996 年起任浙江大学教授;1999—2001 年为德国洪堡基金学者。现任同济大学特聘教授、博士生导师,兼任同济大学校学术委员会副主任、人文学院院长、《同济大学学报》(社科版)主编、中国美术学院讲座教授等。入选上海市领军人才计划,教育部跨世纪人才获得者,教育长江学者奖励计划特聘教授。

主要从事欧洲大陆哲学研究,尤以德国哲学、现象学、艺术哲学为重点,承担国家社科基金一般项目、重大项目等多项。著有《语言存在论》、《我们时代的思想姿态》、《后哲学的哲学问题》、《存在与超越》等;编有《海德格尔选集》、《古希腊语简明教程》、《欧洲思想文化丛书》、《尼采著作全集》等;另有译著 20 余种,发表学术论文 70 余篇。

在哲学与艺术之间

——记同济大学人文学院孙周兴教授

个人的研究所

　　现任同济大学人文学院院长的孙周兴教授是浙江绍兴人,1980 考入浙江大学地质学系,1992 年在杭州大学(现浙江大学)获哲学博士学位;1996 年被破格晋升为浙江大学教授,时年 33 岁;1999 年担任博士生导师,同年入选浙江省 151 人才工程;1999 年至 2001 年,作为洪堡基金学者在德国 Wuppertal 大学从事学术研究。回国后作为引进人才,孙周兴被聘为同济大学教授,创建同济大学德国哲学与文化研究所。

　　时为 2002 年 4 月。孙周兴教授说:那是同济大学当时最小的研究所,因为一个所只有一个人,不可能再小了。研究所在图书馆十楼有一个小得不能再小的办公室,里面一张桌子、一台电脑。门口贴了一张纸条,上书研究所所名。

　　没有学科点,没有队伍。孙周兴教授说:当时从学科齐全的浙江大学调入同济大学哲学上啥也没有的同济大学,成立"一个人的研究所",内心还是有些落寞的。

　　十年过去了,同济大学拥有了哲学学科,而且是一个高水平的哲学学科——它已经有了哲学一级学科博士点,已经被列入上海市一流学科建设计划。十年间,同济哲学从无到有,进展之神速令人惊叹。而这一切都与孙周兴教授的努力相关。

哲学研究：海德格尔与尼采

孙周兴教授的主要研究领域是德国现代哲学、现象学、艺术哲学等，尤以被誉为 20 世纪两大西方哲学家之一的马丁·海德格尔和 19 世纪大哲学家弗里德里希·尼采为重点。

孙周兴教授完成于 1992 年的博士论文《语言存在论》是国内第一部系统研究海德格尔后期思想的专著；由他主编并主译的《海德格尔选集》（两卷本）被评为"1997 中国十大好书"，获得了良好的社会效应。孙周兴教授是中国海德格尔著作的主要译者，对海德格尔思想在中国的传布发挥了重要的作用。由孙周兴翻译的《林中路》、《在通向语言的途中》、《路标》、《荷尔德林诗的阐释》、《演讲与论文集》、《尼采》等海德格尔基本著作的中译本，总字数近四百万字，在国内学术界引起了重大的反响。目前，孙周兴教授正承担国家社科基金重大项目"《海德格尔著作集》编译"，计划在五年内完成全部 30 卷本的编译工作。

近几年来，孙周兴教授的工作领域拓展至尼采哲学的研究和翻译，目前正在承担国家社科基金项目"尼采晚期哲学研究"。孙周兴为此翻译出版了海德格尔名著《尼采》（两卷本）。在尼采著作翻译方面，孙周兴教授已完成尼采三大名著《悲剧的诞生》、《查拉图斯特拉如是说》和《权力意志》的翻译工作，均已由商务印书馆出版，收入该出版社的"汉译世界学术名著系列"。孙周兴教授受商务印书馆委托，正在主持翻译《尼采著作全集》（14 卷），已出版三卷，计划于五年内完成整个工程。

在学术问题上，孙周兴教授短期关注西方形而上学，重点探讨形而上学的基本问题、追问路向和问题结构，先后在《中国社会科学》、《哲学研究》等重要期刊上发表一系列论文，并出版文集《我们时代的思想姿态》、《后哲学的哲学问题》、《存在与超越》等多种。在上述论著中，孙周兴教授借助于尼采、海德格尔等现代西方思想家的形而上学批判，形成了关于西方形而上学哲学的基本看法，有关观点受到了国内学术界的关注。

孙周兴教授已出版专著、编著和译著四十余种，发表学术论文七十余篇，个人著译已超过一千万字。相关成果多次获省部级优秀成果奖。2008 年、2011 年两次入选"中国杰出人文社会科学家名单"。2013 年获教育部长江学者特聘教授奖励。

在哲学与艺术之间

　　除了德国哲学和形而上学问题研究,孙周兴教授多年来致力于艺术哲学特别是艺术现象学的研究,兼任中国美术学院南山讲座教授,创建中国美术学院艺术现象学研究所,与许江教授一起主编《断桥·艺术哲学文库》(中国美术学院出版社),并主编《艺术史与艺术哲学丛书》(商务印书馆)。已完成《以创造抵御平庸》、《艺术哲学八讲》等艺术现象学专著。在此领域里,孙周兴教授的关注焦点在于当代欧洲具有现象学的背景的艺术创作和理论,以及后哲学时代的人类文化处境。

　　此外,孙周兴教授还尝试进行艺术策展活动,曾作为策展人组织大型艺术展《视象的凝聚——法国/中国具象表现艺术特展》(2012年夏,上海美术馆)等。孙周兴教授关注地方和全国的艺术行业和艺术产业的发展,多次呼吁设立"上海美术学院"(上海市政协提案),加快我市艺术产业的发展。

　　孙周兴教授的上列艺术研究和艺术活动乃基于他的一个基本认识:在哲学和宗教对于民族文化的规定作用衰落以后,哲学与艺术的关系必须得到重构,只有在这种重构基础上,我们反思当今人类文化处境,展望未来的人类文化状况。

人生格言

最好是一时的辉煌，更好是永恒的追求！

陈玉琨 教授。1951 年 3 月出生上海，华东师范大学教育管理学教授。历任华东师范大学教育科学学院院长、教育管理学院院长、公共管理学院院长、教育部中学校长培训中心主任、华东教育管理干部培训中心主任。社会与学术兼职包括国务院学位委员会公共管理学科评议组成员，全国教育干部培训专家委员会主任委员，《华东师范大学学报(教育科学版)》主编等。

1978 年 2 月进入华东师范大学化学系，1982 年 2 月进入华东师范大学教育科学研究所攻读硕士学位，1989 年 9 月与 1992 年 9 月分别在荷兰吐温迪大学与美国哥伦比亚大学作高级访问学者。1985 年 5 月起在华东师范大学任教。1995 年获国务院特殊津贴，1998 年度全国教育系统劳动模范，1999 年由国家人事部授予"有突出贡献的中青年专家"称号，1999 年被教育部确定为教育学"跨世纪学科带头人"，2000 年获上海市"我最喜爱的好老师"金奖。

2004 年领衔国家自然科学基金项目"发展性教育质量保障远程支持系统"，2007 年作为首席专家领衔教育部哲学社会科学重大攻关项目"高等教育评价与质量监控"；发表论著 20 余本，其中《教育评估的理论与技术》获全国首届教育科学论著二等奖，《教育评价学》获全国第三届教育科学论著一等奖，《发展性教育质量保障的理论与操作》获上海市教育科学优秀成果一等奖、教育部"高等学校科学研究优秀成果奖(人文社会科学)二等奖。论文 150 余篇。

创新,学者终生的事业

——记华东师范大学陈玉琨教授

创新,就是比别人多走一步

陈玉琨在教育管理,尤其在教育评价领域成果颇丰,一系列创新成果在学界常为同行所引用。在谈到自己学术研究时,他一直说:"创新,就是比别人多走一步,比别人早走一步,在自己原有的基础上再走一步。"创新需要智慧,也要懂得继承。在最初走进教育评价领域时,陈玉琨深入地研究了当时世界各国学者在这一领域的研究成果,并在此基础上编辑了《教育学文集·教育评价》。该文集出版后,成为当时该领域研究工作者的一时之选。

在继承世界各国学者研究成果的基础上,他努力实现超越。在荷兰吐温迪大学作高级访问学者期间,他提出了"教育时间效益分析"的概念,并与时任国际教育评价协会主席普让普(T. Plomp)共同开发了一套分析各国教育进展的工具。以后,在领衔研究国家自然科学基金项目"发展性教育质量保障远程支持系统"过程中,他又开发了一套完整的学校优质化的理论框架,在实践中,创造性地提出了一系列能启迪教育工作者思考的命题,开发了一系列很有操作性的技术和方法。其理论成果包括:学校发展战略设计的理论、现代学校发展三阶段理论、制度的两重属性与中小学制度建设原则的理论等;其技术成果包括:学校发展诊断量表与专家诊断系统等。在技术成果中最具创意与实用价值的是学校发展诊断量表的编制与专家诊断系统的开发。在教育质量问卷设计中,他创新性地提出了"行为化"的设计理念,运用这一思想,他所设计的调查量表可靠性有了很大的提高。针对影响学生发展的7方面问题、影响教师发展 5 方面的问题、关于初中生德育发展水平 14 方面的问题、高中生德育发展水平 15 方面的问题，以及教师教学理念与教学行为方面的 7 方面问题，他精心开发《学生情绪调查表》、《教师情绪调查表》、《初级中学学生德育发展水平测试表》、《高级中学学生德育发展水平测试表》与《教师教学观念与教学行为自我诊断表》等。这些成果在推动我国基础教育发展中发挥了不小的作用。

服务，始终站在教育第一线

在全国，陈玉琨访问过 2 000 余所中小学，与很多中小学校长成了知心的朋友。在与他们的交流中，他发现中国教育正面临着前所未有的挑战。关于"教育是什么"，"教育为什么"以及"怎样才能办出好的教育"这些涉及教育的根本问题，不少校长的理解还不很充分。他认为：校长对教育的理解决定着教育的明天。糊涂的校长办糊涂的教育，清醒的校长办清醒的教育。在教育部有关司局、上海市教委和各地教育行政部门领导的支持下，他始终把提升校长的社会责任感与历史使命感作为自己最重要的任务，并为之不懈努力。

陈玉琨不仅关注上海教育的发展，更心系全国基础教育的改革与发展，尤其是中西部地区的教育事业。他关心西部教育，更关心西部的薄弱学校。兰州十中，原是一所兰州市民公认的薄弱学校。校长张德文在改进薄弱学校方面，进行了大量积极而有益的探索，积累了一些经验，但这些认识还比较零散，没有形成系统的薄弱学校改造理论，无法进行推广。为促进西部地区薄弱学校的改革与发展，陈玉琨积极帮助张校长梳理兰州十中从薄弱学校到标准化学校再到示范性学校的实践经验，系统地整理了张校长的办学经验，将实践上升到理论。之后，张德文出版的《薄弱学校的改造》一书在同类学校中产生了很大影响，不少学校受此启发也有了极大的提高。

如今，一批能够引领中国基础教育发展的校长已经脱颖而出，其中不乏来自中西部地区的优秀中学校长。为让他们先进的教育思想能够影响更多的中小学，他花了两年多的时间，帮助这些校长梳理办学理念，推广他们的教育思想。2012 年，由他主编，27 位校长撰写的《教育：从自发走向自觉》、《教育：培育美好人性》与《教育：为了生命的幸福成长》等专著在华东师范大学出版社出版，该丛书就像一次壮观的阅兵礼，向社会展示了中小学校长的全新风貌和未来教育的曙光。

科研，坚持理论与实践的结合

数十年如一日，作为一名学者的社会责任感和对于祖国教育事业的深刻关切，不断鞭策着陈玉琨的教育研究及理论创新，时至今日，这些创新已经开始逐渐开花结果。其研究成果"学校优质化的理论与实践"与"发展性教育质量保障"分别在原上海南汇、上海奉贤、山西绛县、广东中山、山东淄博、河南郑州与江西南昌等地进行推广，取得了令人振奋的效果。

山西省绛县是一个国家级贫困县，教育发展比较落后。然而，自2003年该县运用了"发展性教育质量保障"的研究成果后，全县教育面目发生了很大的改观。在他的研究成果出版后，该县教育局为此专门发文［绛教字（2006）21号］"关于认真学习《发展性教育质量保障体系的理论与操作》的通知"，把它列为"每位教育管理者与中小学校长学习培训的教材"。

广东省中山市自2005年运用"学校优质化的理论与实践"的成果后，15所项目学校都取得了可喜的进展，《中国教育报》于2006年11月14日与21日分别以"软实力是这样炼成的"和"软实力最终转化为硬实力"为题，以两版的篇幅报道了本项目的成果。根据中山市教育局的要求，该项目二期工程扩大到了30所学校。经《中国教育报》报道后，原上海南汇、上海奉贤、宁夏银川、江西南昌、河南郑州、山东淄博与江苏泰州等地百余所学校也纷纷加入实验的行列。

近年来，他先后撰写和主编论著15部，发表论文120余篇。他一直把自己的研究称为"草根"的研究。在2012年出版的《卓越校长的追求》一书的前言中，他自己说："自2000年以后，凡是读过我论文与专著的人，都会从中闻到一股泥土味，我自嘲为：因为它是'本土的'。这里'本土的'应当读成：本'土的'，就是说，其含义并非是相对于'国际的'，而是相对于'形而上'的，即是'形而下'的，草根的。"

正因为这种"接地气"的研究立足于现实，所以其成果也能有力地反作用于现实，促进学校教育质量的提高，并受到学术界和教学一线的双重认可。2006 年陈教授的著作《教育评价学》(人民教育出版社)荣获第三届全国教育科学研究优秀成果奖一等奖,其论著《发展性教育质量保障的理论与操作》2008 年获上海市教育科学(理论研究)一等奖,2009 年获教育部高等学校科学研究优秀成果(人文社会科学)二等奖。他的近著《一流学校的建设》与《卓越校长的追求》也成了在中小学校长中间纷纷传阅的书籍。

享受过程比得到荣誉更重要

季 浏 博士。1961 年 5 月生。现任华东师范大学终身教授、长江学者特聘教授、"青少年健康评价与运动干预"教育部重点实验室主任、国务院学位委员会体育学科评议组成员、国家中小学体育与健康课程标准研制组组长等职务。

长期从事体育课程与教学、体育心理学研究,承担了国家社科基金重大招标项目、国家社科基金一般项目、教育部人文社科项目等 20 多个科研项目。出版著作和教材 30 余部,发表论文 200 多篇。获得全国教育科学研究优秀成果奖一等奖和三等奖。主持国家精品课程、国家级教学团队、国家级特色专业的建设,获得国家优秀教学成果二等奖。

先后荣获国家级教学名师、新世纪百千万人才工程国家级人才、高等学校百名优秀青年教师奖等 10 多项荣誉。

追求理论与实践的完美结合

—— 记华东师范大学季浏教授

在华东师范大学闵行校区体育与健康学院二楼第一间办公室,人们经常可以看到即使是在节假日,这间办公室的主人总是在忘我地工作,他就是上海市领军人才计划入选者,中国体育界的第一位"长江学者",华东师范大学体育与健康学院党委书记季浏教授。季浏教授是华东师范大学自己培养出来的优秀人才,他于1985年成为华东师范大学体育系培养的第一批硕士研究生,于1990年在华东师范大学心理系获得博士学位,是中国改革开放以来体育界最早获得博士学位者之一。多年来,季浏教授引领我国体育科学领域的前沿,在体育运动心理学、体育课程与教学、青少年健康促进等领域做出了令人瞩目的成就。

俗话说,"士不可以不弘毅,任重而道远"。用这句话来形容季浏教授多年的教学与科研生涯最合适不过了。20世纪90年代初,季浏教授就瞄准了青少年体育心理问题,并从心理学、社会学、生理学等跨学科角度进行了深入研究,发表了大量的有影响力的成果。进入21世纪,适逢中国启动第八次基础教育体育课程改革,季浏教授以其深厚的学术功底和对青少年身心健康的高度关注,在先前进行了大量青少年体育运动心理健康研究的基础上,开始了影响全中国青少年学生的体育课程改革,在更为广阔的领域里为促进青少年学生的健康发展而努力奋斗。近年来,根据国际发展趋势和当今中国青少年体质健康存在的问题,季浏教授以高屋建瓴的视角提出了建立"青少年健康评价与运动干预"教育部重点实验室的设想,并获得批准,成为中国青少年体育与健康研究领域的领军人物。因此,在许多人看来,季浏教授便是我国体育科学领域中一位不折不扣的弘毅之士,是理论与实践完美结合的倡导者。从教近三十年,季浏教授不光在学术研究上蜚声中外,躬身于教学实践,领衔我国中小学体育课程改革,还培养出一大批中青年学术研究骨干,打造出了一支高水平的学术研究团队。

于学问,志在精深

在学术研究上,季浏教授先后主持了包括国家社科基金重大项目等近20项国家级和省部级科研项目,主编出版了《体育教育展望》等34部著作和教材,在国内外杂志上发表论文200余篇。其学术贡献主要表现在以下几个方面:

第一,构建了基于中国基础教育新《体育课程标准》的理论和方法体系,引领新世纪中国体育课程改革和发展。这方面产生了一系列具有重大影响的著作和学术性论文,如义务教育《体育(与健康)课程标准解读》、普通高中《体育与健康课程标准解读》、《体育课程与教学论》、《体育与健康教学研究与案例》、《体育与健康新课程教学法》、《体育教育展望》等著作。此外,主编的《义务教育体育(与健康)课程标准解读》2006年获得第三届全国教育科学研究成果三等奖。合著的著作《中小学体育新课程学习评价》2011年获得第四届全国教育科学研究成果一等奖。

第二,探索中国锻炼心理学新领域,促进体育运动心理学学科的整体发展。20世纪90年代初,最早建立了我国锻炼心理学研究的两个方向:体育锻炼与心理健康、体育锻炼心理变化的生理生化基础。并于2000年主持了国家社科基金项目"全民健身运动对国民心理健康影响的研究",发表了一系列具有开拓性的学术论文,出版了国内锻炼心理学研究领域的第一部学术专著《体育锻炼与心理健康》。

第三,重构"青少年健康评价与运动干预"理论和方法体系,为科学评价青少年的健康作出贡献。依托教育部重点实验室的平台,近年来主要针对运动干预对青少年身心发展的演化规律,身心交互作用的影响及其机制,重新研制符合国际发展趋势和时代背景、适应中国青少年的健康评价指标体系、测试方法、实用常模,以及体育学习和锻炼行为的量化分析系统等理论与方法问题,组织团队成员进行了系统和深入的研究,重新构建了理论和方法体系,已开始陆续发表阶段性研究成果。

第四,主持开展"中国体育发展方式改革"的社科基金重大项目研究,促进中国体育的和谐发展。作为国家社科基金重大项目的首席专家,季浏教授于2010年开展"中国体育发展方式改革研究",已发表一系列有影响的创新性成果,如《中国体育发展需调整战略》被《新华文摘》转载等。

基于上述学术成就,季浏教授先后被国家评为长江学者、国家级教学名师、"新世纪百千万人才工程"国家级人才、普通高等学校百名优秀青年教师奖,并享受国务院特殊津贴;被上海市评为上海领军人才,并获得上海市高校优秀青年教师奖、上海市育才奖等。

于实践,志在创新

在坚持进行基础学术研究的同时,季浏教授还引领中国基础教育的改革与实践。作为教育部基础教育体育与健康课程标准研制组和修订组组长,季浏教授主持研制了国家《义务教育体育(与健康)课程标准》和《普通高中体育与健康课程标准》等重要文件。目前,该成果正在全国各地的中小学予以推广和实施,受到老师和学生的普遍欢迎。这两本课程标准无论在指导思想、课程理念、课程目标,还是在教学内容、教学方法和学习评价等方面,都被季浏教授赋予了创新的内涵和意义,不仅突破了传统的学校体育理论和方法,引领了全国新一轮基础教育体育课程改革,而且还极大地推动了全国中小学生课外体育活动的开展,对于促进青少年学生健康发展具有重要的指导意义。

季浏教授带领团队创造性地开发了"中小学体育学习评价系统"(获2006年度中国体育科学学会科学技术奖三等奖)以及"中小学体育学习评价管理系统(教育管理部门适用)"软件,并获得国家版权局授予的计算机软件著作权奖。两个软件将当前我国最先进的评价理念和研究成果以软件的形式表现出来,使得体育学习评价的改革不再停留在理念上、口头上,而是进入可实质性操作且易于操作阶段,对推动我国体育课程改革深入进行具有非常重要的意义。同时该软件还有助于体育学习的学校管理以及教育管理部分的管理,为学校及教育管理部分即时了解信息、制定方针规划提供极为重要的帮助。

为了让一线教师更好地理解体育课程标准,季浏教授自2001年以来,主持了"园丁工程"全国中小学骨干体育教师和基础教育新体育课程的培训和研修工作。此外,从 2007 年开始,每年主持教育部课改实验省高中体育与健康课程远程研修项目;自 2008 年开始,每年主持鲁琼两省高中体育与健康课程远程研修项目;自 2009 年起,每年主持教育部的"国培计划"项目,尤其是自 2006 年开始,主持建设的教育部基础教育"中国体育与健康网"项目,周点击率高达 30 万人次以上。这些项目的有效落实并极大地推动了体育课程改革在我国的全面执行及推广,以创新的方式促使体育课程改革新理念深入人心。

于团队,志在育人

多年来,季浏教授除了在教学与科研方面成果卓著之外,还在学科建设与人才培养方面做出了巨大的贡献。在学科建设方面,季浏教授带领学院全体教职员工先后获得全国最早之一的体育学一级学科博士点、体育学博士后流动站、运动人体科学国家重点(培育)学科、青少年健康评价与运动干预教育部重点实验室等。另外,作为国务院体育学科评议组成员、全国高等学校体育教学指导委员会理论学科组组长、全国中小学体育教学指导委员会副主任等,季浏教授还热心推动全国各个高校的整体体育学科建设,为国内高校体育学科的发展作出重要贡献。

在人才培养方面,通过内部培养、外部引进等方式,优化团队成员年龄结构、提升学历层次、完善职称结构,以新的理念和良好的激励机制调动成员的工作积极性。为了培养更多的新生力量,季浏教授还采取了多种措施,以老带新,经常开展各类科研活动,帮助青年学者尽快地成长和发展,现已形成了一支以中青年骨干教师为主体的朝气蓬勃、奋发向上的学术梯队。到目前为止,其所带领的学术团队产生了 1 名"百千万人才工程"国家级人选、1 名全国高等学校优秀教学名师、2 名新世纪优秀人才支持计划学者、2 名全国高等院校优秀青年教师奖、1 名全国宝钢教育基金优秀教师特等奖提名奖、1 名国家体育总局突出贡献奖、5 名上海市浦江人才计划学者、6 名上海市非奥运项目突出贡献奖、2 名上海市育才奖、1 名上海市教学名师、1 名上海市新长征突击手以及 1 名华东师范大学终身教授;获得了 3 项国家级精品课程和 3 项上海市精品课程、2 项国家级教学成果奖和 5 项上海市教学成果奖、2 项中国体育科学学会科学技术奖、2 项全国教育科学研究成果奖、1 项上海市教育科学研究成果奖、1 篇上海市优秀博士论文和体育学全国优秀博士论文推荐奖、几十篇全国性科研论文奖。

同时,团队成员还承担了多项包括国家社科基金重大项目、教育部重点实验室开放课题、亚太地区教科文组织项目、国家哲学社会科学基金、国家自然科学基金、教育部人文社会科学规划项目、教育部教育科学规划项目在内的高级别科研项目,并获得了一系列的重要研究成果。近几年来,团队成员累计主编的各类理论著作达 20 余部,教材达 30 余本,发表论文 400 余篇。这些成果在全国体育领域中得到了广泛的应用和推广,从而进一步扩大了团队在全国同行中的影响。2008 年,季浏教授所带领的研究团队因其教学、科研方面的突出成绩,被教育部评为"国家级教学团队"。

正如季浏教授作为体育界第一人入选长江学者计划一样,他就像一艘正在长江上航行的大船舵手,引领着华东师范大学乃至中国整个体育学科的教学、科研与社会实践向前发展。这不仅是华东师范大学的骄傲,同时也是整个上海市乃至中国体育界的榜样与自豪。

做好小事 成就大事

缪朝玉 教授。1965 年 4 月生,2000 年获第二军医大学医学博士学位,现任药理学教研室主任。国家杰出青年科学基金获得者,全国优秀博士学位论文获得者,国家药效学平台首席专家,国家药理学精品课程负责人,国家药理学重点学科学术带头人。

长期从事心脑血管药理学和内分泌代谢药理学研究,主持国家 973 计划课题、国家科技重大专项、国家自然科学基金杰青项目、重点项目等 18 项,完成新药评价 20 余项,发表论文 136 篇,主编专著 10 部,专利授权 4 项。

近年获国家自然科学二等奖、国家一类新药证书、全军后勤重大科技成果、上海市科技进步一等奖、上海市自然科学二等奖,以及全国巾帼建功标兵、军队拔尖人才、上海领军人才等荣誉。入选国家教育部创新团队。

军中奇葩,科教先锋

——记第二军医大学缪朝玉教授

孜孜以求,创新为先

1981年,第二军医大学到浙江奉化溪口中学招生。当中学校长把缪朝玉介绍给招生组时,二军大招生老师一下就被这位秀外慧中、品学兼优的考生吸引住了,当场拍板录取,就读军医系。从此,16岁的缪朝玉站到了医学事业的起跑线上。

五年本科、三年硕士、三年博士,在十一年的求学生涯中,缪朝玉在军大校园一批名师的指点下,凭着勤奋和执着,取得了优异的成绩。她被免试推荐攻读研究生,她的博士毕业论文被评为全国优秀博士学位论文。

在实际的工作中,缪朝玉深深地体会到,科研工作要创新突破,不但要有扎实的基础,更需要宽广的视野和对国际前沿领域的准确把握。为此,2002—2003年,她只身来到法国,先后师从国际药理学联合会主席Vanhoutte教授、国际著名高血压专家Sassard教授,做博士后研究。近两年的研究工作,通过导师的悉心指导和与外国同行的交流互动,缪朝玉学到了最新的药理学理念和研究技术,受益匪浅,而缪朝玉工作中所表现出来的勤奋敬业精神、扎实的理论基础和敏锐的思路,也让外国同行刮目相看。

回国后的缪朝玉,在其身上长期积聚的科研能量,如火山一般,一下爆发出来。她很快在2005年获得国家杰出青年科学基金的资助,随后,又获得国家973计划课题、国家科技重大专项药效学平台项目、国家自然科学基金重点项目等。在我国加快建设创新型国家的大好背景下,她与团队成员一起努力拼搏，做出两方面重要科学贡献。

在心脑血管药理学研究方面，缪朝玉重点探索心脑血管损伤新机制和防治新策略，论述了血压波动性升高是一个新的独立而重要的心血管危险因素，揭示了血压波动性升高引起心血管损伤的神经体液机制，阐明了降低血压波动性是抗高血压药器官保护的新途径，提出了降低血压波动性可作为高血压治疗的新策略，研制了一个具有自主知识产权的抗高血压新药——尼群洛尔片。该新药于2009年获国家一类新药证书，并生产上市。该项系列研究得到国际高血压联盟主席 Mancia 教授、高血压杂志执行主编 Parati 教授等权威专家的高度赞扬。

在内分泌代谢药理学研究方面，缪朝玉重点探索脂肪内分泌新理论及其转化医学价值。找到了血管外膜脂肪调节血管生长的第一个物质分子，即脂肪因子 visfatin（也叫 Nampt 酶），确认了 Nampt 可作为脑卒中防治新靶点，创建了以 Nampt 新靶点为导向的高通量筛选系统，发现了10多个新型 Nampt 活性化合物。这些原创性研究被国内外同行广泛引用，国外多家实验室来函探讨国际合作，并受邀为国际著名杂志撰写综述、出版专辑、起草研究指南，受邀在国际会议上作大会报告，同时，化合物研究所获得的国家发明专利已转化为抗脑卒中新药研发。

缪朝玉的系统研究工作发表在 Annals of Neurology、European Heart Journal、Trends in Pharmacological Sciences、Autophagy、Diabetes 等高影响力国际学术期刊上，迄今科研论文136篇，被 Lancet 等国际学术期刊引用超过1 000次。

潜心从教，精心育人

在缪朝玉的眼里，老师是最值得尊敬的人。几十年过去了，缪朝玉仍与山村小学的启蒙老师和中学老师保持密切的联系，这些老师的高尚师德影响着缪朝玉，并延续在缪朝玉的教书育人工作中。

缪朝玉是二军大早期的 A 级优秀教师、优秀课程组长，荣获过军队四总部颁发的育才奖，治学态度十分严谨。她讲授《药理学》、《心血管药理学》、《麻醉药理学》、《临床药物治疗学》、《高级药理学》等多门课程。作为博士生导师，缪朝玉对所讲授的课程内容烂熟于心，但不管是给本科生还是研究生授课，总是要提前认真备课，尽量把最新成果融入授课内容中,给学生们最新知识。她的讲课风格条理清晰、深入浅出,颇受学生们的喜爱。听过她药理学课的学生数以万计,这些课程教学为国家经济建设和国防卫生事业培养了大量专业技术人才和专业管理人才。迄今她已培养硕士生和博士生 29 名,其中一名毕业博士生已被列入解放军总后勤部优秀人才培养对象。

缪朝玉积极投身教学改革,先后承担了国家、军队、上海市等教学研究课题 8 项,主编教材专著 10 部、参编 22 部,发表教学论文 16 篇。药理学及麻醉药理学教案入选国家教育部教学改革项目《示范教案》。她所负责的《药理学》课程被评为国家精品课程、军队优质课程;药理学团队入选国家教育部创新团队、上海高校优秀教学团队;药理学教研室 4 次荣立集体三等功,并被评为全校 10 个思想政治建设先进单位、基层建设示范单位以及连续三年标兵单位。

辛勤耕耘,永不懈怠

缪朝玉参加工作几十年,从助教到国家重点学科药理学教研室主任,到成功举办超千人药理学家联盟国际会议。期间,硕果累累,获奖无数:国家自然科学二等奖,全军后勤重大科技成果奖,上海市科技进步一等奖,上海市自然科学二等奖;全国巾帼建功标兵,上海领军人才,上海市优秀学科带头人,上海市曙光跟踪学者,上海市巾帼创新奖和三八红旗手标兵,上海青年科技英才,首届军队拔尖人才,总后勤部科技银星,等等。她被喻为"军中科技之花"。

冰心老人说过,"成功的花,人们只惊羡她现时的明艳,然而当初她的芽儿,浸透了奋斗的泪泉,洒遍了牺牲的血雨"。缪朝玉之所以能在医药学领域取得突出业绩,得益于她的拼搏进取、开拓创新精神。

凡是与她相识的领导、同事和朋友,都知道缪朝玉的工作没有上下班之分,没有节假日之分。她一年的工作量,远超过常人两年的工作量。有时忙起来,家人都见不着她。至于晚上电话催她回家吃饭则是很平常的事。在科研攻关的重要时刻,缪朝玉干脆通宵达旦,连续奋战。

缪朝玉对工作的态度是十分严谨的,科研实验数据、研究生论文从来都是严格把关,容不得半点有失。她常对学生说,"科学研究讲求创新,科研工作者讲求对社会的贡献,我们用人民的钱就要为人民做好事情"。

　　缪朝玉十分热爱医药学事业，以奉献药理学事业的决心和意志投身其中。常人看来很枯燥、漫长的基础研究，对她来说却是乐在其中。用她的话说，科研是件很快乐的事，所以，研究工作虽然辛苦，却不觉得累。也正因如此，每当工作取得新的突破时，她都要和同事们一起开心地庆祝一下。

　　"宝剑锋从磨砺出，梅花香自苦寒来。"缪朝玉教授的事迹印证了这样一个道理。

脚踏实地，努力前行

胡祖明 研究员。1962 年 10 月生，2000 年获东华大学工学博士。现任东华大学化纤研究所所长。

长期从事高分子材料，尤其是纤维材料的科学研究、工程化技术研究和推广工作，主持并完成 973、863 重点、教育部和上海市科委的国家/省部级重大/重点项目以及国际/国内合作项目 30 余项。申请和取得专利 40 余项，在 Adv. Mat. 等杂志和会议发表论文 100 余篇。

获国家科技进步二等奖 2 项；上海市科技进步一等奖 3 项；纺织工业协会科技进步一等、二等奖各 1 项；江苏省科技进步二等奖 1 项；教育部科技进步二等奖 1 项；上海市专利一等、二等奖各 1 项；桑麻科技、教师奖各 1 项；纺织之光教师奖 1 项；上海市委授予"五带头"共产党员。

爱国荣校，无私奉献

——记东华大学胡祖明教授

国家的需求就是专业发展的方向

用胡祖明自己的话讲，进入化纤领域是他人生的偶然，但这个偶然给了他广阔的发展空间。在人生成长的最关键阶段，东华大学化学纤维这个金牌专业的氛围深深地影响着他，他在不断的学习中吸收着养分，在教学、科研实践中迅速成长。

化学纤维是纺织工业最重要的原料也是国防科技不可或缺的材料。我国化纤工业自新中国诞生后开始起步，到 20 世纪 80 年代开始高速发展，又经过十余年努力，中国的化纤产量跃居全球第一。我国化纤工业的一个重要特点是产量大但品种单一，产品竞争能力低下；普遍的现象是附加值低，许多高档品种仍然依靠进口。因此从化纤产量来看，我国是一个名副其实的化纤大国，但由于我国高档化纤产品缺乏，高技术纤维工业刚处于起步阶段，不能对我国国防工业、高新技术产业形成有力的支撑，在这个意义上，我们只能算是化纤弱国。

作为一名化纤科技工作者，胡祖明急国家所急，将自己的专业发展方向定位为国家需求的发展方向，先后将涤纶纤维差别化技术开发、高强高模聚乙烯纤维制造技术和装备的开发以及芳纶纤维国产化技术和装备的开发作为研究主攻方向，投入主要的科研力量进行攻关，并先后取得了成功，这些科研项目的成功，直接推动了我国高档涤纶填充材料产业，防弹和高强缆绳产业以及耐高温高强有机纤维产业走进世界领先行列，并由此为东华大学赢得了一次次科技大奖。

目前胡祖明所率领的团队正在科研的道路上乘胜追击，高强聚乙烯纤维制造技术优化、芳纶产品的系列化、杂环芳纶的基础研究及工业化、PI 纤维工业化等项目正有条不紊地进行着,预期着在今后的 2—3 年内再有新的斩获。

只有顺应产业发展需求
才能取得丰硕成果

工科的研究就是要紧跟产业发展的动向,以满足国家的需求和市场的发展为主要目标,每当胡祖明率领他的团队寻找课题时,首先要做的一定是到行业中去拜访,在与同行聊天的过程中掌握市场的发展动向,回来后再加以讨论、筛选并从中发现存在的科学技术问题。大量的走访使他们在行业中交了一批朋友,有价值的科研题目就此产生。

早在 15 年前,当胡祖明所在的团队就根据当时的市场需求开展了多中孔三维卷曲涤纶纤维制造技术并获得了巨大的成功,他们使用了回收的饮料瓶作为原料,采用经过改装的涤纶纺丝装备,制造出了结构和"藕"相似的含有多个孔洞的填充用涤纶纤维;一举超越美国的同类产品,达到了国际领先水平并填补了国内空白,由此在国内形成了多中孔再生涤纶制造产业,由单中孔到 4 孔再到 7 孔,完成了我国填充涤纶纤维产业的华丽转身,并由此获得了上海市科技进步奖。

与此同时,胡祖明他们也始终关注着国际高端化纤研究的动向。超高分子量聚乙烯(UHMWPE)纤维于 20 世纪 80 年代初在荷兰首先研制成功、80 年代末进入市场,与碳纤维、芳纶并称为当今世界三大高性能纤维。被广泛应用于国防军需装备、航空航天、海洋工程、安全防护、交通运输、体育运动器材、生物医用材料等众多领域,应用前景极为广阔。

在国外的杂志上第一次看到荷兰同行的相关研究报道后,他们立即敏锐地意识到这将是我国高性能纤维追赶世界先进水平的良机,于 1984 年率先在国内开展 UHMWPE 纤维冻胶纺丝的基础研究工作,获得了多项中国专利,形成了具有中国特色的成套技术。分别在中纺投资北京同益中特种纤维有限公司、宁波大成新材料股份有限公司和湖南中泰特种装备有限公司实现了 UHMWPE 纤维的产业化。"高强规模聚乙烯"项目的成功,在国内形成了一个高强纤维和防弹制品的行业,并形成了中国自主的知识产权体系,对我国的国防军工建设做出了贡献,产品除满足国内需求外，还大量出口欧美等高端国际市场，由此获得 2005 年上海市科技进步一等奖和 2009 年国家科技进步二等奖。

进入新世纪，胡祖明又瞄上了被化纤同行认为是硬骨头的芳纶技术研究和产业化过程。芳纶及绝缘纸具有优异的耐热性、耐焰性、良好的纺织加工性和绝缘性能，广泛应用于防护服、高温滤料、电器工业和复合材料领域，同时还是制造预警飞机雷达罩及大飞机次受力部件的必备材料。美国杜邦公司和日本帝人公司在此领域垄断市场和技术长达 40 年。

胡祖明带领课题组和企业组织了卓有成效的产学研合作。他们完全采用国产原料，依靠自主研发，攻克了聚合、纺丝、沉析及绝缘纸制造工段中上百个工艺技术难题，形成了单线千吨级聚合、高效水洗、沉析纤维产业化制备等一系列关键技术，研制了关键设备，实现了间位芳纶的全面国产化，使我国成为世界上第二个实现间位芳纶绝缘纸产业化的国家，打破了美国在该领域长达 40 余年的技术封锁和产品垄断，产品得到广泛应用，远销国际市场，经济效益显著，项目获 2010 年度国家科技进步二等奖，2008 年度上海市科技进步一等奖，2009 年度中国纺织工业协会科技进步一等奖。

胡祖明还承担并出色地完成了上海市科委重大专项项目"世博会专用纺织材料研制"任务。在万众瞩目的上海世博会开幕式舞台的天穹上，770 只小球组成的"和平鸽"、"中国馆"及"EXPO"立体图案仿佛凌空悬浮，不断变幻，形成了一个魔幻矩阵，取得了非常神奇的舞台表演效果。事实上，小球矩阵的表演，全部使用了如发丝般轻细的高强高模纤维牵引绳，成为上海世博会开幕式上的高科技亮点之一。

胡祖明作为主讲教师开设的"高性能纤维"将最新的科研成果引入课堂教学，使学生了解高分子纤维材料发展的前沿动向，深入浅出的讲解在学生中受到广泛的好评，2009 年被评为上海市精品课程。

团队合作，每个人都是普通的研究人员

多年努力，取得了一批引人注目的研究成果，每当谈起这些成果，胡祖明首先提到的是他的团队，他一再表示，在科研的道路上，一个人的力量是非常有限的，而善于团队合作的人取得成功的概率会放大很多。因

此在胡祖明的团队中,没有大教授和学生之分,每个人都是普通的研究人员,只有科研思想的交流讨论,当需要确定一个关键的科研思路时,胡祖明总是将最大的责任揽到自己的肩上,鼓励团队成员放手去做:"成功了你们是首功,失败了我是第一责任人"。

正是在这样的氛围中,团队被紧紧地团结起来,形成了一股强烈的冲击力量。

厚道做人，勤奋做事

孙以泽 教授。1958 年 5 月生。现任东华大学博士生导师、学术委员，教育部创新团队带头人。

长期从事高端纺织/自动化装备技术与系统、纤维纱线晶变改性技术与装备系统、太阳能光伏系统集成与逆变技术三个主要方向的科研工作。先后主持国家科技支撑计划、国家发改委纺织机械重大专项、国家科技创新基金等国家和省部委项目 30 余项，作为第一完成人获得国家科技进步二等奖 1 项，省部级科技进步一等奖和二等奖共 5 项，中国国际工业博览会创新奖 1 项；发表学术论文 100 余篇，其中 SCI、EI 收录 30 余篇，获得授权发明专利和软件著作权 20 余项，主持制定国家纺织行业标准 1 项。

获国务院特殊津贴、上海松江区劳模、宝钢优秀教师奖等荣誉。

忠诚教育事业,追求科技创新

—— 记东华大学孙以泽教授

自主创新,
为我国纺织产业研发高端装备

作为学术带头人被引进东华大学后,基于学校的纺织特色,孙以泽教授以高端纺织/自动化装备技术与系统、纤维纱线晶变改性技术与装备系统为主要研究方向开展工作。

针对我国地毯织造装备技术长期被发达国家的几家厂商所垄断的局面,自2003年起开始地毯织造装备技术研究,先后主持了国家发改委纺织机械重大专项、国家科技创新基金、国家自然科学基金、国家重点新产品计划、教育部创新团队发展计划、上海市科技攻关计划等国家和省部委项目及企业项目。带领团队经过7年研发和产业化,形成了三大系列16个品种的簇绒地毯织机及配套覆底塑化定形机产品。在地毯织造成套装备关键技术上取得了原创性突破和重大科技创新,经专家鉴定的结论为:填补了国内空白,总体技术达到国际先进水平,数字化系列装备技术达到国际领先水平。由此创立和完善了地毯织造装备的设计理论与技术,奠定了我国地毯织造装备产业的基础,引领了国际高端地毯织造装备的最新发展。依托科研项目成果,创建了2个大型产业基地,项目产品已成为国内数家企业的全部装备和数十家企业的主流装备,取得了显著的经济效益和社会效益,促进了我国地毯产业的发展,也深刻影响了世界地毯产业的格局。

针对天然纤维纱线难纺、难织、难染的行业难题,自2004年起开始天然纤维纱线晶变改性技术与装备系统研究,先后主持了国家科技支撑计划、中国纺织工业联合会应用基础研究项目、上海市教委重点项目等国家和省部委项目及企业项目。组织团队开展了纤维纱线晶变改性机理与改性工艺研究，于 2006 年研发成功国内外首条棉麻纱线晶变改性生产线，于 2010 年研发成功天然纤维晶变改性实验系统，目前年产 300 吨的纤维纱线晶变改性成套装备系统正在中试定型。该技术与装备投入生产以来，取得了很好的经济效益和社会效益，如作为基础工艺推广，将带来产业的深刻变革，对我国纺织领域和纺织材料领域具有重要的战略意义。

针对我国内衣裤、袜品和手套等纺织品包装全部由人工完成、为劳动密集型工作的问题，自 2009 年起开始裤袜自动包装生产线研究与开发。组织团队研发了裤袜自动包装生产线和模块化裤袜全程自动包装生产线 2 个系列的产品。该项成果填补了国内空白，已在多家著名袜业企业应用，取得了很好的经济效益和社会效益。

教书育人，为培养人才倾注心血

孙以泽教授在长期的教学、科研和科技成果产业化过程中培养了近百名硕士博士研究生和青年教师，其中有上海市优秀硕士博士毕业生、上海市优秀硕士博士学位论文获得者、上海市优秀青年教师等。

孙以泽教授坚持以学生的全面发展和成才为中心，在教学和人才培养方面倾注大量精力，2005 年获桑麻奖教金，2010 年获宝钢优秀教师奖。他潜心教学研究，承担本科生和研究生的主干课程，为本科生和研究生开设专题讲座。在课程教学中，结合科研体会、科研成果、学科前沿和授课班特点，深入浅出、生动互动，采取专题讨论、组织调研小组等形式，提高学生学习的积极性和应用知识的能力，学生评教均为优秀。对本科生注重培养其分析问题和解决问题的能力，对研究生注重培养其工程能力和创新能力，目前团队中的研究生已成为科研主力。孙教授还领衔教学质量工程重点建设项目"机电一体化创新设计与实验柔性平台"，主持研究生课程建设项目"机电伺服系统"，指导上海市大学生科技创新计划，获得第十三届全国机器人大赛一等奖、第二届国际仿人机器人大赛一等奖。

在青年教师培养方面，指导青年教师的教学和科研工作，与青年教师研究教学方法，探讨加强学生素质、提高教师水平的方法。在主持的教改项目和科研项目中，注意让青年教师参加，通过承担高水平的教改项目和科研项目，使青年教师的教学能力和科研水平不断提升，从而增加整个团队的战斗力。

辛勤工作，为学科建设做出贡献

孙以泽教授作为学术带头人，在国家重点学科、教育部纺织装备研究中心、一级学科博士点、"211工程"建设项目等的申报和建设中做了大量工作，发挥了重要作用，为学校和学院发展做出了贡献，得到了领导和同事们的高度评价。

孙以泽教授为人谦和、处事低调、正直热情、胸怀坦荡，对事业执着追求、勇于进取、不断创新。他的言行体现了"热爱科学、热爱专业、热爱学生、热爱本职工作"的优秀品质，是一位德才兼备的学术领军人才。

诚实做人，踏实做事。

丁永生 教授。1967 年 8 月生，1998 年获东华大学工学博士学位。现任东华大学信息科学与技术学院院长、数字化纺织服装技术教育部工程研究中心主任。国务院政府特殊津贴获得者。

长期从事智能系统与网络智能、生物计算与生物信息智能处理、智能化数字化纺织技术等方面的研究。主持国家自然科学基金重点项目、国家自然科学基金、教育部科技创新工程重大项目培育资金等 20 余项重要项目。发表 SCI 收录论文 90 余篇，SCI 他引 1 200 余次。授权国家发明专利 35 项，出版专著 5 部。

近年来获国家科技进步二等奖、上海市自然科学一等奖、上海市自然科学牡丹奖、教育部高等学校科学技术进步二等奖、中国纺织工业协会科学技术进步二等奖等。

潜心创新科研,促进学科交叉

——记东华大学丁永生教授

瞄准科研前沿,坚持基础研究

丁永生教授多年来一直瞄准国际前沿研究领域,主持承担了国家自然科学基金重点项目等 20 余项重要项目,针对复杂系统和网络的新特征对智能系统理论发展的新要求,系统地开展了以生物网络为核心的新型智能系统与网络智能等基础理论研究。

丁永生教授的主要创新性贡献有:

（1）创新了生物系统启发的智能控制与协同优化理论。考虑到生物免疫系统的协同进化机制,提出了免疫协同进化算法用于解决分布式计算、协同设计等领域中的新型复杂应用问题。为了解决在复杂结构优化中如何通过协同进化将专家经验和成功案例等融入设计和多属性决策过程这一富有挑战性的难题,通过引入免疫协同进化算法,从案例推理和交互式进化设计方法出发,形成了交互式免疫协同进化多指标和多目标优化框架。

（2）构建了面向网络智能服务的生物网络结构。针对生态网络平台中 Agent 之间的合作需要一个强有力的通信机制来支持 Agent 群落的服务突现,提出了生态网络平台灵活的通信机制,为解决大规模的分布式系统与 Agent 技术的无缝结合及实现大规模 Agent 系统中灵活复杂的协调策略提供基础。为帮助网络实体进行资源识别与服务发现,且能够有效地阻止恶意实体的进一步破坏与传播,提出了网络信任动力学和网络生态进化的理论思想,从动力学的角度揭示了实体间信任关系的动态演化规律。提出了面向 Web 服务突现的生物网络结构和 Web 服务组合的动态自匹配方法,探讨了面向服务突现智能的生物网络的稳定性,为生物网络系统的能量设计机制和系统稳定性提供了新的思路。

丁永生教授多年来在基于生物网络的智能系统与网络智能方向持续开展研究，为融合当前优秀的智能计算范式提供了有效的尝试，在相关应用领域显示出较好的前景。其主要研究成果发表在："IEEE Trans. Control Systems Technology"、"IEEE Trans. Systems, Man, and Cybernetics, Part B"等国际重要期刊上，得到了包括 IEEE Fellow R. G. Harley、Paolo Dario 等国内外同行学者的广泛引用评价和"Automatica"等著名杂志的引用。由于在基础研究方面的突出贡献，他作为第一获奖人获得 2010 年"上海市自然科学一等奖"，个人还获得 2012 年"上海市自然科学牡丹奖"。

加强学科交叉，取得创新成果

丁永生教授作为东华大学"控制科学与工程"一级学科责任人和数字化纺织服装技术教育部工程研究中心主任，依托纺织行业特色，加强信息学科与纺织、材料和服装学科的交叉融合。在"211 工程"二期和三期建设了"数字化纺织服装技术工程研究平台"。

针对纺织行业源头的纤维数字化加工的发展趋势，他重点研究了我国在世界上占有绝对主导地位的涤纶纤维和在国民经济与国防安全具有重要战略意义的碳纤维。

（1）针对在熔体直纺装置上实现超细旦涤纶长丝的加工工艺流程长、体系复杂、高品质高稳定性加工难度大等难题，将智能协同控制技术应用到聚酯熔体复杂系统的动态控制，创建了超细旦涤纶长丝聚酯熔体协同控制与工艺动态演化系统，提供了聚酯大容量、差别化、智能化工程模拟与工艺优化设计的新途径。搭建了基于智能模型的人机交互生产工艺辅助设计平台，首次建立了年产达 20 万吨聚酯及 20×0.8 万吨涤纶长丝熔体输送与分配、复丝纺丝工程模型，形成了计算机仿真技术体系。

（2）针对碳纤维纺丝过程这一多参数交互影响、多工序的复杂系统，提出了碳纤维纺丝成形过程的智能建模与协同控制方法，对建立适合我国国情的碳纤维品质控制的基础理论与新型核心技术体系，具有非常重要的理论意义和应用指导。将智能协同解耦控制器用于水浴牵伸槽的智能协同解耦控制；针对碳纤维生产过程中的关键牵伸环节，发明了一种对聚丙烯腈碳纤维牵伸过程及其牵伸率进行动态调整和同步智能协同控制的方法。

丁永生教授通过学科交叉开展了一系列开创性工作，其研究成果发表在"IEEE Trans. Systems, Man, and Cybernetics, Part C: Applications and Reviews"、"IEEE Trans. Control Systems Technology"等国际著名杂志上，授权国家发明专利 35 项，登记软件著作权 10 项。以上贡献作为主要创新点获得了 2011 年"国家科技进步二等奖"、2010 年"教育部高等学校科学技术进步二等奖"等。

注重团队建设，全心传道授业

丁永生教授多年来一直注重团队建设，努力做好团队人才引进和梯队建设，增进团队成员的自我激励和合作，并提升其理论水平和科研探索能力。通过高层次的学术交流，人才培养和人才引进相辅相成，加强学术梯队建设。汇聚了由教授、副教授和 50 余名博士后、博士生、硕士生组成的学科交叉研究团队，包括教育部新世纪优秀人才计划、上海领军人才、上海市优秀学科带头人等。他所在的学术团队入选 2012 年度教育部"创新团队发展计划"。

丁永生教授始终把教书育人作为自己的第一责任。他加强教学法研究，因材施教，根据学生特点，既培养一批研究型本科生为其进一步深造奠定基础，又加强学生的工程创新能力培养，为企业第一线输送急需人才；多年来他一直承担本科生和研究生的教学任务，先后主讲本科、研究生课程 6 门，教学经验丰富；同时，注重研究生科研素养、创新能力、团队精神的培养，致力于介绍国际前沿和热点研究方向，培养学生的学术兴趣和研究能力，激发他们的创造性思维；注重学生的科技创新能力培养，作为指导教师率队获得美国大学生数学模型竞赛特等奖等科技竞赛奖 50 余项。

他平时对学生们要求非常严格，希望自己的学生做任何事都能够认真踏实、一丝不苟。他努力为每一个学生创造良好的学习科研条件。已培养出站博士后 4 名，毕业的博士 42 名、硕士 45 名，深得用人单位好评。

一个人的德有多大，他的事业就有多大！

许建和 教授。1963 年 10 月生，1994 年获华东理工大学（与日本京都大学联合培养）化学工程博士学位。现任华东理工大学生物反应器工程国家重点实验室主任、上海生物制造产业技术研究院（筹）院长。教育部长江学者特聘教授，亚洲生物技术联合会执委，国际期刊 *Applied Biochemistry and Biotechnology* 和 *Biotechnology and Bioprocess Engineering* 副主编。

长期从事酶工程、生物催化与生物加工技术研究，承担 973 计划、863 计划、国家自然科学基金、上海市科技攻关及企业合作课题 30 多项，发表 SCI 论文 180 多篇，被引用 1 400 余次，发明专利公开 50 余项，授权近 30 项。

荣获全国优秀教师、国务院特殊津贴、上海市领军人才、谈家桢生命科学奖、教育部及上海市自然科学奖、江苏省科技进步奖以及 Elsevier 出版社"Most Cited Paper Award"。

潜心科研,用心育人

——记华东理工大学许建和教授

勤奋工作,乐于奉献

自从 2006 年许建和教授应聘担任华东理工大学生物反应器工程国家重点实验室主任并兼任生物工程学院副院长以来,行政事务性的工作骤然增多,占据了他大部分的休息时间,但是他毫无怨言,踏踏实实地做好每一份工作。为了进一步发展和保持生物反应器工程国家重点实验室在国内的先进行列,他与国重室全体成员团结合作,做了大量的调研、管理和沟通工作。

在管理过程中,他积极推进实验室的民主管理,制定公开透明的经费分配与成果奖励政策。在他的倡导下,国重室就仪器购置成立了由各课题组代表组成的仪器工作小组,定期就仪器购置和管理措施举行研讨,注重发挥教授们的参谋咨询作用。

他在自己创立的生物催化研究室中承担了大量工作:作为博士生导师,他亲自指导课题组中二十多名研究生的课题,在指导学生的论文写作工作中认真严谨,从不懈怠。作为课题组负责人,他积极申请国家级、省部级各种渠道的科研项目,作为生物工程两本国际期刊的副主编,他每周都要花费大量时间;作为生物催化领域的学科带头人,每年要花较多的时间和精力组织或参加许多国内外重要学术活动;为了科研成果的产业化,要花很多时间与企业打交道,设计生产工艺、解决生产问题,甚至还要为打开产品的市场而奔波。除此之外,许老师还承担了 3 门研究生和本科生的课程,教学工作也要花费大量时间和精力。

承担着如此多的工作任务和压力,许老师的秘诀只有两个字:"勤奋"，认真对待每项工作和每个细节。每天早上七点半许老师就来到了办公室，下午六点多才离开；中午除了吃饭，基本没有休息；晚上在家里还要静下心来思考很多问题，并修改文章，时常工作到深夜。当然，在工作之余，他也非常注意运动，如太极和游泳等，争取为国家健康工作五十年。

潜心科研，励志创新

作为一个学者，最重要的成就感还是来自科研所取得的成果。为了在繁杂的事务中保持学术创新能力，许老师非常重视从学术交流、科技评审、学术出版物、研究生课题汇报等各种途径学习，时刻思考着研究室的发展方向。研究室一方面保持和发挥多年来所积累的技术优势，一方面紧密结合国家经济发展的热点和市场需求，研究方向从早期的非水相不对称生物催化、新型生物催化剂的筛选和应用，拓展到近年的分子酶工程、组合生物催化、合成生物技术等，近年喜获一系列国家自然科学基金项目、973 计划和 863 计划项目的支持，并取得了一批成果，研究队伍不断壮大，实验室面貌焕然一新。

在许老师的带领下，研究室近年来取得了如下有影响力的原创性研究成果：① 生物催化剂的发现和改造；② 通过介质工程对生物催化剂性能进行人工调控；③ 用还原酶和脂肪酶进行了生物催化合成手性药物中间体的工业应用实践探索。

为了尽快转化科研成果，许老师还积极与著名跨国企业和国内大型企业联系，介绍自己的科研成果、推荐学生就业，为产学研结合创造机会，已与杜邦(杰能科)、帝斯曼、上海华谊、江苏华荣、中华化工等多家大型企业开展过技术合作，并在江苏常熟建立了国际先进的工业生物催化研发和中试放大基地。

谆谆教导，培育英才

研究生是一个学生成长为科研工作者的重要学习阶段，研究生时期的学术训练和品格养成对其今后的发展至关重要。为了保证从他研究室毕业走向社会的人才具有优秀素质，许老师非常重视对研究生的培养。

（1）周详的计划，细心的指导：每学期伊始，许老师再忙也要为研究室制定一个详细的学术活动时间表，每个学生都要轮流做文献报告、研究报告和工作进展报告。在每周两次的学术活动中，学生之间可以自由讨论，许老师也会犀利地指出已发表文献中和学生工作中存在的问题，并且难能可贵的是，他更强调从本质和原理上来指点方向，让学生学会分析解决问题的思路，所谓"授人以鱼，不如授人以渔"，学生都感觉从学术活动中受益良多。许老师对于研究室最基础的微生物筛选工作还提出了很多有趣的名言，比如"对培养的菌落要一日三看，达到在睡梦中也能想见其模样的程度"，时刻提醒学生们认真观察实验现象。

（2）对论文严格把关：论文是科研成果的完整体现，许老师要求每个硕士研究生要发表国际核心期刊论文至少一篇，博士生达到三篇才可毕业。这对于研究生是不小的压力，然而也是极好的锻炼。由于研究生之前没有受过英文学术论文的写作训练，因此导师要花大量精力来修改。许老师对于每篇论文从标点、文法到图标、文献都会细心修改，有时会反复修改 7 次以上。严格要求使得学生了解到学术论文的国际标准，也体会到科研工作必须严谨认真和一丝不苟。

（3）建立学生自治和制度化管理：研究生和博士后逐年增多，使得实验室管理的问题日益突出。许老师非常重视培养学生的责任感和自治意识，实验室设备购买、管理都会征求学生的意见，民主管理，并由学生自己建立了几个工作小组，分别负责仪器维护、卫生值日、后勤保障以及文体活动等工作，使实验室在十分拥挤的情况下仍能够维持正常、高效的运转。

（4）让每个研究生都有至少参加一次学术会议的机会：许老师认为学术会议交流对于研究生非常有益，因此非常鼓励和支持，让每个研究生都有至少参加一次国内学术会议的机会，优秀的研究生还给予出国开会的奖励。在会议前，许老师还会让学生试讲并互相提问，作好充分准备，使得每次学术会议上来自生物催化研究室研究生的报告和对其他报告者的提问都体现出这个团队成员的优良素质，给参会同行留下深刻印象。

（5）热心推荐报奖、就业和深造：许老师非常关心学生的就业或到国外留学深造，总是尽量帮他们推荐和联系。现在许多大型科研机构、仪器公司和生物技术公司都有了许老师的弟子，深受业界好评，他们对研究室的科研工作也能起到积极的促进作用。

许建和教授兢兢业业工作，不计较个人得失，待人和蔼可亲，深受全院师生的赞誉。在他的努力推动下，研究室和国重室工作得以稳步发展、深入推进，科研和教育事业蒸蒸日上。他的学生也多次获得上海市优秀学位论文奖，两次获得全国优秀博士论文提名奖，5 名学生已经成长为大学教授和副教授，更多的学生在跨国企业或国有大型企业建功立业，正在为国家的教育事业和经济建设贡献着智慧和力量。

学习会使你永立不败之地

杨 力 教授。1967 年 7 月生,复旦大学经济学博士。现任上海外国语大学校党委常委、副校长,博士研究生导师。兼任上海市人民政府发展研究中心研究员,上海市国际关系学会副会长,教育部、上海市高等学校金融学专业教学指导委员会委员。

自 1997 年 1 月博士毕业分配至上海外国语大学任教至今,一直从事教学、科研工作。曾获得国家社科基金项目、教育部人文社会科学重点研究基地重大项目、教育部和上海市人文社会科学研究项目等 10 多项省部级以上课题资金资助,在国家级核心刊物公开发表论文 50 余篇。

2000 年获上海市"曙光学者"称号,2001 年获上海市育才奖,2004 年获宝钢优秀教师奖,2011 年入选上海市领军人才。

胸怀大局，甘于奉献

——记上海外国语大学杨力教授

勇挑重担，攻坚克难

1997 年 1 月从复旦大学博士毕业后，杨力作为上海外国语大学引进的第一个经济学博士，在国际经济贸易管理学院担任教师。时值上海外国语大学由以语言为主的单科性大学向文教经管法等多科性文科大学转型的重要时期。自从入校工作以来，他以自己特有的勇气与热情全过程、全身心地投入到了学校经济管理类学科建设中。在他和同事们的共同努力下，学校国际经济与贸易专业和工商管理专业二级硕士点成功获批，实现了经济管理类学科由小到大、从弱到强的转变，为学校复合型专业的建设与发展和学校的定位转变做出了开拓性的贡献。

2000 年起，他担任国际经济贸易管理学院副院长，全面主持学院教学、科研工作；2006 年起，担任主持工作的副院长、院长。在他的带领下，学院的学科建设、人才培养等工作取得了长足的进步。学院学科建设实现良好布局，基本形成了本科、硕士（应用经济学一级学科）到博士点（国际关系国际经济关系方向）的战略布局，在全国外语类高校中居于前列；学院专业建设成效显著，顺利完成教育部本科教学评估，经济管理类五大专业以其鲜明的教学特色获得专家评审组的高度认可，最终获得优秀的评价；学院课程建设成果优异，"国际化人才培养新模式-商科专业课中外学生合班国际化一体教学的创新实践"，获得上海市优秀教学成果奖，参与建设的《市场营销学》和《微观经济学》等课程列入上海市全英语示范课程；学院人才培养质量始终保持在较高水平，坚持和强化了英语与专业双修的特色，并在部分专业中实行"外语＋专业"的双学位模式,学生多次在国际国内各类大赛斩获高层次奖项,本科生、研究生一次就业率、签约率、起薪数、就业满意度在全国相关专业始终稳居前列。

作为主要专家,杨力教授还参与了学校国际关系博士点、上海市重点建设学科的申报工作,2009年全面参与学校商务英语(本科)专业和MBA专业硕士点的申报,为这些项目的申报成功获得提供了重要学术支撑和智力支持。同时,还积极参与上海外国语大学中东研究所——教育部普通高等学校人文社会科学重点研究基地的建设工作,担任专职研究员。2010年,主持了应用经济学一级硕士点的成功申报,参与了工商管理一级硕士点、国际关系一级博士点的成功申报,并积极指导成功申报了政治学一级学科博士后流动站。他始终冲在学科建设的第一线,为学校学科布局与发展付出了辛勤的汗水。

服务大局,打造团队

作为副校长、校应用经济学一级学术骨干、市重点建设学科国际关系专业国际经济方向博士生导师,杨力教授始终立足学校发展大局,坚持服务和育人的理念,以实际行动带动和帮助青年教师成才成长,在教学、科研能力培养、为青年教师的深造、申报课题和职称晋升等做好指导和服务工作。

他担任校十二五规划应用经济学学科建设创新平台负责人,并担任了1支校青年教师创新团队、2支青年教师科研教学团队的指导教师,带领团队在应用经济学复合型专业学科基础问题开展研究,定期开展学科研讨、教学实践,帮助青年教师提升专业素养;积极指导、参与学科团队的项目申报,帮助青年教师进行学科孵化和支撑,所参与的《市场营销学》和《微观经济学》等课程已列入上海市全英语示范课程;借助校外科研平台,指导青年教师参与外单位省部级级课题2项;在其指导和主持下,青年教师发挥外语优势,集体编写出反映国际最新动态的专业教材,已经完成《网络银行风险管理》、《国际货币经济学》等研究生教材的编写;借助校国际关系博士点招收国际经济方向博士生,招收本校的部分青年教师以提高他们的学历层次,同时提升本专业教师的整体科研水平,目前已有3人顺利毕业。带领的7名青年教师团队中,目前已有5

人评为副教授。在其悉心指导下,上外应用经济学学科团队已经初步形成学缘结构合理、年龄层次正态分布、具有较强战斗力、凝聚力的青年活力团队。

教学科研,率身垂范

作为党员干部,杨力教授始终高标准严要求自己,特别是自身专业建设长抓不懈。

严谨教学,始终立足人才培养的第一线,为研究生、本科生和国际合作办学学生开设了十余门金融学与国际政治经济学等方向的专业课程,教学效果优秀。虽然行政管理事务繁重,但始终坚持为本科生开设专业课程、为本科生指导论文。作为上外经济管理专业仅有的 2 位博导之一,还承担了繁重的研究生教学工作,先后培养了硕士生 70 多位,博士生 7 位,论文合格率100%。

专业研究,始终瞄准国际学术前沿,在银行管理和国际金融(尤其是欧元启动后的区域金融合作等问题)等研究领域有着较为前沿的学术研究。曾以副主编身份编辑了复旦大学新经济系列教材《银行信贷管理》。作为主要成员之一参加陈观烈教授主持的国家社科基金资助课题《中国的货币需求研究》。独立完成了"试论我国启动需求的政策选择"、《商业银行风险管理》、《凯恩斯〈通论〉译注》、《欧元对全球金融业的影响》等著作。

研究课题曾获得上海市高等学校青年科学基金项目,上海市社科基金资助;2000 年获得欧盟——中国高等教育合作交流项目资助赴英国从事合作交流项目;同年上海市教育委员会和上海市教育发展基金会资助其为上海市"曙光计划"项目承担人,承担项目《试论欧元对全球金融业的影响》,成为我校复合型专业的首位曙光学者。现阶段在研的主要项目包括:教育部人文社会科学研究项目《量化宽松政策的以邻为壑效应与货币政策的国际协调研究》、教育部人文社会科学重点研究基地重大项目《中东地区主权财富基金研究》、国家社科基金项目《非同步经济周期下宏观经济政策的国际协调研究》,以及多个横向委托课题等。

不向社会争名夺利，坚持低调做人
但求人生丰富多彩，乐于高效奉献

吴　弘　法学教授、博士生导师。1956 年 7 月出生，1972 年参加工作，1984 年华东政法学院法学专业毕业。现任华东政法大学经济法学院院长、商法研究中心主任、经济法硕士研究生导师组组长。兼任中国银行法研究会副会长、中国商法学研究会常务理事、上海法学会金融法研究会会长、上海国际商务法律研究会副会长等。

历任上海市人大常委会委员、市高级法院咨询专家、国家司法考试命题委员会委员、上海市消费者权益保护委员会委员、上海市政府行政复议委员会委员；任上海、南京、广州等地仲裁委员会仲裁员，上海国际经贸仲裁委员会仲裁员，中国贸促会上海调解中心、上海商事经贸调解中心调解员；上海证券交易所纪律处分委员会委员还担任独立董事、国企集团外部董事等。

长期从事经济法、商法、金融法的教学研究。多次获上海市政府决策咨询成果奖，获全国法学教材一等奖、上海市优秀法学研究成果一等奖、上海市教学成果一等奖等。上海市级教学团队带头人。

获全国优秀教师荣誉称号，享国务院政府特殊津贴，上海市领军人才。

人生因奉献市场法制建设而精彩

——记华东政法大学吴弘教授

为国际金融中心法制环境建设不懈奋斗

在国家提出建设上海国际金融中心后,吴弘教授就及时投入国际金融中心法制的应用理论研究,承担完成了多个相关课题,其中2007年完成的"上海国际金融中心应加快发展金融仲裁"项目,获分管市领导批示,直接推动了上海金融仲裁院的设立,并获上海市第七届决策咨询研究成果奖。

2008年初上海市委作出加快金融中心建设的决策后,吴弘教授组织团队,就深化金融法制环境建设、促进金融中心的形成,主持或参与了市法学会、市金融办、法制办、市高院等不同课题组的专题调研。特别是吴弘教授主持的课题,经走访政府监管机构、交易所和行业组织,召开中外金融机构、法院、律师事务所等有关人士的座谈会,在数月充分调研的基础上提交《上海国际金融中心法制环境现状及深化建设》的报告,指出上海金融法制环境建设面临五方面的挑战,有针对性地提出了四项建议,并提出立法建议稿。该报告是上海相关成果中最早完成的一个,引起市有关领导和相关部门的高度重视,市法学会《法讯》、中国法学会《要报》专题转载。分管市领导在有关会议上的讲话、市高级法院的有关课题中都专门援引了该报告内容。该报告获第二届上海市优秀法学成果奖应用成果类一等奖。

2009年国务院关于上海两个中心建设的指导意见发布后,吴弘教授积极参与了上海市人大《推进上海国际金融中心建设条例》立法过程。特别是受市人大常委委托,主持完成的"上海国际金融中心立法研究"课题,被市人大列为条例审议时的参阅材料,并获得上海市决策咨询成果二等奖。还参与条例新闻发布、配套规范、后评估等工作,主撰市府金融中心法制白皮书;并在市级政法、纪检干部金融法培训项目中任课程主任。

吴弘教授的专著《上海国际金融中心建设的法制环境》(2010 版),分析法制在国际金融中心建设的作用,指出上海金融法制环境的基础和差距,借鉴境外国际金融中心法制经验,提出了上海国际金融中心法制环境的总体目标和指导思想;并对优化金融税收、社会信用环境、促进金融创新、改善政府监管和司法保障等,提出了一系列观点。2009 年其撰写的《金融危机对国际金融中心法制的启示》一文,被上海市法学会《法讯》、上海市政法委《研究与参考》、中国法学会《要报》等刊载。除每年发表"金融中心法制建设年度报告"外,目前承担的教育部重大攻关课题子课题、市哲社课题等均与金融中心法制建设相关。

为市场监管法制创新鼓与呼

吴弘教授较早即开始研究市场监管问题,如 20 世纪 90 年代中期即开始对证券市场欺诈法律责任进行研究并取得一定成果,应邀在 1998 年北京金融欺诈国际研讨会作专题发言。此后,在核心期刊发表完善证券市场民事责任的一系列论述,多次被《人大复印资料》转载,其观点在 2001 年前后国内理论与实务界研究高潮时被广泛引用。

进入新世纪后,吴弘教授即重点研究市场监管法的理论与实践问题,提出国家具有不同性质的干预经济手段,据此区别市场监管法与市场秩序法。吴弘教授提出了经济法体系中应包括市场监管法,对市场监管法的调整目的与对象、方法与原则、体系及制度构成等进行了系统研究,在监管体制和基本制度方面也提出了一整套观点。并选取了市场监管的两个重要方面——金融监管与网络监管作为主要研究方向。如作为课题组成员,直接为中央领导法制讲座《金融安全与法制建设》提供素材、准备讲稿;对网上市场准入、网上交易安全等网络监管法研究也形成了特色。研究成果产生了较大影响,罗豪才主编的《与时俱进的中国法学》一书和李昌麒的长文《我国中青年学者对经济法理论的贡献》中,都收有介绍吴弘教授金融监管的观点;网络监管法的研究成果也获得上海市决策咨询成果奖。

在系列论文、课题研究的基础上，吴弘教授出版了专著《市场监管法论》，总结梳理了市场监管法理论研究的成果，指出市场监管法是国家为保障市场安全、防范市场风险而干预市场主体活动的规范，是经济法中重要的组成部分。对市场监管法的理论基础、制度结构等作了全面阐述，初步形成了市场监管法的理论体系。市场监管法体系的提出，对于完善经济法理论，促进经济法学科发展，具有十分重大的学术价值；同时对于促进市场实践，加快培养适合市场经济需要的人才，也有积极的实际意义。国内同行有越来越多的人加入研究行列，《市场监管法论》出版后已多次加印。吴弘教授除为博士生开设市场监管法课程外，也继续承担了"市场准入研究"等重点课题。

吴弘教授还围绕市场监管发表了一批著述，如《中国证券市场发展的法律调控》、《中国信托市场发育发展的法律问题》、《产权交易市场法律问题研究》等著作分述各市场监管问题；在 2009 年"中国法学家论坛暨上海金融法制论坛"上的发言——《将金融消费者纳入消费者权益保护法的范围》，先后被上海市法学会《法讯》、中国法学会《要报》转载，众多境内外媒体也对其观点作了大量报道；论文《金融消费者保护的法理探析》被《人大复印资料/经济法》全文转载，至今仍是《东方法学》引用率最高的论文。

为团队建设和人才培养殚精竭虑

吴弘教授在国内金融法学界具有学术影响，担任全国与上海市多个学术团体的领导职务。他首先是带领团队为国家和地方立法提供智慧及理论基础，如受全国人大财经委吴晓灵副主任委托，组织《基金法》修订上海调研组，为法律修订提出一批理论研究成果和具体修订建议。其次是带领本市金融法学法律界积极服务于金融实践，连续承办上海市金融法制论坛，围绕中心工作开展研讨；针对市场热点先后举办了理财、股指期货、航运金融、混业经营、股权分置改革、打击非法金融等专题研讨会，提出了一批成果，分别被决策机关采纳或媒体报道；金融法研究会连续被市法学会评为优秀研究会。再次是通过学术活动，帮助、促进青年人才成长，近年研究会多位青年学术骨干入选市级十大青年法学家。

　　吴弘教授担任负责人的金融法学教学团队系"上海市级教学团队"
（2010）。该教学团队成员职称与学历结构合理，大多拥有国内外博士
学位；团队成员的专业结构合理，涉及金融法专业各方面，具有掌握学术
前沿、理论联系实际、专业知识复合等优势。他带领团队完成上海市教
育高地项目——金融法特色课程群的建设，形成开课早、门类全、自编教
材多的金融法精品或重点课程体系、示范性教学实践基地，培养和输送
了大批的优秀金融法制人才，并团结凝聚上海各高校的金融法教学科研
力量，扩大了影响。

　　吴弘教授担任经济法学院院长，带领教学团队努力教书育人，组织
有特色的教学科研活动，一批主干课程分别建成国家级和上海市精品课
程，获得市级教学成果与优秀教材奖；主动关心指导本科生科研实践活
动，学生在全国竞赛中取得优异成绩；其不遗余力组织开展凝聚力活动，
想方设法提高教师积极性，增强了团队的战斗力。吴弘教授还担任研究
生导师组长，带领全体导师探索改革培养模式，精心实施培养方案；亲自
操办本市及长三角专业研究生沙龙、论坛、暑期学校等，联系课题与实践
调研单位，促进研究生学以致用；导师组每年向社会输送研究生 200 多
人，他培养的博士生、硕士生大部分进入监管机关或金融机构工作，受到
用人部门欢迎。

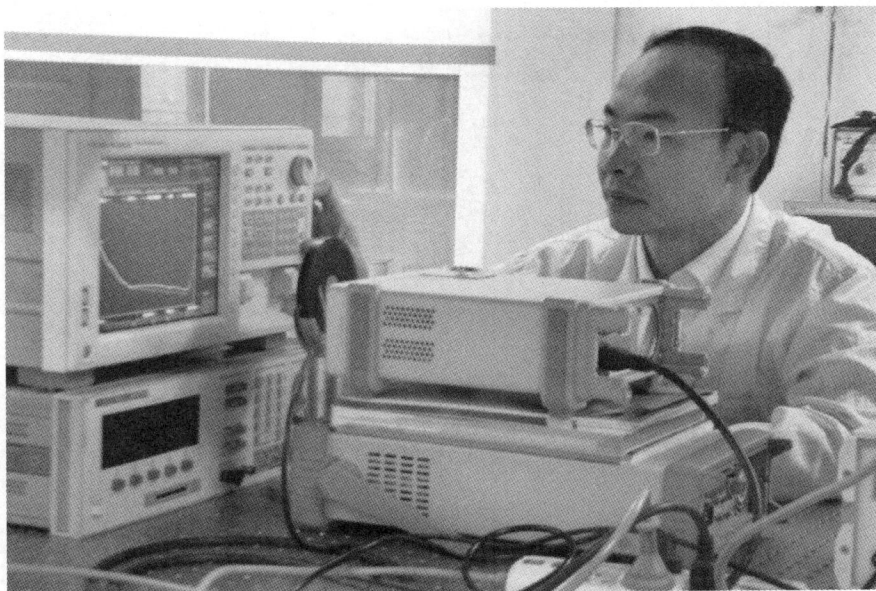

人生格言

天道酬勤 追求卓越

李 毅 教授。1964 年 12 月生，2001 年获华中科技大学工学博士学位。现任上海理工大学工程科技学院院长。

长期从事新型光电材料、光电器件、光机电系统等方面的研究，承担国家高技术研究发展计划（863 计划）专题项目、国家自然科学基金项目、上海市"登山行动计划"科技攻关项目、教育部重点科技项目、上海市教委重点科技项目等的研究任务。领衔完成的"非制冷高功率半导体泵浦激光器封装关键技术及应用"荣获中国机械工业科学技术进步奖一等，"红外探测新原理新技术研究"获湖北省自然科学二等奖，"红外焦平面与微透镜阵列集成技术"获国防科学技术三等奖。

享受国务院政府特殊津贴，上海市领军人才，江苏省高层次创新创业人才。

严谨务实,无私奉献

——记上海理工大学工程科技学院院长 李毅教授

2006 年作为优秀人才被引进到上海理工大学以来,李毅始终工作在教学和科研一线,在所承担的各类课程中,从不应付每一堂课,不死板教条,而是坚持常讲常新。"李教授讲课逻辑思维严谨,理论联系实际,信息量丰富,采用案例分析、启发式和研讨式教学,使我们开阔了眼界,而且兴趣倍增。"2003 级本科生何晓栋说。李毅教授善于运用多种教学方法,既重视基础知识的讲解,又强调创新能力和动手能力的培养。课堂教学内容充实,讲授富于激情,课件内容丰富,形式多样,重点、难点突出,层次分明,学生易于接受和领悟。同时注重与学生互动,课堂气氛既严肃又活泼。李毅教授强调"要将学科最新的科研成果和发展趋势有机地整合、应用到教学过程中,精心设计教学情境,引导启发学生勤思考、多动脑,调动学生学习的主动性和创造性,训练学生发现问题、分析问题和解决问题的能力。"因此,他总是根据专业和课程特点,因材施教,理论联系实际,注重培养学生创造、创新能力。

李毅教授认为,当今的教师必须教学与科研协调发展,只有不断提升自身教学和科研的能力,成为新信息知识的研究者和创造者,才能不负众望,从容面对时代的挑战。"以研促教"是李毅教授一贯提倡的做法。在他所承担的各门课程的教学任务中,始终能及时将新成果、新理论、新技术和新方法应用到教学中,开展课程内容更新和教学方法改革。他将自己在上海大亚集团公司担任技术总监的工作经验、研发流程和行业信息融入理论和实践教学环节,便于学生掌握满足职业要求的专业知识和方法手段,为学生今后的个人职业发展规划和择业提供了有价值的参考,并对学生的创业能力培养打下了坚实基础。

他在科研工作中更是时时高标准要求自己,惜时如金,勤奋治学,并将学生的论文选题与科研课题有机地结合起来,在科研的实践中培养和锻炼学生的创新能力和独立从事科研工作的能力。在具体的科研工作中,他不怕苦与累,带领团队进行科技攻关,正如他自己所说,"敬业的思想觉悟是做好教学、科研和社会服务工作的前提;良好的业务素质是做好教学、科研和社会服务工作的基础;无私的奉献精神是做好教学、科研和社会服务工作的保证。"他以对自己的严格要求深远影响着其身边的每个人,真正做到了立身为范,为人师表。近几年来李毅教授作为项目第一负责人主持完成了国家高技术研究发展计划(863计划)专题项目、国家自然科学基金项目、上海市"登山行动计划"科技攻关项目、教育部重点科技项目、上海市教委重点科技项目等研究任务。其中,以项目第一贡献人完成的科研成果"非制冷高功率半导体泵浦激光器封装关键技术及应用"获中国机械工业科学技术奖一等奖,"红外探测新原理新技术研究"获湖北省自然科学二等奖,"红外焦平面与微透镜阵列集成技术"获国防科学技术三等奖。小型化泵浦激光器封装技术的研究成果,特别适合在中国这样人力成本低且技术基础好的环境。通过对小型化泵浦激光器封装技术的研究,实现了封装技术的源头性创新,有助于向其他半导体泵浦激光器和光电器件的耦合封装拓展。该技术在光电子器件的应用方面具有广阔的市场潜力和广泛的推广应用前景,将成为形成光电子器件封装技术产业的重要技术支撑。

"导师是我们人生目标的完美偶像。"他的学生说,"他对自己各个方面都要求很高,对我们要求也很高。各项工作不仅仅要能够完成,还要能达到他所期望的高度,能体现他率领的团队的风格和特色。"对待生活,他也是一丝不苟。他总是叮嘱学生要注意生活细节,从节约用水用电到安全常识。他教导所有博士生和硕士生要从小事做起,对实验桌下的电源插板和实验桌上的工具和材料摆放都要求井然有序。这些小事在他的学生中引起了不小的震撼。

作为上海理工大学光学工程学科的带头人之一,紧抓科技创新和科研资源整合的有利契机,始终坚持紧扣各自形成的研究方向,本着面向未来、面向需求、面向应用的指导原则,以科研教学工作为工作重心,以改革和创新为动力,围绕重大项目开展科学研究工作,不仅在研究的广度上较前有显著拓展,而且在研究的深度上取得了不少创新和突破。在学科建设中,不仅圆满地完成了上海市第二期重点学科的建设任务,还使光学工程学科成功入选国家重点(培育)学科,实现了上海理工大学国家重点学科零的突破。"上海市现代光学系统重点实验室"荣获上海市模范集体。在不断增强光学工程这一优势特色学科的情况下,形成了若干以该学科为龙头、相关学科为支撑的学科群。

在光学仪器与系统科研平台的建设中,积极组织申报省部共建教育部重点实验室和工程中心,亲自整理并撰写相应的申请材料,最终被上海市教委批准为"光学仪器与系统上海高校工程研究中心"。在"光学仪器与系统"上海高校工程研究中心的基础上,使其进一步向教育部工程中心升级。在他的积极组织和领导下,通过全学院的共同努力,最终被教育部批准为"教育部光学仪器与系统工程研究中心"。该工程中心以光学仪器与系统核心技术开发为立足点,利用上海理工大学在光学工程学科方面的特色和优势,以及在光学仪器与系统等研究领域的良好基础及相关成果,重点研究并建立光学仪器设计与制造技术、微光学与微光机电系统集成技术、印刷光学工程技术、新型光学系统关键技术,以解决光学仪器与系统技术产业链中上游研发与下游产业化缺乏有效链接和中试环节薄弱等"瓶颈"问题,以提高我国光学仪器与系统产业的整体研究水平及其相关科技成果的转化率和产业化为总体目标。该中心将通过提供完善的运作机制和先进的科研设备与技术条件,建立一个良好的光学仪器与系统的研发和成果转化的孵化器。促进高校学科建设与发展,提高高校科技研发和系统集成能力,加快科技成果转化和高技术产业化,培养和聚集高层次科技创新人才和管理人才。

一路风霜雪雨,挥洒辛勤汗水;一分刻苦钻研,浇铸创新成果。李毅教授正用那无私奉献、勤劳肯干、科学严谨的工作态度和工作作风为上海高等教育事业的发展努力工作。

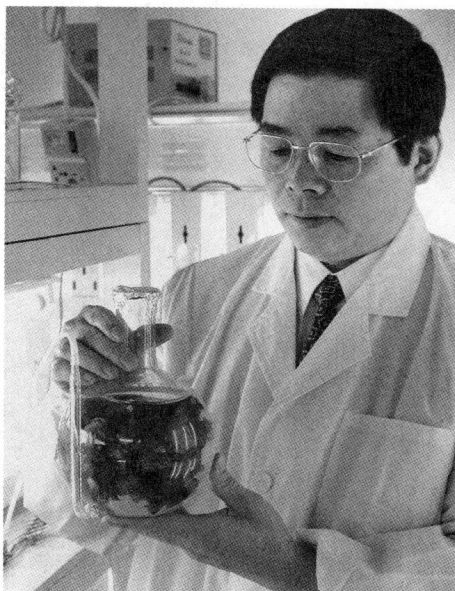

踏实做人，认真做事！

严兴洪 教授。1958 年 9 月生，1998 年获东京水产大学水产学博士学位。现任上海海洋大学应用藻类研究所所长。享受国务院特殊津贴，"863"计划重大项目首席专家。

长期从事海洋植物的细胞工程、生物技术、遗传与育种、分子生物学以及栽培学等方面的研究，连续主持三期国家"863"计划重大研究项目，承担了国家 863 计划、国家自然科学基金、农业部、国家海洋局、上海市科技攻关以及国际合作等 20 多个科研项目，发表论文 70 多篇。

近年来，以第一完成人获得国家科技进步二等奖，上海市科技进步一等奖等 4 项奖励。

一生钟爱紫菜科学的教授

——记上海海洋大学严兴洪教授

高科技成果未必高不可及，对百姓来说，它或许就是一副筷子的距离，比如，尝一口美味新品种的紫菜。

紫菜，作为人们日常生活中司空见惯的一道海鲜菜，它究竟包含哪些人类不知道的科学问题？我国特有的坛紫菜与日本紫菜（又被称为海苔）相比又有什么特别之处呢？严兴洪教授用了三十多年的时间回答了这些问题。

吃苦耐劳勤奋斗，学有所成展抱负

严兴洪属于地道的农家子弟。由于家庭人口多、经济又困难，他从小就开始做力所能及的农活，以增添家里的收入，直到离家上大学的前一天才放下手中的农活，对土地、对农业有着特殊的感情。他说，从小干活，从小苦吃，对土地的恩惠和生活的不易理解得更透彻，会永记心间！

尽管家境贫寒，聪颖好学的他，却一直喜爱学习，刻苦用功，成绩始终名列前茅。作为77届高考的亲历者，他是当年镇上唯一红榜提名的大学生，可谓是百里挑一，学校和老师为之骄傲。

1978年，严兴洪进入厦门水产学院学习，四年后以优异成绩毕业，被分配到事业单位工作。"一张报一杯茶"的办公生活不是他想要的，他主动要求去生产一线与渔民们一起搞水产养殖生产。3年后，他又利用闲暇时间复习，成功考研回到母校。此时的母校已迁回上海，更名为"上海水产大学"。从此开始了他的紫菜研究生涯。

重返校园的他，倍加珍惜机会，发奋学习。1987年，他毕业后留校工作,2 年后又独立创办起海藻遗传育种实验室。1992 年,他在国际上首次完成江蓠(一种海藻)原生质体成株培养,获得了在法国召开的第 14 届国际海藻学术大会青年优秀论文一等奖,获奖励 2 500 美元。他只身赴法国参加此会,在会上发表的江蓠原生质体培养与成株等研究结果,受到了同行学者的高度好评,也获得了后来成为他博士导师的东京水产大学(现东京海洋大学)教授的赏识。第二年,导师为他申请到了日本文部省国费奖学金,让他赴日攻读博士学位。

在日本留学 8 年,他继续从事紫菜遗传与育种研究,在日本完成了博士学位和博士后研究的严教授毅然回到了母校——上海水产大学任教,继续他钟爱的紫菜事业。回国后,他连续担任了 3 期国家"863"计划关于海藻遗传育种的重大研究项目首席科学家,经过近 10 年的潜心研究,搞清楚了我国特有的坛紫菜的四大基础遗传学问题,在国内外首次提出培育单性不育紫菜新品种的理论,建立了高效的紫菜单性育种技术,培育出我国首个具有自主知识产权的紫菜新品种——坛紫菜"申福 1 号",被农业部认定为适宜推广的水产新品种,在全国进行推广,取得了极为显著的增产增收效果。此项研究成果先后获得了 2010 年上海科技进步一等奖和 2011 年国家科技进步二等奖。

坛紫菜里学问大,培育良种价值高

为什么选择坛紫菜作为研究对象? 严教授说,坛紫菜是我国特有的经济海藻,产量占全国紫菜的 75% 以上,它的育种研究只能靠中国人干。因此,中国科学家研究坛紫菜有地域优势,更具产业价值。坛紫菜虽已栽培了近 50 年,但所使用的种质均为野生种,出现了较严重的种质退化。栽培无良种、加工靠手工、产品粗糙价值低、产业链不完善等严重制约着我国坛紫菜产业的发展。为此,攻克坛紫菜的良种培育技术被国家"863"计划所重视。

2002 年,坛紫菜良种培育技术被国家列为"863"计划重大专项课题,从日本刚回国的严兴洪博士通过公开竞争担任了该课题主持人。经过多年的艰苦研究,他领导的团队突破了坛紫菜育种的多项关键技术,取得了瞩目的创新成果:在国际上首次发现了坛紫菜可以通过单雌和单雄生殖繁殖后代;在细胞学和分子生物学层面阐明了坛紫菜独特的减数分裂发生位置;揭示了坛紫菜的性别是呈块状线性排列的雌雄同体生物,并非教科书上所记载的雌雄异体,完善了生活史;首次揭示了坛紫菜叶状体的体细胞向性细胞分化存在 7 个阶段,为选育成熟晚、优质高产品种提供了重要的育种理论依据;在国际上创建了紫菜单性育种技术,培育出我国第一个国家级紫菜新品种-坛紫菜"申福 1 号",与野生种相比,它具有生长快、生长期长、耐高温等优点,产量和产值分别增加 30%和 40%;同时研制出 6 大类 20 多种深加工产品,产品的附加值成倍提高,促进了产品的更新换代……

紫菜原本不姓紫,科学吃法有讲究

　　严教授从事紫菜研究已经 30 多年,对我国大规模人工栽培的两大紫菜——"坛紫菜"和"条斑紫菜"均有深入研究,对紫菜的感情特别深厚。曾有领导劝他,别老是搞紫菜,还是换个更容易拿经费的研究方向吧,但他却说,我这辈子没有别的本事,只能研究紫菜了。对于紫菜,他已经钟情了 30 年,并准备继续为我国的紫菜事业发展奋斗下去。

　　他说紫菜原本不应该姓紫,好的紫菜一般都是乌黑发亮的。如果出现紫色,说明已经受潮变质了。紫菜作为一种红藻,因其具有很高的营养价值在中国、日本和韩国等地区被广泛栽培和食用。如果在紫菜加工过程中,菜饼没有彻底干透,水含量过高或者包装不严漏气的话,储藏一段时候后就会受潮发生霉烂,绿色的叶绿素被分解,红色的藻红素就会显示出来,菜的颜色就变成了红紫色。

　　严教授特别强调,老百姓常用开水冲泡紫菜做汤吃,这种传统吃法其实不够科学。虽然紫菜的蛋白质含量接近 40%,含有人体所需的各种维生素和微量矿物元素以及特殊的紫菜多糖,兼具营养和保健双重功能,但其细胞质里的营养物质却被厚实的细胞壁和琼胶胶质层所包裹。人体没有可以分解琼胶的消化酶,因此紫菜的大部分营养无法被吸收。即使用开水冲泡或煮,也无法破开紫菜的"软甲"。正确的方法是先进行细胞破壁处理,待紫菜颜色由黑变青绿色,细胞内的营养才能溶于水中,被人体吸收。

　　日本的人均紫菜消费量是中国的几十倍,这也是日本人平均寿命居世界领先地位的重要原因之一,这离不开日本对紫菜产品的高度专业化、标准化、精细化生产,以及消费者对紫菜营养和保健价值的高度认同。

严兴洪教授说,他的心愿不仅是培育和推广坛紫菜新品种,为老百姓提供营养价值更高、更容易吸收的紫菜新品种,更希望中国的坛紫菜生产不再局限于沿海的零散农户,而能走上专业化、产业化的道路,达到日本那样的先进水平,让科技成果转化为市场欢迎的产品,为老百姓增添一种健康之菜!

路漫漫其修远兮

吾将上下而求索。

廖昌永 教授。1968 年 10 月 25 日出生,上海音乐学院硕士学位。上海音乐学院副院长、声歌系主任、教授、学科带头人、硕士生导师。美国华盛顿国家大剧院及密西根大剧院签约艺术家。现任全国人大代表、中国音乐家协会副主席、上海音乐家协会副主席、上海市青联委员等职。自 2005 年起,享受国务院特殊津贴。

多次在国内、国际声乐比赛中获大奖,演出足迹遍及世界,先后与十几个世界著名乐团及歌剧大师合作,演出了几十部歌剧和无数场音乐会,好评如潮。

先后荣获全国"五一劳动奖章"、"宝钢高雅艺术奖"、"上海市新长征突击手"、"上海市十大杰出青年"、"上海市劳动模范"、"全国德艺双馨艺术家"、美国百人会"杰出艺术成就奖"、纽约"杰出艺术家奖"等称号。

舞台、讲台，歌者、师者

——记上海音乐学院廖昌永教授

学而无涯，名播四海

　　1968 年 10 月 25 日，廖昌永出生在四川省成都市郫县一个普通的农民家庭。1988 年高中毕业后，廖昌永凭借优美的嗓音和良好的潜质被中国历史最悠久的上海音乐学院声乐系录取，带着母亲的嘱托和希望，带着对音乐的渴望和追求，廖昌永远离亲人，来到上海，开始了他全新的学习生活。真正迈开了他探索、追求音乐艺术的第一步。

　　上海音乐学院良好的艺术和学习氛围感染并激励着廖昌永，他深知自己基础较差，于是就把所有的时间、精力都用在了学习上。入学的第一年，廖昌永随从意大利进修回来的男高音罗魏学习，一年后，廖昌永又转入周小燕教授门下。1994 年，廖昌永第一次出国参加"法国巴黎国际声乐比赛"就获得法语奖。1996 年 9 月，廖昌永赴法国参加"第四十一届图鲁兹国际声乐大赛"，获得了比赛的第一大奖，这也是我国选手参加该项比赛十年来所获得的最高殊荣。此后，廖昌永又参加了"多明戈世界歌剧大赛"和"宋雅王后国际声乐大赛"均获得第一大奖。从而创造了一年内连续三次夺得一流国际比赛大奖的纪录，这也为他走向国际声乐舞台打下了坚实的基础。

　　2000 年 2 月 20 日，中国上海大剧院和澳大利亚悉尼歌剧院利用卫星双向传送技术举行了一场史无前例的经典音乐会，向世界展示了中国艺术家对音乐文化的贡献和中国音乐家的风采。来自中国上海的男中音歌唱家廖昌永的一曲《快给忙人让路》余音未了，悉尼歌剧院内就已掌声四起，悉尼观众毫不吝啬地把欢呼声送给了他。澳大利亚的观众在感叹这位来自中国的艺术家演绎西方经典音乐作品的能力之时,更为其宛如天鹅绒般的音色和源自内心的音乐所折服。这首欧洲歌剧中男中音的试金石之作,因廖昌永于性于灵的演唱而精彩绝伦。于是人们又一次记住了他——廖昌永,一位中国普通农家的儿子。

艺海泛舟,永不知倦

作为一个在学生时代就脱颖而出扬名海内外的著名歌唱家,廖昌永对声乐艺术的钻研和实践没有止步,近年来,他的艺术实践从中国到世界、从传统到现代、从美声到通俗,体现了一个艺术家不断创新求变的轨迹。

1997 年 9 月,在挪威各地巡回举行了十场音乐会。1998 年 1 月赴日本举办新年音乐会。1998 年 5 月与小提琴家安妮·索菲·穆特、歌唱家芭托丽赴挪威举办专场音乐会。1998 年 6 月在英国演出歌剧《卡门》,饰演莫拉莱斯。1998 年 9 月与卡雷拉斯、黄英在上海举行专场音乐会。1998 年与法国喜歌剧院合作,在上海大剧院上演的古诺歌剧《浮士德》中担任主要角色。1998 年推出个人专辑《绿树成荫》。1999 年 3 月赴美与大都会歌剧院合作举行专场音乐会。1999 年 11 月在美参加歌剧《阿黛丽亚》的演出。1999 年 12 月在台湾演出歌剧《茶花女》。2000 年 11 月出演在肯尼迪艺术中心上演的《游吟诗人》。2001 年 4 月出演在卡内基音乐厅上演的歌剧《玛利亚·斯图阿达》。2001 年 9 月出演华盛顿歌剧院歌剧《霍夫曼的故事》。2002 年 3—4 月在纽约歌剧交响乐团歌剧《玛利诺·法利埃诺》中饰演 Israele 。2002 年 4 月在卡内基音乐厅举办个人独唱音乐会。2003 年 3—4 月在卡内基音乐厅,纽约歌剧交响乐团演出歌剧《阿提拉》。2003 年 5 月发行专辑《凝聚》。2003 年 10 月出演密西根歌剧院歌剧《假面舞会》。2004 年发行专辑《俄罗斯经典歌曲》。2004 年 3 月与纽约歌剧交响乐团合作歌剧《海盗》。2004 年 10 月在中国爱乐乐团与法国图卢兹市立歌剧院合作的歌剧《罗密欧与朱丽叶》中,出演卡普雷特。2005 年 1 月在荷兰皇家歌剧院出演歌剧《茶》中的日本王子。2005 年 4—5 月,在佛罗里达歌剧院出演歌剧《假面舞会》。2007 年 7 月发行优秀电影歌曲专辑《怀念》。2007 年推出首张跨界专辑《情释》。2007 年 5 月出演法国奥兰日歌剧节与上海大剧院

联合推出歌剧《卡门》。2007 年 7 月发行专辑《山丹丹花开》。2007 年
11 月，发行意大利艺术歌曲专辑《诺言》。2008 年 10 月 29 日在奥地利
的维也纳金色大厅举行独唱音乐会。2009 年 5 月推出跨界专辑《情
缘》。2010 年 6 月参演国家大剧院版《茶花女》。2010 年 6 月 6 日，推出
专辑《海恋》。2010 年 10 月 23 日上海大舞台举办了"中国声音·庆世
博·廖昌永 2010 大型演唱会"，2011 年 6 月发行个人第十张专辑《我们
的母亲》。……

　　这张不完全的演出履历记载了廖昌永忙碌的艺术行程，也记载了他
十余年来潜心声乐艺术理论、实践探索研究的心路历程。

亦师亦长，情系教育

　　除了在声乐艺术领域孜孜以求以外，作为一个著名歌唱家的廖昌永
教授还积极参加社会活动。廖昌永教授担任的社会职务很多，中国音乐
家协会副主席，上海音乐家协会副主席，十二届全国人民代表大会教育
科学文化卫生委员会委员等，在各种场合，他都不忘自己的艺术家本分，
不断为中国民族声乐和教育事业鼓与呼。

　　廖昌永教授始终关注中国声乐歌剧事业的发展，他申报成立的中国
原创歌剧与原创艺术歌曲创作基地以创作和演唱中国原创歌剧和原创
歌曲为己任，为弘扬"中国制造"的文化内涵、营造良好的艺术氛围和成
为国际性的演出舞台创造条件，同时也可将创作成果应用于实践，体现
出创作与实践相结合的独特优势。

　　廖昌永教授独立完成的曙光项目《20 世纪的中国歌剧》，完成了近
4 万字的论文，对 20 世纪中国歌剧发展历程、类型、关系进行梳理，并对
40 年歌剧创作的主要经验与教训进行概括和总结，并提出作曲家怎样
择定剧本，怎样理解"歌剧的音乐性"和"音乐的戏剧性"，关于结构、节
奏及色彩处理，关于旋律创新等若干重要问题的思考，具有极强的学理
性和实践指导价值。

　　在第二届中国民族声乐论坛上，廖昌永教授作了题为《关于民族声
乐事业发展进程中若干问题的思考》的主旨报告。在报告中，他提出的
关于唱法实践的融合问题、关于如何保持民族唱法艺术特色的问题、民
族声乐的声部需要进一步丰富、民族声乐需要理论的创新和提升、民族

声乐表演学科建设需要加速、民族声乐教学需要不断改革和创新观点受到了与会专家的高度好评,体现了他对于民族声乐理论、教学、实践发展的拳拳之心和深入思考。

廖昌永教授演出活动频繁,社会职务众多,但是这丝毫没有影响他的主要身份:上海音乐学院副院长、声乐歌剧系主任、硕士生导师。每年,他的教学任务都和其他教师一样繁重,既有对本科生、研究生、进修生的常规教学任务,又有歌剧大师班等阶段性教学任务,每次教研组活动,他总是准时出现在老师和同学们的面前,遇有系里和周小燕歌剧中心、周小燕大师工作室进行歌剧排演,他还要参加排练和演出,繁重的院系行政管理工作他更是当仁不让。近年来,在他带领下,上海音乐学院声乐歌剧系提出了以教研组定期教研活动为抓手跨越"师门",以演出实践为抓手跨越"校门",以国际师资和国际比赛为抓手跨越"国门"的"三门"发展战略,并连续获得了三个"国"字号奖励,国家级精品课程、国家级教学团队、国家级教学成果,获奖人数日益增多、获奖级别日益提高,显现了蓬勃的生机和活力。

荣誉，只代表你在这地拥有机会和平台；以终为始，才是事业成功的指南。

陈家年 特聘教授。1961 年 12 月生,1988 年获北京舞蹈学院舞蹈教育学士学位。现任上海戏剧学院舞蹈学院院长、附属舞蹈学校副校长,国际芭蕾舞比赛评委、上海舞蹈家协会副主席。全国优秀教师称号获得者。

长期从事芭蕾舞教学和创作,打造富有影响力的芭蕾剧目,培养芭蕾舞人才。

获第二届全国芭蕾舞比赛男子独舞奖、上海文艺家荣誉奖、上海市华侨华人专业人士杰出创业奖、上海市德艺双馨文艺工作者等荣誉称号、上海市文化发展基金会优秀文艺人才奖等。教学项目获上海市教学成果三等奖、上海戏剧学院教学成果奖、学院奖等。编创作品获华东六省一市专业舞蹈比赛评委会大奖、第六、第七届中国舞蹈荷花奖校园舞蹈大赛作品金奖、第七届中国舞蹈荷花奖舞剧比赛作品金奖及编导奖、加拿大舞蹈作品大赛最佳编导奖、上海文艺创作和重大文化活动优秀作品奖、第九届桃李杯全国舞蹈比赛作品一等奖、上海文艺创作优秀成果奖等。

投身艺术教学,奉献舞蹈精品

——记上海戏剧学院陈家年教授

改革教学,夯实基础

2006年,当陈家年回到阔别已久的母校上海舞蹈学校任职的时候,首先面临的挑战是如何巩固教学质量。经过一段时间紧张的调研、看课和查阅教学相关文件,他认为教师教学的各个环节欠缺规范是症结所在。于是对症下药,开展一系列教学改革,完善了教研会制度、提高了教师备课的深度、同时从规范教学、规范讲解和示范等方面严格要求教师,体现出学院派教学的科学、严谨、规范,并组织编写了富有舞校特色的校本教材。2007年,陈家年受命兼任上海戏剧学院舞蹈学院院长,主管学院各方面的工作。他还是从教学入手,首先建立健全了各个教研室,以教研室为抓手,引领学院各位教师提高自身的教学水平,提高教学研究的能力,切实为教学服务。经过近两年的整顿和改革,舞蹈学院的教学水平有了较大提升,在第九届桃李杯全国舞蹈比赛、"荷花奖"校园舞蹈大赛、华东六省一市专业舞蹈比赛等重大赛事中取得优秀成绩。

此外,陈家年组织撰写了《上海戏剧学院舞蹈学院学科发展规划纲要》,落实教学工作室建设。芭蕾舞教学工作室、中国舞教学工作室以及舞蹈艺术创新工作室的各项教学研究及实践活动热烈开展,各种教学展示、课程改革探索、国内外学术交流活动有序进行。教师中间形成了良好的教研氛围。他还积极建设学科梯队,启用有能力的青年教师,培养他们尽快成长为各个专业方向的学科带头人。他鼓励教师"走出去",学习国外先进的教学手段、取长补短;同时又不断"引进来",邀请国内外知名舞蹈教育专家来我院举办讲座、工作坊、短期授课,提高师资队伍整体水平,2010年舞蹈学院与韩国舞蹈研究会联合举办了东亚舞蹈学术研讨会,舞蹈学院教师积极提交二十余篇论文参会,较往年有了较大提高。舞蹈学院及附属舞蹈学校的教学基础得到了进一步巩固。

注重生源,悉心育才

生源质量直接影响着艺术学校的教学质量,陈家年严把招生关,与教师同吃同住,乘火车奔赴全国各地亲自发掘优秀的舞蹈苗子,分专业进行把关,严格筛选,同时带领教学团队为培养优秀的学生创造各种条件。面临重大赛事,陈家年即使患病也坚持亲自指导训练,力求让学生在比赛中表现出最佳水平。陈家年利用作品排练来锻炼学生,凝聚学生,经过他的悉心指导,学生在技巧上进步,也更加热爱舞蹈艺术,一部作品影响了一批孩子。在附属舞蹈学校,陈家年与专业教师一起研究选手的特点,派出四到六年级优秀学生参赛,既保证教学重点,又加强了比赛练兵。2009年1月,陈家年带队参加第37届瑞士洛桑国际芭蕾舞比赛,舞校4名选手入选复赛。学生彭兆倩荣获洛桑大奖,是这届洛桑比赛中唯一获奖的中国选手,也是洛桑大奖自2003年来再次花落上海。在舞蹈学院,陈家年在强调学生基础能力培养的前提下,通过一个个作品来锻造尖子人才,贯彻作品育才、训练育才的思想,使学生在实践中感悟艺术,激发潜能。

推动原创,打造精品

陈家年注重原创舞蹈艺术作品的雕琢,确立以创作推动教学,全方位提高学生的舞台能力,进而培养舞蹈尖子人才和提升整体实践水平的构想。2007年,面对舞蹈学院芭蕾教学原创作品匮乏的局面,陈家年主动请缨,不计任何报酬,在短时间内为舞蹈学院芭蕾舞系创作了享誉全国的《柴可夫斯基狂想曲》。他利用业余时间排练,音乐逐段剪辑,反复修改,服装设计精益求精、亲自审查制作,使学院芭蕾舞专业师生在舞蹈理念、表现风格、舞台能力、群体合作协调性等方面都有了很大的提高。经过陈家年的精心打造和师生的共同努力,《柴可夫斯基狂想曲》连续荣获华东六省一市大学生舞蹈(专业)比赛"评委会大奖"、华东六省一市专业舞蹈比赛"评委会大奖"和第六届中国舞蹈"荷花奖"校园舞蹈大赛作品金奖,在全国三大舞蹈比赛中取得三连冠,并代表上海参加纪念改革开放30周年舞蹈精品晚会,荣获上海文艺创作优秀作品。中国舞蹈家协会主席白淑湘认为这个作品"风格纯正、追求高雅,突出了上海芭蕾的审美特点,对中国芭蕾原创有着很好的推动作用"。2009年8月,陈家年创作的芭蕾舞作品《秋》荣获文华艺术院校奖第九届桃李杯舞蹈比赛及荷花奖作品金奖;2009年12月,他创作了上海世博会重点项目、上海市文艺创作重点项目作品《四季》,并获得了全国荷花奖舞剧比赛作品金奖和编导奖。这是继《白毛女》之后,上海为数不多的由本土编导所创作的大型芭蕾作品。不但为上海戏剧学院再添经典原创剧目,也为上海芭蕾舞艺术奉献了一部精品。

陈家年不仅以身作则,也热情地帮助和鼓励学院青年教师投入创作。在他的带领和指导下,学院出现了《梦随翎翅飞苍茫》等参加第九届桃李杯舞蹈比赛的优秀原创作品。教师们将创作与教学相结合,一系列优秀教学剧目磨砺了一批批优秀舞蹈表演人才。

在陈家年的带领下,舞蹈学院及附属舞蹈学校教师及学生在国际、国内重要比赛中获奖上百次,先后有十余人获得上海市优秀文艺人才奖。在文华艺术院校奖桃李杯舞蹈比赛、"荷花奖"校园舞蹈大赛、华东六省一市专业舞蹈比赛等各大赛事中,舞蹈学院和附属舞蹈学校组成的"上戏军团"屡获大奖,陈家年对艺术教育和舞蹈创作的奉献得到了回报和肯定。

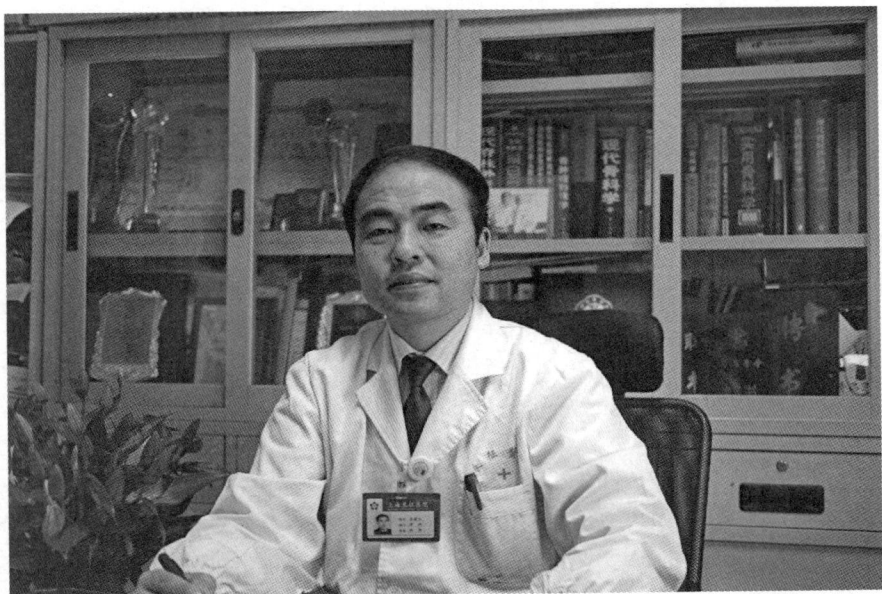

成功源自点点滴滴的耕耘与付出。
骨肿瘤巧匠的成功秘诀是用心设计与
操作每一台手术。

肖建如 教授、主任医师、医学博士,博士生导师,第二军医大学附属长征医院骨科医院副院长兼骨肿瘤外科主任。1963 年 2 月出生,1994 年获得第二军医大学外科学博士学位。现任全军骨科专业技术委员会骨肿瘤分会主任委员,中华医学会骨肿瘤学组副组长,享受国务院政府特殊津贴及军队优秀专业技术人才Ⅰ类岗位津贴。国家自然科学基金重点项目获得者,上海领军人才,上海市优秀学科带头人。

主要从事骨肿瘤方面的研究工作。以第一完成人承担国家自然基金重点项目等科研课题 15 项;以第一完成人先后获得十项成果奖,包括国家科技进步二等奖(2011)、上海市科技进步一等奖(2010)、上海市医学科技一等奖(2010)、军队医疗成果一等奖(2008);获实用新型专利 9 项;以第一作者/通讯作者在国内外杂志论文130 余篇,其中 SCI 论文 40 篇。

脊柱肿瘤禁区的开路先锋

——记第二军医大学附属长征医院骨科医院 副院长肖建如

一心向注，誓为良医

20 世纪 80 年代末，已经当了几年外科医生的肖建如，一心向更高的目标攀登，他以优异的成绩考入了第二军医大学长征医院骨科研究生。当时长征医院骨科被誉为中国脊柱外科医生的摇篮，这里拥有一批国内知名的脊柱外科专家——赵定麟、贾连顺、侯铁胜等。专家们治学严谨，对年轻医生的临床基本功训练非常严格，肖建如非常珍惜这样的机会，如饥似渴的吸吮着知识的营养，向老师们认真学习治学之道。勤勉、细致、严谨成了两代专家共同的特点。肖建如这样回忆专家老师们"他们周末和节日除了外出开会，几乎都会待在办公室著书立说，以科室为家"。这就是长征骨科老一辈专家倡导的三无精神"no Sunday, no birthday, no holiday."这种只争朝夕、严谨务实的作风对肖建如以后的从医生涯产生了重大影响，正是凭借严谨务实的作风和"三无精神"，十多年来，肖建如先后在国际脊柱外科顶级杂志《Spine》、《Neurosurgery》等国内外知名期刊上以第一或通讯作者发表 130 余篇论文，以第一完成人先后获得 10 项重大科技成果奖。

一次抉择，踏入禁区

90 年代中期，国内脊柱常规的创伤和退变性疾病手术技术日趋成熟，而脊柱肿瘤的外科治疗一直是国际医学界面临的挑战性难题，与国际上比较，我国的外科技术研究相对滞后。当时，国内在这一领域还是一片空白或沼泽地带，由于脊柱肿瘤手术难度和风险远大于脊柱常规手术，常使医生在手术过程中感到外科技术底气不足，往往是做到一半，由于术中大出血或解剖结构紊乱不清就做不下去了，只能"关门"草草地结束了手术。医生经常被迫无奈地选择放弃，而病人在绝望中等待瘫痪、衰竭和死亡。因此脊柱肿瘤手术被认为是"开关手术"，医生常感难以言状的郁闷和窝火。

肖建如义无反顾地"闯"入这个"脊柱外科的恐怖和沼泽地带"。当被问起为什么作出这样的抉择时，他说：两位患脊柱肿瘤姑娘的命运结局给我留下了太深的烙印，我感受到的不仅是挑战，更是一种责任。故事追溯到1997年，长征医院同时收治了两例胸椎巨细胞瘤患者，都是处于热恋中的年轻姑娘，一位肿瘤病灶较小，肿瘤顺利切除、术后痊愈并组建了幸福的家庭。另一位患者就相当不幸，由于肿瘤病灶出血多、术中难以彻底切除。此后，这名患者病情反复复发，在五年时间里做了五次手术，最终眼睁睁看着年轻的生命夭折。面对这类患者，我们曾束手无策，肖教授对笔者说："医术并不是万能的，但眼看着患者被肿瘤折磨，我们却因外科技术的低能救不了她，就是医生最大的遗憾。但也正是这份遗憾，激发了我的斗志和勇气，促使我们必须破解难题。肖建如痛下决心：一定要攻克这个国际性临床难题，否则更多的病人会面临同样的悲惨命运。

值得庆幸的是他的想法得到了时任骨科主任贾连顺教授鼎力的支持和帮助，肖建如开始向这个领域发起了冲击。为啃下这块"硬骨头"，他将全部的精力放在查阅大量国外文献和进行脊柱的应用解剖学研究，每天工作时间都在十几个小时以上。他不断努力探索脊柱特殊节段肿瘤的手术入路、切除和重建技术，在简陋的实验室里，忍受着福尔马林刺鼻的怪味，在尸体标本上反复解剖研究，探讨手术入路的最佳路线和切除方式。

刚开始，对脊柱肿瘤的认识确有不同声音，有些人认为脊柱肿瘤手术风险太大，即便手术预后也很差，增加患者的痛苦和经济负担，完全没有必要。别人说他自讨苦吃，但他却从不动摇和放弃。探索的初期真可谓如履薄冰、举步维艰。由于脊柱的特殊解剖，脊髓神经横穿椎管，椎旁毗邻大血管和重要器官，造成充分而彻底地切除椎节骨肿瘤的手术难度及风险极大，易造成大出血、死亡或脊髓、神经损伤，每例手术对于医生来说都是"个性化的设计"。随着对特殊节段解剖的逐步深入探讨,让肖建如就像指挥员对战场上每道山脉、每条河流都了然于心一样。天道酬勤,多年后,他的脊柱肿瘤手术技能突飞猛进,原来一例手术从早做到晚,如今手术时间越来越短,他率领的团队一天可做4—6台脊柱肿瘤手术,成功率都在99%以上。

一道难题,十年磨剑

历经14年的艰苦卓绝地探索,肖建如率课题组在脊柱肿瘤治疗史上创造了多个"世界之最"和"国内第一":在国际上首创经乳突下-颌下联合入路行寰椎侧块肿瘤切除技术,提高了肿瘤切除率及手术安全性;率先提出颈胸段肿瘤的颈胸角分型,制定了颈胸段脊柱肿瘤外科治疗策略的规范化选择方案;建立了保留双侧椎动脉前提下的颈椎骨肿瘤全脊椎切除技术;率先提出儿童及青少年脊柱肿瘤的临床特点、外科治疗策略,对于临床诊治具有重要的指导意义。在国内率先实施了胸椎肿瘤三椎体整块切除重建术,率先开展了经口腔下颌骨入路行枢椎巨大恶性肿瘤切除和重建术,突破了高难度的枕颈段、颈胸段、腰骶段肿瘤等传统手术禁区,填补了国内脊柱肿瘤外科治疗的多项空白,使肿瘤总体切除率由原来的40%上升至95%,术后中长期随访局部复发率明显降低。其手术疗效明显提高,达到了国际先进水平。

一项成果,惠及众生

来自四川的患者小徐,身患颈部巨大肿瘤,辗转了国内多家医院,得到的回答都是"无法治疗、等待死亡"的判决。由于瘤体压迫脊髓,出现了瘫痪,她几乎陷入了绝望!家人在多方打探后,抱着试一试的态度找到了肖建如。这个才20岁出头的女孩就这样坐着轮椅来到了肖建如面前。肖建如仔细查阅病历资料后,毅然将她收治入院。此时此刻,一家人激动得泪流满面,此前没有一家医院"敢"收她。有人劝肖建如:"这样的手术风险太大,何必冒这个险。"肖建如说:"医生的责任是救治生命,过多考虑个人的名利得失,无数病人就会在我们的犹豫中抱憾离世。"

如果没有过硬的技术做保障,那么这份"自信"往往就是"自负"的另一种表达方式。人们常说胆大心细是一名外科医生必备的潜质,而勤奋好学、良好的身体、心理素质加之一点点天赋则是外科医生通往成功的要素,这些要素在他身上凸显无疑。"每每遇到疑难棘手的病例,夜深人静躺在床上,我的脑子里就像放电影一样,一遍一遍重复着手术要点和防治意外的措施。"经过详细的检查与细腻的术前准备后,肖建如率领团队对她实施了乳突-颌下侧方入路寰椎侧块巨大肿瘤切除枕颈融合内固定术。经过近 6 个小时的艰苦鏖战,小徐摆脱了病魔的威胁。如今,小徐已经研究生毕业,走上了工作岗位。

迄今为止,肖建如率领的团队已完成 4 000 余例脊柱肿瘤手术,他被公认为是长征医院最累的外科教授之一,他的团队主力队员都是体能和意志过人,擅长挑灯夜战、攻坚战的勇士,他的科室被研究生和进修生誉为"魔鬼训练营",许多曾接受过魔鬼式临床训练的研究生和进修生都引以为豪,日后已成为各地医院脊柱外科的主任或骨干。

为了让更多的患者受益,肖建如积极推广和传播脊柱肿瘤外科诊疗技术,多次在国内外学术期刊和学术会议上专题介绍研究成果,成功举办了七届全国性脊柱肿瘤外科高级研讨班,通过学术演讲、研讨会和培训班、手术示范等多种形式在全国 100 余家大中型医院推广应用该成果。由他主编出版的专著《脊柱肿瘤外科学》,是国内第一部脊柱肿瘤外科领域的指导性专著。谈到未来的研究目标,肖建如一点也不轻松。他说,经过多年的打拼和积累,我们的脊柱肿瘤外科技术与国外已经同步,有些方面甚至超过国外。但在综合治疗的衔接上我们仍有差距。但由于脊柱脊髓本身解剖结构的特殊性与复杂性,如何权衡脊髓神经功能与肿瘤切除彻底性的关系,进一步降低脊柱肿瘤的复发率仍然是我们今后研究的方向。只有通过多学科的努力协作,才能提高脊柱肿瘤治疗的总体疗效。为此,新一轮多学科的协作攻关已经拉开了帷幕,我们的团队深感任重道远。

多看病人，多看书。

侯　健　教授、博士生导师。1964 年 8 月出生，1985 年毕业于第二军医大学获学士学位，1990 年、1993 年毕业于第二军医大学分获医学硕士和博士学位。现为第二军医大学长征医院血液科及全军骨髓瘤与淋巴瘤疾病中心主任。

多年来致力于多发性骨髓瘤的基础与临床研究，主持并完成国家卫生行业重大公益研究基金、国家自然科学基金、国际合作基金以及科技部、卫生部、教育部以及上海市科研基金课题 30 多项，主编论著 3 部，发表学术论文 210 余篇，以第一完成人获中华医学科技二等奖 1 项、上海市科技进步一等奖 1 项、军队及上海市科研成果二等奖 4 项。

获得上海市科技启明星、上海市曙光学者、上海市优秀学科带头人、上海市科技领军人才等荣誉。

仁心铸军魂,妙手杏林珍

——记长征医院血液内科、全军骨髓瘤与淋巴瘤疾病中心主任侯健教授

仁心仁术,精益求精

侯健教授时刻不忘自己是一名军队的医务工作者,处处严格要求自己,始终保持着艰苦奋斗,不断进取的拼搏精神。他从医近30年,以身作则,时刻为患者着想,对待患者耐心、细致。在科室工作人员眼中,侯健教授要求严格,是个近乎"苛刻"的主任。但正是在这种"苛刻"精神的带领下,整个科室严谨认真,处处以患者为重的态度蔚然成风。临床工作中,他细致分析患者的病情,根据每个患者的疾病特点制定方案,进行个体化治疗;他提出在治疗疾病本身的同时,更要做到"以人为本",积极主动地应对患者出现的不适症状,防微杜渐,改善患者的生活质量、树立患者的治疗信心。作为科室主任,每天的工作繁重,但他始终把患者放在第一位,对每个患者的病情变化都熟稔于心,甚至每天晚上入睡前都要把重危的患者在脑子里再过一遍。出门诊时,面对很多从全国各地慕名而来的患者,他都耐心地倾听每一位患者的讲述,认真地分析病情,力求在有限的时间内给予患者最详细、周到的治疗指导。对于患者,特别是经济条件差的患者,从检查到治疗,处处都为病人精打细算,不让患者花冤枉钱。对于年老、体质差、有严重并发症的患者,他和同事们采用小剂量持续用药的"节律性化疗",不仅使得许多骨髓瘤患者获得新生,重新树立对美好生活的信念,而且副作用轻微,花费也很少。在他的带领下,全科医务人员坚持稳健求实、争创特色、服务军民的指导思想,学科建设取得了长足进步,发展为以治疗多发性骨髓瘤为特色的综合性

临床科室,声名远播。侯健教授始终保持着谦和、严谨的作风,坚持敬业、奉献的军队宗旨,以其精湛的医术、高尚的医德赢得了病人、同行和社会的广泛认可和尊重。

创新研究,成果斐然

在从事繁忙的临床工作同时,侯健教授秉承严谨治学、求真为实的科学态度,积极投身于科研工作,专注于多发性骨髓瘤的基础和临床研究。他要求自己和科室同事"多看病人,多看书",坚持"从临床工作中发现问题,提出解决问题的方法,最终回归临床服务于患者"的思路,避开科研内容的"假"、"大"、"空",实事求是地搞研究。

在临床工作中,侯健教授从维 A 酸诱导分化治疗急性早幼粒细胞的成功经验中受到启发,创新性地探索诱导多发性骨髓瘤细胞分化的方法,在国际上首次报道使用诱导分化剂治疗多发性骨髓瘤的可能性。另外,他在国内率先通过免疫比浊法检测血清游离轻链,对不分泌型 MM 进行轻链克隆性的判断及评估 MM 化疗疗效,用自己的数据得出该方法敏感性优于常规方法,且不受 MM 患者肾功能的影响,从而有助于多发性骨髓瘤的准确诊断的科学结论。2004 年,他从一位浙江患者 10 年前的手术标本中发现线索,采用一种免疫组织化学方法诊断了中国第一例 IgE 骨髓瘤。随着对多发性骨髓瘤发病机制研究的深入,侯健教授在国内最早采用靶向治疗方法治疗多发性骨髓瘤,寻找骨髓瘤发病中的新靶点,以求寻得高效、特异、安全的抗癌新方法。秉持靶向治疗的理念,他从多方向、多角度展开研究,发现了血小板因子 4、IL－6 激活的 STAT3 信号转导通路等 4 个新的治疗靶点,提出了靶向热休克蛋白的免疫疗法等新的治疗策略。相关成果发表在国际一流期刊,大大拓宽了骨髓瘤的研究思路,为靶向骨髓瘤的新药研究奠定基础。在基础研究的同时,侯健教授特别注重转化医学的研究。作为国际骨髓瘤工作组的委员,他负责、参与多项全球多中心的靶向治疗骨髓瘤新药的临床试验,将中国的骨髓瘤研究融入国际研究的最前沿领域,以尽快确定新药对中国患者疗效,为改善中国骨髓瘤患者生存寻求新的机会。

多少个日日夜夜,侯健教授都是在电脑旁度过的。查阅文献、思考临床问题、设计实验,孜孜不倦地进行研究工作,不知牺牲了多少属于自己的休息时间。但辛苦的工作换来的是累累硕果。2008 年,侯健教授获得卫生部"吴阶平医学研究奖"。2009 年,其领导的课题组的使用小剂量衣霉素诱导骨髓瘤分化的方法成功获得国家发明专利。2010 年,课题组有关多发性骨髓瘤的靶向治疗的研究项目获得了上海科技进步一等奖。接踵而至还有上海市"科技启明星"、"百名跨世纪优秀学科带头人"、"上海市曙光学者"、"上海市优秀学科带头人"、"上海市科技领军人才"等荣誉。面对荣誉,侯健教授依然保持着平和的心态,不忘自己军人的本职,医生的职责,脚踏实地,力求将研究工作推向新的高度,更大程度地服务于患者,回报社会。

和谐同心,其利断金

侯健教授身为科室主任,不但善于团结优秀的人才,更把自己的临床经验、科研知识毫无保留地传授给他们,为他们搭建平台,提供良好的科研环境和深造机会,体现了难能可贵的人梯精神。对于科室成员在临床、科研道路上遇到的问题,都竭尽所能给予耐心的指导。科室李荣医生一篇稿件被国外期刊退稿后感到很受打击,他一边鼓励李医生不要气馁,一边逐字逐句地帮他修改文稿,终于使研究成果成功发表。在他的鼓励支持下,杜鹃医师成功入选"上海市浦江人才计划",并成为第二军医大学"优秀青年人才",还作为第一位获得国际骨髓瘤基金会资助的中国学者,在世界的舞台上介绍自己的成果。他事事以身作则,在其感召下,科室团队人员也自觉形成了"临床、科研两手抓,两手都要硬"的意识,学术氛围浓郁。近年来,团队成员中有 8 名科技人员的 10 项课题获得国家自然基金项目资助,并顺利结题,发表 SCI 论著 30 多篇,在血液界同行中获得良好的口碑。在侯健教授的带领下,血液科团队充满朝气与凝聚力,团结一心,斗志昂扬,默默无闻的血液科也跃升为国内知名的特色学科,并在 2012 年被批准成为全军骨髓瘤与淋巴瘤疾病中心。在这个团队里,他们以患者为中心,在诊断方面可以从蛋白、基因到细胞水平对骨髓瘤和淋巴瘤进行系统地诊断、鉴别诊断和病情监测。在治疗领域,形成了化疗、干细胞移植、靶向治疗、免疫治疗的系列特色。我们满怀希望的看到,这支年轻充满朝气的队伍,在侯健主任的带领下,在为患者服务的征途中,必将拥有更加辉煌的明天!

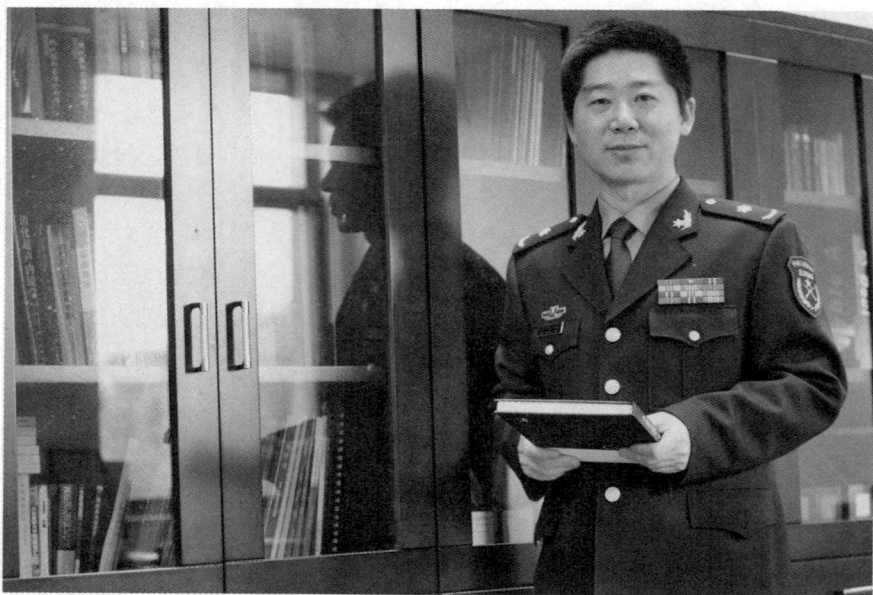

学海无涯，天道酬勤。

左长京 主任医师、教授，博士生导师。1966 年 6 月生，2000 年获得第二军医大学博士学位。现任长海医院核医学科、核医学教研室主任。入选上海领军人才、市卫生系统"新百人计划"、市教委"曙光计划"，解放军分子影像与核医学专委会副主委、中国医师协会核医学分会委员、《中华核医学与分子影像杂志》编委。

从事影像医学、核医学工作 24 年，在 PET－CT 及综合影像诊断、CT 微创介入治疗方面有一定造诣。以第一及通信作者发表论文 60 余篇，其中 SCI 论文 12 篇。以第一申请人获得国家自然科学基金、上海市科委国际合作重点项目等省部级以上基金 11 项。

作为前三位主要完成人获得上海市科技进步一等奖、教育部科技进步一等奖各 1 项，上海市、军队医疗成果二等奖 3 项。

150

在"黑白世界"中追根溯源

——记第二军医大学长海医院核医学科主任左长京教授

清晨7点，桌上已经高高摞着一叠病人的PET－CT报告，左长京正换上白大褂，开始计划着一天忙碌而又充实的工作。24年来，他日复一日徜徉在无声无色的黑白影像中，探求真知、追根溯源，靠着自身坚毅的信念，不断刷新着一个又一个傲人的成绩。

茫茫医海，穿梭黑白昼夜间

核医学科，一个并不为人所熟悉的科室。人们理所当然地认为它无非就是"照片子、看片子"，然而这看似清闲的活儿，背后却隐藏了难以道出的辛酸和苦楚。

长海医院的PET－CT在患者间一向以高速度高效率闻名，这都是左长京和他的团队以一个个日日夜夜的辛勤工作所换得。每天早上七点，PET－CT准时开机。左长京便带领着团队和机器一起连轴转上一整天——读片、会诊、教学、科研，每一天都过得充实而又紧凑；晚上九点，机器完成了一天的任务，关闭"休息"，而左长京仍要继续打理科室第二天的工作计划，常常一埋头就到了11点，工作量比较大的时候，时常要挑灯夜战。

"我从事影像医学工作20多年，但是真正与核医学打交道，也不过6年多光景。这半路结亲，自然是要付出比别人更多的时间和精力。"左长京研究了一套适合自己的"昼夜颠倒睡眠法"，晚上一到家，先休息，直到深夜了再挑灯夜读，开始做研究。在这样近乎极限的工作状态下，

151

左长京作为团队主要完成人先后荣获教育部科技进步一等奖、上海市科技进步一等奖、上海医学科技二等奖、军队医疗成果二等奖、中华医学科技奖三等奖……在他的带领下,长海医院的核医学科一举从几年前尚不为人们所重视的辅助科室焕发新的光彩,逐步成长为如今 PET - CT 检查量位居全市前三、质量和品牌得到公认的领头雁。

忱忱热情,让黑白添上色彩

2006 年,当时长海医院的核医学科可谓“三缺”:缺研究基金、缺科研成果、缺核医学人才。面对这样一个陌生而又困难重重的“黑白世界”,左长京并未多做犹豫,义无反顾地投身到核医学科中去。

刚转入核医学科的那段日子,比他想象的更为艰难。老式 PET、ECT 机器非常落后;医生也多是刚调入或引进的年轻医生,且数量不足。左长京没有放弃,他决定把“培养人才”放在学科建设的首要位置上,全科所有医生、技师都要积极“走出去”,多吸收先进技术理念,寻找自身差距,进一步自我充实,提高自身技术、科研水平;联合临床优势学科开展临床及实验研究,拓展学科特色,新的 PET - CT 中心流程规范、环境优美、技术和服务水准起点高,仅三年时间即完成二万二千多例次检查,2011 年科室 270% 的人均效益增长率位列全院第一,使科室在医教研方面显著进步,被列为参与建设的国家重点学科。

在带领科室进步的同时,他也从未放慢自我提升的脚步。他赴复旦大学医学院从事博士后研究工作,研究获得中国博士后科学基金、上海市博士后基金资助。他比谁都清楚,“核医学的每一个小进展,对于无数病人来说却是生命的希望。”多年来,他致力于螺旋 CT 血管成像新技术及临床应用研究,和团队成员密切配合,在消化吸收国外相关技术基础上,通过临床实验、自制三维重建软件,创新性解决了在 SCTA 扫描参数、对比剂应用、三维后处理等技术存在的问题和难点,建立了大动脉瘤、冠状动脉等中小血管及组织血流灌注等 SCTA 关键技术,建立一整套适合从单层直至 64 层螺旋 CT 不同机型的 SCTA 检查技术流程。提高检查成功率,获得高品质图像,提高诊断准确性。建立了病例种类广、涵盖全身各部位的国内最大的 CT 血管图像数据库。

短短几年,左长京以第一及通信作者发表论文 40 余篇,其中 SCI 论文 12 篇。以第一申请人获省部级以上基金 11 项,包括国家自然科学基金 2 项、中国博士后基金、上海市科委国际合作基金重点项目、上海市卫生系统"新百人计划"基金等,获得实用新型专利 3 项。

砺砺使命,撑起一片艳阳天

癌症对病人的摧残,是生理和心理上的双重打击,许多病人都被癌症摧残得满脸痛苦与绝望,特别是癌症晚期的顽固性疼痛,常用的止痛药都已经失去作用。许多病人偷偷求他:"左医生,我是不是没治了,没治了就让我干脆点死了吧,我真的不想再受这种折磨了。"

靠早期诊断,终究没能实实在在为病人解决癌痛问题,作为医生的他不断说服自己拓宽领域,依靠钻研核医学以及介入治疗走上癌症治疗的道路,至少能给更多癌症病人的生活提高质量。

作为一名深知病人痛苦和实际需要的临床医生,左长京在查阅文献、学术交流的基础上寻求突破点,与肿瘤科、中西医结合科、普外科、内分泌科等临床科室积极展开合作研究,潜心钻研 CT 微创介入治疗,在国内外率先开展了多项 CT 引导下介入治疗新技术,提高疗效,减少并发症,为多个疾病的治疗开辟新的途径——其中包括顽固性上腹部癌性疼痛 CT 引导腹腔神经丛阻滞术、肾上腺功能性肿瘤 CT 引导下经皮穿刺酒精消融治疗、CT 引导下胸腺微波辐射疗法和酒精消融疗法治疗重症肌无力、CT 引导下肝癌电化学治疗、CT 引导下 I^{125} 放射粒子植入治疗恶性实体肿瘤等。

凭借着对核医学事业的热爱,苦心钻研,在独特的领域中频频闪光。如今,左长京是解放军分子影像与核医学专业委员会副主委,中国医师协会核医学分会委员,上海市核学会理事,上海医学会核医学分会委员兼秘书,《中华核医学与分子影像杂志》编委。

黑白是影像的基本构成,亦是奋战在临床那灯火通明的无数日夜。黑白之间,映射出的是慧眼,是钻研,是不容一丝闪失的谨慎,是不错漏一分细节的求实。重重光环之下,难能可贵的是左长京始终如一的科学探究精神和淡然处事的心态,他将继续在这片一斧一凿刻苦打拼的领域,穿梭于黑与白的世界里探索真理的光芒。

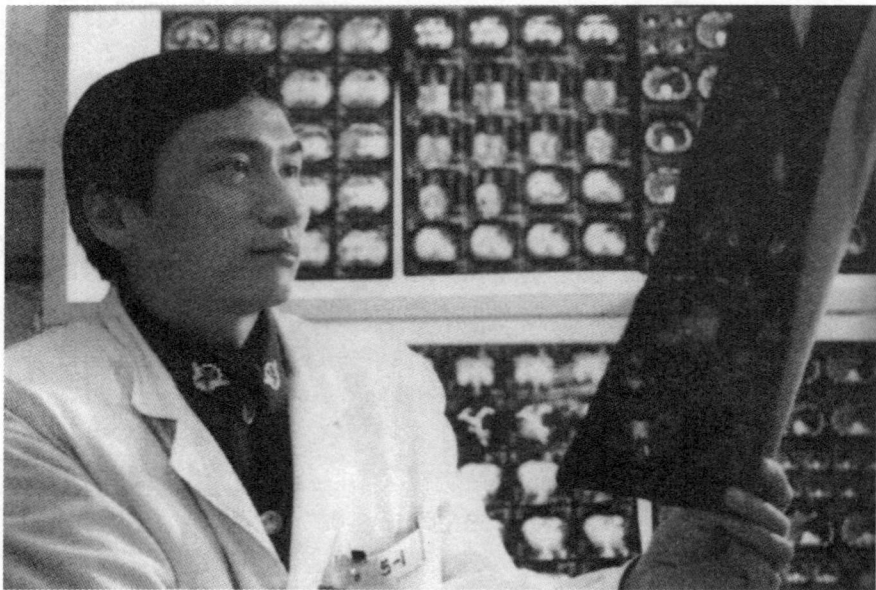

为病人减轻病痛，为提高临床诊治水平
是我人生最大的幸福。

周伟平 主任医师，教授，博士生导师。1959 年 9 月生，1992 年 8 月于第二军医大学获得肝胆外科学博士学位，现任东方肝胆外科医院肝外三科主任。主持国家科技重大专项等课题 10 项。独立完成肝切除术 5 100 余例，在国内率先开展肝静脉阻断切肝、复杂肝肿瘤切除等高难度手术 1 200 余例。建立国内规模最大，资料完整的肝脏肿瘤样本库。

第一或通讯作者发表论文 60 余篇，SCI 收录 40 篇，最高 IF = 35.21，参编专著16 部。国家发明专利 1 项。获得国家科技进步二等奖 1 项（1995 年，排名第 4）。军队医疗成果一等奖 1 项（1998 年，排名第 2）。上海市医疗成果二等奖 1 项（2005年，排名第 1）。军队医疗成果二等奖 1 项（2008 年，排名第 1）。

获上海市第七届"银蛇奖"称号；被评为"总后优秀中青年专家、上海市医学领军人才、上海市领军人才"，享受国务院特殊津贴；获"总后育才奖银奖、金奖"。

创新进取，精益求精

——记东方肝胆外科医院周伟平教授

精益求精，勇攀高峰

2003 年以来，周伟平教授率先在国内系统研究了肝静脉阻断技术在复杂肝切除术中的应用，采用肝静脉阻断法既能防止肝切除术中肝静脉破裂引起的大出血和空气栓塞，又能避免下腔静脉阻断引起的全身血流动力学紊乱，据此提出了一种新的肝血流阻断模式：保持下腔静脉通畅的全肝血流阻断切除术，部分取代传统的阻断下腔静脉的全肝血流阻断技术，是一种全新的、更符合生理的肝血流阻断技术。在国际上首先采用了钳夹法阻断肝静脉，大大提高了肝静脉阻断的成功率和安全性，获得国内外同行的高度评价。采用该方法对 550 例复杂肝脏肿瘤手术全部成功，尤其是采用该法切除了 18 年来未能切除的巨大血管瘤和 4 个月婴儿巨大肝母细胞瘤。并设计专用的肝静脉阻断钳，已获得专利，并获得 2006 年全国应用型发明专利金奖。该项成果获得上海市医疗成果二等奖，发表 SCI 论文 8 篇。此外，还通过研究肝尾叶解剖，系统开展了尾叶肿瘤切除的研究，该区域肿瘤以往被认为是肝脏手术的最后禁区，风险大、难度高，切除率低。通过不断摸索和研究发现：采用先分离结扎肝短静脉，使尾叶与下腔静脉分离，再切除相应肝叶及尾叶肿瘤的方法能使手术成功率明显提高，出血等并发症明显减少，根据肿瘤不同部位分别采用右路途径、左路途径或中央途径的方法，可使大多数尾叶肿瘤获得切除。共切除尾状叶肿瘤近 300 例，成功率 100%。尤其是经中央入路肝尾状叶肿瘤切除，手术难度大，在国内仅个别单位开展，周伟平教授团队经过技术改进，使手术成功率大大提高，已经完成世界上例数最多的手术。在国际上率先开展了原位肝尾状叶切除术,降低了手术风险,提高了手术成功率。研究成果发表于《中华肝胆外科杂志》、《中华消化外科杂志》、《中国实用外科杂志》上,在全国性大会上交流后,受到同行及专家的好评。该成果获 2008 年军队医疗成果奖二等奖。

锐意进取,开拓创新

本着一手抓临床,一手抓科研,带着科研做临床的指导思想,周伟平教授先后承担研究课题 10 项,包括国家十一五,十二五科技重大专项基金在内 7 000 余万元。第一或通讯作者发表论文 50 余篇,SCI 收录 28 篇,最高 IF = 26.94,参编专著 4 部,获得国家科技进步二等奖 1 项(1995年,排名第4)。军队医疗成果一等奖 1 项(1998 年,排名第 2),二等奖 1 项(2008 年,排名第 1)。上海市医疗成果二等奖 1 项(2005 年,排名第1)。总后先进个人,二等功,优秀中青年技术专家,获国家发明专利 1 项。分获总后育才奖金奖,总后优秀中青年专家,上海市医学领军人才,上海市领军人才,享受国务院特殊津贴。

扎根临床,探索科研

紧密结合临床,周伟平教授领导科室开展了一系列的临床科研工作,"抗病毒治疗与原发性肝癌患者预后关系的研究"是他近期重点科研项目之一。通过对 3 400 例手术切除的乙肝病毒相关肝癌患者的研究发现,术前高浓度 HBV－DNA(乙肝病毒感染最直接且特异性强和灵敏性高的指标)的肝癌患者,术后肝功能衰竭的发生率和死亡率明显增加;肝癌手术切除可导致乙肝病毒的再激活,而病毒再激活的患者术后发生肝衰竭和死亡的风险也明显增加。"抗病毒治疗抑制乙肝病毒复制后,可降低肝癌患者术后肝衰发生率和死亡率,以及乙肝病毒再激活的发生率,明显提高肝癌术后的生存率。我们的研究结果是对肝癌综合治疗的重要补充。"其研究结果发表在 Ann Surg, Ann Surgoncol 上。同时,还在国内率先开展了长链非编码 RNA(LncRNA)在肝癌发生发展中的作用,从细胞系,动物模型,以及肝癌组织中重视了 LncRNA－MVIH 可通过抑制肝癌微血管的生成而达到抑制肿瘤的目的,这一作用是通过抑制下游的靶基因 PGK1。通过对 LncRNA 的研究，为寻找肝癌早期诊断标志物和治疗靶点打下基础。相关文章发表在 Hepatology（IF = 11.35）上。

注重合作，紧贴前沿

在十一五，十二五科技重大专项的支持下，周伟平教授结合国内 10 余家肝脏疾病诊治中心，历经 4 年努力，建成总面积达 800 平方米的肝癌生物组织样本库和相关临床信息资料库，目前共收集肝脏组织标本 9 000 余例、血液样本 5.6 万份、尿液 3 000 余份。目前已经提供冰冻组织样本 2 000 余例 6 000 余份，血清 1 500 余例，血细胞 1 300 余例，石蜡切片 80 余例；提供患者数据支持约 3 000 余例，52 万余条集成医疗信息。样本应用于表达谱，甲基化谱，GWAS 等基因组学，信号转导蛋白等遗传学，新标记物及靶点等分子生物学各方面研究，应用样本已发表 SCI 文章超过 20 篇。其研究数据也将作为样本库公共信息平台内容之一。

勤思 做事
踏实 为人

叶定伟 教授。生于 1963 年 3 月。现任复旦大学附属肿瘤医院副院长、泌尿外科主任,中国抗癌协会泌尿肿瘤专业委员会副主任委员、上海市泌尿外科学会副主任委员、中国临床肿瘤学会肾癌专家委员会副主任委员。享受国务院特殊政府津贴。

长期从事泌尿男生殖系统肿瘤临床与研究,主持国家级、省部级科研基金 20 项,已发表论文 249 篇(其中 SCI 82 篇),主编主译专著 8 本,发明专利 4 项。

获得上海市科技进步一等奖 2 项,教育部科技成果一等奖、二等奖各 1 项,上海市医学科技奖一等奖、中华医学奖二等奖,国家科技进步一等奖(第三完成人),吴阶平泌尿外科医学奖,上海市领军人才,上海市医学领军人才,上海市优秀学科带头人称号。

传道授业，追求卓越

——记复旦大学附属肿瘤医院叶定伟教授

瞄准前沿，医术精湛

叶定伟教授，复旦大学附属肿瘤医院副院长，泌尿外科主任，泌尿男生殖系统肿瘤多学科协作诊治中心首席专家，上海市抗癌协会前列腺肿瘤诊治中心主任，复旦大学前列腺肿瘤诊治研究中心主任，复旦大学泌尿外科研究所副所长，上海市泌尿外科学会副主任委员，中国抗癌协会泌尿男性生殖系肿瘤专业委员会副主任委员，上海市抗癌协会理事长、亚洲冷冻治疗学会副主席、上海市领军人才、上海市医学领军人才，上海市优秀学科带头人，享受国务院特殊政府津贴。

叶定伟教授从事医教研工作 25 年余，擅长泌尿男性生殖系统肿瘤的早期诊断、外科手术和综合治疗，尤其在前列腺癌、膀胱癌和肾癌的根治性手术及其综合治疗。在叶教授的带领下，肿瘤医院泌尿外科的医师不断提高医疗水平，勇于面对泌尿外科专业市场异常激烈的竞争，不断扩大科室的业务量。叶教授在门诊中认真仔细的诊治每一个病人，同时对住院病人围手术期仔细判断病情，手术中一丝不苟，对病情的变化予以果断处理，收到了满意的效果。在 2008—2012 连续 5 年来，平均每年的住院病人手术量均较上一年增加 40%—50%，同期门诊手术量增加 40%—50%。另一方面，叶教授不断追踪本学科的最前沿动态，开展新业务和新技术。为了开创肿瘤医院泌尿肿瘤治疗的专业品牌，瞄准专业国际前沿，积极开展新技术和新疗法。叶教授在 MD Anderson 癌症中心的泌尿外科学习 2 年 3 个月，期间仔细揣摩每一个手术细节，系统掌握泌尿男性生殖系统肿瘤特别是前列腺癌、膀胱癌和肾癌国际规范的手术和如何提高肿瘤生存率的综合治疗方法。回国后建立和国际接轨的手术和综合治疗规范,比如对常规的前列腺癌根治术进行了改良,摸索出一套适合东方人解剖特点的前列腺癌根治术,在提高患者无瘤生存率的同时,保留患者的性功能,并使尿失禁发生率降至最低。同时还创建了国内首个泌尿生殖系统肿瘤多学科综合治疗模式,这不仅填补了国内的空白,还使广大肿瘤患者的治愈率和生存率有了较大的提高。已成为复旦大学附属肿瘤医院的一个特色品牌。由于在前列腺癌诊治方面积累的大量临床经验和获得的显著疗效,我院泌尿外科吸引了大量前列腺癌病人不远万里慕名来我院就诊,为了进一步扩大本学科在全国范围内的影响力奠定了坚实的基础。

百年树人,桃李芬芳

叶教授治学认真严谨,要求弟子刻苦、刻苦、再刻苦。他立足于培养人才与学科发展相结合,基础研究和临床研究并重,要求研究生学会独立思考不盲从,充分发挥他们每个人的特长。由于在培养研究生方面做出的大量工作,叶教授连续多年被评为复旦大学优秀硕士研究生导师及优秀博士研究生导师。叶教授在闲谈时常说,学生应该超过老师,别人说严师出高徒,但他相信高徒也造就名师。正因为叶教授有着大海一样宽广的胸怀和放眼世界的眼光,所以,他常常为学生打造更宽广的平台,让每个学生的光芒更加熠熠生辉。他常说我不但把学生送毕业,还要在毕业后送上一程,直至他们出名了,当了行业中的专家教授这样我才能放心。他的学生毕业后还时常可以接收到叶教授的鞭策和谆谆教诲,而目的是要求学生有更大的进步和更辉煌的成就。

求实创新,硕果累累

鉴于叶定伟教授在泌尿外科领域长期大量细致的工作以及杰出的贡献,叶定伟教授先后被授予中国泌尿外科学术最高奖"吴阶平泌尿外科医学奖",以第一完成人获上海市科技进步一等奖2项、教育部科技成果一等奖、二等奖各1项、上海市医学科技奖一等奖、中华医学奖二等奖;国家科技进步一等奖(第三完成人)、恩德思医学科学技术奖杰出成就奖。叶教授现主持国家级、省部级科研基金 20 项，主编主译专著 8 本，发明专利 4 项，发表论文 249 篇（SCI 82 篇），其论文被包括 Cancer Cell、JCB、PNAS、JCO、EU 等他引 200 余次，权威杂志特邀专家评述 2 篇，其中相关的系列研究结果发表于美国、英国泌尿外科学会的官方杂志，同时被 Faculty 1000 和 Nature Review Urology 的特邀专家给予高度的评价。研究结果已被国际最著名的欧洲泌尿外科学会诊治指南引用推荐，并改变和优化了指南。作为对工作的认可，叶教授现作为唯一中国专家入选国际最顶尖咨询委员会：国际泌尿外科疾病咨询委员会（ICUD）和国际泌尿外科学会（SIU）咨询合作委员会，同时担任 NCCN 前列腺癌诊治指南亚太共识委员会委员、NCCN 肾癌指南中国版编写委员会副主任委员，在权威肿瘤或泌尿学会任职和担任多个权威杂志编委。

学科是根，团队是本

作为学科带头人，叶定伟教授深知学科的发展建设不能单单靠一两个人的力量，而需要一个团队去拼搏去奋斗。基于以上他高度重视研究生人才的培养与储备，重视学科人才梯队的建设。为了给年轻人才提供更好的发展机会，他采用"送出去，请进来"的人才培养战略，叶教授总是利用一切机会坚持不懈地聘请国内外知名专家来院指导，这极大地开拓和提高了研究生们的学术视野和学术交流能力。同时培养年轻骨干医师出国深造，引进人才专门指导研究生实验的设计与开展，来打造一批批泌尿外科各具特色的青年业务骨干。现如今科室的很多学生已成为活跃在全国泌尿外科领域的并成为新的一批青年学术骨干。此外，他时刻谋划着科室品牌的打造，倡导建设研究型、学习型科室，推行科室有特色、人人有专长的发展计划。叶教授由此带出了一个技术一流、服务一流、团结共进、在同行业响当当的泌尿外科。叶教授斩获上海医学院"院长奖金奖"，并带领泌尿外科获得优秀团队奖。

做不同的事，
用不同的方法做事！

邹和建 教授。1964 年 4 月生，1992 年获上海医科大学医学博士。现任华山医院风湿科、职业病科主任，复旦大学风湿、免疫、过敏性疾病研究中心主任，华山医院党委副书记、纪委书记，WHO/TDR SIDCER－FERCAP 伦理指导委员会委员兼秘书，国际硬皮病临床与研究协作网（InSCAR）副主席，中华医学会风湿病学分会副主任委员，上海医学会风湿病学会前任主任委员。

近年在国内外学术刊物发表第一作者或通讯作者论文 50 余篇，主编学术专著 8 部。负责上海市科委重大项目、国家自然科学基金项目、"211 工程"三期医学学科新增长点等多项科研项目。

以第一完成人获上海市医学科技成果奖二等奖，上海市教学成果一等奖。2011 年入选上海市领军人才、上海市优秀学术带头人。

静水流深，笃行致远

——记复旦大学附属华山医院邹和建教授

执着的追梦者

近三十年来，中国社会发展发生了深刻变化，经济发展快速，但社会事业发展相对滞后。随着中国老年社会到来，居民疾病谱已发生重要改变，人民群众卫生服务需求日益增长，我国的医学发展和改革迫在眉睫。正是这种强大的社会责任感坚定了邹和建教授在医学事业上执着的信念。不过当医生的最初梦想是缘于邹和建幼时的求医经历，由于自小身体羸弱，经常生病，医生和蔼可亲的态度、认真细致的作风给他留下了深刻的印象。因此，在他幼小的心灵里埋藏着一个梦想：长大也要当一名救死扶伤的白衣天使。高中毕业那年，在填写高考志愿时，邹和建便毫不犹豫地全部填上了医科大学临床医学专业，结果如愿考上了上海医科大学（即今复旦大学上海医学院）。

在本科实习期间，邹和建曾遇到了我国著名的血液病专家、华山医院职业病科主任丁钺教授，丁教授认真严谨的治学作风深深感染了他，加之 20 世纪 80 年代，乡镇企业纷纷兴起，发展速度较快，但工作环境和条件较差，使得职业病患者大量涌现。因此，邹和建慕名报考了丁教授的研究生，从事职业病临床研究。1992 年博士毕业，邹和建成为国内第二位职业病专业临床博士，也是迄今为止，全国仍在从事职业病临床工作的几位博士之一。在医院领导和同事的支持下，邹和建稳扎稳打、脚踏实地，将华山医院职业病科不断发展壮大，取得了辉煌的成就。

睿智的开拓者

随着社会发展,人群寿命延长,同时受到环境的影响,风湿病患者大量增加。邹和建教授又将目光瞄准了风湿病,并在1996年与华山医院几位教授共同创建了风湿病科。为了尽快提高自己的风湿病诊治水平,他多次向我国著名的风湿病专家、仁济医院陈顺乐教授和光华中西医结合医院院长、类风关专家倪立青教授虚心讨教。当时已成为副教授的邹和建热切希望能跟随陈顺乐教授做博士后研究,但因政策不允许而未能如愿。但陈教授却非常赏识这位胸怀大志、谦虚好学的年轻人,他希望邹和建能去仁济医院工作。邹和建婉拒了陈教授的好意,他觉得,华山医院风湿病科刚刚创建,院领导也非常支持自己的工作,他有责任和信心,把科室做大做强,在风湿病领域闯出一片天地。陈教授非常理解邹和建的决定,并一直给予他极大的支持和帮助。历经17年的磨砺,华山医院风湿病科从无到有,取得了令人瞩目的成绩,不仅全科室病人数翻了若干倍,一批专业人才也脱颖而出,人才梯队日臻完善。

邹和建教授之所以能取得如今的成就,主要基于他在医学和科研事业上一直保持着孜孜不倦,求实创新,敢于拼搏,团结协作的工作态度。在他的领导下,华山医院风湿病科取得了令人瞩目的发展,年门诊量达5万,科室团队日趋壮大,临床和科研梯队并驱发展,其中包括数位留学归国的博士,学科发展得到上海乃至全国同行的认可。邹和建教授不仅是上海风湿病学会的主任委员,并且连续两届担任全国风湿病学会副主任委员、全国风湿病医师协会副会长。同时,邹教授并没有放弃职业病专业的发展,华山医院职业病科在铅、苯、刺激性气体中毒、中毒性肝病的临床研究中形成了特色,在上海市多次突发中毒事故的抢救中发挥了积极作用,曾多次成功救治了急性有机氟裂解气中毒、氯气中毒、一氧化碳中毒、硫酸二甲酯中毒、硫化氢中毒、苯中毒患者。邹和建教授已数次连任全国职业病学会副主任委员、两届国家职业卫生诊断标准委员会委员,以及全国职业病诊断专家委员会委员,参与制定多部国家职业卫生诊断标准。

在科研方面,邹和建教授及其团队根据疾病谱的变化和社会需要,在痛风、系统性硬皮病、类风湿关节炎等领域开展了系列研究。研究成果已经在国内外学术刊物发表第一作者或通讯作者论文50余篇,包括本领域的顶级 SCI 杂志。在痛风研究方面,以国外 GWAS 研究为线索,开展了中国人群痛风易感基因的研究,发现了与西方人种不同的遗传学变异,相关的研究成果在 SCI 杂志发表,填补了国内空白;2011 年邹和建团队申请到上海市科委基础研究 400 万的重大项目,他们从流行病调查、遗传学、发病机制、临床治疗、疾病干预和预防着手,全方位对痛风和高尿酸症进行深入研究。在类风关研究中,专注于调节性 T 细胞与类风关发病的相互关系,部分研究成果为国际上首次报道,为将细胞治疗引入类风关治疗奠定了理论基础;在硬皮病研究方面,邹和建率团队着眼于国际化的发展,2011年发起了由复旦大学和德克萨斯大学休斯敦医学中心联合成立的国际硬皮病临床与研究协作网(InSCAR)。这是一个由中国人发起成立的国际性研究组织,作为发起人之一,邹和建担任副主席。如今,双方合作取得了实质性的进展,复旦大学风湿、免疫、过敏性疾病研究中心、复旦大学生命科学学院与美国方面合作开展强直性脊柱炎和硬皮病遗传学方面的研究。

勤奋的领路人

邹和建教授身兼数职,但为人处事低调,始终抱着“唯宽可以容人,唯厚可以载物”的信念,在不同的岗位上同样取得了出色的成绩。作为博士生导师,邹和建教授已经培养了 8 名医学博士。他认为国家医学的发展,首要措施是培养优秀的医学或科研新生力量,博士生导师不是一个级别,而是一种职责,我们要培养的是具有创新精神的、而不是人云亦云的人才。因此,邹和建教授一直以身作则,用行动潜移默化地感染他的学生们。他不仅自身积极对外交流,加强英语学习,同时尽力给学生们创造去国外顶尖院校和科研机构学习的机会,以开拓他们的国际视野。回国后,学生们以出色的成绩回报导师,有位从哈佛归来的博士生,投稿国际权威杂志,6 天后就被录用;还有一位从南加州大学回国后,接连在国际风湿病顶尖杂志上发表了两篇文章。

“非宁静无以致远,非宽大无以兼覆”。作为上海市领军人才,邹和建深深感受到身上的责任和重担。身为博士生导师的他,现在还在复旦大学 EMBA 专业学习,用邹和建的话说,只有不断学习,提高自己,才能适应社会的高速发展。相信他将以宽广的胸怀和智慧,引领着团队继续行走在开拓与创新之路上。

人生格言

署名要做事

　　李华伟 教授。1963 年 9 月生,1997 年获武汉同济医科大学(现华中理工科技大学同济医学院)医学博士学位。国家自然科学基金杰出青年基金获得者,教育部长江学者奖励计划"特聘教授",教育部创新团队负责人,"973"重点基础研究项目首席科学家。

　　长期从事听觉医学的临床和研究工作,在听觉损伤和听力重建研究领域取得了重要成果。承担了科技部 973 计划、国家自然科学基金重点项目及面上项目等。并以第一作者和通讯作者在 Nature Medicine、PNAS、Trends in Molecular Medicine,Cell death and Disease, J Med Genet 等国际著名期刊发表相关研究论文 50 余篇。

　　近年来作为主要完成人获高等学校自然科学一等奖(第一完成人)和国家科技进步奖二等奖(第二完成人)各一项,获国际发明专利一项。

博极医源,精勤不倦

——记复旦大学附属眼耳鼻喉科医院 李华伟教授

1997 年李华伟教授在复旦大学附属眼耳鼻喉科医院从事博士后流动站工作,师从我国的耳鼻喉科学界的学术泰斗——王正敏院士。2002年初赴美国哈佛大学医学院附属麻省眼耳医院深造,2004 年学成回国工作,2011 年被评为上海市领军人才。李华伟教授长期立足于听觉功能重建的临床和科研工作,擅长耳显微外科,在人工耳蜗研制开发和临床技术研究等方面做了大量工作,多年来坚守在耳鼻喉科临床医师的岗位上,从一名普普通通的住院医师做到复旦大学附属眼耳鼻喉科医院的主任医师、教授、学科带头人、领军人才、教育部长江学者特聘教授、973首席科学家,从从容容一路走来,身后,成绩斐然,好评如潮。

立足临床,服务病患

医学的科研须立足科研为临床服务。让耳聋患者听见声音则是李教授多年来从事耳科学研究和临床的原动力。据残联统计,我国有听力障碍的残疾人 2 780 万人,其中 0 至 6 岁听障儿童约 13.7 万,重度以上听力障碍者占 84%,每年新生听力残疾儿童 2.3 万。听力障碍严重影响了听力障碍人群的学习和生活。对于感音神经性耳聋患者来说,人工耳蜗是针对重度、极重度耳聋患者唯一有效的治疗方法。过去,人工耳蜗装置主要依靠进口,昂贵的电子耳蜗仅使部分耳聋患者恢复了听觉。在卫生部行业基金的支持下,李华伟教授领衔的创新团队在王正敏院士的指导下开展了国产人工耳蜗优化的研究,以致国产人工耳蜗产品在临床疗效、安全性和稳定性可以和进口产品媲美;在上海市科委的支持下,李华伟教授领衔成立了"上海市人工耳蜗工程技术中心"研发平台,依托上海市"重中之重"的听觉医学临床医学中心平台,来自全国各地的耳鼻喉科医生在此接受了人工耳蜗植入技术的培训或研发能力培养,并成长为耳科学领域的骨干力量,为我国的听觉修复临床和科研培养了大批人才。

求实创新,硕果累累

毛细胞损伤缺失是感音神经性耳聋的重要原因,激活毛细胞再生修复损伤的内耳感受器是治疗感音神经性耳聋的理想方法。多年来,李教授和他带领的团队一直在寻找让内耳毛细胞再生,让听力获得重建的最佳方案。虽然,科研很艰苦,但是,他一直行走在路上。

首先,他应用单细胞克隆技术,首次成功从正常成年鼠前庭感觉器中分离出干细胞,发现内耳存在能分化为毛细胞的成体干细胞。这项研究第一次从内耳感觉器中分离出成体干细胞,认为内耳干细胞可能是哺乳动物内耳毛细胞再生的根源——内耳干细胞的发现,不但揭示了毛细胞再生的细胞生物学机制,而且为今后细胞替代治疗感音神经性耳聋开辟了新篇章。随后又发现,新生鼠耳蜗感觉上皮也存在高增殖活性细胞,这些增殖细胞具有内耳干细胞的特征,可分化为毛细胞——这为今后激活耳蜗毛细胞再生治疗感音神经性聋提供了理论和实验依据。

其次,他开创了悬浮细胞培养方法,他带领团队首次成功定向诱导小鼠胚胎干细胞向毛细胞分化,开辟干细胞替代损伤毛细胞治疗感音神经性聋的新途径。这一研究成果受到国际学术界广泛关注,为耳聋的细胞生物学治疗开辟新领域。

再次,根据神经干细胞在悬浮培养基中生长旺盛的生物学特征,李教授的团队建立了高效稳定的定向诱导小鼠胚胎干细胞分化为内耳神经前体细胞的技术。在体外诱导下,神经前体细胞可分化为具有内耳神经节细胞形态学特征和电生理学特性的神经元,移植入损伤的耳蜗后,诱导分化的神经节细胞可以与毛细胞形成突触连接——研究结果为干细胞移植治疗感音神经性聋奠定实验基础。

李教授建立的内耳干细胞分离方法及定向诱导胚胎干细胞分化为

内耳感觉细胞的方法和技术被世界上数十家研究单位引用，已成为研究内耳干细胞生物学特征和毛细胞再生的经典方法。

赠人玫瑰，手留余香

"赠人玫瑰，手留余香。"这是李教授经常挂在嘴边的一句话。作为一名科学家，同时也是一位尽责的师长，李教授有着自己对于人才培养的理解。他坚持一方面国内的相关团队要自己培养人才，在项目实施中锻炼人才，试图培养一些青年科技骨干、杰青、长江学者等，同时也可以引进高端的人才，努力打造一个耳聋研究和治疗领域的世界级精英团队。

"赠人玫瑰，手留余香。"他是这么说，也更是这么做的。他经常在力所能及的范围内，无论是学业上、生活上还是工作中，均无私给予年轻人最大能力范围的帮助，并大力支持科研工作，推动耳科学重点实验室的研究进展，对于学科建设和发展做出了重要贡献。

作为复旦大学医学院耳鼻喉科学的授课教师，李华伟教授注重言传身教，工作上严格要求，在生活上宽以待人；具有高度的事业心、责任意识；爱岗敬业，备课认真，讲课生动形象、内容丰富、归纳严谨；无论是英文教学、中文讲课，均能运用自如，深得每一位听课学生的好评。

除了学校安排的教学工作外，哪怕临床工作再忙，他每周也会安排数小时时间与研究生一起阅读、讨论听力学研究的相关文献，他甚至把自己的办公室搬进了实验室，以了解国际上的最新研究进展，讨论时不断提出问题，引导思维，并针对课题组的研究作出相关的评价和启发。在他的研究生学生心目中，李教授亦师亦友，治学严谨、以身作则，不但知识渊博，更是一位具有爱心的好老师；不仅教书，更是育人。他推行素质教育，关心每一位学生的成长，因材施教，从学生自身特点出发，根据个人的特长安排课题，并亲自指导学生的工作，启发其思维。

在临床、科研及教学岗位上，李华伟教授以高尚的医德医风、严谨的科学态度、创新的工作方法，以及言传身教的教学特点，体现出新一代医学领军人才的风范。

仁心慧手, 厚德载物

董　健　教授、主任医师、博导。1965 年 5 月生,1996 年获上海医科大学医学博士学位。现任上海中山医院脊柱外科主任,骨科副主任,大外科副主任。上海市领军人才,上海市医学领军人才,上海市优秀学科带头人。

长期从事脊柱退变疾病的防治,脊柱创伤及肿瘤的治疗,致力于骨修复重建和相关生物材料的研究,承担了"863"高科技项目、国家自然科学基金 4 项、上海市科委重点课题等众多项目,以第一作者和通讯作者发表文章 130 余篇,SCI35 篇,平均IF3 分。

以第一完成人获上海市科技进步一等奖、二等奖,上海市医学科技二等奖、三等奖;第二十二届上海市优秀发明银奖;复旦大学上海医学院院长金奖等诸多奖项。

杏林求索济病患，
德艺双馨创辉煌

——记复旦大学附属中山医院董健教授

认识董健教授的人都知道，他实在是太忙了。办公桌旁记事板密密麻麻记录着他一个星期的行程安排。"时间是可以挤出来的，我们要利用点滴时间为病人服务。"多年来，他正是以这样的信念兢兢业业做事，踏踏实实做人。也正是这一件件"小事"，成就了他由普通医生到领军人才的蜕变，折射出他在骨科领域的精湛造诣和德艺双馨的人性光辉。

锁定前沿，励精图治

20 世纪 90 年代末，我国骨科生物材料研究刚刚起步，促进成骨的复合材料研究尚属空白。董教授只身远赴日本对此进行博士后研究。留学期间，他没有回国探亲，把全部时间投入到成骨修复材料的研究中。万事开头难，他从零开始自学日语，短短时间就可以与实验室同事进行日常对话；在图书馆里翻阅资料，一不小心就错过吃饭时间。董教授说："那些日子是紧凑而具有挑战性的"。三年里，他在成骨复合材料的研究上有了突破性进展，发表 SCI 十余篇，研究成果被日本知名报纸所报道。回国后，他迅速投身到临床工作，在救治病人的过程中，他发现目前许多疾病治疗存在瓶颈，单靠医生一己之力难以克服，他在国外研究的基础上，为解决临床上存在的问题，在骨修复重建及骨诱导、骨相关生物材料、骨组织工程等方面进行深入研究，取得了大量研究成果。负责许多项国家及省部级科研课题。包括一项"863"计划、一项"973"子课题、四项国家自然科学基金和上海市科委医学重点及创新课题。多年的辛勤工作结出了丰硕的果实,研究成果以第一完成人获上海市科技进步一等奖、二等奖,上海市医学科技二等奖、三等奖;复旦大学上海医学院院长金奖。入选"上海市领军人才"、"上海市医学领军人才"、"上海市优秀学科带头人"。

探索求真,仁心仁术

"做合格医生需要一辈子学习"。董教授正是实践这条格言的典范。他电脑浏览器主页永远是医学文献数据库。为了病人的安危,遇到疑难病例,他会根据查阅的资料一遍一遍地预想手术步骤、可能发生的意外、处理方法。确保手术的安全和有效。通过学习文献,重视其他医生的宝贵经验,紧跟国际最新的救治理念。为了进一步提升自己的医疗水平,他赴英、美、德、法、意等多国著名医院学习交流,与众多国际著名骨科专家同台手术。回国后,根据国外学到的先进技术,他屡屡开展高风险、高难度的新手术。提起董教授,患者往往赞不绝口,在著名医疗网站"好大夫网"上,他的个人网站浏览量达到 160 余万次,感谢信和好评不胜枚举。越来越多的医院邀请他到全国各地会诊手术,而他也常常在全国会议上介绍中山的脊柱外科经验。由此也扩大了中山骨科的影响力,近几年上海中山医院脊柱外科的手术量以 30% 以上递增。董教授常说"做医生,扎实的医学功底和随机应变的临床经验都很重要,然而仁心是放在第一位的"。因此,他的床位上总有一些其他医院无法治疗,甚至判了"死刑"的患者。最典型的莫过于脊柱恶性肿瘤。脊柱恶性肿瘤因其特殊的解剖部位曾长期被认为是完整切除的"手术禁区",间接宣判了患者的死刑,而肿瘤的发展导致的肢体瘫痪、大小便失禁给患者及家庭造成了极大的打击。肿瘤节段全脊椎切除是治疗脊柱肿瘤最为彻底的手术方式。然而该手术是一项超高难度的手术,国际国内能开展的医院很少,它体现了脊柱外科的整体实力和各种高难度手术技术技巧,被誉为脊柱外科有待最后攻克的堡垒。董教授在前人的工作积累基础上,经过多年的探索和努力,自行研发一系列相关器械,改进了手术步骤,大大提高了脊椎全切手术的安全性和可操作性,申请多项国家专利。在他的主持下,以全脊椎肿瘤切除理论紧密结合实践为特色品牌的全国学习班已成功举办四届。每届都有百余名全国三甲医院的脊柱外科医生参加，四分之三以上是教授、主任医师或副主任医师。中山医院的全脊椎切除手术出血量控制、手术时间、切除节段、病例累积数均已达到国内外领先水平，成为我国仅有的几家掌握该项超高难度技术的单位之一，在国际和国内发表了系列文章。近年来，他在经验积累的基础上，先后开展了上胸椎及下腰椎单椎节、二椎节、三椎节、四椎节脊柱肿瘤整块全切手术(en bloc)，为众多患者改善了生活质量、治愈了肿瘤。对复杂性脊柱外科疾病的诊治积累了丰富经验，深得病人赞誉和信赖。

引领发展，薪火相传

任何成就的取得都离不开团队共同努力。作为领军人才，董教授强调团队凝聚力，攻坚创新；作为外科教研室副主任，他关心年轻医生们的生活和工作。利用各种机会为他们解决困难。"我们作为教师更应该体谅年轻的学子，为他们分担忧愁，给他们创造条件，与他们促膝谈心，解除思想顾虑。"在董教授的带领下，他的团队已在脊柱及材料科学领域国际著名刊物上发表学术论文三十余篇，指导的博士生近几年毕业的博士中2人获得上海市优秀博士毕业生，3人获得国家自然科学基金，4人拿到卫生局基金。发表多篇 SCI 文章，收到众多病人的表扬信。获复旦大学"学生心目中的好导师"和"复旦大学优秀研究生导师"，多次获得教育先进个人称号。

董教授以第一作者和通讯作者发表文章 130 余篇，其中 SCI35 篇，IF 平均分值 3 分。研究成果被哈佛、牛津、约翰霍普金斯大学、东京大学等著名研究机构引用。

杏林求索济病患，德艺双馨创辉煌。今日的成绩已成为过去。秉承着厚积薄发、自强不息的人生信条，延续着仁心慧手、厚德载物的行医理念，他用自己的实际行动阐述了一个好医生的准则，为病患贡献着自己的光和热。

踏实工作　总结创新　服务病友

　　丁小强　教授、主任医师、博导。目前为国际血液透析学会理事,中华肾脏病学会常委、血液净化组副组长,上海市肾脏病学会主任委员、血液净化学组组长。

　　从事肾脏病学医教研工作28年,在国内或上海市率先开展多项诊治新技术,多次主持或参与国家和上海市重要医疗工作,并在急性肾损伤发病机制和防治、IgA肾病诊治、慢性肾脏病进展机制及防治、血液净化长期疗效的提高和新技术研究等方面开展一系列研究,主持国家和上海市重大及重点项目10项、国家自然科学基金6项、教育部霍英东基金和上海市领军人才计划等人才项目9项,第一作者或通讯作者120余篇,SCI收录40余篇。

求实创新,无私奉献

——记复旦大学附属中山医院丁小强教授

丁小强教授从事肾脏病学医教研工作 27 年,技术精湛,医德高尚,工作兢兢业业,尽职尽责,在医疗、教学、科研等方面做出了突出的贡献,深受患者、同行和学生的尊敬和爱戴。丁小强教授作为肾脏病学科带头人,积极开展理论创新、技术改革;在科研领域时刻把握医学科技前沿,主持完成多项国家级、省级重大科研项目,数项成果达到国内先进水平,填补国内空白,受到国内外同行的认可和赞誉,为推动本学科科研发展及技术进步起了积极的作用。

求实创新,"急""慢"并进

肾脏疾病主要分为慢性肾脏病和急性肾损伤两大疾病。丁小强教授在慢性肾小球肾炎、慢性肾衰竭的发病机制和防治等进行了较为系统深入的实验和临床研究。例如在 IgA 肾病和肾病综合征激素与免疫抑制剂治疗、糖尿病患者肾脏疾病的鉴别诊断、危重狼疮性肾炎的救治、药物肾损伤预防和诊治、慢性肾衰竭并发症防治、血液净化和肾移植内科处理等方面积累丰富临床经验,在国内或上海市率先开展多项诊治新技术,多次主持或参与国家和上海市重要医疗工作。同时,他在急性损伤发病机制和防治研究、危重肾脏病防治等领域也成绩斐然,作为第一完成人荣获 2005 年上海市科技进步奖三等奖,2005 年上海医学科技奖三等奖,2011 年上海市医学科技进步奖二等奖,2013 年华夏医学奖三等奖。丁小强教授所带领的团队在国内外首次证实 NF－κB 在缺血性急性肾损伤中起重要作用,抑制 NF－κB 的活化能有效防止急性缺血性肾损伤的发生。证实了 NF－κB 活化是诱导造影剂肾损伤的重要机制,并在临床试验中验证抑制氧化应激可预防造影剂肾损伤。建立稳定高效的肾脏缺血预适应动物模型,并肯定缺血预适应的肾脏保护效应。同时从缺血预适应机制的上游调控位点——转录因子水平对肾脏缺血预适应机制进行研究,发现抑制 NF－κB 相关炎症反应和活化低氧诱导因子(hypoxia induced factor, HIF)进而诱导缺血耐受是缺血预适应发挥肾保护作用的关键机制。由此引申的药物预处理可通过诱导 HIF 高表达从而减轻急性缺血性肾损伤。近 3 年来丁小强教授带领的团队发现了重要缺氧相关 miRNA——miR－21 在缺血预适应保护机制中的重要作用,研究成果发表在国际一流专业杂志 Kidney International,该杂志还以此发表了编者按,指出"该研究对 miRNAs 在肾脏损伤反应中的重要作用提供新的依据,提出缺血预适应保护作用的新分子机制,并首次发现转录因子 HIF 对 miR－21 表达的调控作用",该研究成果在 miRNAs 诊断和靶向治疗方面也具有重要理论价值。目前干细胞研究在肾脏病领域还是全新的领域,丁小强教授已敢于涉足于此,进行了一系列干细胞研究并发表论文。

丁小强教授敢想敢做,勇于创新。作为项目负责人先后主持 20 余项科研课题。已完成课题包括五项国家自然科学基金项目、卫生部科研基金、教育部国家重点学科十五重大项目"211"等 10 余项。在研课题包括国家自然科学基金、国家科技部支撑项目、上海市科委创新行动计划、上海市科委基础重大项目、国家 973 项目子课题等多项。

瞄准前沿,挽救生命

急性和慢性肾脏衰竭仍是目前威胁全国和全球人类生命的主要疾病,而其治疗手段主要是血液净化。丁小强教授先后在国内最早或较早开发了一系列血液净化技术:高容量血液滤过(1998 年)、二重滤过血浆分离术(1999 年)、分子吸附再循环系统人工肝(2002 年)、蛋白 A 免疫吸附术(2003 年)等。上述技术的研发及推广,挽救了大量危重病患者的生命,推动了我国血液净化事业的发展。作为中华肾脏病学会血液净化组副组长和上海市肾脏病学会血液净化学组组长,主持或参与多部指南、规范和临床路径的制订,担任卫生部委托制订"血液净化标准操作规范"副主编，并起草"血液透析标准操作规范"；起草"急性肾损伤临床路径"和"维持性血液透析临床路径"（卫生部）等5部；参与制定共识和规范12部。

拼搏奉献，重视培养

丁小强教授坚持临床一线工作，每周均开设专家门诊，主持肾脏病理读片和疑难重症病例讨论，并定期开展教学查房，每天工作至深夜，全身心地投入工作。

一枝独放不是春，百花齐放春满园。作为中华肾脏病学会常委、上海市肾脏病学会主任委员的丁小强教授，不仅不断提高自身的业务水平，而且更加注重致力于全市肾脏科水平的提高和后备人才的培养。长期担任本科生《诊断学》、《内科学》的理论授课和临床带教，积极参与教材建设，参加《内科学》（8年制国家规划教材国家规划教材）连续3版的编写，并担任2010版"肾脏疾病篇"负责人。担任中山医院卫生部肾脏专科医师培训基地主任后，他认真制订肾脏专科医师培训制度，教学查房时言传身教，耐心指导，任何问题细心解答，完善我国肾脏病医学人才培养体系，提高医师队伍整体素质做出了重要的贡献。在进一步规范提高上海市肾脏学科医师的专业技术水平同时，搭建了本市肾脏科对外交流合作的平台，促进我市肾脏科整体水平提高。同时，他积极开展各种学术交流活动，成功主办五届上海市血液净化论坛，并和国际血液透析学会共同主办2013年上海国际血液透析会议，对全国肾脏病学的发展，尤其对上海肾脏病事业发展起到一定的推动作用。

丁小强教授作为肾脏学科带头人，他非常重视人才培养。在人才培养上，2007年以来先后送3名业务骨干去美国、意大利及加拿大知名医学院学习1—2年，培养硕士研究生40余名，博士研究生20余名。他促成了我院与美国威斯康星医学院生理系的长期合作交流，并定期派研究生前往学习国外先进的实验理念和技巧，了解国外学术动态，在缺血性肾损伤发病机制和防治的基础研究上取得了新的突破。通过人才梯队建设，实现了团队内人员结构合理、科研方向相对专一、学术水平国内领先的目标。

路漫漫其修远兮，吾将上下而求索。学无止境，永不懈怠的丁小强教授正带领着他的团队刻苦钻研技术，勇攀医学高峰。

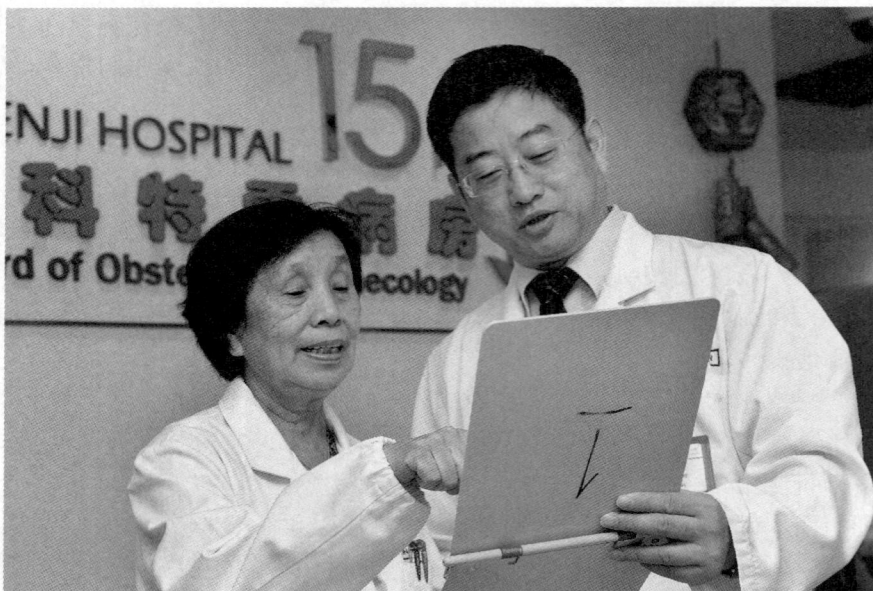

没有最好，只有更好！

狄　文　教授、主任医师、博士研究生导师。1960 年 11 月出生于上海。1992 年毕业于原上海第二医科大学（现上海交通大学医学院）获医学博士学位。现任上海交通大学医学院附属仁济医院副院长、上海交通大学医学院妇产科学系主任、上海市妇科肿瘤重点实验室主任；中华医学会妇产科学分会副主任委员、中国医师协会妇产科医师分会副会长、上海医学会妇产科学分会名誉主任委员、上海医学会妇科肿瘤分会候任主任委员、《中华妇产科杂志》副总编辑、《上海医学》副主编、《中国实用妇科与产科杂志》等杂志编委，全国五年制教材《妇产科学》副主编。临床专长为妇科恶性肿瘤的诊治及妊娠合并系统性红斑狼疮（SLE）的综合治疗。在国内外杂志发表论文 100 余篇。主编、参编专著十余部。

以第一完成人获教育部科技进步二等奖、上海医学奖二等奖及上海市科技进步三等奖。

医者·师者·仁者

——记上海交大医学院附属仁济医院狄文教授

为医者：以救死扶伤为己任

身为医者，狄文教授医术精湛，求真务实，潜心杏林，在医学的道路上孜孜不倦地耕耘了二十余年。20 世纪 80 年代末，狄文在攻读博士学位期间，将研究方向专注于妊娠合并系统性红斑狼疮的研究上。当时这一领域可谓无人敢踏入的禁区，许多人对他大胆的想法持怀疑，甚至是否定的态度。然而，当他望着众多前来求诊的年轻 SLE 女性患者及其配偶那一双双渴求新生命的眼神时，他决定不轻言放弃，经过不懈努力，终于突破了系统性红斑狼疮妇女不能怀孕的禁区，轰动了学术界，被专家评定为"达到国际先进水平的创举"，那还是 90 年代初期，他才不过而立之年，而他展现出的惊人的才华和毅力让人钦佩不已。至今，他工作的案头、书架上仍有几十张孩子的照片，从襁褓中的满月照到大学毕业照，这是无数患者家庭对狄文教授仁心仁术最好的回馈，狄文教授则视这份感恩之情为医学探索道路上最大的动力。

近年来，狄文教授主要致力于妇科肿瘤的发病机理，肿瘤化疗的耐药机制及肿瘤治疗的新方法等研究领域。他始终强调科研的高投入带来临床的高产出，科研的高技术带来临床的高技能。2008 年，在他不断地努力下，建立了上海市妇科肿瘤重点实验室，并承担多项国家自然基金项目及市级以上科研课题，研究成果达国内领先水平，至今已在国内外杂志发表论文 100 余篇。由其领衔的仁济医院妇产科肿瘤团队近年来在妇科肿瘤的综合诊治方面取得了显著成绩。进一步规范和完善了肿瘤患者的手术指征、手术方式及手术后的化疗方案。有关上皮性卵巢癌的转移及其耐药机制和靶向治疗的系列研究获得 2009 年上海市医学科技二等奖、上海市科技进步三等奖、2010 年教育部科技进步二等奖。

为师者：以传道授业为矢志

"春风化雨,润物无声",为师者,狄文教授深谙"传道授业解惑"之任重而道远。在教学中,狄文教授提出了"授之以渔"、"快乐教学"等教学理念,积极开展床边教学、辩论式教学、无病假设教学、台上教学、点单自助式教学和情景模拟教学等全新教学模式,充分调动了学生的主观能动性,激发了学生的创造性,强调医学和人文素养相结合,其授课方式得到了学生们的热烈欢迎,在他的课堂上书本中枯燥的文字都变得更加鲜活了。狄文教授常引用伟人的话说道,"年轻人是早晨八九点钟的太阳,充满活力"。作为研究生导师,狄文教授也非常注重年轻医师和研究生的培养,经常通过与年轻人的交流来充分启发和鼓励他们的创新意识和创造性思维。2006 年由狄文教授任负责人的妇产科学荣获了"上海市精品课程"称号,2007 年又获得了"国家级精品课程"称号,2008 年狄文教授带领其团队获"上海市优秀教学团队"称号 ,同年获上海交通大学教学成果一等奖。

由于其在教学上的杰出成就,狄文教授荣获 2007 年第三届上海市高等学校名师奖、2007 年上海市育才奖、2007 年上海交通大学名师奖、2007 年上海交通大学医学院"院长奖"、2005—2007 年度上海交通大学"师德标兵"。同时还主持编撰了卫生部十一五规划教材,主编、参编专著十余部。其主编的《妇产科学》双语教材获上海市优秀教材二等奖。狄文教师十分支持年轻医师走出国门,"有机会应该去外面的世界看看,学点新的东西回来"是他常对年轻医生说的话。自 2006 年起狄文教授先后选派多名青年医师前往美国、澳大利亚、日本、香港等地留学交流,学成归国后部分青年医师入选上海市青年科技启明星计划,多人入选上海市启明星计划,上海交通大学医学院校百人计划。狄文教授至今已培养了博士研究生 21 名,硕士研究生 20 名。在他的支持和培育下,其所在科室中涌现了许多青年才俊,为科室的可持续发展注入了新鲜血液。熟悉狄文教授的人都知道,教授最爱听到的称呼就是"狄老师"。

为仁者：以心系百姓为胸襟

　　狄文教授以他博学卓识的气度、豁达包容的秉性、仁心仁德的品质，在医疗、科研、教育、公共卫生等方面做出了杰出而令人瞩目的贡献，博得同仁们由衷的仰慕，赞誉和钦佩。狄教授常说，"除了医者，还有哪种职业会遇到素不相识的人愿意把自己的生命托付于你？"生命的重托常压在医者的肩上，在医患矛盾时常发生的今天，难免让人觉得心有余而力不足。但狄教授始终坚信作为医者就要勇于向疾病说不，而不是对病人说不！古人云："天地生人，有一人当有一人之业；人生在世，生一日当尽一日之勤"，身为医者，就要尽治病救人之责，这既体现了生活的价值，也映照出人生的意义。

　　近年来，在狄文教授的领导下，仁济医院妇产科在充分保证医疗质量和医疗安全的基础上，工作量稳中有升，每年门急诊人数、妇科手术例数和产科分娩数均明显增长，住院人数和病床周转率均大幅提高。在其带领下，狄文教授主持的仁济医院妇产科成为 211 重点建设学科、上海市教委重点学科。作为上海市产科心脏病监护中心和上海市产科质量控制专家组成员，狄文教授在妊娠合并心脏病、心衰的诊治上具有丰富的临床经验，为提高上海市产科质量做出了卓绝贡献，该中心多次获得上海市卫生局表扬。

　　狄文教授不仅醉心于医学事业，对于公益活动也十分热心。在公众的眼中，仁济医院妇产科的狄文教授是广大妇女健康的"护花使者"。2006 年，狄文教授担任上海市慈善医务义工大队妇科肿瘤小队副队长，参与"姐妹情——妇科肿瘤慈善救助项目"，免费为经济困难患者实施手术。狄文教授担任上海市医学会妇产科学会主任委员期间，多次组织妇产科学分会的专家们为广大百姓提供慈善义诊。"5.12"汶川大地震期间，狄文教授牵头上海市妇产科学会和仁济医院妇产科多次为灾区捐款，共募集到善款 20 万余元，派遣科内多名医疗骨干赴都江堰震区支援灾后医疗，并亲自前往都江堰震区慰问赠书。

　　以救死扶伤为己任；以虚怀若谷为胸襟；以感性人文为情怀；以传道授业为矢志，深得广大同行以及病人的尊敬和爱戴，这就是狄文教授的真实写照。

行医以德为先，服务以诚为本，
临大事静气为先，遇险滩宁静致远。

谢 青 主任医师、教授、博士生导师。1963 年 12 月生,1988 年获上海第二医科大学传染病学硕士学位。现任上海交通大学医学院附属瑞金医院感染科主任、传染病与流行病学教研室主任、上海市感染性疾病临床质量控制中心主任、上海交通大学医学院危重型病毒性肝炎临床诊治中心主任。

长期从事传染病尤其是病毒性肝炎发病机制及治疗对策、各类肝病的研究。承担了国家卫生部传染病重大专项课题、国家自然科学基金、上海市科委等 32 项课题。发表论文 150 余篇。

近年来获上海市医学科技进步一等奖、上海市五一巾帼创新奖、国家科技进步二等奖、上海市科技进步一等奖、华夏医学科技一等奖,曾荣获上海市"曙光学者"、上海市"三八红旗手"、上海市领军人才、上海市优秀学科带头人、全国卫生系统先进工作者、"全国卫生系统职业道德建设标兵"。

不懈创新,医术长青

——记上海交大医学院附属瑞金医院谢青教授

初露锋芒,载誉归来

1985 年,谢青作为上海第二医科大学(现上海交通大学医学院)的一名实习生初次踏入瑞金医院的传染科病房。彼时,重型肝炎的病死率是100%,且患者多为 20 至 40 岁的青壮年,这样触目惊心的情景促使谢青决定了之后研究生期间的专攻方向——病毒性肝炎,尤其是重型肝炎的研究。

谢青师从当时国家重型肝炎"六五"攻关课题负责人沈耕荣教授,自研究生起就参与了导师的重型肝炎研究课题。经过国家"六五"、"七五"、"八五"一系列重大课题攻关,课题组在国内首先提出重型肝炎分类、诊断标准及完整的综合治疗方案,使"不治之症"的病死率下降至65%—70%,为我国重型肝炎的基础研究及临床救治水平提高做出了突出贡献,因此成为我国重型肝炎研究领域的重要里程碑。

在不断攻关的过程中,谢青医师的业务水平、专业能力和职业理想迅速成长丰满起来。2000 年作为访问学者至美国德州医学中心贝勒医学院内科系肝脏病实验室从事博士后研究,其研究成果引起了国际上肝病专家的高度重视和兴趣,以第一作者发表在全球肝病领域顶级杂志"Hepatology"上。2002 年 4 月她婉言谢绝一切邀请,毅然决定回国报效祖国和人民。

艰苦创业,突破进取

谢青医师回国时,看到的是一个正在拆迁的感染科,所有病房全部拆掉,感染科医生也都分散在外,整幢大楼只剩下一间实验室。

谢青医师清醒地认识到等大楼改建完成后再开始工作,那么整个学科就散了。在她极力要求下,院方在某职工医院新辟出一个楼面作为感染科"临时基地"。她在第一时间召回科室成员,开出临时病房,尽管只有 42 张病床,但她坚信保留学科凝聚力是最重要的。

接下来,她又把目标瞄准在人才培养上。她对科室医生以及全国各地的感染科临床医生进行业务培训,提高他们的临床经验;另一方面,她积极争取各种国外进修机会,先后安排 6 名医生到美国进修,4 名医生到日本进修,5 名研究生赴美国、澳洲和荷兰学习,造就了一支以海外留学归国人才为主体的学术梯队,为学科的可持续性发展作出了突出的贡献,极大地提高了科室的医疗技术水平,使瑞金医院感染科的医术学术水平始终走在国内前列。瑞金医院感染科连续三年跻身复旦版"中国最佳专科声誉排行榜"全国第五位。

2004 年,感染科新大楼重新启用,月门诊量为 2 000 至 2 400 人次,院内排名 24 至 25 位。9 年后的 2013 年,感染科门诊量已逾 13 万,病房 102 张床位,出院病人 5 000 多人次,在本市综合性医院感染科中居首位,全国排名前五位。临床诊断平台良好搭建的同时,她又着重研究病毒感染相关肝病发病机理及治疗对策,其研究成果得到国际学术界高度评价;感染科也是国际全球肝病新药疗效和安全性评价的重要基地,其管理、质量控制和临床研究水平已成为全国感染病领域的标杆,也使国际跨国制药公司改变了对中国临床药物研究的偏见。

"医生要为患者制订最优化治疗方案,就可以改变患者的人生。"凭此信念,谢青医师创建了"危重型病毒性肝炎诊治中心",建立危重症肝病和感染病的诊治平台,并逐渐向华东地区和全国辐射。同时,利用多学科优势和现代技术,开展各种新技术,提高疑难肝病和感染病的确诊率,使很多不远万里来到上海就诊的多年来未解决的原因不明的肝病和感染病最后在她带领的团队那儿得到了确诊,满意而归。并在临床诊治过程中建立了生物样本库,为医学转化奠定了雄厚的基础。难怪有媒体曾用"一朵不谢花,一抹天青色"来形容谢青医师面对困难的安之若素,面对荣誉和掌声的从容淡定和对感染病学科建设的倔强和执着。

科研创新，唯真求实

科学研究是医学进步的原动力，谢青医师身为医者，亦是学者，始终恪守严谨求实和突破创新的科学精神，作为专家组成员多次参与了我国慢性乙型肝炎防治指南的制定和更新讨论、中华医学会《肝功能衰竭诊疗指南》的制定，以深厚的科研实力进一步奠定了其在本专业领域的学术地位。

作为全国重型肝炎诊疗的领军者，谢青医师通过二十余载的基础和临床研究，建立了各种危重型病毒性肝炎的临床信息资料库及生物样本库，承担了七项国家自然科学基金和十项国家卫生部及科技部十一五、十二五重大传染病专项子课题。从疾病机制到个体化联合诊疗方案，从风险预警到预后评估体系，以临床药物研究为平台，开展规范的队列临床研究，瞄准宿主免疫特征和病毒生物学特性深入研究乙肝慢性化的分子机制，全方位多视角的深入探索为临床诊疗提供了科学可靠的循证依据。其大量研究成果发表于国内核心期刊和国际肝病领域 SCI 领先杂志，以第一负责人获得上海市医学科技进步一等奖，华夏医学科技一等奖，以主要参与人获得国家科技进步二等奖、教育部科技进步二等奖、上海市科技进步一等奖等重要成果，并多次在国际肝病会议上交流，获得国内和国际同行的高度关注与肯定。

丙肝日益严峻的流行趋势正使其成为一项公共卫生难题，谢青医师以其敏锐的科研嗅觉，通过率先开展流行病学调查、早期筛查、转诊及临床规范治疗、患者教育、随访管理和检测平台建立等一系列举措，在 5 年内建立了近 1 000 例患者的生物标本信息库，从病毒研究到规范治疗，其对学术性、实用性的兼顾并重和融会贯通使之成为转化医学成功应用的典型范例。

心系患者，服务大众

谢青医师现已是全国知名的肝脏病学专家，慕名而来的患者络绎不绝。但她始终以一名平凡的医务工作者的态度认真接待每一位求诊的患者，从不因为患者数量庞大而降低工作标准，每次专家门诊的结束时间总是一拖再拖，她总想着"再多看一个病人"可能就可以多挽救一个鲜活的生命。

作为一科之主，各类学术会议、行政任务繁重，但每周的主任查房和专家门诊，她都从不耽误。查房时，认真询问每位患者的病情，听取下级医师汇报，对危重病人更是个个心中有数，这出自她多年行医生涯形成的习惯，更源自心底深处的责任感。每次听闻患者病情有变，或是患者、家属来询问，不论她是刚扒拉了第一口早已凉透的午饭，还是刚换下白大褂披星戴月地走出大楼，她总是立刻停下脚步重新进入紧绷的工作状态，常常是患者觉得过意不去，表示自己的事明天再说，请谢医生先回家，而她温婉地笑笑，又回到诊治患者的病情上来。

当医患矛盾日益膨胀、医药厂商各类手段层出的负面消息不断出现时，谢青医师始终秉持着一名学者的正直与淡然，同时也严格要求感染科整个团队严谨自律，她用实际行动为倡导医疗行业文明之风做出了表率。有位患者出院后亲自将一封表扬信送到院长手中，信中说道："我是一名普通百姓，在我的治疗中，谢青主任急病人所急，想病人所想，医术精益求精，态度和蔼可亲。特别在我的医疗过程中，尽量控制检查费用，努力为低收入病人控制费用，使本人能看得起病。在目前看病难，看病贵状况下，我在贵院进行治疗，无疑是感到幸运的。"

谢青医师始终将服务社会、扶助弱势群体视为己任，2006 年至今，感染科共主办了 10 届全市性大型慈善义诊，在谢主任的带领下，所有工作人员均利用个人时间无偿参与义诊。新闻媒体的多方报道关注以及患者群众的认可好评纷至沓来，但谢青医师说，这是鼓励，更是鞭策。

每天有做不完的事，能救治患者，服务在这个时代，也是一种庆幸、也是一种幸福。这是工作在自己热爱的医学职业岗位上已达二十多年的女医生、女学者的感言。

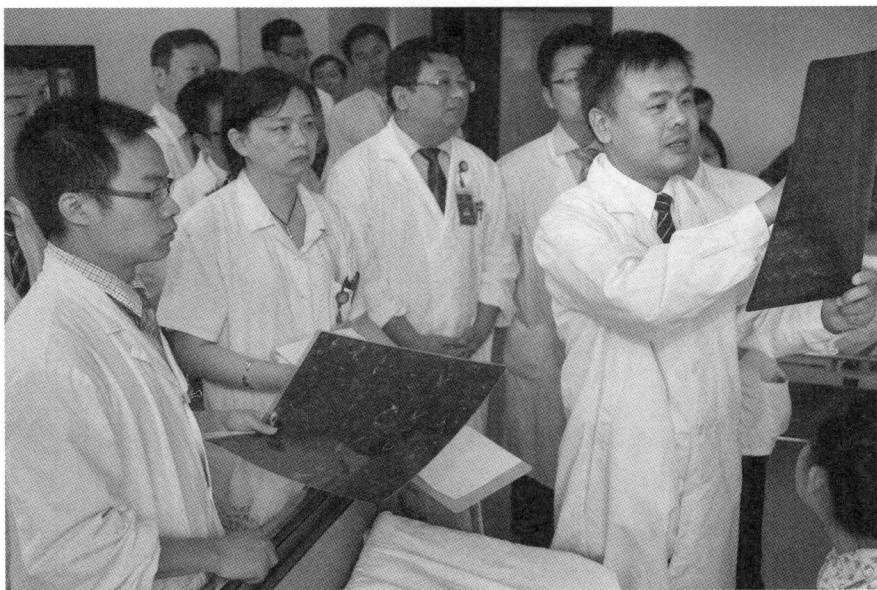

医者仁心

吴　皓　教授,主任医师,博士生导师,1964年6月出生,2003年获上海交大医学院博士学位,现任上海交大医学院附属新华医院副院长、上海交大医学院耳研所所长、耳鼻咽喉科学系主任;兼任上海医学会耳鼻咽喉头颈外科分会主任委员,中华医学会耳鼻咽喉头颈外科分会副主任委员,卫生部新生儿听力筛查专家组组长,WHO防聋委员会常务委员等职务。

长期从事耳科学、侧颅底外科学、听力障碍的临床及基础研究。先后承担多项国家自然科学基金、卫生部科研专项、科技部973项目、"国家十二五"科技支撑计划及其他省部级重大课题,发表论文100多篇,多次获国家科技进步奖,上海市医学科技进步奖,教育部科学技术进步奖及上海市领军人才。

积跬步至千里,勇创新天地宽

——上海交大医学院附属新华医院吴皓教授

上海交大医学院附属新华医院耳鼻咽喉头颈外科,一个在学界曾经默默无闻的小科;如今不仅位列"卫生部国家临床重点专科"、"上海市重中之重临床重点学科",还是卫生部新生儿听力筛查专家组组长单位、上海交通大学医学院耳科学研究所、上海交通大学医学院耳鼻咽喉科学系、上海市耳鼻咽喉科质量控制中心所在地。短短十年间完成了跨越式发展,不得不提的就是学科带头人吴皓教授。

锐意进取,勇于开拓

2001 年吴皓教授作为人才被引进新华医院,为原本几乎停滞的科室注入了强劲的发展动力。他担任科室主任后进行了大刀阔斧的改革,并奠定了以耳科及侧颅底为重点,鼻科、咽喉科、头颈科、小儿耳鼻咽喉科等三级亚专业共同发展的策略,听觉医学、内窥镜医学等分支也逐渐建立并完善起来。

与此同时,吴皓教授大胆引入了内部竞争机制,以组为单位进行工作,相对独立运转,并与效益挂钩。这一举措打破了原来的"大锅饭",大大激发了大家的工作积极性,获得了可喜的双赢效应:病人得到了更优质专业的医疗服务,医生之间也避免了相互之间抢病人的不良竞争,可以安心在自己擅长的领域进行深入临床研究。

随后的几年时间里,各亚专业蓬勃发展,欣欣向荣,各专科门诊及手术量节节攀升,诊治范围也日趋扩大。现在的耳鼻咽喉头颈外科总面积接近 2 500 平方米,床位数达 81 张,年门诊量超过 16 万人次,年住院手术量达 4 500 余台，年均门诊手术量超过 1 700 台。整个学科的临床工作得到了质的飞跃。

特别值得一提的是作为科室的特色医疗品牌，耳神经及侧颅底外科获得了长足的进步：除各种进路的听神经瘤切除术、颞下窝进路切除巨大颈静脉球体瘤、联合进路切除前颅底肿瘤及颅底重建术外并，近年来还积极开展了侧颅底肿瘤术中颈内动脉重建术、改良颞下窝径路一期切除骑跨颅内外颈静脉球体瘤以及放疗后复发鼻咽癌侧方径路切除术等，对这些国际上都少人涉足的领域做了积极的探索，使科室的医疗技术水平又登上了一个新台阶。一直以来，他始终走在国内专业领域前沿，在人工听觉植入手术的临床应用上也获得了丰硕成果：科室目前为国家指定人工耳蜗植入基地，手术量逐年攀升，已达年 300 台以上；之后开展了人工中耳（振动声桥）植入技术的临床应用，成为国内最早开展此类手术的尝试者。

无私传承，桃李芬芳

如果说吴皓教授在临床工作方面是成功，那么为了整个科室的技术传承和团队培养，他在教学工作上所做出的成绩同样令人瞩目。

十年前，不起眼的耳鼻咽喉科教研室除了按医学院要求承担规定的教学任务和临床见习实习带教工作外，教学工作毫无亮点可言。而在吴皓教授的带领下，如今十分注重备课和讲课质量，并充分运用新的媒体教学工具，大大提高了教学质量。教学团队设计建设了"耳鼻咽喉精品课程"和"新华医院耳鼻咽喉-头颈外科专业网站"两大专业学术平台，使原来枯燥的医学教学变得生动、易于接受，也使越来越多的医学院学生对耳鼻咽喉科学这个不起眼的小学科产生浓厚的兴趣。

科室每年还举办各类国家级继续教育项目和学术论坛，定期邀请国际著名专家前来进行学术交流，每次学术交流都精心设置不同的主题，邀请国内外知名专家前来讲课，不仅为国内外同行提供了学术交流的平台，也为国内医生的知识更新创造了机会。

2008 年，由吴皓教授牵头，联合交大医学院附属瑞金、仁济、九院、六院等多家附属医院，成立了上海交通大学医学院耳鼻咽喉科学系，由他担任系主任。耳鼻咽喉科学系的成立有效解决了长期以来各临床医学院教学内容考核要求不一、教学要求不一的情况,建系后为保证耳鼻咽喉科专科教学质量,确定了由专家委员会统一实施考试制度,并集中各成员单位的优良师资统一备课,进一步规范临床教学要求。学系的理论课程教学中,运用 CBL 教学方式,以典型病例作为教案基础,将教学大纲要求掌握的知识内容以具体病例感性化,以加深学生的印象和提高学生对本学科专业知识的兴趣及领悟力。同时开展双语教学,编写双语教材,让学生参加学院举办的有国外学者参与的各类学术活动,以提高学生的外语应用能力。另外通过增设实验课或见习课、专设小讲课地点和答疑台、改善网络教学环境等一系列举措充分整合医学院内耳鼻咽喉科教学资源,创建了一流的交大医学院耳鼻咽喉科品牌。

在吴皓教授的创建下,科室成功跻身卫生部住院医师规范化培养和专科医师培训基地,负责对住院医师的规范化培养,并通过各类教学平台源源不断地为全国耳鼻咽喉科学界输送人才。

科研创新,造福于民

为了让科研工作能与医疗、教学工作并驾齐驱,吴皓教授在科研工作上也付出了大量的心血。以前科室只有三十平米左右实验用房,没有专职科研人员,仅靠几个医生在临床工作之余作些简单的电生理实验,处于“没场地没人力没资金”的困境。他带领着中青年骨干积极创造条件,实现科研工作“从无到有”的突破。

2002 年起科室作为上海市指定新生儿筛查转诊机构,上海市儿童听力障碍诊治中心和全市指定的人工耳蜗植入基地,负责了全市新生儿的听力筛查、确诊及干预工作。率先在国内提出符合中国国情的两阶段筛查方案,使 2002 年后上海市新出生的听力障碍患儿在出生后 3 月内得到确诊、6 月内得到系统干预成为可能,该干预体系得到了卫生部的充分肯定,并在当年作为推荐模式向全国推广实施。他牵头制定了我国《新生儿听力筛查的技术规范》和《新生儿听力筛查培训教材》,规范统一了全国范围内的新生儿听力筛查工作,相关研究经验获得了国家科技进步二等奖、上海市残疾人康复服务技术成果奖二等奖。

2008 年由他牵头创建了上海交通大学医学院耳科学研究所。耳研所成立后,吴皓教授大胆实行了 PI 制,通过专职科研人才加学术型医师的模式,建立起一支颇具实力的科研队伍。目前,耳研所下设听觉医学中心、聋病分子生物学实验室、内耳听觉电生理实验室、内耳毛细胞再生实验室、颞骨解剖实验室,还建立了博士后流动站。通过几年来的学科完善与提炼,在耳科学基础研究领域做出了显著贡献。

为了将尖端的基础研究成果转化为临床应用,更好造福大众。在他的大力推动下,2010年上海首个耳聋基因诊断与遗传咨询门诊在新华医院开设,成为全国正式开展该项医疗服务的少数几个单位之一,成功运用基因诊断这项国际前沿技术为上千名耳聋患者及相关人群提供了耳聋基因诊断或产前诊断,为提高出生人口质量做出了突出的贡献。并通过多年数据积累,针对上海地区遗传性耳聋不同目标人群分别确定了其耳聋基因突变图谱,确立了常见致聋基因筛查和产前诊断的多种策略,为有针对性地开展先天性耳聋一级预防提供了珍贵的数据资料和实施思路。

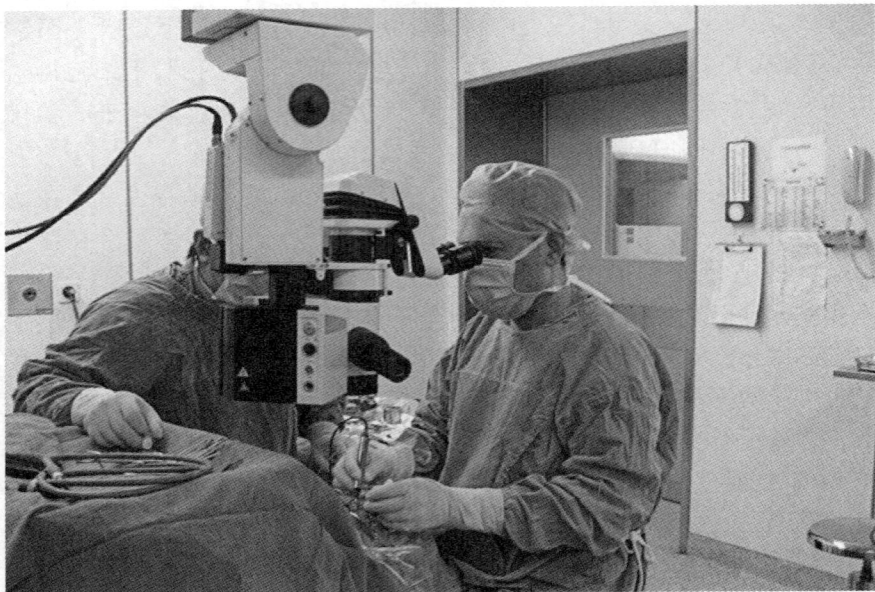

老实做人，踏实做事

郑　志　主任医师、教授。1966 年 4 月出生，2007 年 12 月获得上海交通大学眼科学博士学位。现任上海交通大学附属第一人民医院松江眼科执行主任，上海交通大学博士生导师，上海市眼科学会玻璃体手术学组副组长。

主要从事于玻璃体视网膜疾病临床诊治，主攻方向是糖尿病视网膜病变发病机制及其临床防治。主持国家自然基金面上项目 3 项、973 前期专项课题 1 项等课题 10 项，在国内外期刊发表论文 60 篇。

以第一完成人分别获得 2010 年教育部科技进步奖二等奖 1 项、2011 年上海市医学科技奖二等奖 1 项、2012 年中华医学奖三等奖 1 项等以及 2010 年明治乳业科学奖优秀奖。

光明使者

——记上海交大附属第一人民医院郑志教授

作为一名眼科医生，郑志教授在 20 年的临床工作中，以高尚的医德、精湛的医术和敬业的精神，赢得了广大患者的称赞和信赖，同时也为上海交通大学附属第一人民医院和眼科赢得了声誉。

政治素质高，忠于党的卫生事业

郑志医师 1993 年毕业于上海医科大学，毕业后即从事于眼科临床工作。他热爱祖国、热爱人民、热爱中国共产党。通过努力学习和工作实践，不断提高自己的政治水平和业务素质，开拓进取，发奋图强，为病人服务，为社会奉献。他工作认真，积极肯干，责任心强，任劳任怨，从不计较个人的得失。患者有困难，他总是尽量地帮助解决；耐心指导下级医生开展临床工作，做好"传、帮、带"。

职业道德高，深得患者的赞誉

在医疗工作中，郑医生始终严格要求自己，病人至上，质量第一。临床上常常会遇到一些病情较重，因失明生活难以自理的患者，郑医生总是耐心地为其检查，选择最好的治疗方案进行救治；为了及时诊治患者，他常工作到最后一个离开门诊；有时一天要实施 7—8 台玻璃体手术，常最晚一个离开手术室。他不分贵贱，不论贫富，亲切待人，平等待人，对病人如亲人的工作作风，得到了患者、家属的信赖及周围病友的好评。郑医师妙手回春，换来了众多失明患者的光明，赢得了患者及家属舒心的微笑和由衷的感激,被患者誉为"光明使者"。

专业技术高,开创眼科新天地

郑医师勤学钻研,把理论知识与临床实践有机地结合,专业技术水平不断地提高,很快成为我院眼科技术骨干。确定微量白蛋白尿的一个阈值(10.7 mg/24 h)是预测糖尿病视网膜病变发生的一个切点,为糖尿病视网膜病变早期筛查及干预提供了新的方法;发现 ACEI 对糖尿病视网膜病变具有独立保护作用,且发现其作用与 PPARγ/UCP－2/ ROS 通路调节的 VEGF/PEDF 比降低有关,将 ACEI 应用于早期糖尿病视网膜病变患者 2 年,发现其抑制进展率达 83.7%;提出 23－G 微创玻璃体切割联合超声乳化及人工晶体植入术是晚期糖尿病视网膜病变有效手术方法,手术成功率提高到 95.2%。

科研水平高,辛勤汗水结硕果

郑志医师擅长复杂性眼底病手术治疗,年手术量达 500 余台,在完成繁重的临床诊治工作的同时,主持国家自然基金面上项目 3 项、973 前期专项课题 1 项等 10 项。发现线粒体活性氧是糖尿病视网膜病变早期发病的一个关键始动因子,高糖环境下线粒体膜电位超极化,活性氧生成异常增加,使得 DNA 修复酶 PARP 过度激活,p38MAPK 活化,引起视网膜细胞凋亡;JAK2/STAT3 和 ADMA 通路活化,炎症因子瀑布,最终导致糖尿病视网膜病变发生发展;并发现单纯控制血糖不能阻止糖尿病视网膜病变早期发病与高糖应激所导致的"代谢记忆"有关,阐明了 SIRT1 调节的 LKB1/AMPK/ROS 通路异常在代谢记忆发生中发挥重要作用。已发表 SCI 论文 24 篇(累计 IF 77.8),其中,以第一作者/通讯作者发表 SCI 论文 13 篇(累计 IF 55.7):包括国际糖尿病领域顶级期刊 *Diabetes*(IF 8.286)3 篇、国际眼科顶级期刊 *AJO*1 篇和 *IOVS*2 篇,他引 167 次,单篇最高他引 35 次。以第一完成人分别获得 2010 年教育部科技进步奖二等奖 1 项、2011 年上海市医学科技奖二等奖 1 项及 2012 年中华医学奖三等奖 1 项以及 2010 年明治乳业科学奖优秀奖。

认真工作，快乐生活

包玉倩 主任医师、博士研究生导师。1963 年 9 月生。现任上海交通大学附属第六人民医院内分泌代谢科主任、上海市糖尿病临床医学中心常务副主任，兼任中华医学会内分泌学分会委员、上海市医学会糖尿病专科分会候任主任委员。入选"上海市领军人才"、"优秀学科带头人"等人才培养计划，获上海市三八红旗手、医务职工科技创新标兵等荣誉称号。

主要从事肥胖、糖尿病及代谢综合征的临床研究。近年来主持国家科技支撑计划、国家自然科学基金、上海市科委及上海市教委等多个研究项目，取得了突破性创新，迄今共获得国家科技进步奖、中华医学科技奖、上海市科技进步奖等 18 项。

仁善立业，突破创新
精求医理，勇于探索

——记上海交大附属第六人民医院包玉倩教授

医术精湛，仁善立业

糖尿病是全球共同关注的重大公共卫生问题。目前，我国糖尿病的患病人数位居世界第一。虽然各级医疗卫生机构都为糖尿病的控制付出了很多努力，但防治形势依然不容乐观。

包玉倩教授始终如一地坚持"为病家谋幸福"的行医准则，针对这一现状，不断探索临床新技术、新方法。凭借从事临床工作 20 余年，先后在普通内科、心血管内科及内分泌代谢科等科室的工作经验，运用深厚的临床理论功底、扎实的临床知识基础和娴熟的临床技术技能，为病人拟定合理化、个体化的治疗方案。对待病人细心耐心，为病人切实解决实际问题，深得病家好评。她医术精湛，对待复杂疑难重危病例，善于把握疾病本质和主要矛盾，区分主次、甄别缓急制定合理诊疗计划；善于动态观察疾病变化，综合分析，合理调整治疗方案，有效控制疾病进程。

精求医理，学术创新

作为一名"领军人才"，包玉倩教授依托上海市糖尿病临床医学中心，带领学科团队，以精求医理的精神，勇于探索，在肥胖、糖尿病及代谢综合征的临床研究方面，取得了突破性创新。代表性成果：（1）首次在国际上得出了中国大样本人群的核磁共振精确方法诊断腹型肥胖的切点，以及相应的简易临床测量指标——腰围切点，该研究成果被 2007 版

《中国成人血脂异常防治指南》所采用。(2)首次提出了在中国人群中应用糖化血红蛋白诊断糖尿病的新标准,研究结果被世界著名的四大综合性医学期刊之一——英国医学会官方月刊《British Medical Journal》发布,同期杂志配发了专家述评。(3)首次在国内建立了测定机体胰岛 β 细胞分泌功能的精确方法——高胰岛素—正葡萄糖钳夹技术,揭示了中国人在糖尿病发生发展过程中胰岛素分泌功能减退的模式。该研究成果获 2005 年上海市科技进步三等奖(第一完成人)。(4)创建了以病理生理功能诊断为指导的高效的糖尿病个体化治疗方案,在国内外首次报道了应用代谢组学的方法研究糖尿病药物的疗效机制。研究成果获 2009 年中华医学科技三等奖(第一完成人)。近年,作为国家科技支撑计划项目的课题负责人,在国内首次开展腹型肥胖与代谢综合征的多中心研究。曾多次受邀在国际学术会议作专题报告。

桃李不言,下自成蹊

作为科室负责人,要承担着科室管理及大量的临床医疗工作。包玉倩教授在工作中严格管理,甘于奉献,从不计较个人得失。把制度化管理、人性化管理和最优化管理有机地结合起来,要求员工严格执行医院各项制度,在确保医疗质量、安全和服务高标准的同时,充分调动员工的主观能动性,并结合员工的个性特长,尽可能让每一位员工都有发展的方向和空间。

作为国家临床重点专科内分泌代谢科主任,还要承担大量课题研究等科研教育工作,包玉倩教授高度重视专业人员梯队建设,在亚学科设置的基础上,合理规划、动态调整专业人员结构。同时,对梯队人员制定计划,包括学历(学位)学习、专业技术训练、新理论及新进展的获取等诸方面,使学科梯队不断优化。她经常组织全科人员利用业余时间进行业务学习,内容涵盖国际先进技术的交流与探讨、国内院内新技术新项目的学习研究、疑难病例的诊治方案探讨等,不但拓展了科内医生、研究人员、进修生、研究生和实习医生的知识面,而且大大地增进了科室的学习氛围。

作为上海交通大学医学院研究生导师,包玉倩教授非常注重研究生能力培养,既是学术上严格的导师,又是生活中慈爱的长者。她甘当人梯、提携后学,不仅注重学生基础理论知识的提高,又会把专业领域内的最新信息及时传输给学生,使学生们开阔了知识视野,提高了学习兴趣,更有助于发挥学生们的创新性学术思维及工作的主观能动性。

包玉倩教授自 1991 年起作为医学院的兼职教师,长期从事诊断学和内科学的见、实习带教工作,以丰富的临床积累为素材,运用典型案例启发学生的学习兴趣,注重学生的临床基本技能的培养,1993 年被评为上海第二医科大学优秀教师。同时,她在进行上海交通大学医学院 5 年制、7 年制、8 年制医学专业的诊断学、内科学的理论授课时,不仅备课工作认真,课件制作精致,而且教学手段丰富,采用灵活多样的形式,使学生易于掌握教学重点并能融会贯通,取得了良好教学效果,受到学生和同行的一致好评。2012 年获得上海交通大学医学院优秀教学团队的首席教师、PBL 教案三等奖。

尽管在专业领域取得了令人瞩目的成绩,但包玉倩教授依然以仁善立业、精求医理的精神,不断突破创新、勇于探索,将临床中遇到的疑难问题通过科学严谨的研究,积极寻找解决方法;将优质的科研成果不断应用于临床、造福更多的病人。

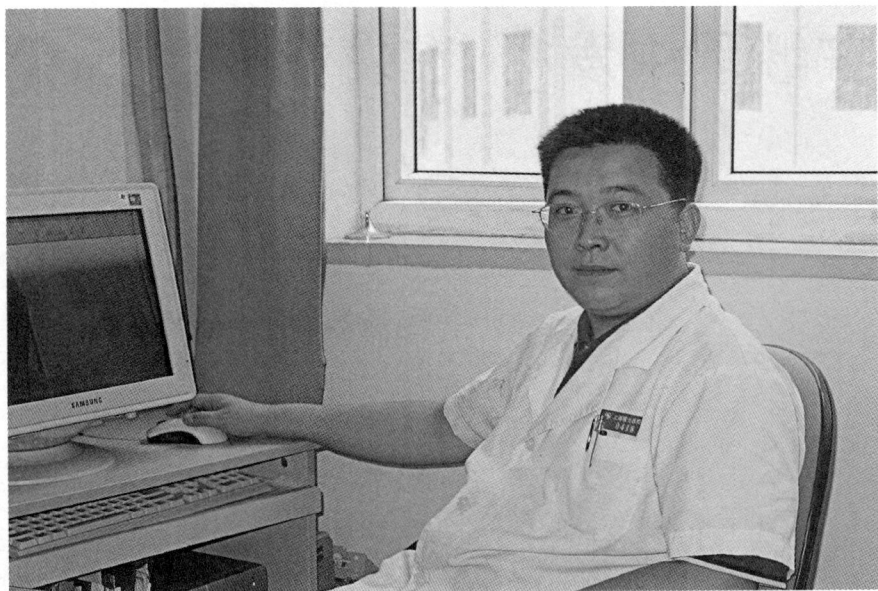

不求事事如意，但求无愧我心。

高月求　教授、主任医师，博士生导师。1966 年 11 月生，2001 年获上海中医药大学临床医学博士学位。现任上海中医药大学附属曙光医院肝病科主任。中国医师协会中西医结合分会肝病专业委员会副主任委员、上海市中医药学会肝病分会主任委员、世界中医药联合会消化病专业委员会常务理事、中国中西医结合学会感染病专业委员会常务委员。

　　长期从事中医药防治慢性肝病及其免疫调控机制研究。承担国家自然科学基金、国家科技重大专项等 20 余项课题，发表学术论文 88 篇，SCI 收录 10 篇，编写专著 7 部。获得上海市科技进步二等奖等 5 项奖励；授权发明专利 3 项。

　　上海市领军人才，上海市曙光学者，上海市优秀学科带头人，上海市医学领军人才，上海市中医领军人才，第三批全国优秀中医临床人才。

在继承中发扬,在发扬中创新

——记上海中医药大学附属曙光医院 高月求教授

继承名师经验,融贯中西医学

高月求教授1990年毕业于安徽中医学院,1993年至1998年就读于上海中医药大学,获得博士学位,师从上海市名中医王灵台教授。王老师为上海市名中医,享受国务院特殊津贴专家。20世纪70年代,王老师在全国率先提出了"从肾论治慢性乙型肝炎",开拓了中医药治疗慢性乙型肝炎的新方法。主持了国家自然基金、国家"九五"、"十五"科技攻关等课题,从动物、细胞、分子生物学水平探索中医药治疗慢性乙型肝炎的机理,进行了"从肾论治慢性乙型肝炎"的临床及实验研究,阐释了补肾为主治疗慢性乙型肝炎的科学内涵。

跟随王老师临诊期间,王老师严谨的治学态度及高尚的医德医风给予他的启迪很大。王老师坚持以临床疗效为最终目标,守常达变,师古而不泥古,勇于实践,不断创新。提倡"病证并重"的辨证论治思想,兼收并蓄,衷中参西。同时,王老师常讲做学问之前,要先学会做人,做学问一定要有谦虚谨慎的态度,严密周详的思考,持之以恒的决心,正如现代医家岳美中所说:"做任何学问都要勤奋和持久,治医学尤需如此"。身为中青年医师要树立远大的志向和目标,要有超越前人、导师的气魄;要虚心求教,刻苦学习,谦虚谨慎,慎言敏行,不断长进。

王老师常以《大医精诚》自律,在临床诊治中,要亲切的接待患者,耐心倾听患者疾苦,详细的解答患者疑问,细心的指导患者饮食调养及生活调摄。

在王老师的悉心指导下,他顺利完成了研究生课程,取得了医学博士学位,掌握了慢性肝病的发病机制及中医病因病机理论,能够熟练的运用中医药辨证论治慢性肝病,养成了严谨创新的科研能力,能够独立的设计并开展各项科学研究工作,为日后的临床及科研工作打下了坚实的基础。

立足临床疗效,发扬学术思想

在上海中医药大学附属曙光医院工作后,他长期从事慢性乙型肝炎的临床及科研研究,在"从肾论治慢性乙型肝炎"的基础上,提出了以"补肾为主,健脾为辅"的治则治疗慢性肝病,将补肾为主的治疗原则发挥运用到其他慢性肝病中,如肝硬化、肝纤维化、非酒精性脂肪性肝病等,取得了良好的临床疗效。同时,进行了慢性肝病中医证候规律、诊疗方案、疗效评价等临床研究,系统地研究从肾论治慢性肝病。

在临床诊疗中,遇到病情较重,在病痛折磨下失去信心的患者,他能够耐心倾听患者心声,细致地为患者讲解,使患者树立战胜病痛的信心。对于外地偏远因返程需要提前诊治的患者,他会帮助患者向其他患者解释,尽量为其提前诊治;对于家庭经济条件困难的患者,他则主动为患者申请爱肝网提供的"爱肝一生"计划资助。同时,他曾经多次深入居民社区开展义诊活动,给社区居民宣传讲解慢性乙型肝炎的防治、脂肪肝的饮食运动治疗方案、中医科学养生及健康生活方式等知识,编写了《慢性肝病"治未病"知识手册》,免费发放给患者及社区居民。

在积极开展临床工作的同时,他带领科室同事全面地总结上海市名中医王灵台教授学术思想,主编了《王灵台肝病论治经验集》。2010年就任肝病科主任以后,他充分发挥科室每位成员的主观能动性,制定了切实可行的临床规章制度以及奖惩办法。在日常科室管理中,处处起到表率作用,受到了科室成员拥护爱戴,较快提升了科室临床业务。至2011年,月门诊量已达1.5万人次以上、月出院人次达到130人次左右、平均住院日降至12天以下。

在科学研究中,始终坚持严谨的科学作风,诚实的科学态度,时时掌握相关领域的最新研究动态。为了深入学习国外关于慢性肝病免疫发病机制的先进内容,他于2003年赴挪威奥斯陆国立免疫研究所参加肝病免疫发病机制的研究。2005年他回到上海曙光医院,开始规划并逐步实现自己在中医肝病及免疫机制领域的梦想蓝图。他先后承担了"十一五"、"十二五"国家科技重大专项国家科技"十一五"支撑计划、国家中医药行业专项、国家自然基金、上海市科学委员会临床重点项目等多项国家及省部级科研项目。他所带领的科研团队入选上海中医药大学首届科研创新团队,并建立了国家中医药管理局细胞免疫三级实验室,能够独立开展细胞培养、流式细胞术、real-time PCR、ELISPOT等细胞免疫实验技术,为各项科学研究提供了良好的技术支撑平台。

作为国家中医药管理局重点专科协作组组主任,他全面总结本科室优势病种的临床经验,充分发挥中医药整体调控的特色和优势,建立了慢性乙型肝炎、肝硬化、非酒精性脂肪性肝病的中医治疗方案,制定了慢性乙型肝炎(轻证)的门诊临床路径、非酒精性脂肪性肝病及肝硬化住院临床路径。目前,该治疗方案及临床路径已在全国45家中医肝病重点专科推广应用。

针对临床难点,创新中医论治

在继承和发扬王灵台教授"慢性乙型肝炎从肾论治"的基础上,针对慢性乙型肝炎不同感染状态的不同病机,他提出了将中医辨证论治结合免疫分期治疗慢性乙型肝炎的治疗原则。他应用补肾健脾为主要治则的治疗方法,将慢性乙型肝炎的免疫机制同中医病机、证候分布规律及辨证论治有机地结合起来,丰富和发展了慢性乙型肝炎的治则治法。该研究成果获得上海市科技进步奖二等奖,并多次在专业学术会上发言讨论,受到了国内外同行的好评。

针对慢性乙型肝炎临床诊疗过程中出现的核苷类抗病毒药物血清学应答不全及残留黄疸等临床治疗难点,他深入开展中医药调控免疫治疗慢性乙型肝炎免疫机制的研究工作,探寻中医药治疗慢性乙型肝炎的作用靶点及优势环节,希望在慢性乙型肝炎难点问题的诊治上取得创新和突破。

中医药在我国慢性乙型肝炎防治中一直发挥着重要的作用,既往研究中发现,中药调控免疫是治疗慢性乙型肝炎优势环节,与西药相比能够有效地解决核苷类抗病毒药物血清应答不全及残留黄疸等临床治疗难点，因此依托国家中医药管理局成立的肝病联盟，建立全国性协作网络，进行多中心临床治疗方案研究，筛选有效方药。

"功崇惟志，业广惟勤。"每位成功者的背后都有大量辛勤的汗水。作为上海市领军人才，他深深感受到身上的责任和重担，要积极进行临床治疗方案优化并寻找临床难点问题的解决方案，推动中医基础理论及辨证论治的发展，为人民大众提供优质医疗卫生服务。

刘成海 教授。1965 年 2 月出生。现任上海中医药大学教授、肝病研究所所长,上海中医药大学附属曙光医院 首席研究员、肝硬化科主任,上海市中医临床重点实验室主任,兼任中国中西医结合学会消化疾病专业委员会副主任委员等。

主要从事中西医结合防治慢性肝病的临床与基础工作,以中西医结合抗肝纤维化为主要研究方向。

承担科技部支撑计划、国家自然科学基金、国家重大科技专项等课题 22 项。发表论文与综述 189 篇,SCI 收录 34 篇;获得发明专利 5 项,其中成果转化 3 项。主编与参编专著 8 本。

获国家与上海市科技进步二等奖等科技成果奖励 10 项,获全国卫生系统先进工作者、国务院政府特殊津贴专家、教育部新世纪优秀人才,上海领军人才、医学领军人才等荣誉。

面向临床做研究，
通过研究促临床

——记上海中医药大学肝病研究所刘成海教授

巧用中医理论与技术
解决临床疑难问题

在门诊刘教授经常遇到患者这样问："医生，我得了肝硬化多少年，肚子大、腹胀、吃不下饭、没有力气，以前吃利尿药就好了。后来时好时发，现在吃利尿药效果也不是太好，请帮我看看，还有没有其他好办法？"

肝硬化腹水的治疗包括药物与非药物疗法2大类。常用的药物有利尿剂、白蛋白、抗生素等，这些药物疗效可靠，但可能导致电解质紊乱或存在治疗费用昂贵等问题，对难治性腹水效果较差；非药物性方法，如穿刺放腹水、腹水浓缩静脉回输等，对难治性腹水有较快较好的效果，但可能引起感染、电解质紊乱或循环功能异常等副作用，且需要一定设施，应用不甚方便。

因此，肝硬化腹水仍是目前临床的难治病症，仍多采用综合治疗措施。中医学将肝硬化腹水归属于"鼓胀"范畴，病机上属"本虚标实"，既有正气（气阴或阳气）不足，又有气滞、血瘀与水裹等邪实内滞，虚实并见，系"风、痨、臌、膈"四大难证之一。中医学在其治疗上积累了丰富的理论认识与实践经验，复方汤剂口服是常用方法。但是肝硬化腹水患者因腹部膨胀，往往胃部容积减少，进食（包括口服中药汤剂）较为困难。而外治法可克服患者进食困难，不愿口服中药汤剂或服汤剂造成恶心、呕吐的缺点，且避免部分患者因食道静脉曲张、药片刺激破裂出血等的危险。

由此，刘成海教授开始思索，中药敷脐治疗肝硬化腹水的应用历史与疗效如何？

肝硬化腹水的外治法无论中医药还是西方医学，很早即有应用。古代西方医学曾有记载"Head-out water immersion"的外治疗法，即头伸于外，身体浸在水中，通过增强腹压与血液循环，促进肾脏血流，以促进排尿。药物敷脐是中医学独具特色的外治法之一，早在春秋战国《五十二病方》即有关于肚脐贴药的记载；至明代，李时珍《本草纲目》记载："（商路）治肿满、小便不利者，以赤根捣烂，入麝香三分，贴于脐心，以帛束之，得小便利即肿消。"至清代，外治专家吴师机立"十臓取水膏"等，制成膏剂外敷，对肝硬化腹水有良好效果，迄今仍然用于临床中。近代名医如姜春华用甘遂、芒硝；夏德馨用甘遂、肉桂、车前草；其他多家报道各种药物组方，包括商路、甘遂、大戟、防己、桂枝与冰片等，单独外用，或与内服药物配合使用治疗顽固性腹水，均取得较好疗效，并有《中华脐疗大全》等多部专著问世。

敷脐的药物一般在粉碎研磨后，将其以醋调为稀糊状、或加用葱白等"引经药"，直接敷贴于脐周。方法简便，极少出现皮肤红肿破溃等不良反应。而敷脐之后，较快即出现腹部排气增加，腹胀减轻，饮食增进，与尿量明显增多。大大减轻了肝硬化腹水患者的痛苦，提高患者生活质量。因此肝硬化腹水中药敷脐疗法历史悠久，源远流长，确实具有"简、便、验、廉"的特点。

刘教授的实胀方与虚胀方巴布剂辨证敷脐由此诞生。根据患者的虚实证型，分别选用不同的中药敷贴剂。经过多中心 2 000 余例临床观察，证实实胀方与虚胀方巴布剂辨证敷脐对肝硬化腹水有良好的辅助作用。且使用方便，无毒副作用。各种原因引起的肝硬化腹水均可应用，包括门脉高压性腹水、肝肾综合征性腹水与自发性腹膜炎性腹水等。对于肝脏肿瘤等引起的腹水，部分应用取得较好效果。目前该技术工艺基本稳定，已经获得发明专利，专利转让给雷允上药业，并作为上海中医药大学特色技术在临床开展广泛应用。

病例：男性，陈某，60 岁，因"腹胀、腹痛 4 天"收治入院。患者乙型肝炎病史 20 余年，肝硬化病史 5 余年。5 年前发现肝硬化、脾肿大、腹水，曾在某医院服用保肝、利尿的中西药物，病情好转，而后时有反复。

此次发作时腹胀、腹痛明显,胃脘胀闷,纳食减少,尿量减少,无出血表现,经既往药物治疗效果不明显,来我院诊治。入院检查:皮肤巩膜黄染,肝掌明显,颈前见有蜘蛛痣数个,腹部膨隆,脐周轻度压痛与反跳痛,移动性浊音(+),双下肢凹陷性浮肿。舌质淡红、苔薄腻,脉弦细。B超检查:肝硬化改变,肝前液平 20 cm,平卧液平 138 cm。肝功能检查:总蛋白 71 g/L,白蛋白 22.4 g/L,A/G 0.46,Tbil 74.9 μmol/L,ALT 157。西医诊断为"慢性乙型肝炎后肝硬化,肝功能失代偿期",中医诊断为"鼓胀,虚胀"。

入院后以疏肝健脾中药口服,并口服安体舒通 60 mg/d,静脉滴注促肝细胞生长素与白蛋白等,4 天后尿量由 900 ml/d 增加到 1 600 ml/d,体重与腹围无明显变化;而后增加以"虚胀方"巴布剂敷脐,每 3 天更换 1 次,尿量增加到 2 400—3 000 ml/d,而且排气增加,腹胀明显减轻,腹痛消失,饮食增加,舌质淡红,苔薄黄,脉弦细。1 个月后,体重由72 kg减少为 64 kg,腹围由 105 cm 减少至 94 cm,尿量保持在 2 000 ml/d 左右,下肢无凹陷性浮肿,B 超示无明显腹水,肝功能检查:总蛋白 76 g/L,白蛋白 29.4 g/L,A/G 0.63,T. Bil 60.4 μmol/L,ALT 61。遂以基本痊愈出院。

瞄准影响临床疗效的关键问题, 开展深入研究

(1)从肝纤维化拓展到器官纤维化。说起肝病研究所的科研成果,最具代表性的就是扶正化瘀方。该研究项目主要研究者之一的刘成海教授及其团队因此荣获 2004 年国家科技进步奖二等奖,并进入国家基本医疗保险用药目录,目前已在国内广泛应用。

(2)扶正化瘀:中医药攻克肝纤维化难题。"肝纤维化",是指各种慢性肝病向终末期肝硬化发展过程中必经的病理过程,患者数量庞大。一个人只要患有慢性肝病,必然伴有肝纤维化,如不及时治疗将持续发展,直到引起肝硬化乃至死亡。调查显示,肝硬化占据国际上疾病死亡病因的第六位。基于肝纤维化带来的危害之重,国际现代肝脏病学的奠基人汉斯·鲍勃曾指出:"谁能预防和治疗肝纤维化,谁就能治愈大多数慢性肝病。"

在国际上，"肝纤维化"一直是不可解的世界性医学难题：20 世纪 80 年代前，肝纤维化被公认为"不可逆转"；20 世纪 90 年代起，病理学研究的进展提示肝纤维化"可逆"，但临床治疗一直束手无策。

而历经上海中医药大学三代中医专家 20 余年不懈努力的"扶正化瘀法在肝纤维化治疗中的应用及相关基础研究"，以及专利新药"扶正化瘀胶囊"的研制成功，为这一疾病的治疗带来了新的希望。

时间上溯到 20 世纪 50 年代，已故上海中医药大学中医学家王玉润从事血吸虫病肝硬化的防治时，注意到中医药的显著疗效，1979 年获得国家相关课题资助，从此开启了中医药抗肝纤维化的研究。随后，以上海中医药大学肝病研究所为依托，系统性的规模化研究正式展开。

然而，中医药虽然对肝硬化的记载颇多，但对肝纤维化并无认识，更没有现成的中医文献可供借鉴。要使研究进行下去，需要解决的问题很多：肝纤维化作为病理学诊断，中医病机是什么？中医药理论和临床疗效如何与国际相关判断标准结合？中药复方复杂，如何剖析配伍机制？

显然，面临的挑战性前所未有，而且又在现代医学对肝纤维化束手无策的背景下，传统中医药能行吗？对此，许多西医认为这是痴心妄想。在申请一项科研基金资助时，就因一位评委指出"肝纤维化在国际上已有结论不可逆转，这种研究没有前途"，而被拒绝。同时，由于肝病研究所是较早地坚持把传统中医药思想与现代医学科学方法相结合，不少中医认为是中医西化、背离辨证施治的核心。面对西医、中医的双重压力，研究团队依然迎难而上。

20 多年过去了，课题组坚持中医"辨证"和科学"求证"相结合，立足临床实践，率先提出肝纤维化"正虚血瘀"的中医病机假说，以"扶正化瘀"为中医治法，采用国际认同的肝组织纤维化分期"金标准"进行检验，经过"复方——单药——复方"、"临床——实验——再临床"的反复求证过程。研究最终揭示了扶正化瘀方药抗肝纤维化的作用机理，阐明了其组方原理和物质基础。5 个中心 600 多例 II 期和 III 期临床试验结果表明："扶正化瘀胶囊"对肝纤维化的总有效率为 74%，明显逆转率达 52% 以上，对肝功能改善的总有效率为 74.1%，明显优于对照组。

该项目在参选国家科技进步奖时，专家推荐意见这样评价：

"该项目在理论、技术、研究思路等方面取得了系列的创新和突破"，技术水平国际先进、国内领先；"正虚血瘀"的理论假说丰富了中医理论,推动了中医肝病学科的发展;"扶正化瘀"治法有效逆转肝纤维化,成为中医药临床的一大特色优势,也为世界肝病治疗学作出巨大贡献;"辨证"和"求证"相结合的研究思路、实验方法,对中医药现代化具有典型的示范意义。

不仅如此,让他们自豪的还有该研究20多年来产生的巨大社会效应。20世纪80年代起,中医"扶正化瘀"治法的提出,带动了我国抗纤维化中药的开发热潮;90年代中期后,课题组对中药内在作用机制的独创性研究和实验方法,推动了国内中医药基础研究的深入;项目组在国内外发表论著85篇,SCI收录13篇,27篇论文被引用75次,成果被10余部专著引用;项目组成为教育部重点学科,主持相关国家级课题18项,培养了25名博士、20余名硕士,4名博士后出站,6名博导从中诞生;"扶正化瘀胶囊"在上海和香港多家医院试用10多年,深受患者欢迎,每年来自韩国、日本以及中国台湾、中国香港地区的百余名患者前来就诊配药。

2002年中药复方"扶正化瘀胶囊"获得国家发明专利和新药证书。评审专家认为,该药与国外仅有的抗肝纤维化注射用 γ 干扰素相比,明显逆转率高、无副作用、服用方便;与国内同类药物相比,既有坚实的中医理论基础和组方特色,又有扎实、可验证的现代科学实验依据,疗效显著而可靠。研究还显示,除了肝纤维化,该新药对肺、肾等其他脏器的纤维化,也有一定的治疗前景。一项世界性医学难题就此被中医药攻克,无数肝病患者从此看到了生命的曙光。

因各器官的纤维化发生机制和病理机制基本相同,后经实验和临床应用证明,扶正化瘀方同样对肾、肺纤维化有一定疗效。从此,刘教授的研究工作又有了一个新的领域——器官纤维化。

变土为洋,以国际化促进中医药现代化

据统计,目前我国乙肝病毒携带者1.2亿,慢性乙肝患者约3 500万,加上慢性丙肝、脂肪肝、血吸虫病、免疫性肝病等,构成了庞大的肝纤维化患者群。国外肝纤维化患者的数量也相当大。"我国是慢性乙肝高发区,一想到能使那么多患者受益,重享生活的美好,我们就很欣慰。""更深入地进行临床应用与研究,推动中医药现代化,造福更多患者,我们的工作远没有结束。""抗肝纤维化是全世界肝病工作者的共同

奋斗目标,我们有责任把中医药在此方面的优势发扬光大。"是刘成海教授的意味深长的几次阶段性感言。

只有跻身国际才能认知国际,这种认知就是:创新+合作,是中医药走向国际化的必由路径。

我们的祖先皓首穷经、代代相传五千年的国粹中医药,在当今科技革命和信息化革命的时代大潮中,如同一块无比珍贵但又有待发掘的璞玉,要重新开发出让全世界人民能够理解、接受和应用的价值,因此中药现代化是国际化的前提和基础。

美国食品与药品监督管理局(FDA)是国际公认药品审批与监管的权威,是中医药进入国际医药主流市场的重要审批关口。然而,FDA对临床试验系统标准要求非常高,对制药过程要求也非常严格。而中医是以长期临床实践为基础形成的经验科学体系,中药方剂的主要特点,是由一味中药或多味中药组成的"多组分-多靶点-多效应"的复杂配伍。这对于复方中药和工艺复杂的中药产业是严峻的挑战。

要使产业链标准体系和质量标准评价体系得以有效运行,就需运用世界先进的数字化技术手段,打开中药药效物质的"黑匣子",尽量明确其药效成分,由未知变成已知,由模糊变成清晰,对产品质量进行世界都认可的标准评估。

基于中医药抗肝纤维化的优势,刘成海教授积极通过在国际学术刊物发表具有中医药内涵的论文,在国际学术会议大会演讲,作为国际中医药学术组织成员(全球中医药联盟、中欧中医药框架协议等)参与相关活动等形式,向国际社会推介中医药抗肝纤维化的研究成果。并通过与海外大学合作,切实推进中医药抗肝纤维化的国际化进程。

刘教授作为中方负责人,与美国加州大学圣迭戈医学院合作开展中药复方抗慢性丙型肝炎肝纤维化的II期临床试验,已经获得美国食品药物管理局(FDA)的临床试验批准(IND),在美国7家医院开展临床观察,目前已经完成全部临床试验,结果发现该中药复方制剂治疗难治性慢性丙型肝纤维化患者有良好的安全性和药物耐受性,且对阻止肝组织纤维化的发展有良好的作用趋势。此外,与香港大学玛丽医院合作开展扶正化瘀方抗肝纤维化的基础研究,目前合作发表中药复方抗肝纤维化机理研究国际论文1篇;与英国伦敦国王学院、剑桥大学等欧洲学术机构开展中医药疗效评价与机理研究,目前已经建立工作网站,会议交流5次等。

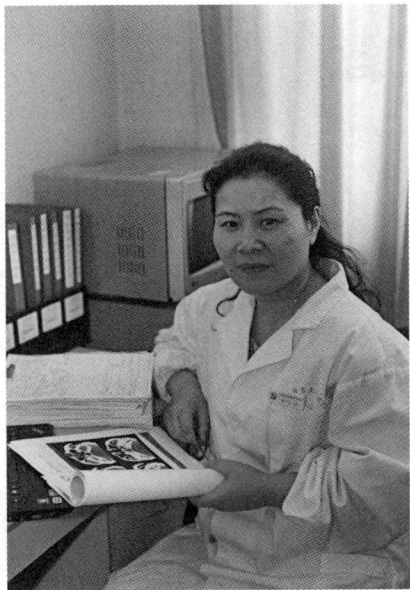

但愿人长久
宁愿药成灰

周平玉　主任医师、教授、博导。1962 年 4 月生,2001 年获得复旦大学博士学位。现任上海市皮肤病医院性病科科主任。现为国家级卫生应急专家,中国疾病预防控制中心性病专家组专家,中华医学会性病学组全国委员,上海市性病艾滋病协会理事,美国 FHI 中国地区性传播疾病临床顾问。

近年来主要从事梅毒的临床、基础研究和高危人群的防治工作。对梅毒的临床流行病学、分子耐药、发病机理及临床应用研究作了系统的研究。负责包括国家自然科学基金、全球基金等国内及国外的课题和项目。

近年来获 2007 年上海市科学技术成果,2008—2010 年上海市医务职工科技创新能手,2012 年上海医学科技奖二等奖,2011—2012 年度市三八红旗手。

勇攀高峰，造福患者

——记上海市皮肤病医院周平玉教授

刻苦钻研，回报祖国

周平玉教授长期以来以其自尊、自信、自强的时代精神和实际行动充分体现了其热爱国家、热爱党的坚定信念。早在十年前，她就有机会留在英国著名大学继续工作，但她敏锐地发现了当时我国性病学科发展的滞后性，已经跟不上改革开放的步伐，性病学的诊疗水平明显低于国际水平，国内这一专业少有建树。她毅然回国投身于祖国的医疗事业。回国后，她努力工作，刻苦学习，为了能省下时间多做些工作，在医院附近租房，一租就是十年，每月的房租是她当时全部收入的三分之一，尽管如此，医院里最后一个灯熄灭的，永远是她的办公室或实验室，医院的门卫都知道，深夜一、二点要为周教授开门，而早晨第一个开诊的依然是周教授。

周平玉教授十余年持之以恒，业务上刻苦钻研，工作上的严于律己，宽以待人，在她的带领下上海市皮肤病医院这个名不见经传的专科医院，其性病学科鹤立上海，名冠全国，其诊疗水平不仅赶上了国际水平，在世界上也难能可贵的拥有了话语权。正是这十多年的坚持与坚守，性病学科终于守的花开见月明，跨上了一个新的台阶。周平玉个人也因其聪慧敬业、自信坚韧、创新进取的时代精神和一心为病患着想的高尚医德，为上海市公共卫生安全所做出的杰出贡献及在卫生行业中的引领示范作用，被业界和社会广泛的尊重与认同，得到了领导的赞誉、同事们的尊敬，尤其是广大患者的高度信赖和赞扬。

知难而上,引领学科发展

熟悉周平玉教授的人都知道,她是一个敢讲、敢说、敢做的人。她做科研工作,从不是为科研而科研,而是从临床疑难出发,从中发现科学问题,并在科研中解决临床疑难。简单地讲就是知难而上,从实际出发,发现问题,解决问题,酿造一个良性的科研环境和氛围。

她和她的团队在临床上发现青霉素过敏时治疗梅毒的替代药物——大环内酯类药治疗梅毒失败,随即进行了实验研究,首次发现了流行于上海地区的梅毒螺旋体优势株和耐药株,这一发现对青霉素过敏的孕妇梅毒来说是噩耗,意味着这类患者将无药可医;而近 20 年来我国胎传梅毒增加 6 000 余倍的事实无疑是灾难。面对这一系列的难题,她没有退缩,反而坚定了攻克难关的决心,为寻求青霉素过敏时孕妇梅毒的替代药物,她一头扎进了工作室,通过多年的研究,终于发现了中国地区胎传梅毒存在过度报道并在世界上首次报道头孢曲松钠在阻断青霉素过敏孕妇梅毒传播的作用,证实头孢曲松钠可用于阻断胎传梅研究结果已分别发表于 New England Journal of Medicine、Sex Transm Dis 等权威学术期刊,被国际健康类主要媒体路透社(New York Reuters Health)、中国医学论坛报等广泛关注、专评。这一发现不仅从此结束了大环内酯类药物高耐药地区青霉素过敏孕妇无药可取代的现状,还改变了我国梅毒治疗和阻断胎传梅毒的策略,我国最新的梅毒治疗方案的调整,即是依据她们的科研成果。

以往梅毒螺旋体的基因突变可使其耐药而致治疗失败,使患者得不到有效治疗而导致失明、麻痹性痴呆等严重后果;使传染源得不到控制而直接影响到我国制定控制梅毒流行计划的策略;并可因为无效治疗而致医疗资源极大浪费。周平玉教授等的研究成果为我国修改和制定新的梅毒治疗方案提供理论依据,也为阻止和避免应用耐药抗生素治疗梅毒而导致梅毒慢性感染做出贡献,间接为国家和患者节约资金每年至少达 200 万元(阿奇霉素每治疗一例梅毒至少花费 200 元,上海市 2008—2011 年每年的梅毒发病数过 30 万)。该研究成果对我国梅毒治疗指南和制定梅毒防治策略都有深远的影响,目前已应用于新版的"梅毒治疗指南"中。

神经梅毒的诊断和治疗历来是临床难题,她提出不同的梅毒螺旋体株可能导致不同部位的损害,她率领的团队不仅发现了流行于我国的梅毒螺旋体株,还发现了亲神经株。这一发现可为今后神经梅毒的无创诊断、疫苗的制备提供可能。而由于社会对神经梅毒歧视和忽视,长期以来,神经梅毒患者一直处于就医难、住院难、诊断难、治疗难的处境中。及时搭建的神经梅毒的临床研究和基础科研平台,建立神经梅毒病房,将神经梅毒患者统一管理。这一平台的建立,不仅有助于解决神经梅毒患者所造成的社会公共卫生安全问题,也为临床和科研提供了基础数据,解决了神经梅毒患者就医难、住院难的问题,对神经梅毒诊断难、治疗难的问题得到合理解决。她改变了传统只关注清除病原体的治疗方法,提出神经梅毒的免疫损伤理论,由于对梅毒患者创新性的科学的救治,使一个个丧失理智的患者回归正常,痴呆患者恢复生活能力,让失去视力的眼睛重见光明,被誉为"黑暗中的光明使者"。这一平台不仅成为全国同仁提供了引领示范,也在国际上享有盛誉,在中国的外籍患者纷纷由他们自己国家医生推荐,慕名来我院就诊。

关注特殊人群,成为他们的贴心人

性病学在广袤的医学的领域中只是一门小学科,一般医院的性病患者就诊也要从属于皮肤科,没有独立的性病门诊。性病患者所患的疾病未必危及生命,但是就医难,以及疾病部位的特殊性及社会对这一人群的歧视一直困扰着这部分人群。一些患者患上性病后羞于启齿,常常在一些不正规的诊疗场所医治花费十几万甚至倾家荡产,延误了治疗。

在上海市皮肤病医院,无论刮风下雨,诊室外等候患者最多的永远是周平玉教授的门诊,候诊厅常常可以用人声鼎沸来形容,护士们常常称呼他们为"周粉",很多患者都是慕名从外地,甚至国外定期回来复诊。周教授的日常工作非常繁忙,病房、门诊、科研、行政、教学、学术几头忙,但是她的出诊时间十年如一日,从不变更,实在有特殊情况也会一个个打电话给患者重新预约就诊时间。因为她觉得每一个就诊时间都是与患者的美丽约定,在这个有限的时间里尽可能地倾听、答疑、鼓励患者,鼓励他们积极面对疾病,配合治疗,甚至重新燃起生的希望,仿佛一艘艘迷失航向的船只在汹涌的大海里看到灯塔的光芒般感受到了力量。

一位性病患者曾这样说:我心里的话只愿意对周教授讲。周平玉教授看门诊时,要求配合她开展治疗的医护人员有三个"不"的要求:不对病人说不,不向患者本人以外的人谈论病情,任何情况不拒绝患者就医。同事们都开玩笑地说,周教授最爱的人一定是她的患者们。

周平玉教授在与针对性高危人群——女性性工作者及男男性行为者和工作者的交往沟通、促使其改变高危性行为中所作的努力令人感动。周平玉教授总是循循善诱,让这一人群知道自己所从事工作的危害,想尽方法用通俗、易懂的语言为她们全面提供性病、艾滋病防治知识,使他们懂得如何保护自己。凭着自己理解、倾听、关爱、不歧视、不评判的原则,她赢得经她医学干预的所有女性性工作者和男男性行为者的信任,他们从不向她隐瞒自己的性倾向,会定期到她的门诊检查,变被动为主动地预防性传播疾病,这样就可以对他们进行最大程度的性安全防范教育,让他们感受到社会的理解和宽容,解除了误解和敌意,为营造社会和谐作出了努力,为阻断性传播疾病作出了贡献。

教书育人,为培养人才不遗余力

周平玉教授在做好本职工作的同时肩负着众多社会性事务。她是中国 CDC 性传播疾病临床组特聘专家、美国 FHI 中国地区性传播疾病临床顾问和培训专家,中德项目性病培训专家。凡是召开全国、全市性病知识培训,周平玉教授总是首选演讲人,几年来,周平玉用她专业、前沿的专科知识和丰富的临床经验为我国培训了上千名临床医师,她不遗余力、毫无保留地传经授业,致力于性病的规范化诊疗,其足迹遍及全国,甚至远播国外,为我们国家培养专业人才不遗余力。

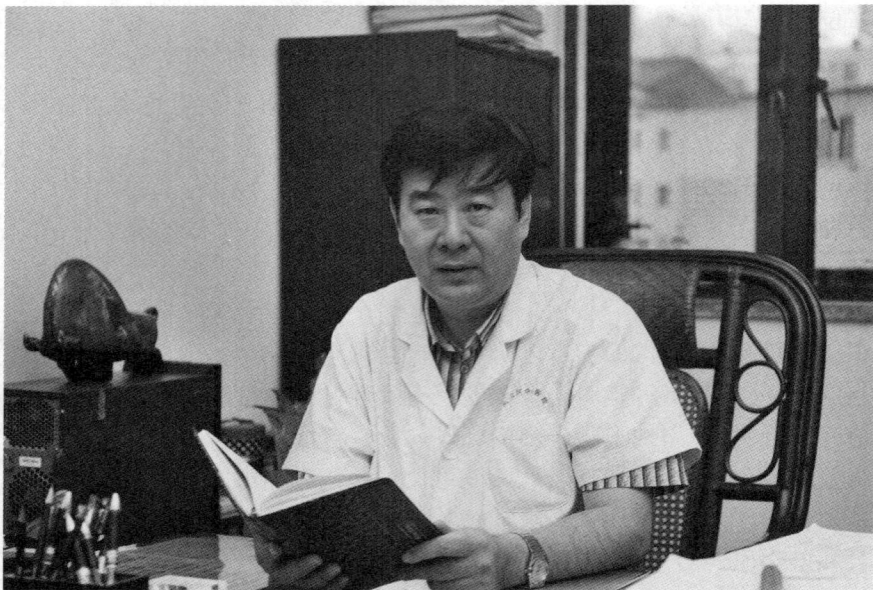

滴水穿石，不是因其力量，
而是因其坚韧不拔、锲而不舍。

王　强　主任医师、教授、博士生导师。1961 年 3 月生，1992 年第二军医大学获临床医学博士，1997—1998 年英国利物浦大学博士后。现为上海闸北区中心医院（上海长征医院闸北分院）院长、党委副书记兼大外科主任，解放军结直肠病专业委员会副主任委员，上海闸北区医学会副理事长和上海闸北区十三届政协委员。

从事胃肠外科等临床研究，主持国家自然科学基金 2 项、军队临床高新技术重大专项等 5 项，主编《胃肠外科学》、《肛肠外科学》，发表 120 余篇。

获军队科技进步二等奖（2 项）、军队医疗成果二等奖、上海医学科技二等奖（2 项）和中华医学科技奖三等奖。解放军院校育才奖、上海领军人才、上海医务职工科技创新标兵。

德艺双馨,共建楷模

——记上海市闸北区中心医院院长王强教授

持续创新,为推动外科发展勇担先锋

　　长期的外科实践使王强教授一直拥有丰富的科研激情,不断探索、开拓和引领。近年来,他积极推广精准、快速康复外科技术的临床应用,以提高手术的精准性、尽可能地减少手术副损伤和术后器官功能障碍。为了保存直肠癌手术中盆腔植物神经功能,他带领研究小组系统观测男性成人盆腔自主神经丛及其次级神经丛的来源、分布、定位和走行,明确中国人男性盆丛分布特征,为精准前列腺、直肠等盆腔手术中保留盆腔自主神经丛提供了形象的形态学信息,明显减少了盆腔手术后排尿功能障碍和性功能障碍的发生。

　　手术后胰岛素抵抗是引起病人术后代谢紊乱的核心因素,积极地减少或衰减术后胰岛素抵抗可以明显减少术后并发症,提高治疗安全,这是当今快速康复外科技术研究的热点。Nygren 等学者发现手术患者术前口服碳水化合物溶液后内源性的胰岛素浓度可达到正常餐后水平,并可以提高手术治疗病人的安全性,但是其具体的代谢路径和发生机制尚不清楚。经过潜心系列研究和临床随机对照,王强教授及其带领的团队首次发现术前口服富碳水化合物溶液是通过增强患者胰岛素作用信号转导路径上的关键酶(PTK,PKB 和 PI3K)的表达活性达到增加胰岛素活性,这是其明显衰减患者术后胰岛素抵抗的重要分子机制。这一重要发现深化了快速康复外科理论基础,开拓了术后代谢干预调控的最新核心靶点,推动了外科治疗技术的发展。发表在世界外科学最著名的学术刊物《英国外科学杂志》的该项研究成果已经被他人 SCI 收录杂志正性

引用 39 次;2011 年欧洲麻醉学联合会发布欧洲《成人和儿童围手术期禁食指南》,该项指南将王强教授及其团队的研究成果作为原理和证据收录,迄今这是我国大陆外科学者的研究成果首次在外科手术相关的世界性指南中收录。

在长期开展的生物补片修复临床、基础研究中,王强教授及其团队还系统地开展了生物性创伤救治临时关腹材料、多种生物补片修复腹壁缺损疗效比较、抗感染生物补片制备和应用等系列性工作,首次通过纳米银植入研制出抗感染生物性腹壁修复材料,提升了抗感染性和疗效,研究成果以通讯作者在世界外科领域影响因子排名第一的 Ann Surg(2011 年)发表;首次系统比较了多种猪源性生物补片修复腹壁缺损疗效和相容性,研究成果以通讯作者在世界材料学领域影响因子排名第一的 Biomaterials(2011 年)发表,推动了生物材料外科修复的发展。

鱼水情深,为军地共建奉献才华

2011 年经上海长征医院选派和医院管理委员会聘任,王强教授担任上海市闸北区中心医院院长,他满怀对地方医院和闸北病人的深厚情感,全心投入医院的全面建设和发展,甘当军队与地方医院合作共建的"润滑剂"。他注重医院基础学科建设,不断凝练学科特点,积极提升服务水平和患者满意度,在他的带领下医院的胃肠外科、妇产科和肾脏内科入选新一轮上海市医学重点专科,中医骨伤科入选新一轮上海市中医临床重点学科,目前两院之间有 10 个学科成为军地共建学科,使闸北区中心医院的学科和人才建设走上了新台阶。他着力不断完善医疗质量管理体系,全面提升服务质量。在全院参加上海市临床医学专业质量控制督察的 37 个专业中,2012 年下半年质控平均督察成绩达到了 95.4 分,创造了近年来的最高。他积极改造流程、布局、设施,明显提升了医院核心技术服务量和危重病诊治能力,2012 年医院全年手术量较前年同期增加 52%。

在新一轮医改中,他努力创新、锐意进取,不断推出改革创新举措,全面加强闸北区域医疗中心建设。在区卫生局组织下,王强院长以《科学管理,释放科教优势》为题亲自为区内 23 家医疗单位的科教专职干部进行系列讲座,并上门为区疾控中心工作人员授课,培育闸北区各医疗卫生机构管理干部的综合能力。他带领医院常年对闸北区临汾等九个社区卫生服务中心协作支援,培养全区家庭医生骨干队伍,2012年培养的闸北区家庭医生获得上海市家庭医生临床技能大赛二等奖。医院在消毒供应中心改造升级后,他积极实施服务本院和服务闸北区八个医疗机构(一所二院五中心),积极提升区域内各医疗卫生机构的协同作用和辐射服务能力。

教书育人,为创新人才培育倾注心血

在完成繁忙的医疗、科研和管理工作的同时,王强教授高度重视临床教育工作,他始终坚持把临床教育与学科建设、人才培养紧密结合起来,注重团队建设和青年外科医师的培养,他总是细致耐心地传授临床技能,从如何采集病史、体检、阅片、解读化验,到诊断、鉴别诊断、手术方案、手术技巧、国内外规范和进展等,让学生们始终受到规范、系统的培训。他一直坚持外科医师的培养必须临床和科研并举并重,医疗、教学和科研能力全面发展,决不能做仅能做几个手术的"开刀匠"。另一方面,也要避免为了搞科研而搞科研,要注重科研和教育与临床实践紧密结合,从临床中来到临床中去,通过科研解答临床实际问题。王强院长亲自授课讲解、打破思想禁锢、培育务实创新作风,充分发挥领导、协调、组织管理和临床、教育、科研能力,在长征医院、长征医院南京分院和闸北区中心医院工作期间使普通外科学科建设和人才队伍发展水平有了显著提升,实现了团队建设的可持续发展。近年来,闸北区中心医院在国家自然科学基金、上海市科研项目、上海市级重点学科(专科)、上海和中华医学科技奖项、国家继续医学教育项目、SCI论文发表、专利、上海市住院医师规范化教育、上海市和闸北区两级人才建设等方面取得了丰硕的成果,这些无一不凝聚着王强教授的耕耘、引领和启迪。

作为博士研究生导师,他高标准、严要求,注重能力培养。近年来培养博士、硕士、外军留学生、高级进修班学员和年轻医生50余名;多人入选上海市青年科技启明星、上海市卫生系统新百人计划优秀后备人才、上海市杏林新星等。所培养的学生近年来以项目第一申请人获得国家自然科学基金(面上项目和青年基金项目)12项,上海市和军队科研基金科研项目9项,有许多学生已经成为军队和地方医院普通外科主任、学科带头人。

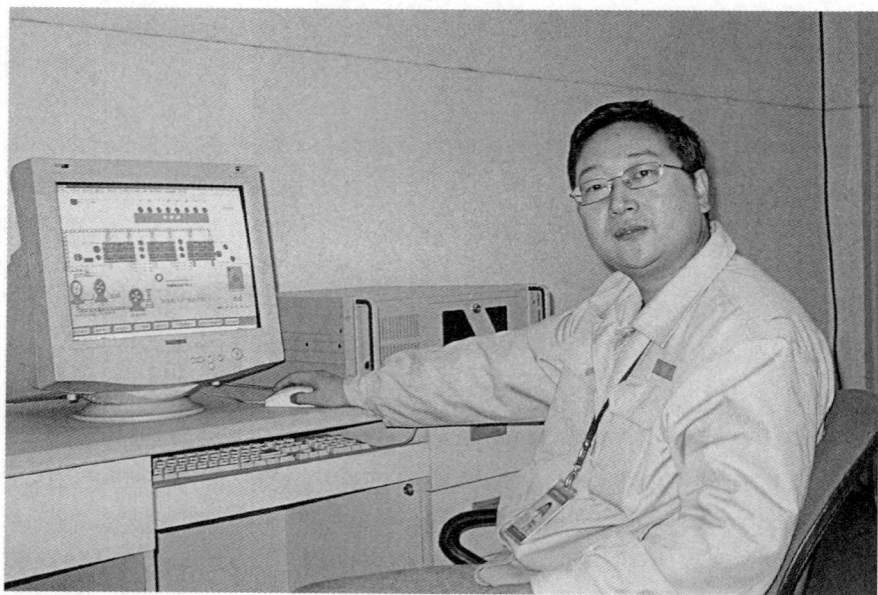

大处着眼 小处着手

汪晓峰 教授级高工。1971 年 10 月出生,1996 年获东华大学高分子材料专业研究生学历硕士学位。现任上海特安纶纤维有限公司总经理。

研究方向主要是新型合成纤维和军工配套的高性能纤维,在碳纤维、芳纶和芳砜纶等领域有较多成果,主持完成芳砜纶的产业化工程,还曾主持完成了高性能纤维领域的国家重点科技攻关计划项目、高新工程军工配套项目、国家技术创新项目等数个科研项目,发表专业论文 30 余篇,制订各类标准五项,获得专利六项。

荣获 2004 年中国纺织桑麻科技进步一等奖、2010 年上海市技术发明一等奖、2007 年中国纺织工业协会科技进步一等奖,还获上海市科学技术进步奖二、三等奖和中国纺织工业协会科技进步二等奖等数项。上海市优秀专业技术人才,上海市领军人才。

研发拥有完全知识产权的
科技精品

——记上海特安纶纤维有限公司总经理汪晓峰

科技秘钥，填补空白

2013 年 4 月 16 日《经济日报》的一篇题目"高性能纤维：寻找'一发千钧'的密钥"的文章引发了世人广泛关注，文章高度评价了科技精品纤维"芳砜纶"，这是一种像棉花一样柔软舒适的纤维，可瞬间抵御上千摄氏度的火焰而"毫发不伤"，在 250 摄氏度可长期使用。它具有耐高温、耐辐射、耐酸碱、阻燃等不可替代的功能，用"芳砜纶"织成的服装广泛应用在航空、航天、国家安全等领域。成功领导研发"芳砜纶"的是上海特安纶纤维有限公司总经理、教授级高级工程师汪晓峰。

"芳砜纶"属于有机耐高温纤维，我国的军工发展迫切需求这类纤维国产化。目前世界上只有少数发达国家能生产该类纤维，其制造技术被视为高科技纤维的核心技术，对我国实行技术封锁。在众多高性能纤维领域中，我国能在芳香族聚酰胺领域的一个技术分支上取得如此成绩，并不是一件容易的事。这是属于汪晓峰同志的信念和责任的坚守，是属于特安纶团队的一场接着一场的战斗，是属于上海纺织的从小试、中试再到产业化的跨越，每前进一步都经历了试验、失败、再试验的煎熬。但是，汪晓峰带领他的团队走过来了，成功地填补了国内的空白。

攻坚克难，精益求精

2002 年开始，作为行业科技带头人的汪晓峰接受了芳砜纶产业化工程的攻关任务,这是作为当年国家技术创新项目、上海市高新技术产业化重大科研攻关项目,任务相当艰巨,如何加快科研、寻找差距、突破瓶颈、实现目标,长期从事新型合成纤维研究的汪晓峰同志在接受任务后,采取到生产第一线进行工程研究、开发的工作方法,通过组织与东华大学、华东理工大学等单位的产学研联合攻关,在研制芳砜纶时,不照抄国外已走过的路,从拥有完全自主知识产权的角度,改变国际上其它公司所采用的以间苯二胺为第2单体的传统工艺路线,创造性地引入了对苯结构和砜基,使酰胺基和砜基相互连接对位苯基和间位苯基构成线型大分子。由于大分子链上存在强吸电子的砜基基团,通过苯环的双键共轭作用,使这种分子结构更具有优异的耐热性、热稳定性与抗热氧化性能。

在实现1 000吨生产线装置时,遇到了工艺不匹配、设备性能达不到要求等难题,汪晓峰还是按拥有完全自主知识产权的角度,不走常规路,依靠自身力量成功地完善了DCS智能控制系统,精确计量、高效中和、成套完善相应的工程设备,使1 000吨生产线在连续试运行的5个月中,产品的品质指标均达到考核要求,并且拥有全部的核心专利和具有完全自主知识产权。为此,汪晓峰同志的这一研究成果获得了上海市技术发明一等奖,中国纺织工业协会科技进步一等奖,并且查新报告意见认为1 000吨芳砜纶产业化技术为国际先进水平,获上海市自主创新产品证书。

任重道远,步步为营

研发芳砜纶初战告捷,然而就在此时,一些国际上的竞争对手运用专利战术,瞄准中国企业在专利布局上的不成熟,悄悄来华申请外围专利对芳砜纶进行的专利围堵,给特安纶公司今后的市场发展带来了严重威胁。汪晓峰又一次带领知识产权团队,运用他熟悉和掌握行业内的专业知识和技能,找到国外公司专利布局的软肋,进行了一系列反击布局,有效破解了国外大牌公司的专利绞杀。为我们的科技纺织道路开辟了一片属于我们纺织人的天空。目前,特安纶公司拥有芳砜纶专利20多项,并布局了更多的保护专利,为芳砜纶纤维的产业化和走向国际市场竖起了坚固的知识产权盾牌。正是汪晓峰扎实的专业素养与敏锐的市场洞察力,一次又一次为我们的母亲产业保驾护航,让我们纺织的大旗屹立于世界前沿纺织科技之林。

汪晓峰知道科技产业化的道路是漫长的,《经济日报》称芳砜纶是"一发千钧"的密钥,密钥打开,锦绣前景无限广阔。我们也看到了芳砜纶产品已在航天航空上成功应用于神舟系列火箭,以及重点型号的军工装备配套,为我国的军事工业做出了重要的贡献;在治理雾霾的烟气过滤行业,芳砜纶也一显身手,成功应用于钢铁、水泥和粉末冶金等企业的高温烟气过滤上,经芳砜纶烟气除尘袋的气体,其烟尘排放量远低于50 mg/m³国家标准,与西方先进国家接轨。在安全防护行业,用芳砜纶纤维织造的石油工作服、电焊服、消防服、炼钢服等已销售到美国、日本、中东、欧洲、韩国、中国台湾等国家和地区。但是他不会就此懈怠,就此满足。在根据芳砜纶纤维色彩丰富、舒适性强等特点,汪晓峰同志又开始与相关企业合作开发家居生活用品,使"芳砜纶"既能居家实用,又能在险情时起到防火救助作用,逐步探索发展民用产品,目前公司已开发了学生用品、厨房用品、居家用品等系列产品,每一款产品均将安全理念植入到日常用品中,通过各类产品为载体,体现出居家安全的理念。每一次的创新尝试,每一次的坚持不懈,都会为我们的纺织产业带来不一样的转变。

未来的芳砜纶市场需求将更加广阔,不同领域的产品知识产权也会更加细化,在性能和功能上芳砜纶日益接近国外最先进的水平,甚至在某些领域上已完全超过国外产品的水平,研发拥有完全知识产权的芳砜纶显得更有必要,随着拥有完全知识产权的芳砜纶产品日益丰富,我们也取得了更多的话语权,彻底改变了以往简单将国外知识产权搬来套用,容易陷入类似知识产权的"圈套",汪晓峰做到了,而且做成功了。

不积跬步无以行千里,正是汪晓峰这种严谨踏实的科研作风,我们的科技纺织梦想才能一步一步实现。正是有了这样一种纺织人的责任,纺织人的坚持,我们才能重新铸造属于我们纺织人的辉煌。

人生格言

人能知识有限
但想象力无限

冯伟忠 教授级高级工程师,研究生导师。1954 年 12 月生。现任上海外高桥第三发电有限责任公司兼上海申能能源科技有限公司总经理。享受国务院特殊津贴,中国动力工程学会锅炉专委员会委员,中国电机工程学会汽轮机专委员会委员,中国能源学会副会长。

长期从事超超临界发电技术及火电厂的节能减排技术的研究,领衔并持续开展了十多项重大科技创新,大大提升了机组的节能和环保性能,使投产后的机组效率和环保水平远远超过原设计和国际最先进水平。已在国内外发表学术论文 40 余篇,曾8 次应邀赴欧美日澳等作学术报告。

获全国五一劳动奖章、国家科技进步二等奖、上海市科技领军人才、市重大工程立功竞赛杰出个人、市十大职工科技创新英才、全国低碳经济突出贡献人物、感动(中国)电力十大人物。

树立中国电力标杆，
追逐绿色低碳梦想

——记上海外高桥第三发电有限责任公司
总经理冯伟忠

带头自主研发，屡创节能奇迹

作为科技领军人物，冯伟忠对中国电力事业发展有着强烈的使命感，对科技创新和节能降耗工作也有高度的责任心。他带头自主创新，以创造节能降耗和绿色低碳的奇迹来确保两台百万千瓦机组在国内外同行中长期保持领先地位。

为了进一步提高机组节能降耗水平，2009年，冯伟忠领衔研发的《脱硫零能耗技术》在两台机组上先后成功投用。在进行了工艺创新，大幅降低脱硫系统电耗的同时，通过深入研究，攻克了烟气余热利用技术存在的结露、腐蚀及堵塞等世界性难题，在两台机组上分别安装并投用了脱硫烟气余热回收装置。该装置将其吸收的烟气热量送回热力系统继续发电，其发电增量能完全弥补脱硫系统的电耗。性能试验表明：在额定工况下机组煤耗降低2.71克/千瓦时，折合年节约标煤3.2万吨，节约吸收塔喷淋水26万吨/年。从而把原先视脱硫为负担的"要我脱硫"的被动环保观念彻底转变为"我要脱硫"，该技术获第六届上海市发明创造专利奖。

为了进一步拓宽火电厂节能降耗的途径，冯伟忠通过深入研究，突破传统热力学，提出了广义回热理论。根据这一理论，他研发了世界首创的广义回热系列技术，并陆续成功实施，从而使电厂的热效率不断提高，同时也使许多技术难题迎刃而解。例如，利用汽轮机抽气加热锅炉进风温度,增加汽轮机的抽气量,减少排气量,进而降低了机组的冷源损失,提高了机组的运行经济效益。该技术的特点是既具有传统暖风器能提高空气预热器的运行安全性的作用,又不会出现其增加机组煤耗的负面影响,反而能显著提高机组的运行效率。根据试验报告,仅广义回热技术一期的节能量就超过 2 克/千瓦时,每年可节约标准煤 2.4 万多吨。

正是由于《脱硫零能耗技术》和《广义回热系列技术》等一系列创新技术的运用,才使得"外三"能在 2009 年到 2011 年的供电煤耗连续三年大幅刷新世界纪录,创造了节能降耗的奇迹。

一个奇迹创造后,冯伟忠又会酝酿再创下一个节能环保新奇迹。2013 年 4—6 月的第一台机组检修期间,为进一步降低 SO_2 的排放,又采用自主创新的技术对脱硫系统进行了增效改造并取得圆满成功。装置投产一个月来,平均排放仅为 20.38 mg/m^3,远远优于新版国标(原国标 200 mg/m^3,新标准 50 mg/m^3)。

冯伟忠所取得的巨大成就引起了国内外的广泛关注,好评如潮。华尔街日报以《世界最高效的燃煤发电厂在上海》予以了报道。2010 年年底,在日本东京举行的"中日节能、环保综合论坛"上,当冯伟忠作完《上海外高桥第三发电厂 1 000 MW 超超临界机组的节能优化与创新》的报告后,日方会议主持人评论道:"对于'外三'达到如此高的技术水平感到震惊。"

带领团队创新,确保领先优势

企业发展靠科技创新。科技创新要依靠领军人物的核心带动作用,也要发挥广大科技人员的主动性和积极性。作为上海市科技创新领军人物的冯伟忠不仅自己带头自主创新,而且还积极带领科技人员一起创新,充分发挥团队作用。

如,为了进一步节能减排,设备部在王立群主任的组织下,按照冯伟忠的要求,将电除尘器原来的工频电源改造成更节能环保的高频电源。改造后,不仅电除尘器运行稳定可靠,而且烟尘排放浓度下降了 50% 以上,每年可减少固体颗粒粉尘排放 1 124 吨。同时,电除尘器的高压电源总功耗也由改造前的 871 千瓦降低到 266 千瓦,能耗降低了 70%,相当于每年节省厂用电 955 万千瓦时。这项名叫《电除尘器节能减排优化改造》项目,已于2010年4月25日通过了中国环境科学研究院的院士任陈海等5位专家和上海市环保局、上海市经信委相关领导的验收,其显著的节能减排效果得到了专家们的高度认可。2011年和2012年,其烟尘排放浓度创造了让业界大跌眼镜的数字:12和11毫克/立方米,远远低于重点严控地区20毫克/立方米的标准。

不断研发新技术,做好技术储备

在电力技术创新的道路上,冯伟忠干着今年,看着明年,想着后年,还谋划着今后更长时间的发展规划。

火电机组在低负荷情况下,运行煤耗会急剧上升,与此同时,脱硝系统必须退出运行,从而降低了环保水平。通过对这一系列问题的深入研究,冯伟忠在2009年提出了"弹性回热"理论,发明了可调式给水回热系统技术,主要通过增加汽轮机抽气以提升低负荷下的给水和烟气温度等,彻底解决了SCR低负荷退运这一世界难题,使机组的NOx减排能力倍增,而且还能年节约标煤1.3万吨。2011—2012年,脱硝系统全年投运率均达99%,真正实现了全天候脱硝。

2013年以来,外三SCR脱硝平均NOx排放浓度 < 30 mg/M³,不但远低于目前国际最严的新的国家标准100 mg/ M³(原国标450 mg/M³,欧盟200 mg/ M³),甚至还远低于燃烧天然气的燃气轮机50 mg/ M³的排放水平,在国际上遥遥领先,为降低大气污染做出了重大贡献。

目前,冯伟忠正在推进"一种高低位分轴布置的汽轮发电机组"重大科技创新项目。他发明的汽轮发电机双轴高低位分轴布置技术,仅依托现有的材料和技术装备就可相对提升机组效率5%,并为今后更高参数机组的发展打开了瓶颈。西门子评论此技术"是改革高污染发电行业成为低排放绿色产业的唯一机遇","是引领世界煤电继续发展的技术"。

根据科技部万钢部长的建议,2010年成立了上海申能能源科技有限公司,由冯伟忠兼任总经理,依托的是"外三"一系列的节能和环保的创新技术,使知识产权成果向产业化转化,并向国内外发电行业提供节能科技服务。现已有四个电厂的六台60—100万千瓦机组正采用上述技术进行改造和新建。此外,还有两千多万千瓦机组的改造协议正在商谈中。

　　冯伟忠坚持不懈的创新,成就了"外三"两台百万千瓦机组的绿色和高效,创造了一个又一个令人瞩目的奇迹。在别人看来这已经是功德圆满了,但他仍然不以此为满足,决心挑战自我,持续创新,到目前为止,他又有多项理论研究获得重大突破,而这些节能技术若能应用,机组的节能减排水平还将不断提升。冯伟忠的目标,是不断攀登节能环保新的高峰。

人生价值在于超越

李 巍 教授级高级工程师。1963 年 10 月出生,1988 年获河海大学硕士学位。现任上海勘测设计研究院副院长,入选 2011 年上海市领军人才。上海市城乡建设与交通委员会、水利部太湖流域管理局科学技术委员会委员,广东省水利规划专家组成员。

长期从事水资源、水生态、水环境治理规划设计和研究。负责多项国家水污染控制与治理科技重大专项专题、水利部和上海市重大科技项目,在生态湿地净化水源地水质方面取得国内领先、国际先进研究成果。负责几十项湖泊、河道生态环境治理及水源地工程规划设计,发表译著 1 本、论文 20 篇。

近年来,获水利部大禹科学技术奖二等奖 1 项,上海市科学技术奖三等奖 1 项,江苏省水利科技优秀成果一、三等奖各 1 项,获发明和实用新型专利 5 项。

心系河湖生态，创新造福民生

——记上海勘测设计研究院副院长李巍

上海勘测设计研究院（以下简称"上勘院"）副院长李巍，人称"湖里精"（精于太湖治理），这是水利部太湖流域管理局专家赠予他的美称。不愧为精英的他孜孜不倦地探索经济发达的平原河网地区水资源、水生态、水环境综合治理技术，不断超越，立志创建人水和谐的生态环境，造福民生，为我国长三角地区尤其是太湖流域水环境治理和水生态保护、促进流域经济社会可持续发展做出了重大贡献。

立志创新，成果丰硕

20世纪80年代以来，随着社会经济快速发展，长三角地区尤其是太湖流域水污染日益严重，并引发了水质型缺水、水环境恶化和湖泊蓝藻爆发等问题，严重威胁民众生命健康，制约地区经济社会发展，引起党中央、国务院高度重视。李巍以对国家和人民高度负责的精神以及过硬的技术能力，负责或参与了多项国家水污染控制与治理科技重大专项专题、水利部和上海市重大科技项目，主持了河湖水生态修复、调水引流工程水质保障与湖体水质改善、污染底泥疏浚效果及污泥处理工艺研究等10余项关键技术研究，在生态湿地净化、水源地水质保护关键技术研究方面取得了国内领先、国际先进的研究成果。

在30年的工程实践生涯中，针对太湖流域河湖环境治理和水源地建设急需解决的问题，他以"人与自然和谐、人水和谐"为指导，广泛调研国内外河湖水环境治理、水生态修复先进技术和经验，综合运用水文学、水流动力学、环境工程学、生态工程学和水利工程学等基本原理和方法,研究集成水流动力、水环境治理、生态净化和工程材料等最新技术,形成了具有自主知识产权的污染湖泊水环境综合治理、河道综合治理、水源地水质净化与保护等成套治理和保护技术,并被广泛运用在他所主持的太湖五里湖综合治理、宁波东钱湖综合治理、东太湖综合治理、盐城市盐龙湖水源地湿地生态净化工程(以下简称"盐龙湖工程")等几十项湖泊、河道水生态环境治理以及水源地建设项目,取得了良好的经济效益、环境生态效益和社会效益,为解决制约可持续发展的水污染、水资源难题做出了突出贡献。

盐龙湖工程是李巍主持的人工湿地生态系统是目前我国规模最大的水源地湿地生态净化工程,涉及盐城市城市饮水安全和经济社会可持续发展,是一项重大的民生工程、生态工程、创新工程及示范工程。工程研发和集成了人工增氧、自然沉淀、人工介质、植物拦截、生物操纵、调节水位、跌水增氧及均匀出水等的综合处理技术,具有明显净化效果,在改善供水水质的同时,也为城市增添了生态湿地景观,并带动了湿地周边经济发展,成为国内同类工程中的成功范例。成果鉴定委员会对成果给予了高度评价:生态湿地净化系统在盐龙湖工程中的研究与应用总体上达到了国内领先水平,在保障饮用水安全的湿地净化工艺和工程结构设计方面处于国际先进水平,建议该成果进一步在平原河网地区饮用水源地建设中推广应用。

灵动规划,造福于民

太湖流域位于经济发达的平原河网地区,流域经济社会快速发展对流域水安全、水资源、水生态提出严峻挑战。以李巍为技术领军人物的上勘院团队积极探索传统水利向现代水利转变,从规划和设计理念、目标、方法、内容和措施上努力实现人与自然和谐共处的科学目标,统筹防洪与雨洪资源利用、水量与水质、开发与保护各方面,协调流域与区域、区域与城市、水利与航运、眼前与长远等关系,提出了现代水利工程应具备实现水安全、水资源、水生态和水经济等四位一体的综合功能,并在承担的东太湖环境综合整治工程、新孟河延伸拓浚工程、望虞河西岸控制工程、走马塘延伸拓浚工程、新沟河延伸拓浚工程等几十项国家和地方重点项目的规划设计中得到体现。

　　李巍在主持东太湖环境综合整治规划中,针对行蓄洪能力不足、水质恶化、生态退化和沼泽化等突出问题,坚持人水和谐、依法治水、综合治理的方针,统筹流域防洪、供水和水资源保护,协调水生态环境修复、水产养殖、土地利用等多方面需求,经多年反复协调和科学论证,提出了一系列科学、合理和可行的治理技术和方案。如实施退垦(渔)还湖工程,解决了历史遗留问题,增加东太湖洪水和水资源的调蓄能力,同时利用土地筹集治理资金;实施湖区洪道疏浚,既满足东太湖行洪供水要求,又搞活湖区水体,改善水质,抑制湖区沼泽化;以水环境承载能力和资源量为基础,合理规划生态养殖区规模和选址,发挥东太湖水产养殖功能,恢复生态系统平衡和生态功能;采用了集湖泊污染底泥规模论证、疏浚工艺、疏浚土资源利用和二次污染防治为一体的生态疏浚成套技术;生态修复提出了以自然修复为主,辅以基底改造、人工干预等思路。

　　现如今,行走在东太湖两岸防洪大堤上,犹如徜徉于都市生态公园中。规划实现了防洪、供水、修复生态、惠泽百姓目标,而且成为助推苏州市经济发展新的增长极。

严谨治学,打造团队

　　李巍做事高调,工作力求推陈出新,以科学严谨的治学态度及忘我的工作精神推动流域水生态、水环境治理工作的发展;他做人却极其低调,从不计较个人得失,总是将荣誉和机会留给年轻人,努力为青年技术人才搭建成长平台,培养打造了一支以博士、硕士为主体,结构合理、素质过硬、技术开发及应用能力强的水利和水环境保护规划设计科研团队。

　　他一贯坚持科学求实、客观严谨,在科学论证、科学设计和科学决策中,善于倾听反对观点,注意吸纳反面意见;他严于律己、以身作则,认真推敲工作的每一个细节,严谨核对每一个数据;对项目的论证成果或报告结论,每次都是认真修改、反复斟酌、广泛听取意见才最终确定。他热情鼓励和引导员工不断加强专业学习,在工程项目、研究课题中大胆启用年轻人,并毫无保留地将自己的学识和经验传授给他们,不断提高他们的业务素质和综合素质,在水资源规划、河(湖)水环境治理、水生态工程等方面已培养产生了多位技术带头人,造就了一支专业齐全、团结

合作、业务过硬的优秀团队。近年来，上勘院完成了多项水体污染控制
与治理科技重大专项课题及省市科研项目，在水环境综合治理、水生态
修复和保护、水源地水质净化和保护等方面研究及应用等方面居行业领
先水平，品牌知名度和美誉度不断提升。

　　李巍和他的技术团队心系河湖生态，他们是孜孜不倦的画家，以巧
手、以责任心、以精湛的技术将碧波清流的美景描绘给百姓，造福民生，
造福社会。

认认真真做事，踏踏实实做人。

王美华　1968 年 8 月生，教授级高级工程师，2011 年获同济大学工学博士，现任上海建工集团股份有限公司副总工程师职务，上海市优秀学科带头人，上海市重大工程立功竞赛杰出人物及上海市"五一劳动奖章"获得者。

近 20 年来，主持和参与了一大批包括上海磁浮快速列车示范线、铁路枢纽上海南站、上海浦东国际机场、上海光源、世博中心、上海虹桥交通枢纽中心、上海东方体育中心等在内的国家和上海市重大工程项目建设的技术策划和科技攻关。主持和参与承担了国家 863、科技部、上海市重大科技攻关项目 20 余项，发表论文 20 余篇，联合主编专著 4 部。有 19 项科技成果获得上海市科技进步奖。获得发明专利 5 项，国家级工法 5 个。

攻坚克难锐意创新

——记上海建工集团股份有限公司 副总工程师王美华

攻坚克难，支撑企业重大工程建设

王美华自2001年担任集团所属总承包企业总工程师以来，面对企业承接工程量逐年上升，特别是一大批重大工程项目，普遍存在深、大、险、难的特点，她以支撑重大工程建设为工作重点，抓好施工前期与过程动态策划，切实做到技术先行。

她先后主持了上海磁浮列车示范线、上海铁路南站、浦东国际机场二期、上海光源、上海虹桥交通枢纽中心、世博中心、世博轴、上海东方体育中心、盛大国际金融中心等一大批上海市重、特大工程关键技术线路和施工大纲的确定，实施过程中，她又积极做好动态策划和科技攻关，保证了这些重大工程的顺利实施。

如上海光源工程，针对工艺隧道防辐射要求，在采用普通钢筋混凝土作为屏蔽墙的情况下，她通过理论分析，计算机数值模拟并采用低收缩混凝土、结构诱导缝等创新技术，实现了同步辐射装置工艺隧道的预期控制目标。

又如世博中心工程，作为世博园区内唯一按照中国绿色建筑三星标准和美国 LEED 金奖双重控制执行的绿色建筑，整个工程广泛使用了新技术、新能源和新型建材。其设计指标超前，存在体系复杂、结构超长、绿色建筑配套系统新技术、新工艺应用综合性与规模化等特点和施工难点。针对这些，她结合工程实际，对复杂环境与不利地质条件下超大面积深基坑施工技术、超长混凝土结构施工技术、大体量、大跨度钢结构施工技术以及绿色建筑配套系统应用技术四个方面组织开展科技攻关,为了寻找技术和经济的最佳结合点,她通过多方案比较分析,研发的大型公共建筑单边空间桁架式支撑基坑围护技术,片架式钢桁架结构平面外失稳控制技术,绿色建筑和绿色施工集成应用技术,为大型公共建筑建造资源、环境和施工效率的高度统一提供了一条有效的途径。

再如,盛大国际金融中心工程,针对该工程基坑超深,且紧邻运营中的轨交4号线以及2号线的情况,她创新采用"化整为零"的基坑围护设计思路,基坑开挖过程中,又创新运用支撑体系的"空间效应",不仅极大地加快了施工的速度,而且有效地保护了周边环境,为上海软土地区地铁运营保护区进行超深基坑的施工提供了一个典范。

锐意创新,助推企业创新平台建设

担任企业总工程师以来,王美华一直致力于企业科技创新平台的建设,通过加大科技创新,完善创新体系,开展产学研相结合研究,企业的核心技术得到了巩固和发展。在担任集团所属七建集团总工程师期间,她通过坚持不懈的努力,2007年企业技术中心被评为市级技术中心,2009年,通过国家级高新技术企业的认定,企业成为同行业中为数不多的高新技术企业,极大地提升了企业在同行中的科技竞争力。2011年1月,王美华因出色的工作成绩,被调任到集团担任副总工程师职务,除了配合总工程师负责集团面上的科研开发和技术管理工作外。

在两年多的时间里,她认真制订并积极实施集团"十二五"科技发展规划,按照国家提出的加快构建企业为主体、市场为导向、产学研相结合的技术创新体系要求,她通过开展深入研究,集聚集团科技资源,在集团国家级企业技术中心的大框架下,她创新地提出了开展多平台企业研发平台建设的思路。同时,通过创新考核和激励机制,把加快企业研发平台建设贯彻落实到各级科技人员的日常工作中。

通过研发平台的建设,近两年来集团的科技创新平台建设取得了重大的突破,科技创新能力有了显著的提高。集团新增1个上海市企业技术中心、2个上海市工程技术研究中心、2个市级创新战略联盟、集团所属2家企业获国家高新技术企业的认定。集团及所属共10家企业被授予"2012年度上海市创新型企业"称号,1家企业入选第五批国家创新型试点企业行列。集团承担市级以上重点科研项目共计达 85 项。获得省部级以上科技进步奖 48 项,获得国家级工法 10 项,主持或参与编写国家行业技术标准 18 项,获得授权专利 399 项,登记计算机软件著作权 31 项。

无私奉献,打造企业一流创新团队

随着企业规模的不断扩大以及建筑业竞争的日趋激烈,企业的竞争往往是人才的竞争。为了增强企业发展的后劲,培养一批脱颖而出的优秀科技人员,助力企业发展是迫在眉睫的事,王美华深感自己肩负的使命。为此,无论是在担任所属企业总工程师期间还是集团副总工程师以来,她把大力培养科技人才作为自己的一项主要工作。

为了吸引更多的年轻人献身企业的科技工作,她一方面利用自己在行业内的影响力,多渠道引进可以独立承担研发工作的高学历人才充实到企业研发中心的关键岗位上;另一方面,针对科研项目总结工作既费时又累人、一般科技人员不愿做的情况,她身体力行,带头开展关键技术的总结工作,其次,与科技人员面对面沟通,采取激励措施,提高科技人员的工作热情,对于新进企业的科技人员,从思想、工作、生活、学习上都给予无微不至的关心。为了与需要帮助的员工及时沟通,她把自己的 QQ、微信账号以及邮箱都公开,科技人员有需要修改的论文、审核的方案或解答的问题,白天来不及就让他们或留言或以邮件的方式发给她。她一般有问必答,常常为了帮他们修改论文、审核方案、解答问题到深夜。

2011 年,集团营业规模上了千亿台阶,人力资源成为企业发展的一个重要瓶颈,特别是项目技术人员建设,王美华同志又牵头成立了由集团总工程师领衔授课的师资团队,利用业余时间精心编制项目工程师专题培训教材;对于集团高级科技人员,她精心设计培训专题,优选培训教师。通过各级专题培训,不仅拓展了科技人员的视野,丰富了他们的知识,提高了科技人员科技解决现场实际问题的能力,为集团的顺利实施重大工程提供了坚强的人力资源保证,而且通过重大工程项目的锻炼,一批优秀人才脱颖而出,两年多时间来,集团有 15 人入选上海市科学技术委员会人才培养计划,其中入选上海市青年科技启明星计划 9 人、入选青年科技启明星跟踪计划 1 人、入选上海市优秀学科带头人计划 5 人。

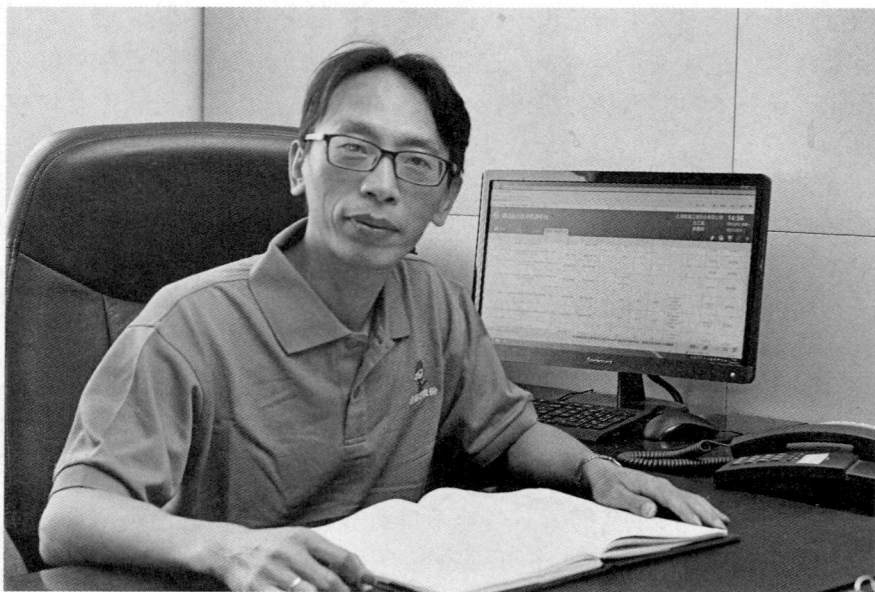

吾生也有崖　而知也无崖

吴惠明　1970 年 5 月生,教授级高工。现任上海隧道工程股份有限公司副总工程师,上海市领军人才,上海市建设功臣,上海市城乡建设和交通委员会科学技术委员会委员,上海市力学学会第十一届理事。

科技引领工程建设，
创新构筑发展基石

——记上海隧道工程股份有限公司
副总工程师吴惠明

创新盾构施工技术，护航重大工程建设

伴随上海世博前新一轮市政建设的高峰，盾构掘进遭遇了一系列全新问题。面对新的挑战，他积极创新，采取了一系列新型技术，为重大工程建设保驾护航。

上海轨道交通9号线徐家汇至宜山路区间隧道中，盾构需切削穿越4号线出入场线玻璃纤维混凝土地下连续墙。施工中，发现地下连续墙实际强度为C40级（资料显示为C10），造成盾构掘进困难，历时6个月才完成前后两道地下连续墙的穿越，引起刀盘严重受损。在上海轨道交通9号线浦明路风井至中华路站区间隧道工程中，盾构遇到相同的工况，同样需穿越复兴路隧道两侧的玻璃纤维混凝土地下连续墙。为确保工程施工顺利，他带领现场技术人员制定了先爆破后穿越的新型施工工艺，同时针对性的做了现场爆破试验，最终该方案在施工中得到了成功的应用，整个穿越过程耗时12小时。

上海轨道交通7号线浦江耀华站至浦江南浦站区间隧道盾构穿越气压沉箱制作的中间风井过程中，发生洞口残留气、承压水喷涌现象，针对工程实际，最终制定了盾构水中进洞新工艺，确保了盾构的顺利进洞。该工艺在上海轨道交通10号虹井路站至虹梅路站区间隧道盾构穿越中间风井工程以及杭州地铁1号线盾构穿越钱江岸边的中间风井工程中得以推广。

随着轨道交通建设的大发展,盾构隧道埋深越来越大。多项工程建设中,盾构埋深甚至超过 30 m,且长距离在⑥层暗绿色粘土中掘进,盾构在掘进复合曲线设计轴线时,造成盾构掘进速度缓慢(小于 5 mm/min)甚至推不动现象,为此,他积极组织盾构制造商,验算盾构壳体结构件强度,调整推进系统配置,提升了千斤顶单位面积顶力,优化了掘进工艺,为今后掘进深埋隧道积累了宝贵经验。

推进盾构施工智能化,大力提升施工成效

随着我国地下轨道交通的飞速发展,公司承建的项目呈现区域分布广、管理跨度大的特点,原有的管理方法在工程的多项目、多层次上,远远不能满足实时可视化管理的需求。在这一背景下,他积极参与主持了"盾构法隧道远程实时智能管理系统"的研发。

该项目结合盾构法隧道工程实际,创新了工程信息实时采集、信息可视化处理和监控、信息远程传输、信息分析和决策以及远程信息动态发布等关键技术,具有创新性、先进性和实用性。针对目前隧道工地上使用不同类型的盾构,设计了不同的实时参数获取的方法,并且通过网络技术,实现了实时施工参数的远程监控,并建立了由各施工现场数据库组成的隧道施工动态资料库,为今后解决同类施工问题,提供必要的知识储备。同时采用可视化的信息表现手段,使多项工程隧道推进的基本情况、施工进度、施工质量及推进的环境等动态信息得以形象化表示,真正实现了盾构隧道的远程信息化施工。系统建立了一个对地面沉降和轴线控制这两个隧道推进过程中最为关键问题处理的一个知识共享、知识积累和知识创新的平台,为提高工程施工质量、加快施工进度奠定了基础。

目前,该系统已在国内多个工程中使用,取得了很好成效,使隧道远程监控、管理与决策以及对隧道地面沉降和隧道轴线控制有机融合起来,也将会对未来的隧道工程施工与技术发展带来极大的益处。

引进推广前瞻技术,引领绿色施工新理念

随着我国大中城市轨道交通建设的迅速发展,城市的地下空间资源

越来越紧张。引进与开发双圆盾构隧道（DOT）施工技术对于缓解这一矛盾具有重要的意义。为了进一步推广双圆盾构工法，更好的保护隧道沿线地面环境，他作为主要负责人参与了"浅覆土双圆隧道施工的环境保护新技术研究"项目。

该课题的研制以现场试验和理论研究为先导，科学合理预测施工对于所穿越的建（构）筑物等周边环境带来的各种不利影响，指导施工充分、系统地考虑各类影响隧道施工的因素，进而掌握了双圆盾构穿越建（构）筑物工况下的各种施工参数的设定规律以及双圆盾构轴线、地表变形控制等关键技术，确立了一套完善的双圆盾构穿越施工技术，为盾构隧道在浅覆土情况下顺利穿越环境保护要求极高的构筑物奠定基础，最终顺利地完成了隧道施工，保障了建（构）筑物的安全，施工进度、质量、安全等均达到了令人满意的效果。该区间隧道的顺利贯通，有利于6号线工程的整体建设，减小对周边环境的影响，保证了施工沿线的建筑物安全和道路交通，产生了显著的社会效益和环境效益。同时，该项目首次攻关解决了双圆盾构近距离安全穿越地下大型管涵（原水箱涵及共同沟）、地面多层建筑物以及超浅覆土施工等关键技术，有效控制了地层损失率，成功保障了环境安全。通过对同步注浆及二次注浆的多工况试验、实践，有效控制了双圆盾构施工引起的后期沉降。

创新风险防控体系，保障工程建设安全

在上海等富水软土地区采用盾构法施工地铁区间隧道和越江隧道，已经积累了丰富的理论和实践经验，然而盾构进出洞施工过程中的风险仍是隧道施工中需要重点解决的主要难题，新型盾构进出洞施工关键工艺的研发显得十分必要和紧迫。为此，他大力推进《富水地层盾构进出洞施工安全控制新技术》项目的研发工作。

该课题首次对盾构进出洞施工风险防范和监控通过事例分析、模型试验、数值模拟等手段进行了系统研究，形成了事前结合地质水文、土体加固效果及施工环境相关信息等定量的风险阈值对施工风险辨识及分级的方法；针对现有盾构进出洞洞门密封抗风险控制技术中洞门密封效果有限、易损坏及经济性差的特点，通过数值计算和模型试验的手段，优化和研发新型盾构进出洞施工抗风险装置；针对不同盾构进出洞施工风

险等级,灵活组合各种装置,形成相应的盾构进出洞施工洞门密封抗风险控制技术,并通过工程应用试验检验和优化实施效果;针对现有盾构进出洞工程大埋深、高水压及周边环境复杂的实际环境和特点,通过模型试验和工程应用试验,创新性研发出软土盾构切削纤维筋混凝土进出洞施工及盾构水中(土中)进洞施工等新型盾构进出洞施工关键工艺,有效解决了盾构在复杂工况下实现安全进出洞的施工难点。

课题通过研发和优化新型盾构进出洞施工抗风险装置和新型盾构进出洞施工关键工艺,并结合盾构进出洞施工事前风险辨识和分级,盾构进出洞过程中风险实时监控、分级报警和远程监控,形成了一套完整的适合不同工况条件下的盾构进出洞施工风险防控技术体系,并经历多项重大工程建设应用的考验,显示了本技术在实际工程建设中的先进性和成熟性。

依托科技攻关项目,培育综合性科研团队

他坚持科技创新之路,立足公司科技人员,依托高校优势资源,承担完成了建设部、上海市建委及城建集团等多项科技攻关项目。项目主要管理人员是具有丰富现场施工和管理经验的年轻干部,依托上海大学、同济大学、交通大学等项目科研组的配合,形成了一支产、学、研相结合,跨学科、跨部门的综合性科研团队。

技术人员的培训工作始终是公司发展的一项重要工作。他经常组织技术人员学习工程建设中出现的各种新技术,尤其是超深覆土隧道泥水平衡盾构水中进洞、卵石地层盾构掘进关键技术、沼气地层盾构掘进关键技术等专项技术进行了多次交流、总结,拓展技术人员的视野。

他还十分注重与国内外先进技术的交流,组织相关技术人员进行了多次大型学术交流。

近年来,由吴惠明同志主要负责的科研项目先后有 11 项获省、部级科技进步奖,其中 2 项获上海市科技进步一等奖。同时,获得专利 6 项,软件著作权 6 项,取得工法 3 项,参编国家、地方规范标准 3 本。他更加重视对地下工程施工经验和教训的总结,先后发表论文多篇,主编了《盾构法隧道施工应用技术文集》书籍,对推进隧道股份乃至整个行业的发展都做出了显著贡献。

创新是灵魂   和谐是基础

俞明健　1956 年 8 月生,教授级高级工程师。1983 年获同济大学路桥专业学士学位。现任上海市政工程设计研究总院(集团)有限公司总工程师(地下空间)。兼任城市交通与地下空间设计研究院院长。享受国务院特殊津贴专家,上海领军人才。

从事道路交通和地下空间设计咨询和研究工作 30 年,主持了上海外滩通道工程、上海东西通道工程、北横通道、新建路越江工程、世博园区市政基础设施项目、外滩交通枢纽工程、虹桥交通枢纽地下空间等重点大型项目设计。

多次获上海市优秀工程咨询奖、国家及上海市优秀设计奖、上海市科技进步奖。近年来发表专业论文 20 余篇,主编城乡建设部设计规范三部。

再造未来大空间，
激活城市新脉搏

—— 记上海市政工程设计研究总院（集团）
有限公司总工程师俞明健

在地面空间日渐逼仄、土地资源日渐匮乏的现代都市里，如何实现可持续发展是城市规划建设中面临的最紧迫课题。"向地下要空间，向深处找资源"，这是俞明健给出的答案。"城市的地下空间是一座'宝库'，掌握了它，就把握了城市未来发展的'脉搏'"。

2004 年，上海市政工程研究总院（集团）有限公司率先成立以"地下空间"命名的设计研究院，从那时起，俞明健由从事道路交通专业，转向地下空间领域，开始了对地下空间的实践和探索。地下空间开发利用绝不是地面的简单复制，而是一种赋予创新的空间再造，是一项功能复合、技术集成的系统工程。近十年来，在依托轨道交通和城市道路、依托区域开发、依托市政设施，创新拓展地下空间，完成了一大批重大工程，在城市发展转型的舞台上留下了华丽篇章，地下空间工程开发利用从梦想走向现实。

追求理念创新的"空间再造"

地下空间作为地面空间的延伸与拓展，不仅引领城市的立体发展，更影响和改变着人们的生活方式，已成为城市可持续发展的重要命题。"空间再造"应有更高目标，更新理念。创新始终是俞明健所追求的。

俞明健提出了"规划引领，系统集成"的理念，以整体开发、功能集约、技术集成为立足点，实现创新的"空间再造"。根据地下空间综合性强的特点,充分发挥各专业在地下空间规划设计中的作用,以规划为引领,以交通为主导,以建筑为主体,以结构为基础,形成多专业的合作体系。也正是在此先进理念的驱动下,俞明健和他所带领的团队得到了突飞猛进的发展。完成了世博轴地下空间、虹桥交通枢纽、五角场地下空间等上海一大批地下空间知名工程,并将足迹延伸到南京、无锡、武汉、沈阳、石家庄等 17 个城市。

俞明健致力构建地下交通网路,以立体化、系统化的交通形态,为缓解中心城区交通压力,优化城区生态水平,提升区域发展品质指出了切实可行的良策。在无锡锡东新城高铁商务区项目地下车行通道工程项目,通过地下环路,联系 32 个地块超过 7 000 个停车泊位,有效分流核心区约 50% 的到发交通,改善了区域的地面环境品质,实现"小尺度、人性化"街区的规划设计理念。一位业主笑着说,"规划推出后,该地区的每亩土地价值从 300 万提升到了 400 万,直接带动土地增值近 5 亿",对提升区域品质、带动地区发展产生巨大的积极意义。

俞明健"提升城市功能、践行低碳环保"的理念同样成功应用于上海外滩枢纽,外滩交通枢纽是上海首个利用城市地下空间建设公交枢纽和旅游车客运停车和服务中心。设计立足十六铺综合改造的区域背景,将地区改造和绿地建设有机相融,地面层布置屋面绿化,连接滨江绿地和古城公园,既保护旧城风貌、改善区域环境,又提升城市生态化水平。同时,还将以人为本的地面空间设计理念引入地下空间开发中,通过采光、通风等细节设计,营造出优雅舒适的候车环境,其车站层堪称中国最豪华的公交候车站。

城市地下空间的开发是一项综合性的系统工程。俞明健提出"要把公共地下空间视作市政基础设施",一句话点明了地下工程的根本属性,改变了地下空间规划的根本方向。使地下空间的整体开发有了切实的抓手。苏州金鸡湖中心广场项目中,实现了近 50 万平方米的整体开发,并采用全新的地下车库共享设计理念,充分提升了 CBD 区域的静态交通品质,使苏州中心广场成为国内城市 CBD 综合整体开发的标杆性项目。

石家庄新胜利大街地下工程,俞明健"依托区域统筹开发,改善地区整体形态"理念的又一次完美演绎。结合铁路入地进行地下空间开发利用,缝合了分裂的城市片区,结束了原东西城区发展不平衡的现状,对于推动城市发展具有历史性意义。同时,地下空间开发集商业配套、休闲娱乐,公交枢纽等功能为一体,有效整合城市既有资源,改变了原有零乱、散漫的城市布局,真正畅通了城市血脉,改善了城市整体发展形态。

重新跳动的城市心脏

CBD核心区的交通问题,不仅是上海,也是个世界性的难题,集中了大批历史保护建筑的外滩地区,更为这个难题增加了一个多项式,是头痛医头脚痛医脚,还是动大手术根治,这不仅是决心的问题,一个可行、合理、有前瞻性的方案才是重中之重。在深入研究上海外滩CBD核心区的现状和规划后,俞明健意识到,"一条线解决不了全局的问题",仅靠外滩通道工程来改造外滩核心区,是"只见树木不见森林"。因此,他以外滩通道为切入点,以全局的眼光,创新地提出了解决CBD核心区交通问题的"井字形"通道方案。方案概括地说,就是"4+2+2",其中,"4"指服务于核心区到发和过境交通的4条全封闭地下道路,两个"2",分别指联系CBD核心区区域交通的2条越江通道,即新建路隧道和人民路隧道,以及浦东小陆家嘴,浦西北外滩、外滩、南外滩2个区域的交通组织。

外滩地下通道的提出,立刻引起了强烈的反响。在CBD核心区"让路往地下走",这等于"心脏搭桥",一系列现实问题横亘在面前,俞明健却把这次挑战看作是地下空间发展的大机遇,外滩通道的兴建,可以使得上海原本疲惫不堪的"心脏"获得新生,它是对现有城市路网的优化和完善,是对外滩区域功能和环境的总体提升,将对未来城市核心区的发展产生深刻影响。这不但将外滩地面由一个以车为主的空间转变为一个以人为主的空间,也将百年历史建筑从交通的纷杂干扰中解脱出来。同时,通过进一步改造外滩滨江休闲旅游区,提升了外滩的观光休闲功能,还市民与游客一个由滨水景观、绿化和历史建筑组成的新外滩,集中展示上海都市风貌中最美好的一面,充分发挥外滩作为上海名片的作用。

在俞明健的带领下,在长达六年的研究设计中,攻克了历史保护建筑的保护、外白渡桥的修建、历史风貌复原、结构施工、施工期交通组织、环境保护等一系列人文科学、工程技术难题后，"井字形"通道中的外滩通道、新建路隧道、人民路隧道在世博前夕建成，为世博举办提供良好的环境和交通，体现了城市功能、环境功能与交通功能和谐发展，是对"城市让生活更美好"的世博理念的最好诠释。同时外滩通道的成功实施也为国内类似滨江 CBD 的地下空间开发提供了全新的发展思路，具有良好的示范意义。

人生格言

始终找问题
始终找发展空间
始终追求做的更好

王永芳　1957 年 5 月生,高级政工师。现任上海蔬菜(集团)有限公司党委书记、上海市江桥批发市场经营管理有限公司董事长。

长期从事农产品批发行业的经营管理,贯彻落实市政府提出的"确保市场供应,确保食品安全,保持价格基本稳定"的"两确保,一稳定"要求,率领团队"一手牵菜园,一手牵菜篮",帮助全国农民增收致富的同时,造福上海千家万户的菜篮子,她领导的江桥市场成为"国内一流、接轨国际"的"蔬菜航母",得到了各级领导及社会各方的充分肯定和高度评价。

近年来获奖全国三八红旗手、中国商界杰出女性、全国优秀商业创业企业家'全国商业服务业"巾帼建功标兵"、上海市劳动模范、上海市优秀党务工作者。

谁持彩练当空舞

——记上海蔬菜（集团）有限公司党委书记、
上海市江桥批发市场经营管理有限公司
董事长王永芳

如果，您还记得 2003 年蔓延全国的"非典"疫情；如果，您还记得 2005 年横扫上海的"麦莎"台风；如果，您还记得 2008 年席卷南方的冰冻雪灾；如果，您还记得 2010 年殃及全民的"蒜你狠"、"姜你军"；如果，您还记得 2011 年中秋、国庆前夕波及全市的"滚热发烫"的菜价，那么，您对上海市江桥批发市场也许就不会陌生。正是这个上海蔬菜批发行业的龙头企业屡屡在申城蔬菜供应告急的危难时刻、关键时刻，充分发挥国有大市场抗灾御险、保供稳价的主力军、主渠道作用，以充足的货源给飙升的菜价降温"退烧"，让"马大嫂"们笑眯眯地穿梭于菜场内，而牵着这"龙头"左右腾挪、上下跃动的灵动舞者不是别人，正是江桥公司董事长王永芳，一位胸襟开阔、登高望远、永不言弃、永争第一的女性，她以敏捷创新的思路、干练果敢的风格，引领团队在看似不起眼的白菜、土豆、萝卜堆里，夜以继日、忘我不倦地辛勤耕耘，丰富着申城市民的菜篮子，绽放着暖人的绿色情怀。

挥洒梦想，打造"航母"

常跟王永芳打交道的人都知道，这是一个敢于做梦、勇于逐梦、善于圆梦的追梦者。当 21 世纪的钟声刚刚敲响，在占地 12 亩的螺蛳壳里"做道场"的真如蔬菜批发市场总经理王永芳就在心中无数次地勾勒着一幅美丽的画卷：拥有上百亩土地，建设一个红火有序的蔬菜批发大市场,占据上海市场50%份额,最好再多一点,成为蔬菜批发行业的航母。上天也似乎特别眷顾王永芳,仅隔了两年多时间,她心心念念的美丽梦想就得以起航。2002年8月14日,为大势所趋、环境所迫、发展所需,王永芳冒着风险、顶着压力,经过缜密策划,毅然将已很成熟的真如市场一次性整体搬迁至位于上海西部外环处、八年未曾兴市的江桥批发市场,一举成功,在行业中首开先河。之后,王永芳带领团队精心运作,推动市场蔬菜成交量直线攀升,交易红火有序,知名度不断提高,集散、辐射、保供功能日益增强,市场蔬菜交易量占上海消费总量的70%左右,确立了在同行业中的"龙头"地位,成为撼不动的"蔬菜航母"。

2012年年末,王永芳抓住曹安农产品市场关闭的契机,果敢决策,将公司下属的华江粮油专业市场转型为肉类批发市场。她靠前指挥,在短短的81天时间内,抢出了一个华丽转身、购销两旺的肉类批发市场,交易量一路攀升,稳居行业第二,目前更是剑指第一。王永芳梦想的"肉航母"已具雏形,再创行业奇迹。

"有菜有肉",王永芳梦想成真,并且率队一路高歌猛进,创造了一系列奇迹:市场单位面积创利全国第一;蔬菜交易量上海第一;日均检测农产品样本数2 200个,世界第一。"中国农产品大流通'十佳市场'"、"全国诚信市场"、"上海市著名商标"……

天道酬勤,这一个个"第一"、一块块奖牌是对梦想不断、进取不断的王永芳及其团队的肯定和褒奖。

情系"两民",勇担责任

蔬菜是市民餐桌上的必需品,但上海却不是蔬菜主产区。要保证2 400万市民吃菜无忧,必须吸引全国各地菜源不断流向上海,但前提是要让菜农挣到钱。

说说容易做到难,我国地广物博,自然气候不同、纬度不同,农作物的成熟期和成色也不同。"怎样才能既让市民买得起全国名优蔬菜,又让菜农挣到钱?"夜晚,倚坐在床上的王永芳苦思冥想了大半天也没理出个头绪,正准备关灯躺下,突然,一个灵光乍现,"如果能让菜农种出适销对路的菜,货源多了价格不就自然降了吗?"她连忙坐起,拿出笔,"带种子下乡,帮农民种菜!"跃然纸上。

第二天一上班,王永芳就与上海农科院专家及邻省种植专家联系。经过几个月的调研、联络,引领江桥市场开启了帮农民致富和丰富市场供应的"双赢"之门。

——与上海农科院园艺研究所联手,携日本大阪蚕豆种子、浦红909号番茄种子、中豌6号青豆种子到浙江的温岭、三门、路桥、松阳、苍南、瑞安,福建的霞浦、莆田等地传授改良种植的要领,农商双方由此结下了深厚友谊。

——与各地农业部门对接,走访安徽金寨、山东苍山、山西寿阳、甘肃定西、宁夏中卫、福建永安,送知识,教技术,出点子,参与农村产业结构调整,指导当地农民培育上海市民欢迎的农业主打品种,让无数的农民找到了脱贫之路。"要想富得快,四季豆快栽"是金寨农民回馈王永芳的顺口溜;"蔬菜专家"是沂蒙人民赠予王永芳的特殊"头衔";而胡锦涛总书记手捧红叶莴笋站在福建永安小陶镇田头上欣喜的笑容,则是对王永芳助农致富的最高奖赏。

——深入田间地头,联手当地政府,引导基地把握市场需求,发展新品,并以标准化推进蔬菜商品品质提高、以包装化推进蔬菜品牌的发展、以规模化推进安全蔬菜基地的扩大,平湖蘑菇、寿阳卷心菜、内蒙美芹、宁夏番茄、华阳香菇、龙山百合、铅山红梗芋芃等形成知名品牌的农产品质优价稳。农民种好菜、卖好价,市民吃到放心菜、安全菜成了王永芳推广"三品三化"的最好回报。

——"上山下乡",拎着"菜篮"到全国去找菜,主动对接了86个各种类型的蔬菜基地,"东、西、南、北、中"全面覆盖,形成了"南方有灾北方菜相援、北方有灾南方菜相助"的大基地、大市场、大流通的客菜供应格局,确保了上海市场始终量足价稳,市民可以跟着纬度吃菜,王永芳许下的"市场需求万斤菜,江桥供应七千斤"承诺完美兑现。

严防死守,忠实卫士

如今,种菜的用农药杀虫,用化肥催长,盼望多赚钱,而消费者总希望买到放心、安全菜。

"王董,8吨小青菜农药超标。"一天,检测站站长报告。

"就地销毁,不让有毒青菜流往他处。"王永芳表态干脆。

　　时逢上海连续暴雨,绿叶菜身价暴涨,集贸市场内,小青菜卖到了5元一斤,这批超标小青菜价值10万余元,对江桥市场严格的检测制度非常清楚的货主,抱着一丝侥幸,希望将这批菜带离市场,逃避销毁。

　　"不行,绝对不能放行!"王永芳态度坚决。

　　商量不通,货主突然"扑通"一声跪地求饶。王永芳非常清楚这10万余元对卖菜的农民意味着什么,也非常同情货主的辛苦。可是,如果网开一面放他走,这批菜很可能会通过其他渠道流向市民餐桌。本着对客户负责、对市民负责的高度责任感,王永芳亲自出马对客户晓之以理,平复货主情绪,狠下心肠坚决销毁了这批青菜。

　　食品安全大于天,在这个方面王永芳毫不通融,当好"菜篮子"忠实卫士是她永远的追求。

　　赤橙黄绿青蓝紫,谁持彩练当空舞……在市场博弈中,忙碌得全年无休、每天早出晚归的王永芳披肝沥胆,以一个企业家的胸怀和魄力率领江桥人,一手牵菜园,一手牵菜篮,挥舞着彩练,铸就了辉煌。市场是她魂萦梦绕的地方,"百年江桥"是她的新梦想,她将会继续在这一片赋予她梦想的领地翩翩起舞,打造新的王国。

人生格言

简单做人，认真做事！

竺稽金 1962 年 5 月出生，北京交通大学经济管理专业博士在读。2008 年至 2012 年，任上海银行股份有限公司浦东分行行长、党委书记。2012 年至今，任上海银行股份有限公司市北管理总部总经理、党委书记，获"上海市领军人才"等称号。

多年从事商业银行的经营管理工作，对专业领域认识深刻，所著论文《进一步完善我国证券税收的探讨》在中国管理科学学会举办的"21 世纪中国现代化建设理论与实践"优秀论文评选中获二等奖，并作为优秀论文选入《中国当代思想宝库》（中国经济出版社）和《中国现代化建设研究文主库》（中央文献出版社）。

创新驱动谋发展，
不拘一格育人才

——记上海银行股份有限公司市北管理总部
总经理竺稽金

如果用三个词来概括竺稽金总经理的工作风格，"打硬仗"、"务实"、"激情"应该是出现频率最高的。他推崇"狼性文化"，是一个很有性格的管理者。他业务上拼搏进取，管理上求真务实，富有创新和改革的激情。经过十多年在银行业的实战历练，他所带领的团队迎接了一个又一个挑战，实现了效益、质量、规模的协调发展。

拼搏进取，求真务实

竺稽金善于打硬仗。作为城市商业银行中的领军者，上海银行同时面临复杂的市场环境和经营形势，以及国有银行及中小股份制银行的竞争压力，所以必须要求管理者有拼劲，有带点"野性"的拼搏精神。

2006 年，竺稽金出任上海银行浦东分行副行长，2008 年升任分行行长。在浦东分行任内，形成了"一个坚持"和"三个着力"的管理方法。"一个坚持"，就是坚持以"优化结构、完善机制、强化管理、加快发展"为主线，努力实现全面、协调、可持续的科学发展。"三个着力"，就是着力提升整体营销能力、着力推进内部规范管理、着力干部员工队伍建设。在他的带领下，浦东分行业务规模和效益指标连续创历史新高，在上海银行各分支行中表现抢眼，在浦东区域的市场地位也不断上升。2010年，浦东分行本外币存款日均总额三年平均增幅 15%；人民币贷款日均总额三年平均增幅 14%；国际结算量三年平均增幅 22.5%；本外币中间业务收入三年平均增幅27%。

2012年，上海银行进行架构调整，新设市北、市中、市南三个区域管理总部。竺稽金出任上海银行市北管理总部总经理，整合上海苏州河以北的七家区支行业务。市北所辖的七个行政区域，与其他中心城区相比，区域经济发展较为缓慢，产业结构较为单一。同时，市北管理总部作为上海地区体量最大的经营单位，辖内网点达80个、全辖员工超过1 600人，在经营和管理上有一定的复杂性和特殊性。他一上任就强调要做好"打硬仗"的准备，主抓业务，通过大力推进专业化经营、网点转型工作、风险管理体制改革，市北管理总部经过一年的发展，多项业务指标较成立之初取得了巨大的进步。2012年末，在上海银行架构调整后的第一次等级行评定中，市北管理总部成为上海银行一类行中的第一名。

竺稽金坚持求真务实。在狠抓业务发展的同时，他以自己果敢的管理方式，推动了市北的工作作风转变。这其中，尤以会风的转变为重点。他开会强调务实求真，会风由原来的"散"转变为议题集中、内容紧凑、目标明确。在业务发展和作风转变上，竺稽金很舍得下狠劲、下苦工。在日常工作细节上，他也是一个十分厉行节俭的管理者。他推行无纸化办公，要求下属尽量通过电子邮件来传递文件；他精简会议，要求下属不要浪费多余的时间、人力和物力组织会议，以求务实、高效的工作作风。

创新驱动，立足发展

在十多年的经营管理中，竺稽金始终未曾磨灭对于业务创新的激情。他深知，如果只有粗放型、跃进式的发展模式是远远跟不上金融改革潮流的。创新才是一个企业的核心竞争力，也是企业立足发展的关键。

在浦东分行任内，竺稽金坚持在产品服务、业务模式等方面的创新，使分行各项业务均得到了长足发展。在产品服务创新上，他以客户为本，带领广大员工努力提升金融服务管理水平和服务能力。在现场管理方面，成立"境外客户业务应急协助小组"，推进部门员工志愿者服务工作；在专业服务水准方面，浦东分行对私外汇业务网点成功办理了全行首笔NRA项下的单证业务和港澳以外地区跨境人民币支付业务。在业

255

务模式创新上,他跨部门成立了创新业务推进小组,推出了标准仓单质押等业务发展思路和先试先行办法;先后开发了知识产权质押融资、科技型中小企业委托贷款、信用互助融资,以及投贷联动、联合贷、接力贷等一系列产品,有效提升了上海银行小企业金融服务的特色和知名度。

市北管理总部成立后,竺稽金突破现有业务模式,大力拓展新的业务增长点。2013年上半年,市北先后成立了投资银行部与文化产业特色支行。投资银行部的成立为市北的业务创新提供了良好的平台,并实现了诸多突破。比如,完成了上海银行第一笔资产管理公司增信的金融资产受益权投资业务、第一笔企业信用类金融资产受益权业务等。文化产业特色支行的成立,打破了原先仅仅以行政区域划分支行范围的业务管理模式,进一步拓宽了业务的触及面。文化产业特色支行的成立是一股鲜活的力量,使上海银行成为了"文化金融"的创新者和领军者。

团队建设,人才为本

上海银行作为本土城市商业银行,有较为完整的架构建制、较大的资产规模和丰富的业务品种,这些都为团队建设和人才培养创造了有利的条件,搭建了良好的平台。

竺稽金十分注重人才队伍建设。在业务发展和工作实践中,他所带领的团队秉着人才为本的理念,加强团队建设,培养了一批素质好、业务精、能力强的中高层干部,并陆续向市金融主管部门和总行输送了不少中高层干部和业务骨干。

一个理想的团队是企业经营与发展的基础。竺稽金充分发挥团队建设在引领观念转变、凝聚力量方面的积极作用。在浦东分行任内,分行工会和团组织围绕中心工作,阶段性地开展特色活动;建立沟通机制,成立职代会,创建职工之家,行内形成了"谋进步、求发展","心齐、气顺、劲足"的良好氛围。同时,他鼓励组建互助型营销团队,摈弃"单打独斗"的"游击文化",并在这一过程中形成机制,在原有"技术+资源"相结合的团队营销模式上,进一步探索了如"开拓+技术"、"外汇业务+人民币业务"等各种互补型的团队营销模式,针对不同类型的客户进行定向营销,取得了积极的成效。

优秀的人才是企业发展的软实力。为了大力建设人才队伍,贯彻人才为先的理念,竺稽金在人才培养上实施"岗位带教制度"。在客户经理队伍建设中,开展客户经理岗位带教制度,专门制定《客户经理带培管理暂行办法》,形成了较为完整的带教体系和工作机制,通过组织签订带培协议、全面提升受培人综合素质、定期考核等一系列制度,不少初出茅庐的受培人逐渐在带教培训中熟悉业务、丰富经验,成为了营销部门的骨干力量。

对于业务开展的进取精神,对于开拓创新的敏锐嗅觉,对于团队建设的充分重视,皆是竺稽金同志所推崇的狼性文化的体现。也正是这种求真务实、创新驱动的工作风格,使他带领的团队能在竞争中生存、发展,化挑战为机遇。

把握精彩的今天
走向新鲜的明天

施珈娅 高级经济师,经济学博士,现任中国人民银行上海总部副巡视员兼跨境人民币业务部副主任。

长期从事涉外金融及外汇管理工作。自 2005 年起开始研究人民币替代外币进入国际贸易结算领域的问题,创新性地提出了启动跨境贸易人民币结算试点的建议方案,在上海以及广东省部分城市率先启动。研究并提出了人民币跨境代理结算模式。研究设计了以投贷联动、内外联动、国企民企联动的混合型基金推动人民币输出。对人民币走出去、我国金融业国际化发展与上海国际金融中心建设等方面研究成果丰富显著。

近几年来获奖情况:2010 年跨境贸易人民币结算试点获得上海市金融创新推进奖;2011 年上海市领军人才称号;2010—2012 年度被聘为上海市人民政府发展研究中心特约研究员;2009—2012 年度中国人民银行跨境人民币业务暨监测分析工作先进个人。

追求卓越，勇于创新

——记中国人民银行上海总部副巡视员
兼跨境人民币业务部副主任施琍娅

勤学多思，阅历丰富

施琍娅大学毕业后进入中国人民银行系统工作。她勤于学习，善于思考，先后从事货物贸易、服务贸易、利用外资、外债、金融机构外汇管理、国际资产投资、国际收支统计等各项工作，熟悉国际贸易结算、国际货币清算、证券及衍生品结算、头寸及风险管理等业务。曾在纽约和新加坡等地工作，工作经验和阅历丰富。

在上海这片热土上，依托国际金融中心和航运中心建设的加速推进，她怀着满腔热血，充分发挥自己的才能，创新性地研究并提出跨境贸易人民币结算试点的建议方案，并得到国家和总行批准在上海及广东省部分城市率先启动。2009年，首笔跨境贸易人民币结算业务落户上海；同年，由其为主规划设计的人民币跨境收付信息管理系统投入运行。2011年，中国人民银行批准上海成立跨境人民币业务部，施琍娅同志出任该部副主任。2013年，她被任命为中国人民银行上海总部副巡视员。

理论实务并重，研究成果转化成效明显

她注重理论应用于实践，自其工作至今，多项由其牵头研究的成果都真正运用到了实处，成果转化成效十分明显。

其一，2000年起，提出建立并带领开展了国际服务贸易统计指标体系研究，并在此基础上创建了上海市国际服务贸易统计工作，系统地采

集并编制了自 2000 年以来的上海市国际服务贸易统计工作,成为我国国际服务贸易统计的范例和各方研究国际服务贸易的重要参考资料。

其二,在考察借鉴境外小额外币兑换服务经验的基础上,研究设计了我国开展小额外币兑换服务的方案,成为我国启动小额外币兑换服务试点的基础。此项工作在 2008 年奥运会前夕在北京和上海正式启动,并已推广为常规化工作。

其三,2005 年起开始研究人民币替代外币进入国际贸易结算领域的问题,完成了银行试点的可行性研究和试点方案设计;其后,对人民币国际化问题开展研究;设计完成了企业试点的可行性研究和方案;参与并推动国家层面启动跨境贸易人民币结算试点的相关办法和制度设计;整体方案获得国务院常务会议通过,在上海及广东四城市试点,其提出的人民币跨境代理结算模式获得采纳;2009 年上海率先启动跨境贸易人民币结算试点。人民币跨境代理结算模式得到了境内外市场的广泛认可,并形成了以上海为核心的全球人民币跨境清算网络体系,为上海国际金融中心建设奠定了基础。在试点成功实践的基础上,国家已将"扩大人民币跨境使用"列为"十二·五规划"内容。期间施琍娅先后多次发表文章,阐述本币金融开放的路径、模式以及本币替代外币过程中资本账户开放等问题。

其四,针对本币开放的管理需求,在多年积累的研究基础上,受命编制了人民币跨境收付信息管理系统的业务需求并主持设计建设了人民币跨境收付信息管理系统。该系统已成为我国人民币走向国际后开展跨境流动监测和风险防控管理的重要基础设施。

引领观念转变,创新跨境业务推进思路

围绕国家战略重点,突出"本币为先"导向,引领市场化推进人民币跨境使用。多次为境内外企业和银行等机构提供业务辅导和政策解读服务,从根本上转变市场对人民币跨境使用的认识误区,塑造市场驱动型的人民币业务推动模式。

自 2010 年跨境贸易人民币结算试点获得上海市金融创新推进奖后,与人民币跨境使用相关的多项金融服务和产品屡获此后年度的上海市金融创新成果奖。真正体现了"金融创新推进奖"带动"金融创新成

果奖"的联动效应,极大地推动了上海立足本币建设国际金融中心过程中的金融创新和围绕"人民币走出去"事业的金融服务水平的提升。截至 2014 年 1 月,人民币已经成为全球支付货币市场的第 7 大货币,全球外汇交易市场中的第 8 大货币。此外,施琍娅还致力于研究并推进多项创新型跨境人民币业务,其带头研究并提出了跨境人民币资金池运行方案,得到了人民银行总行的认可,并率先在上海启动跨国企业人民币境外放款试点;研究设计了以投贷联动、内外联动、国企民企联动的混合型基金模式推动人民币输出。

注重自身提高，营造良好工作氛围

在不断提高自身业务素质的同时,施琍娅也不断提升自己的政治素养。自觉学习主动与中央保持一致,落实科学发展观,严格执行好维护好中央各项决策,在跨境人民币领域推动国家战略的稳步落实。在工作中,勤勉敬业,为全部门树立了良好的工作作风和环境氛围。在生活中,坦诚相待,关爱群众,尊重民意。在家庭中,是一位好母亲好妻子,生活俭朴,家庭敦睦。

宁静致远

孙敏杰 1962 年 12 月生,硕士学位,长江商学院 EMBA。东亚银行(中国)有限公司常务副行长,民建中央委员、民建浦东新区副主任委员、浦东新区政协委员、上海交通大学兼职教授、上海高级金融学院 MBA 专业导师。

自 1988 年加入东亚银行上海分行以来,先后担任东亚银行上海分行副行长、西安分行行长。2006 年全面负责东亚银行(中国)有限公司的筹建,帮助东亚(中国)成为国内首批成功完成法人化改制的外资银行,并担任常务副行长。

求索创新,战略制胜

——记东亚银行(中国)有限公司常务副行长孙敏杰

　　任东亚银行(中国)有限公司常务副行长的孙敏杰已经在银行界磨砺了25年。从最初的一名普通内地员工到现在的银行家,他几乎亲历了中国内地金融改革开放的整个历程。而东亚(中国)作为内地最具影响力的外资行之一,也在他的带领下,为推进中国金融业的创新与发展贡献出了巨大的力量。

挺进西北,一马当先

　　2001年初,东亚银行响应国家的西部大开发战略,申请在西安开设分行并获得批准。孙敏杰受命前往西安负责开设分行筹备事宜。当时,东亚银行已经有6年时间没有开分行了,很多支持条件都不具备,筹备工作也非常辛苦,但孙敏杰接到任务后,二话不说即拎包赴任了。2001年8月,东亚银行西安分行如期开业,成为第一家进驻陕西乃至西北地区的外资银行。

　　2004年初,国家进行外汇体制改革,有关举措可能对东亚银行西安分行的业务格局产生重大影响。孙敏杰马上联络人民银行、外管局等有关部门前往西安考察,当面汇报了东亚银行西安分行面临的一些困境,并多次致信有关部门陈述情况,请求给予东亚银行西安分行一定的外汇结汇额度,或对其提前开放人民币业务。经过多次争取,2004年12月,东亚银行西安分行获得中国银监会特别批准经营人民币业务,成为中西部地区首家经营人民币业务的外资银行。而根据我国当时加入WTO的有关承诺,中西部地区的人民币业务原定于2005年12月21日才对外资银行开放,而孙敏杰的不断争取,使得东亚银行西安分行直接改写了人民币业务对西部外资银行的开放进程。

自开业始,东亚银行西安分行在孙敏杰长达6年的领导中,成长为整个中西部地区资产规模最大、利润最高、资产质量最好的外资银行分行。而同时,孙敏杰也在分行内培养出了一大批业务骨干。现如今东亚(中国)全国共有二十几位分行行长,其中有六位便来自原西安分行。

筹备子行,攻坚克难

2006年底,孙敏杰接到新的任命,出任东亚银行(中国)有限公司法人银行筹备组常务副组长,负责东亚银行内地法人银行的筹备工作。之后的半年,成为他职业生涯中最为刻骨铭心的经历。

当时外资银行中递交申请书筹建内地法人银行的有9家,而经过第一阶段评审并获准正式进入法人银行筹建阶段的,只有东亚、汇丰、渣打和花旗4家外资银行。孙敏杰意识到,这将是实现东亚银行立足中国内地战略的绝佳时刻,一定要把握住这次机会,完成筹备工作。

然而,外资银行法人改制化在中国大陆前所未有,转制过程涉及众多部门和业务,没有合适的法规可以参考,操作时候也遇到非常多实际的细节问题。和银监会、工商局等机构沟通,和法律、财务团队讨论,银行内部各部门之间协调,各种各样的会议每天连轴转个不停。除此之外人手及其短缺,银行从各地分行、支行紧急抽调了30多名业务骨干组成筹建团队,来自全国各地,由于以前并没有太多时间共处合作,互相间还未有足够了解和默契,需要更多时间进行磨合。要在短时间内保质保量完成任务,很多成员都要每天工作16个小时以上,睡眠时间只有5—6个小时是常有的事情,不少人带病工作。

孙敏杰至今依然记得:"每天上午9点和法律团队开会讨论法律方面的筹备工作,1小时后参加财务团队会议,11点开始营运团队会议。天天晚上忙到11点多下班,需要考虑的事情太多,早晨四五点就迷迷糊糊醒过来了。"

"有一次刚到香港参加行长会议,进行到一半,被告知当天下午在上海有一个银监紧急协调会,于是马上飞回上海,参加完2个小时的协调会,又飞回香港继续行长会议。"

银行改制导致原来所签署的合同主体发生变更,外资银行需要在正式完成改制前以法人银行为主体与客户签署新的合同,才能实现改制完成后业务和财务报表的顺利过渡。东亚银行选择派高层亲自到大企业客户那里解释转制的重要性和必要性,孙敏杰领导的团队有针对性地制定了30多种4万多份不同的通知函分阶段发放,先难后易,花了三个月才把这件事情做完。

"那段时间,我们每天都不停地想,有时睡觉了脑子里还在转,生怕有什么遗漏。"孙敏杰说,"我的老板在香港,几乎每天早上8点和晚上10点11点给我打电话了解情况。我们在转制这件事上真的倾注了太多的心血。"

2007年3月,转制的工作终于圆满完成了。东亚银行在中国内地注册成立的全资附属银行——东亚银行(中国)有限公司,成为首批在内地开业的外资法人银行之一。当年年底,银监会召开外资银行业务交流会,东亚银行作为唯一一家被邀请介绍法人改制成功经验。东亚(中国)的成立,为东亚银行在中国内地的发展壮大,迈出了里程碑式的重大一步。

锐意创新,屡拔头筹

孙敏杰在领导东亚银行内地大发展的过程中,创造了很多的"第一":

1992年于东亚银行上海分行工作期间,他首推在中国境内发展信用卡清算系统,积极推进、全面领导并率先引进外币信用卡结算业务,使得东亚银行成为当时监管认可的唯一试点该业务的外资银行。此后更获得了监管部门的充分肯定,从而决定对该领域的进一步放开,允许其他外资银行进入,使东亚银行为外资银行在境内开展此业务开创先河,并使东亚银行有幸成为推动中国信用卡发展历史进程的先驱者之一。

2001年成为西北地区首家外资银行——东亚银行西安分行的行长。带领西安分行取得卓越成绩,使之成为中西部地区首家获准经管人民币业务的外资银行,同时实现规模第一、净利润第一、资产质量第一。他本人也被陕西省外商投资协会评为"陕西省外商投资企业优秀企业家"。

2006 年,全面担任东亚银行(中国)有限公司的筹建工作,成功领导东亚(中国)成为首批完成法人化改制并在上海设立总部的外资银行,亦因此成为上海银监局向其他外资银行推荐的改制典范。

2008 年,领导东亚(中国)数据中心由香港搬迁至境内,继而使东亚(中国)成为首家发行人民币借记卡及贷记卡的外资银行。

2009 年,统筹指导东亚(中国)赴港发行 40 亿人民币债券,并于外资法人银行中首家成功赴港发行人民币零售债券,为丰富境外人民币金融产品种类,推进人民币国际化进程做出贡献。

2010 年,统筹东亚银行和方正集团成功重组原武汉信托公司并更名为方正东亚信托公司,使东亚银行成为第一家外资银行加入国内信托业发展的行列。

2010 年,成功领导东亚(中国)于上海张江产业园区建成东亚(中国)数据中心及研发中心,使其成为内地首家自主建造大型数据中心的外资法人银行,并获得中国银行业监督管理委员会及上海银监局的高度认可。

2011 年,再度统筹指导东亚(中国)在境内发行 20 亿人民币债券,使东亚(中国)成为第一家同时在香港及内地发债的外资法人银行,充分提高了外资金融机构在境内融资的多元化水平。

2011 年,领导东亚(中国)建设外资银行中的第一座同城灾备中心,不仅为银行境内数据中心平稳健康的运行及发展奠定了基础,同时为其他外资银行参与上海金融中心的信息化建设提供了有益参考。

这些"第一",与东亚银行"打造最佳本土化的外资银行"战略有着密切的联系。孙敏杰长年以来一直坚持着"外资银行本土化"的战略思想,上下求索,勇敢创新,带领东亚银行创造出一个又一个的辉煌。

良师益友,桃李满园

孙敏杰总是强调,人才是金融创新和发展之根本力量,是银行发展战略的重中之重。多年以来,在担当银行高管的同时,孙敏杰也一直着力于金融人才培养,领导并启动了东亚(中国)839 人才培养工程,选拔优秀、高潜质的高级管理人员、中层管理人员及年轻初级员工,进行分层次、全面的专业培养。同时，领导实施了一系列人力资源管理制度，特别是人才培养方面的计划，保证了最大多数员工的全面培训，迅速造就了大批的实践型金融人才。

除了在公司内部培养人才以外，孙敏杰也同时担任了上海交通大学的兼职教授、上海高级金融学院 MBA 专业导师、长江商学院 MBA 学生导师及上海大学悉尼工商学院的研究生导师等的教育职务。定期向学生们传输大量宝贵的金融理论知识及实践经验，领导"东亚银行大学生金融培训计划"，发挥银行经济枢纽角色，为在校学生提供参与金融业实践的机会，让学生更快更好的在金融实践中得到锻炼。为上海建设国际金融中心培养了大量高素质人才。

"敢想、敢做、敢当"是众多银行同业对孙敏杰最一致的评价。凭借着求索创新的开拓精神、审慎稳健的经营风格、对"外资银行本土化发展战略"的不断实践、对跨文化管理的丰富经验，孙敏杰带领东亚（中国）不仅在境内金融领域实现了多项全新开拓，连续多年成为盈利能力最强的外资银行，也使其成为外资同业在国内的表率，为中国金融市场的国际化进程做出了巨大贡献。

生命的意义在于进取，
金融发展的动力在于创新。

田仁灿　1961年7月生于上海。工商管理硕士，英国曼彻斯特大学和威尔士大学联合颁发的MBA。历任法国金融租赁Eurolease S. A.公司总裁助理、富通银行区域经理、大中华地区主管、富通基金管理亚洲有限公司投资经理、业务发展部总经理、首席执行官。2003年至今任海富通基金管理有限公司董事、总经理。

立志打造资管业
"百年老店"的 CEO

——记海富通基金管理有限公司
总经理田仁灿

　　来上海之前,田仁灿在比利时富通集团工作了14年。海外成熟资本市场多年的财富管理经验,练就了他稳健从容的心态。面对国内市场的激烈竞争,海富通始终稳扎稳打,不浮躁、不激进。田仁灿常常谦虚地说,海富通的稳健风格得益于股东双方的默契和坚持。然而在旁人眼中,田仁灿无疑是这份坚持最成功的践行者。

"百年老店"从"基因"抓起

　　在田仁灿心里,成败并非一城一池、一朝一夕的得失,他的理想是打造资产管理行业的"百年老店"。恒者行远,思者常新。要想在风云变幻、竞争激烈的市场中屹立百年,公司必须要有优秀健全的"基因"——公司的治理结构、风控体系、团队管理、文化氛围。在田仁灿看来,这些都是决定公司能走多远的关键,必须经得起考验。他把海富通成立以来的十年比作是打好基础的成长阶段。这十年间,海富通展现给投资者的,是一套几乎覆盖企业管理中所有风险点的严密制度体系,是一个稳定且理念一致的管理及投研团队,是一种以尊重、和谐、奋进为核心的企业文化;以及中长期持续表现优异的基金业绩。

　　除此以外,海富通是业内少数的全牌照基金公司之一。除了公募业务外,海富通的非公募业务同样在业内外深得赞许。自2005年获得首批年金投资管理人资格开始,海富通基金至今已经为全国80多家大中型企业管理着超过 292 亿的企业年金资产,并于 2010 年获得社保投资管理人资格。多年来在这些有着最严格要求的投资者眼中,海富通凭借其一流的服务、完善的风控、稳健的业绩而广受好评,始终位列非公募业务的第一梯队。

田仁灿认为,公司要想走得远,就不能怕被检验——无论是最严格的机构投资者的检验,还是国际一流评级机构检验。资产管理公司不仅要关注投资业绩,更要关注这一业绩的生产过程。因此,自海富通成立之初,公司管理层便接受外方股东的提议,主动邀请国际一流评级机构惠誉对公司的全部运营管理进行评级,并一年年延续至今。目前,海富通已成国内唯一连续八年获得国际评级机构优秀认证的基金管理人。在田仁灿看来,对于海富通而言,参与惠誉评级就是为了加强自律、提高管理透明度,增进与投资人间的互信。

然而,在完善的风控体系、严格的管理制度背后,海富通的文化并不是冷冰冰的。尊重、和谐、奋进的公司氛围和田仁灿的个人领导风格可谓息息相关。在海富通公司里,员工们总是亲切地称呼田仁灿为"老田"。员工们眼中的"老田"常常是面带微笑、神采奕奕、思路敏捷的样子,"老田"会和员工们愉快地聊天,关心员工们的工作、健康、生活,和大家打成一片,完全没有领导的架子。

在田仁灿看来,虽然基金行业普遍是总经理负责制,但管理职能也只是总经理所有职能中的一部分——除了承上启下,做好股东与员工之间沟通的桥梁之外,总经理也应该积极配合公司所有部门的工作。很多情况下,总经理只是公司这台高效运转机器上的一颗螺丝钉而已。打个比方,如果市场部提出需要总经理去进行客户拜访,"老田"二话不说拎个包就出发了。

让投资插上幸福的翅膀

作为基金公司带头人,田仁灿认为一家财富管理行业的"百年老店"必须把投资者的利益放在首位,其中也包括帮助投资者树立正确科学的投资理念,关注投资者在投资过程中的收获和感受。

在海富通成立至今的 10 年时间里,投资者教育工作一直是坚持不懈的工作重点之一,田仁灿也曾无数次亲自跑到全国各地,和投资者们面对面沟通,演讲交流。在此期间,上证综指曾经跌至千点以下,在上市公司进行股权分置改革的推动下,市场也创出了6 000点的历史新高,随后受到国际金融危机的影响,又大幅跌至1 600点。就在这样的过山车行情下,投资者的心情也一度从天堂到地狱。此时此刻,田仁灿越发认识到树立正确的投资理念对于国民的重要性。

在2008年A股下跌幅度创历史新高的时刻,海富通与上海交通大学安泰经济与管理学院合作成立了"海富通——上海交通大学投资者教育研究中心",并启动了名叫"股市与幸福度"的研究课题。经过长时间的准备和调研以及模型设计和数据处理,2009年年初《股市与幸福感》研究报告正式面世。2011年,经过长达一年多的酝酿,田仁灿和理财专家顾冰合作撰写的投资者教育书籍《这样投资更幸福:你应该知道的投资密码》问世,并一度登上当季理财类图书畅销榜单。

田仁灿在该书里详细分析了投资者在日常理财、市场涨跌过程中常常出现的各种认识误区,结合金融行为学的角度,通过许多生动的案例故事分享正确理性的投资理念,以求更好地帮助投资者改善投资心态和模式,提升投资中的幸福体验。与此同时,田仁灿还想向大众传递一个健康积极的财富态度,那就是财富不仅指金钱数目的增加,还包括幸福感的增加。

田仁灿认为,海富通所倡导的"幸福投资"理念,与监管层所提倡的长期价值投资理念,从本质上不谋而合——针对"股市幸福感"的投资行为研究结论再次验证了长期投资理念的有效,也更加坚定了海富通长期以来坚持"稳中求胜"策略的信心。正因如此,"幸福投资"的理念,也深深融入进海富通公司内部的文化氛围中,改变了许多公司员工对"成功"二字的理解:促使员工着眼于长期利益,在浮躁的基金业保持一颗平常心,脚踏实地地面对自己的工作。没有急功近利,也没有不切实际的期望,一步一个脚印,用时间向持有人证明自身的价值。

胜人者力，自胜者强。

　　顾　颉　1972 年 1 月 25 日生，1998 年获得南开大学政治经济学博士学位，现任国泰君安证券股份有限公司副总裁，兼任上海国泰君安证券资产管理有限公司董事长。

　　拥有 17 年证券从业经验，历任国泰君安证券研究所宏观研究部主任、国泰君安证券证券投资部总经理，美国哥伦比亚大学基金会 QFII 投资管理人。

　　作为负责人，顾颉带领国泰君安证券资产管理子公司获得以下奖项：

2012 年《中国证券报》金牛奖券商集合资产管理人奖；

2011—2012 年连续两年获《上海证券报社》中国券商理财金榜评选"综合管理实力大奖"；

2011—2012 年连续两年获《第一财经》金融价值榜"年度券商理财品牌"奖；

2011—2012 年连续两年获《理财周报》"2012 中国券商最佳资产管理团队"奖；

21 世纪网"2012 年度中国券商资产管理业务创新大奖"，和讯网财经风云榜"最佳资产管理券商"奖，东方财富风云榜 2012 年度"最佳资产管理证券公司"，金融界 2012 领航中国金融行业年度评选"证券行业-最佳资产管理奖"；

《每日经济新闻》金鼎奖"2011 年度最佳集合理财品牌证券公司"，21 世纪 2010—2011 年中国资产管理金贝奖"最佳证券资产管理公司"；

2010 年获《上海证券报社》"最佳风险控制奖"。

领航券商资产管理航母驶向
新蓝海

——记国泰君安证券股份有限公司副总裁顾颉

怀揣梦想,铸就辉煌

顾颉,一个在创新中创造券商资产管理新历史,担当着资产管理行业发展使命而求新求变的领军人。

1999 年 7 月,他加入国泰君安证券股份有限公司。2005—2009 年,作为国泰君安证券投资总部总经理,负责国泰君安证券自有资金投资管理,任期内使公司自有资金实现累计投资收益 50 亿元,他所管理的账户累计投资收益增长 16 倍。即便在 2008 年,股指下跌 65% 的情况下,当年仍获得 20% 的投资正收益。

经过 14 年金融证券研究、投资和经营管理的历练,2010 年,38 岁的顾颉挑起了国内最大的证券资产管理公司董事长重任。

"建设有中国特色的国际一流投资银行,券商的资产管理业务应担负核心作用,这是我们一代人的历史使命!"——怀揣理想与追求,作为国泰君安副总裁、国泰君安证券资产管理公司董事长,顾颉始终秉承"诚信、专业、勤勉、创新"的经营理念,坚持"以客户为中心、与客户共成长"的经营目标,立志将资产管理公司打造成为一家对投资者负责的资产管理公司,力推机制、产品、服务创新,带领团队突破市场低迷四面楚歌的重围,打造资产管理高地。

在他的带领下,国泰君安资产管理公司成立 3 年来,始终引领业界的脚步,连续创造新纪录:

资产规模从公司成立之初的 70 亿增长到现在的 2 500 多亿,增幅

逾 30 倍,增速居行业第一,到 2012 年底资产规模位列行业最前列;

到 2013 年 9 月底,公司发行存续的集合产品数量达 60 余只,较公司成立初期的 7 只增长 14 倍;公司成立以来发行的理财产品种类,始终位居行业首位,打造出业内最齐全的产品线;

公司成立三年来,公司累计为客户带来 138 亿元的净收益,分红达到 3 亿元;

在为广大客户创造财富的同时,国泰君安证券的受托客户资产管理业务净收入排名,从 2010 年底的第六跃居行业第一名;

2012 年底,国泰君安资产管理公司的营业收入达 3.5 亿元,较 2010 年底的 0.56 亿元增长 525%,2012 年净收入 2.8 亿元,较 2010 年底的 0.50 亿元增长 460%!

战略制胜,引领创新

金融产品创新是提升上海国际金融中心竞争力的生命线。国泰君安资产管理能在行业低迷下快速发展,关键在于顾颉以前瞻性判断,统筹全局的布控能力,根据市场情况并结合公司自身特点,制定了正确的发展战略,是国泰君安证券的资产管理业务快速健康发展的基础。

在成立之初,顾颉提出"以规模扩张为导向"的战略目标。从 2010 年 8 月份成立时母公司平移过来的 70 亿资产管理规模,发展到 2010 年底的 149 亿元管理规模,成立当年就实现规模翻番,三年来总规模较成立之初增长 34 倍!

2011 年,顾颉提出"打造全业务链产品线"的发展战略。通过快速扩充产品线、打造业内最齐全的产品链为资产管理业务规模的快速增长奠定了坚实的基础。2011 年在市场环境极为不利、全行业处于徘徊停滞的情况下,资管公司正是贯彻执行了顾颉的"全业务链产品线"发展战略,保证了资产管理业务规模和收入的快速增长。

2012 年,资产管理行业背景发生重大变化。顾颉在年初时正确判断了行业的发展方向,及时抓住"发展创新、放松监管"这一历史机遇,在资本市场创新发展的大背景下,及时提出了"金融服务对象创新"这一战略目标,果断进行业务转型,通过将资产管理服务对象拓宽至银行信托等金融机构,极大地拓宽了资产管理业务的空间。2012 年,资产管理业务规模取得了爆发式增长。

2013 年,顾颉提出了国泰君安资产管理业务未来发展新构想:"拓宽一个概念,解决两个问题,打造三个平台"的战略目标。2013 年以来,公司在打造"结构融资型平台、运营管理平台和财富管理平台"三个平台方面已经取得了一定突破,为不同群体的客户提供综合金融理财服务打下基础。

目前,国泰君安证券资产管理公司已成为业内产品创新速度最快、业务创新能力最强、金融同业合作最广的资产管理机构之一,引领中国资产管理行业的创新潮流。

身先士卒,团队带领

顾颉长期在公司业务线担任领导,承担着为公司创造利润的职责。作为部门及子公司的负责人,他一直坚持"直接背任务指标、直接带兵打仗,身先士卒"的工作作风。

三年来,通过丰富的产品链、高效创新能力以及不断探索突破性的机制打造良好的平台吸引人才,带领国泰君安证券资产管理公司实现了跨越式发展。团队成长是公司成长的基础,顾颉非常重视团队建设并且始终致力于团队建设,凭借市场化的激励机制,搭建团队平台,更好地培养和吸引优秀的人才。

同时,顾颉积极倡导建立公司的绩效文化,即以绩效为导向,将员工长期的发展和短期的激励相结合,使得公司管理人员及普通员工的利益与整个公司、投资者的利益完全趋于一致。

顾颉认为,一个公司良好的投资经营业绩缘于团队的整体表现,团队的力量比个人的力量要强大得多。在日趋复杂的市场背景下,公司需要关注的信息太多,如果没有一个强有力的团队来分析,没有规范的协调方法和内部合作模式作支撑,而单凭个人力量是处理不了的,因此,团队的平台作用至关重要。为此,他经常形象的举例说:"投研团队就是一个球队,研究人员可能是后卫,负责传球、带球的,投资经理可能是前锋,负责射门的。但是射手不可能从后场一直带球到前场,除了个别奇迹,主要还是依赖整体配合,不断地传球,最后传到投资经理的脚下。从概率上来说,只要不断有好球传到前锋脚下,前锋素质又不错,那么赢球的概率是很大的,所以团队建设相当重要"。

　　资产管理公司自成立以来,正是坚决贯彻了上述关于建立人才机制和绩效文化的要求,吸引了大量行业内人才,公司规模从原来的四十多人增加到了一百多人,投资研究团队得到了极大加强,为公司取得良好业绩奠定了坚实的基础。

　　在顾颉同志的带领下,资产管理公司有信心成为中国最领先的证券资产管理机构,让投资者和股东通过公司提供的专业的投资管理服务,共同领略财富增长的魅力。

为更多的人服务

是人生最大的理想！

杜永茂　1995 年以前就任中央银行安徽省金融监管官。1995 年 6 月加盟平安,历任平安财产、平安人寿、平安证券等公司高管,现任平安养老保险公司董事长兼CEO。复旦大学经济学院研究生校外兼职导师、上海国家会计学院兼职教授,中国保险学会常务理事、中国保险行业协会理事。

　　拥有多年的"金融百业"的经历及经验,在养老保障领域有独特建树。首届"沪上十大金融家",上海市领军人才。

全方位的"金融家"

——记平安养老保险董事长兼CEO杜永茂

人民银行"优秀行长"

1972—1995年,杜永茂在人民银行工作,在坚持改革创新和行使央行宏观调控的职能方面政绩突出,受到总行肯定和领导表扬。1991年6月在任滁州分行行长期间,国务委员兼行长李贵鲜在安徽检查工作时听取工作汇报后,表扬杜永茂有思想、有思路、敢创新。1993年12月在向副总理兼行长朱镕基汇报时,朱副总理表扬杜永茂在处理粮食政策收购与地方经济发展两个方面得当,成效明显。1992年杜永茂被国家人事部和人总行高级职称委员会破格评聘为高级经济师。除了工作政绩和考试合格外,还有三项特别条件受到总行肯定:

一是在人行工作期间,在国家级报刊发表金融宏、微观调控、治理文章达40多篇,不少调研文章因事实清楚、分析透彻、见解富有来自基层的真知灼见而备受高层领导的赏识;二是主持过大项改革创新试验,在安徽滁州试行农村乡镇小银行10家;三是在任滁州分行行长兼外管局局长的四年间政绩突出,被总行评为全国思想政治工作先进二级分行,个人被授予"思想政治工作优秀二级分行长"。

"平安第一猛将"

1995年,杜永茂被调入平安保险工作后,历经各岗位皆有突出的业绩,被集团董事长马明哲誉为"平安第一猛将"。2001年于平安人寿银行保险事业部任职期间,开创中国银保销售模式;2003—2004年在平安产险上海分公司期间,有多项改革创新。配合保监局,联合同业一起治理上海车辆保险市场,推动行业由"大乱"走向"大治":一是联合同业联手平抑了当时车险市场的高保额、高退费问题。二是改变服务模式:通过设置理赔服务门店,实现当天赔付;通过提升服务时效,报案现场查勘由约1小时缩短到10分钟以内。三是积极协助上海保监局构建车辆信息与交警信息联网平台,推动上海车险市场根本性好转。

带头推动地铁明珠4号线坍塌案理赔工作,为上海轨道交通发展做出贡献。4号线坍塌事故损失共计2.5亿元,由于事故有责任因素,能否得到足额赔付,不仅涉及工程继续,更涉及工程责任的追究。当时,金融办主任、金融工委书记找平安等几家公司商量支持。平安作为主承保应赔付1亿元左右。通过案件分析,杜永茂找出全额赔付的有利条件,通过说服平安总公司、各参保公司、国际再保公司,全额赔偿2.5亿元,受到上海主要领导的肯定和表扬。

积极推进市金融办力推的安居保险工程——上海市家政保险。该产品社会效益好,但经济效益差,是亏损产品。杜永茂要求公司全力推进,2003年—2004年保障人数达100万,为各公司承担保障人数之最。

创新电话销售渠道。2003年初,布局电话销售,属创新突破。起初,仅有两位员工,2003年收入保费100万,2004年集团面向全国推行,今天,电话销售已成为车险主渠道。

2003—2004年两年在上海产险,在为社会贡献的同时,公司内部发展和效益有惊人表现。2002年,保费5.2亿,增长4%,利润3 700万,2003年,保费7.75亿,增长47%,利润1.05亿,04年,保费9.95亿,增长28%,利润1.15亿。

2005—2006年任平安产险副总经理兼东区事业部总经理期间,业务规模每年增长25%,利润由到任时亏损1.2亿元到两年盈余2.1亿元,成为当时行业标杆。并总结出保险销售"四大平台"建设理论和"三个多点"的经营策略,至今一直被行业所运用。

首届沪上"十大金融家"

2011年7月,杜永茂因长期在金融领域的卓越贡献,被评为首届"沪上十大金融家"。

2006 年至今,杜永茂任职平安养老保险董事长兼 CEO。目前公司已成长为全部保险公司(包括产、寿、养、健各类公司)前十位的大公司。截至 2013 年末,企业年金资产 1 500 亿,在养老险公司中占 33% 的市场份额;团体保险保费收入每年 110 多亿,团险市场位居第二占 25% 份额;成为第一家赢利并持续盈利的养老险公司;获得 2 万多家企业年金客户,累计 97 万团体客户,6 000 万活跃个人客户支持,尤其是央企 2/3 以上成为平安养老险的客户。他们的主要做法是:

坚持创新发展,走行业领跑之路。组织模式创新,在集团支持下,对养老保险和寿险团险进行改革重组,获得保监会一次批复 35 家省市分公司和 127 家地市支公司。产品创新,整合补充养老、补充医疗,为团体客户提供一站式、系列化产品,目前已延伸至养老资产管理和健康医疗服务领域;服务创新,整合并形成服务体系化,打造"盈管家"、"金保典"两个服务品牌。管理模式创新,配合集团,实现 IT 作业、公章、财务、文档等作业的大集中,建立金融工厂。

坚持科学发展,走持续经营之路。在协助政府和企业的社会保障管理中,通过精细化经营、品质管控,在微利领域取得了社会效益和经济效益双丰收。坚持规范经营,受到行业好评与监管部门肯定。

突出服务社会,履行公民责任。累计为 97 万团体客户提供保障服务,截至 2013 年末累计共支付保险理赔款约 250 亿,理赔人次累 1 858 万人次,急难救助约上万件。推动社会公益事业,汶川地震,杜永茂丢开国际会议,立即从英国返回,一头扎进灾区指挥救灾,在四川率先赔付保险业第一单!2008 年雪灾、2010 年玉树地震、以及后来的舟曲泥石流、伊春空难、胶州铁路事故、雅安地震、甘肃定西地震……平安养老都是第一时间抵达现场,开通快速理赔,提供急难救助,并开展内部捐献活动,累计已捐款 500 万元以上;同时,每年都持续开展无偿献血、捐助希望小学、捐助养老院等公益活动。

人生格言

勇担责任
矢志创新
追求卓越

徐 凌 高级经济师,管理学博士,现任海通期货有限公司总经理,中国期货业协会理事,上海期货同业公会常务副会长,上海期货交易所监事,郑州商品交易所理事会资格审查委员会主任委员,大连商品交易所期货学院教委委员,上海交大高级金融学院职业导师。徐凌先生长期从事金融企业的管理和经营,有着深厚的管理背景、丰富的从业经验与优秀的过往业绩,曾当选"海南省十大杰出青年"、两次被四川省证券期货业协会评为"优秀管理明星",被中共上海市委组织部评为"上海领军人才",获得"领航中国期货卓越人物"、"上海滩国际金融菁英人物"、"中国优秀创新企业家"等一系列荣誉,2011年在新华社发起的首届"沪上金融家"评选活动中,被评为"沪上十大金融行业领袖"。

做一个期货市场的开拓者

——记海通期货总经理徐凌

2009 年,国务院出台了《关于推进上海加快发展现代服务业和先进制造业,建设国际金融中心和国际航运中心的意见》,标志着建设上海国际金融中心已经成为国家战略。建设上海国际金融中心,加快推进期货市场建设是不可或缺的重要组成部分。近三年来上海期货市场发生了翻天覆地的变化,一跃成为国内最具竞争力的区域,是什么因素推动了这些变化的发生?

作为市场参与主体,海通期货的成长就是一个典范。2005 年,海通期货的客户保证金还只有 300 万元人民币;现如今,其保证金规模已超过 80 亿元。弹指一挥间,这家公司在总经理徐凌的带领下,其资产规模超越了不少大型期货公司十几年的积累,成为国内期货行业的"领跑者",在业内具有强大的市场影响力和感召力。海通期货近年来的发展路径被业内称为"海通奇迹";公司一系列创新措施被各家期货公司研究、学习和模仿,业内称为"海通现象"。解读徐凌先生及海通期货走过的路径,有助于我们理解上海期货市场已经并正在发生的变化。

勇担责任,艰苦创业

2005 年 10 月,海通证券收购国内最早的期货公司之一上海黄海期货经纪有限公司,打响了券商大规模介入期货业的"第一枪",同年 11 月,公司更名为海富期货经纪有限公司。原海通证券成都营业部总经理徐凌临危受命,担任海富期货总经理,一脚踏入期货市场的"拓荒之旅"。

　　徐凌接手新公司时,海富期货在业内 160 余家期货公司中排名 157,处于濒临破产的境地,在当时的期货业界看来,很难在市场上有所作为。原公司注册资本为 3 000 万元,由于连年亏损,净资本仅有 2 400 万元,刚刚达到证监会要求的 80% 警戒线标准。"不能花一分钱,因为一花钱净资本就跌破警戒线,"徐凌回忆说,"办公室的沙发都是'露底'的;一辆桑塔纳开了 30 万公里以上的,电脑还是 386 的;16 名员工中有 6 名是高中毕业。"更为致命的是,海富期货当时的信息技术没有热备系统,更谈不上灾备系统,在这种情况下,一旦行情中断,客户就只能"坐以待毙"了,根本无法服务客户。

　　面对这样的现状,徐凌当时也有两种选择:一是放弃。二是勤勤恳恳拓荒。"开弓没有回头箭,放弃不是我的性格,宁可闭着眼睛不去看证券市场,人家红火跟你没关系,老老实实、安安心心地做你的拓荒事业",徐凌说。然而,"巧妇难为无米之炊",只靠信心和决心是远远不够的,面对现实惨状,徐凌和他带领的团队,面临着诸多困惑。

　　"海通证券收购黄海期货,旨在全面迎接股指期货的上市。因此从收购初期到 2006 年,我们都围绕公司翻牌、申报金融期货相关业务资格等开展工作。"徐凌说,"刚踏入期货行业,对市场一片茫然,也不知道如何开展营销。"时间到了 2006 年底,股指期货并未如预期推出,徐凌感觉到公司已面临严重的自我生存问题。年底他和所有员工在公司附近的"芳芳家常菜"吃了一顿非常寒碜的年夜饭,同时开始考虑公司未来的经营方向。"这顿饭一辈子都记得,"徐凌感叹道。

　　真正改变海富期货命运的是 2007 年初的一次重要会议。思路决定出路,深思熟虑后,徐凌提议召开董事会,提出公司要进行重大经营方向变革:其一,大力发展商品期货,不等股指期货上市后才开展业务;其二,不完全依靠大股东的资源,全面走向市场化,依靠自身力量开发商品期货客户。这次会议是海富期货的一次重大转折,后来海通期货内部人士开玩笑的说是海通期货的"遵义会议"。

　　此次战略转变给海富期货注入了"强心剂"。在经营战略调整后,业务开展的初期,徐凌将"以业务开拓为核心,一切问题在发展中解决"作为核心指导思想,通过迅速壮大业务人员队伍,以实现快速增加公司客户保证金权益的目标,逐步实现公司营运的收支平衡。徐凌把"不拘一格用人才"的理念贯穿到整体的人力资源管理体系中,招募了一批业务骨干和管理精英,公司员工人数从年初 32 人扩大到年底 100 人。

通过大规模招聘营销人才,夯实管理基础,完善内部架构,2007 年底,海富期货保证金突破 1.8 亿元,代理成交额较 2006 年增长 12.9 倍,成交量较 2006 年增长 10.8 倍,彻底改变了原公司的停滞状态,逐步走出了困境。

2007 年 11 月,海富期货经纪有限公司更名为海通期货有限公司,海通期货正式拉起了大旗,真正驶入了"快车道",进入高速发展时期。

矢志创新,乘风破浪

正所谓"乘风破浪会有时",2008 年至 2010 年,经历了"脱胎换骨"的海通期货展示出勃勃生机。这三年,也是海通期货发展最为迅猛的阶段。

数据显示,2008 年底,海通期货保证金规模增至 6.05 亿;2009 年底,该数字达到了 20.6 亿元;到 2010 年,攀升至 49.67 亿元,成交额突破 10 万亿元。与 2007 年底 1.8 亿元相比,三年时间增幅高达 27 倍。"我们总结下来,海通期货能做到现在的规模,首先是我们的战略定位比较清晰,其次是以战略为导向,持续推动营销、管理和服务创新,最终形成我们自己的发展模式。"海通期货总经理徐凌说。

2007 年底,徐凌提出海通期货要"扩大市场份额,夯实管理基础,构建核心竞争力"三步走战略。"对于我们这样一家新的期货公司来说,占领市场,就是要在营销创新方面寻找突破口。"

大规模铺设营业网点,是海通期货占领市场份额的一把"利剑"。"2008 年对期货公司来说是设置网点的历史性机遇,我自己当组长,成立了一个网点设置领导小组,开始战略性布局。"徐凌说。同年 12 月 18 日,海通期货北京、上海、大连、青岛、兰州、郑州、海口、太原 8 个城市 9 家营业部同一天开业,包括年初设立的杭州营业部,创造了一年开设 10 家营业部的市场纪录,此举震惊了国内期货界。巧合的是,就在海通期货初步完成网点布局后,2008 年底,监管部门出台新规,大幅提高了期货营业部的设立门槛。当很多公司意识到网点的重要性时,机会已悄然失去。

抓新品种上市机遇是海通期货的另一大"法宝"。"因为在老品种上我们没有优势。抓新品种,我们和传统期货公司基本上是站在同一起跑线上。"徐凌如是说。此时,恰逢黄金期货于 2008 年 1 月 9 日上市。经过充分准备,上市当天,海通期货在全国首推黄金期货实盘大赛。此举大获成功,上期所数据显示,当年海通期货黄金期货成交额挤进全国前十。有了这次成功经验,海通期货在上市不久的 PTA 上再出重拳,一举夺得郑州商品交易所近4%的市场份额。2008 年 7 月 2 日,海通期货收到郑商所贺电:"祝贺海通期货上半年 PTA 排名全国第四"。2009年,抓新品种的措施再收成效。当年 3 月 27 日,上期所钢材期货上市,依托强劲的营销实力,海通期货钢材期货市场份额再度挤进全国前十。到如今,凭借钢材期货持仓量牢牢稳占市场前五的地位,对海通期货的市场影响功不可没。

海通期货抓新品种的措施,其突破口是营销理念的创新。海通期货一方面充分利用券商背景,与银行等其他金融机构紧密合作,迅速渗透进入相关行业的潜在客户群体;另一方面,推出了一系列形式新颖的营销策划活动。在钢材期货上市系列推广活动中,海通期货"比赛促营销"、"赛中赛"及"公开高手操盘日志"等营销策略仍为不少期货公司所效仿。徐凌笑言:"我们在新上市品种的把握和事件营销上积累了一些经验,在一定程度上带动了行业营销手段创新。"

此时,徐凌意识到,公司业务规模不断扩大必然导致与原有的管理机制、模式不相适应,出现"虚胖"问题。"企业都有一个从外延式扩张到内涵式增长的阶段,因此我们把 2009 年定位为'管理年',大力夯实管理基础,推动管理创新。"

如何落实"管理年"?徐凌提出"人才、研发、风控、IT 是公司发展的四根支柱"。这一年海通期货采取了一系列措施:注册资本金增至 5 亿元,一跃成为当时国内注册资本金最大的期货公司;导入 ISO9001:2008 质量管理体系并成为业内首家通过此类认证的期货公司,不仅完善了制度流程,而且受到上海证监局的高度重视和充分肯定,并在上海辖区期货公司中推广运用;同年,海通期货在大型期货公司中率先上线新一代期货交易系统。

据悉,新一代期货交易系统可实现单点无故障与零切换时间,系统处理能力达到 8 000 笔/秒,整体容量支持达到了百万客户、百万持仓的水平,多样化的交易终端满足客户个性化需求,代表国内领先的技术水平。海通期货在保持市场交易不间断运行的情况下，引导 2 万余客户成功切换系统，没有发生一起客户流失和投诉事件，再一次震动业界。

"当时，有多少大型期货公司想切换这套交易系统，却不敢切换；因为大家下不了这个决心，心中没有底，而且没有成功的先例"，徐凌说。在业内人士看来，海通期货切换这套系统，需要承担风险。比如，不成功怎么办？出现交易问题怎么办？客户投诉怎么办？"这个决策难，但必须非常果断和及时。我们在做重大决策前，把所有的细节都想好了，结果证明是成功的，公司客户充分肯定了新系统的速度、稳定性、个性化和兼容性。"徐凌说。记者了解到，继海通期货后，国内超过五家大型期货公司也迅速跟进着手或正在切换这一系统。

"在服务方面，我们希望重点打造'一台两翼'发展格局。'一台'就是以中台核心，建立和完善客户分类管理模型，推出客户经理制的服务模式。'两翼'是信息技术和研发，在信息技术方面，海通期货上线新一代交易系统，基本解决了安全性、稳定性问题，同时在此基础开发了一系列新的运用程序。作为发展的另一翼，2010 年我们下大力气、重兵打造研究所。"徐凌介绍说。

2010 年，海通期货研究所与海通证券研究所对接，抽调精兵强将组成了业内首个"证期联合研究中心"，研究团队共 70 余人，学历均为硕士以上，负责股票现货市场、沪深 300 指数指标股的研究和股指期货与现货套保、套利模型建构、数量化分析、产品设计和程序化交易，使团队专业研发能力和服务水平有了质的提升。

依托前瞻性的决策和持续创新能力，海通期货获得了超常规的发展，提升了核心竞争力。到 2010 年股指期货上市前夕，海通期货的保证金规模已经达到 30 亿元。

追求卓越，以人为本

从一家"空壳公司"起步，到成功挤入期货行业"第一梯队"，海通期货仅用了五年的时间。期货业务"海通模式"，由此成为券商控股公司做大做强的典范。其成功的经验，除了贯穿全局的创新意识，还体现在对人才的重视和运用上。"我们的目标是以人才战略和企业文化作为依托，提高服务国民经济和产业经济的能力，科学发展，力争成为国内一流并具有国际竞争力的期货公司。"徐凌说。

身为人事干部出身的徐凌,对人才队伍有着深刻的理解。"600 个人,103 人具有硕士以上学历,380 人具有本科学历,基本打造了一支适应公司发展战略需要的人才队伍。"谈到公司人才,徐凌如数家珍,"海通期货极为重视人才工作,我们把人才建设放在核心位置、纳入公司五年发展规划。我们的人才开发战略,核心是实行市场化的人才选拔和培养机制。很多人说,'海通期货是国有的牌子,民营的机制','海通期货是市场化程度很高的一家公司,在那里不论资排辈,不问出处,不论亲疏,只讲业绩,只看能力',这些议论反映了公司的实情,从公司的组织架构、人才引进、薪酬待遇到干部任用、奖惩制度、优胜劣汰等,我们都采取市场化的理念和模式。其次,我们强调对人才的包容性。对于具有良好职业道德的人才,都充分挖掘其优点,淡化其缺点,把有一技之长的人才都放在合适的岗位。再次,我们注重为人才营造干事创业的氛围和条件,激励全员的信心和激情;同时也注重人才的可持续发展,关心和引导员工成长,有针对性地开展提升职业技能、管理能力等方面的培训,加强员工的学习教育、职业生涯规划。"

2008 年以后进入海通期货的人才团队,目前的稳定性已经相当之高。从 2009 年开始,海通期货开始大力招聘和培养应届毕业生,规定每年招聘的新员工中,30% 以上必须是应届毕业生;并对在校学生和对期货有强烈兴趣的年轻人开放实习机会,为公司和行业的未来发展培养生力军。"下一个五年,海通期货的目标是:80% 的核心人才是通过自身培养的。"

"回顾这几年走过的路,我始终认为,就是坚持三句话:勇担责任、矢志创新、追求卓越。"徐凌说,"这也成为海通期货的核心价值观,海通期货以此为核心,致力于构建责任海通、诚信海通、人本海通、爱心海通,回馈社会、承担企业公民责任,实现科学发展。"

热心公益,回馈社会

在徐凌的倡导和带领下,海通期货形成了热心慈善事业、积极参加社会公益活动、真情回馈社会的浓厚氛围,在汶川、玉树、舟曲等地质灾害中,都有公司扶危济困、奉献爱心的身影。2008 年,海通期货在业务刚刚起步、员工不足百人、经营处于亏损的情况下,向四川地震灾区捐款 83 650 元;2010 年,公司注资 12 万元,设立四川省"都江堰中学奖学、助学基金",奖励品学兼优的在校贫困生,这是期货行业内首个面向地震灾区的奖学基金,公司的义举受到师生的高度肯定和真情反馈,近两年来收到师生感谢信近百封。2010 年,公司将股指期货上市首日的所有手续费收入 10 万元捐赠青海玉树地震灾区,并倡议员工奉献爱心,共计捐献 189 885 元;同年 8 月,公司为甘肃舟曲灾区捐款 20 万元,在期货行业 160 余家公司中捐献额最高。

2012 年,海通期货捐款 10 万元,携手真爱梦想公益基金,为四川省安县黄土镇小学建立"梦想中心"多媒体教室。当年,公司员工发扬爱心互助精神,为帮助罹患重病的某员工捐助 20 万元。2013 年,海通期货与浦东金融青年联谊会结成战略合作,4 月 21 日启动"众志成城,支援雅安"的义卖捐赠活动,当日慈善义卖款项共计 42 925 元;5 月 18 日,推出"沪上新公益"首次慈善拍卖会,共募集慈善拍卖金 2.18 万元;6 月 1 日儿童节,共同策划推动面向农民工子女的"56 个农民工子女 56 个心愿梦圆陆家嘴"活动,组织川沙 56 名农民工儿童游览参观了东方明珠、上海城市历史发展陈列馆、上海科技馆,并为他们发放了梦想礼物。

近年来,海通期货组织了多期志愿者活动和无偿献血活动,取得了良好的社会效果。公司确保每年新招聘员工中 30% 以上为应届毕业生。为行业培养人才,注重发扬员工主人翁精神,培养员工的忠诚度和归属感,2011 年起,每年春节为员工父母送上慰问金,感谢员工家属支持,受到员工家属的热烈反馈和高度赞同。

2009 年,上海证监局推动实施辖区期货公司企业文化、战略管理等方面的建设,促进了辖区期货公司业绩、管理和文化发生翻天覆地的变化,徐凌先生带领海通期货率先参与辖区组织的经营管理、诚信建设、社会责任建设等方面的活动,于 2009—2013 年率先在全国期货公司中,向社会和媒体发布了期货公司年度社会责任报告。海通期货的社会责任工作方案成为上海地区期货公司社会责任建设的工作指引,做出了有益的探索和积极的贡献。

感恩．敬业．爱岗．爱国．

高 杰 出生于 1962 年 12 月,经济学博士,高级经济师。现任国投中谷期货有限公司总经理、职工董事,中国期货业协会会员理事、大商所理事、上期所交易委员会委员、郑州商品交易所结算委员会主任、上海市期货同业公会副会长。

1986 年毕业于吉林大学国际经济学专业,毕业后担任东北财经大学教师,2001年进入期货市场,先后担任中谷粮油集团期货部副总经理,中谷期货副总经理、总经理及国投中谷期货总经理、职工董事。

1992 年获辽宁省马列主义文献教学奖,1993 年获辽宁省优秀论文奖;2003 年获中谷粮油集团特殊贡献奖;2010 年获国投集团优秀共产党员奖,2011 年入选上海领军人才,2012 年获国投集团优秀管理者奖。

早梅发高树,迥映楚天碧

——记国投中谷期货有限公司总经理高杰

凌霜傲雪,勇闯市场

21 世纪伊始,她辞去东北财经大学教职,走下讲台,放弃稳定安逸的生活,闯进期货这个充满挑战与未知的市场,励志要将理论与实践相结合,将毕生所学贡献给中国期货。

12 年的光阴,花开花落,中国期货市场跌宕起伏,大浪淘沙,成就了一批人,也淘汰了一批人,她历经激流险滩,阅尽市场沉浮,将女性的柔情与领导者的风范完美结合,用坚韧永不放弃的毅力砍尽市场荆棘,带领团队稳扎稳打、精耕细作,在各项业绩上不断取得突破。

她紧跟市场步伐,积极开拓,成绩斐然。在她的带领下,公司注重调整客户与产品结构,推动公司业务转型。公司客户数量、客户权益、成交量、成交额及利润等核心指标稳步增长。公司客户权益一度突破 50 亿大关,创历史新高;2012 年代理成交量和成交额为 1 121 万手和 7 791 亿元,分别比去年同期增长 159% 和 149%,营业收入和利润总额为9 785.39 万元和 3 480.16 万元,分别比去年同期增长 57.93% 和67.75%,均大幅跑赢同期行业平均水平。今年,公司连续四年获得 A类 A 级期货公司分类评价结果,在全国 158 家期货公司中,仅有 10 家公司获此殊荣。

她独具慧眼,抢占市场先机,合理布局公司网点。结合动力煤期货和国债期货上市的背景,主导确立设立太原营业部和杭州营业部的战略规划。2012 年 5 月,太原营业部获得山西证监局批准开业。太原营业部利用国投集团的平台,发挥国投期货品牌影响力,抢占焦炭、动力煤期货上市契机,积极拓展山西及周边区域的客户,复制公司服务产业客户的成功经验,实现当年开业当年盈利。2013 年 4 月,杭州营业部获浙江证监局批准开业,致力于开拓江浙地区民间资本,逐步打开了公司在民间资本市场的影响力。目前公司拥有七家分支机构,基本覆盖了环渤海、江浙及珠江三角洲地区,形成了比较合理的网点布局。

她注重创新,追求卓越,致力于全牌照经营。在产品创新方面,在她的强力支持下,公司成立了原油及国债研究小组,积极参与交易所合约设计及市场调研工作,为新品种上市提前做好准备。在业务创新方面,在她的正确领导下,国投期货先后获得投资咨询业务资格与资产管理业务资格,囊括现有行业内所有业务牌照,并积极开拓,稳步发展两项创新业务。

她锐意进取,差异竞争,构建公司核心竞争力。始终坚持服务于实体企业、服务于国民经济的宗旨。为充分发挥公司多年形成的交割服务能力优势以及股东庞大的交割库群优势,在她的带领下,2005 年公司在行业内首推"一站式交割服务"模式,即受客户委托可以为其提供代客户设计交割方案、套保方案;代客户联系交割仓库、发货接货、交割预报,代客户办理现货检验、仓单注册、充抵、质押、注销,协助客户办理现货发运等一条龙服务。该模式的运行大大提升了公司的交割服务水平,塑造了公司的交割服务品牌,成为公司的核心竞争力。目前,公司在大商所的农产品交割量已连续多年排在首位,公司产业客户保证金规模占比一直维持在 80% 左右。充分践行了"一站式交割服务"的品牌效应。

雪胎梅骨,高洁立本

初入期货行业,她从前台营销起步,有自己的一套感悟:做营销,做到最后还是做人。做好营销,要有爱心、责任心和信心。有爱心,才能换位思考和关爱客户;有责任心,才能实现与客户双赢;有信心,才能把陌生人变成客户。在市场营销的过程中,客户首先认同的是你的为人。她曾经和员工讲:今天的小客户是未来的大客户,所以客户没有大小之分。要把所有的老客户都当新客户对待,对他们常怀敬畏之心,常念相助之情。做营销,不可能完全无私,但心里一定要装着别人;不要功利性太强,不要为了营销而营销,要敢于投入和付出热情。

物理上讲"能量守恒",她相信人在社会中也一样,即便是看不见的物质也是守恒的,投入一定会有收获。市面上有许多介绍营销的书,但技巧终归是技巧,立足高远,攀到顶峰,还是依靠价值观。

期货公司没有什么固定资产,人是唯一的资产。作为公司的"大当家",她看重员工的品行,不要求大公无私,但起码私心少一些。同时她也认为,言传不如身教,带队伍要身先士卒。早来晚走是她的一贯作风,有时晚上下了飞机,还要回公司处理事情。

红梅映雪,不争春俏

"泱泱华夏,浩浩神州,欣逢中华复兴,夸父新追中国梦;十月金风,寥廓霜天,极目漫天新秋色,江山尽染一片红。恭祝亲爱的同仁及家人国庆长假吉祥如意、身体安康!"——每逢节假,她都会拟写祝词贺春添喜。她喜好诗词历史,文学底蕴深厚;她爱好篆刻,水平颇高;她欣赏书法,大气磅礴;她有小女人的柔情,也有爷们般的气魄。

她是山东人,豪迈爽朗是骨子里的个性,做事雷厉果断不计锱铢,是强势的"女掌门"。可一面对她手下的员工,就立刻变成了细心体贴的大家长。公司的员工以 80 后居多,甚至还有 90 后,她将这些员工视为自己的孩子,慈母般地照顾着大家。过节放假了,便来问问有没有不回老家的,组织聚会、看演出;出差出国了,特产、小礼物装一箱子回来分给大家;谁家遭了灾遇了难事,立刻伸手帮助;女员工生孩子了,小衣服小鞋就备下了;孩子会走了,张罗着入托入学。很难想象,每天纷繁的信息和事件等着她处理,她还能在脑袋里挤出一块地方放这些家长里短的琐碎小事。她不是放在脑袋里,她是将每个员工放在了心里。

有爱便能生智慧

虞晓东　1959 年 12 月生,中国人民大学金融学研究生毕业,经济师、会计师、审计师职称。现任上海汇金融资担保有限公司董事长兼总经理,上海市静安区政协常委、静安区光彩事业促进会副会长,上海市浙江商会执行副会长,上海市担保行业协会副会长。

多次获得上海市"三八"红旗手、陈香梅巾帼创新奖、优秀党务工作者、上海市百名女企业家、上海市第三届优秀中国特色社会主义事业建设者、上海市金融行业的领军人物等多项荣誉。

中小企业信用担保行业的女领军

——记上海汇金融资担保有限公司董事长兼总经理虞晓东

从一名普通会计到主管当地财政税收的财政局和国家税务局副局长，从大型集团公司常务副总主管经营管理再到自主创业创建上海汇金融资担保有限公司，虞晓东以最基层的财务人员的实务、财税人员的大局观，再加上大型企业的经营管理者的运筹帷幄，深刻洞察中国中小企业的发展困境和融资艰难之后，建立了一份利益千万中小企业的事业，成为上海市中小企业信用担保行业的女领军。

这十年来，专注于中小微企业的金融服务，帮助更多的企业的发展打开一片广阔的天地；这十年来，帮助解决中小微企业融资需求，累计为1 000余家企业提供总额超过100亿元的融资担保；这十年来，将汇金担保打造成上海担保行业中具备一定影响力的商业性担保机构，形成了汇金担保特有的诚信、务实、创新的经营体系。对于虞晓东而言，企业融资担保、个人融资担保、非融资担保业务等各类投资业务，是她自己和带领汇金担保进行的一场关于理想、行动和坚持的融资服务竞赛。

历经多次转型，实现自我跨越

虞晓东多年的身份转换经过三个阶段，从基层的企业财务管理工作转换到财税局、国税局的管理工作，再从公务员的身份转换成大型集团公司的高层管理者，克服了政府部门与企业在经营环境、处事方式的巨大差异，站在企业发展的更高战略和发展角度去思考、规划和运筹帷幄，塑造出务实的行事风格和开阔的眼界，为多年后的自主创业和对金融服务的专注奠定了基础。在几乎男人占据大半壁江山的金融服务行业,虞晓东这个女中豪杰就这样一次又一次实现人生的不断跨越。

我国金融体制并不完善,尤其是中小企业的融资面临诸多困难,融资渠道需要拓宽。2003 年 1 月,虞晓东发现上海的中小企业面临的这些融资困难,创立了上海汇金担保有限公司,注册资本 0.5 亿元。2004 年,汇金公司成为上海近百家担保公司中被国家发改委和国家税务总局给予免征三年营业税待遇的 12 家公司之一,成为上海市担保协会的理事单位。

十年来,在虞晓东的带领下,汇金担保以服务中小企业为己任,以"规范、提高"为目标,以"控制、规避风险"为重点,进行企业化管理和市场化运作,积极推进担保业务的开展,注册资本金从 2003 年的 0.5 亿增资到 2012 年 5.206 8 亿元。公司累计为 1 000 多户小企业提供了 2 000 余笔担保业务,累计担保额度达 1 160 677 万元。

业绩优良,荣誉显著。十年来,汇金担保公司形成的规范严谨的业务流程和卓有成效的风险防控手段以及良好的经营业绩,为公司带来了诸多荣誉。2007 年在上海市经委、人民银行、银监局统一组织的对上海市担保公司的信用等级评定中被评为"A"级基础上,公司于 2008 年起连续获得了"AA"级信用企业称号,信用等级再上一个新台阶。同时还获得了国家无偿资助中小企业信用担保服务补贴项目资金 3 783 万元的奖励。

扶持中小微企业发展,建立创新融资模式

虞晓东在长期的实践中摸索出一套甄别优质中小微企业的标准和风险控制体系,解决了一大批上海中小企业的融资难的问题,累计为 1 000 多家中小企业提供融资担保,担保额超过 110 亿元。在选择客户方面,汇金担保致力于服务在沪浙江商会优质客户,并大力开展为中小微企业提供担保业务,尤其是"专精特新企业"或"科技小巨人企业",并根据客户的特点,开发出新的产业盈利模式和产业经营模式。

在虞晓东看来:"作为非银行金融机构要解决的是创新问题。现在因为中小企业的量大、面广、在经济技术快速发展的今天,在激烈的市场竞争条件下,特别是不断产生新的产业和金融模式。中小微企业在这方

面最具有灵活和创造力的企业,适应市场经济的能力特别强,产生多种经营模式,那么担保公司要善于挖掘中小微企业的核心价值和未来价值,采用投资银行的思维开展融资担保业务,与时俱进,迅速掌握中小企业经营的新特点,进行长期合作,更有效地支持成长性的中小微企业。"

在2008年全球金融危机的时期,中小企业更是难以融资。汇金担保采取了适合小企业资金流、物流、单证流的标准化担保项目操作模块,采取多种灵活的反担保措施,用加强过程控制来提高反担保能力,为小企业担保提供担保209笔,担保额101 980万元,其中在金融危机最为严重的第四季度为小企业提供担保资金近2亿元,并未发生一笔坏账,有力地缓解了小企业融资难问题。

针对科技创新型企业拥有知识产权,但是资金投入高、技术转化周期长、经营前景难把握等特点,汇金特别设计了"投保联动"模式,增加"以担保换期权"、"以担保换分红"等辅助形式,帮助科技创新型企业实现突破性发展。上海菱通软件有限公司是一家有100多名员工、拥有完整的供应链服务软件研发体系和技术平台的高科技公司,2011年7月,汇金担保与上海银行合作,应用"投保联动"模式,为其融资800万元,使其获得后续资金进行物流软件新平台研发。

树立立体担保商道体系,
建立完善风险控制体系

虞晓东的关注最多就是"风险"与"中小企业",并形成了针对中小企业的立体的担保业商道体系和风险控制体系。在虞晓东的商业逻辑中,汇金担保控制的单笔担保额度要坚持着汇金的原则:第一,担保公司的放大杠杆最多是10倍,汇金担保每笔担保业务一般控制在本公司注册资本的10%以内;第二,公司的担保余额控制在注册资本的5倍以内。操作程序遵照《公司法》、《担保法》、《中小企业融资担保机构风险管理暂行办法》等相关法律法规的规定,并参考银行贷款"三查"制度,制定了公司的业务流转程序和内部控制制度。正是这样的商业逻辑下,汇金至今没有发生坏账,并取得很好的收益。

虞晓东坚持把"风险控制"放在第一位,并因此制定了专业、科学而规范的业务操作流程和内控制度,"我们担保企业的严苛管理,与银行几乎没有差异。"汇金通过合理的业务流程和完善的内控制度,责任到人,措施到岗,切实将风险控制贯穿于担保过程中的各个环节和每个岗位,做到担保业务的保前调查、保中控制、保后跟踪,并落实反担保措施,连续十年实现坏账率0。而在组织架构和部门设置中,汇金担保实行"岗位分离、部门制约、流程监控"的运作机制。此外,公司设立了独立于各部门的评审委员会,坚持贯彻落实审、保、偿相分离的制约机制,建立可行的担保评审标准。

汇金还积极落实担保措施,每笔单保业务都要落实反担保,其种类为抵押、质押和第三方保证,以避免逃债和坏账风险。对以不动产抵押进行反担保的,要求抵押物权属清晰、完整、合法,经评估机构确认后到土地局、房管局等相关部门办妥抵押登记手续;对于存货、股权、存单、仓单、提单、债券及其他权证进行反担保的,要做到保前进行盘点、估值,到工商部门或登记公司办妥质押手续;对于以第三方保证方式进行反担保的,严格审核保证方的资信状况、财务状况,或有负债影响其偿债能力的因素,再加上法定代表人的个人财产作为反担保,尽可能做到担保低风险程度。

构筑坚实银保关系,注重社会责任

汇金担保公司已与工商银行、中国银行、建设银行、交通银行、国家开发银行、浦东发展银行、上海银行、杭州银行、民生银行、兴业银行、中信银行、宁波银行等多家金融机构建立了良好的合作关系,为业务开展奠定了坚实基础。在与银行的互信合作过程中,银保双方逐渐建立了"荣辱与共、风雨同舟"的合作理念,扩大了企业融资范围,使公司加快了与金融管理模式的接轨。

如对一些经营模式和盈利模式较成熟,需要多渠道筹资的成长型企业,汇金与这些金融机构建立合作关系,2011年授信额度超过60亿元。上海某金属制品有限公司为高新技术企业,客户大多为国内品牌汽车生产商,在国内市场占有率达到50%以上。通过汇金担保成功募集3 000万元,为企业的扩大再生产提供了资金支持,降低了企业融资成本,企业主营业务收入较担保前增长42.90%,该企业2011年3月已进入中小板上市辅导期。

　　虞晓东认为："公司的经济效益与社会责任感并重,是我们从事担保行业的宗旨。"为中小微企业的不断发展保驾护航本身就是一份利益众生的社会事业,是作为一名企业家的社会责任,此外虞晓东更是热心社会事业,乐善好施,近10年以来,先后资助了十八位贫困学生,还曾先后6次为抗洪救灾、救助社会困难人员、静安区光彩事业促进会光彩基金、上海市慈善基金会静安分会、特奥运动会、汶川大地震等捐款捐物,累计捐款达200多万元,体现了一个企业家强烈的社会责任感。

持续不断的提升客户满意度为企业的基点，
持续不断的进行技术、管理创新为企业的亮点。

罗敬文 1968年4月出生，高级工程师，毕业于吉林工业大学锻压模具专业。上海团结普瑞玛激光设备有限公司总经理总工程师。享受国务院特殊津贴专家、上海市领军人才、上海市学科带头人。全国激光加工专委会副主任，国家标准化委员会委员，上海激光学会激光加工专委会主任，湖南大学、江苏大学、吉林大学客座教授。

从事大功率激光加工事业二十余载，开发出二十余项国内首创产品，达到国际先进水平，产品应用于航空航天、汽车、船舶、工程机械等三十多个领域。获得过国家级科研项目4项，上海市级科研项目20余项，拥有20余项自主知识产权。

励精图治：在感"悟"中前行

——记上海团结普瑞玛激光设备有限公司 罗敬文总经理

一路创新,面对挑战强势胜出

2000 年 7 月 10 日,罗总大学毕业十年。凭着对激光市场发展前景的敏锐嗅觉,和朋友一起从山东济南铸造锻压研究所来到上海,与上海激光集团总公司合作创建了上海团结百超数控激光设备有限公司。

从 100 万注册资金的小公司开始起步,团结普瑞玛的发展态势吸引了当时国内首家激光技术上市企业的关注。2002 年,又被武汉团结激光有限公司看中并注资 300 万,合资组建了上海团结百超数控激光设备有限公司。2003 年 11 月,意大利普瑞玛工业公司和团结百超合资,成立上海团结普瑞玛激光设备有限公司。团结普瑞玛就这样,在不到 900 万总投资的条件下,开始了与国内外同行的激烈竞争,并在十年后,强势胜出。

2010 年公司成立十周年之际,团结普瑞玛迎来了历史发展的新高峰:签订有效订单 308 台、发货 296 台、验收 286 台、回款 5.5 个亿、利润创了历史新高,在行业内实现了五项第一:销量第一,发货量第一,资金周转率第一,验收量第一,综合效率第一。238 名员工,激光设备发货量达到 294 台,人均 1.48 台,销售量首次超过了投资方意大利 PRIMA 公司的销量。

2011 年全年,团结普瑞玛又以 280 台套设备、5.7 亿销售额,国内市场占有率超过 50%、中国目前最大的大功率激光切割与焊接设备制造商的业绩,继续领跑大功率激光装备市场。

　　团结普瑞玛走的是一条不断创新和不断超越的道路。可归纳为"两力"：洞察力和创新力，即善于洞察周边生存竞争环境的变化，先于竞争对手制定出产品策略、技术策略、营销策略和管理策略。这种系统的整合能力才是团结普瑞玛，始终被追赶，从未被超越的原因所在。

　　团结普瑞玛自编的"企业感悟录"里有这样一段话：以发展为中心，让员工分享企业发展的成果！持续不断地进行技术、管理创新为企业的工作重点！在公司的四个重要管理体系中"创新管理体系、服务管理体系、培训管理体系、供应链管理体系"创新体系尤为重要。在罗敬文眼里，技术创新固然重要，但是管理创新同样重要。企业发展到一定水平必须要双管齐下，否则就会形成短板效应，阻碍企业发展。

　　为了激励员工努力创新，团结普瑞玛专门设立创新管理奖，分成A、B、C、D四档，谁有好的主意，好的想法，一经采用，当场兑现，并且上不封顶。

　　在团结普瑞玛，设备最多放一个月，必须出货。罗敬文算了一笔账，我们现有厂房占地5 000平方米，每天费用12万元，平均每天每平方米花费22元。一台设备折合到2 200元，如果放置一个月，就是66 000元。"一般企业不会注意到这点，但是我们认为，一个健康的企业，应该是成品1/3，半成品1/3，毛坯1/3。我们的车间，每个人都在忙忙碌碌，车间里的格局过几天就会改变一次，产品周转非常快。这样资金才会流动起来，管理才会有效率。"罗敬文说。

　　"绿色是目前制造领域的主流概念，主要的核心问题就是设备生产效率提升的问题，如何让现有的资源利用率达到最高。"罗敬文认为采用激光进行加工可以给客户带来更高的效率，以此来降低客户成本。团结普瑞玛因此致力于节能环保、智能化和自动化，国内目前热门的3D打印技术，许多设备就源于这里。

　　在罗敬文的带领下，已先后负责开发设计百余项激光通用及专用设备，进行多项技术创新及难点突破，20余项产品填补国内空白，部分产品达到国际先进水平。还承担多项国家863课题、国家发改委产业化、国家创新基金、国家重点新产品和上海市高新技术产业化、上海市级科研与重点新产品等项目。

　　罗敬文因此创造出多项"第一"：参加研制我国第一台最大的3D打印机、我国第一台六轴3D的激光切割机，负责设计我国第一台SLV

型心血管支架激光切割机、第一台在线激光切割解放汽车大梁板生产线、第一台超大台面激光切割机……

在罗敬文办公桌正对的一面墙上,挂着一幅字画,上书浑厚稳重的"悟"字。2010 年,团结普瑞玛十周年庆,很多人问罗敬文的感想,并建议在他的办公室里裱幅字画,他想了想,说"悟"这个字最能体现他的心境。

至今,团结普瑞玛连续 10 年在大功率激光市场位居同行业第一,占领 40% 的市场,继续保持着国内行业领头羊地位。

甘当伯乐,育人战略授人以渔

有人总结,在近年来由团结普瑞玛引起的诸多效应中,"营销战略"最为世人瞩目。不过,罗敬文却认为人才最关键。

如果说罗敬文是"伯乐",那么他的"研发团队"可以称得上"千里马",正是这些"千里马"为团结普瑞玛占领科技高地驰骋疆场、开疆拓土。

2012 年,团结普瑞玛特意印制台历《企业感悟》,罗敬文把自己的所悟的理念印在每一张月历上,包括如何"做人、用人、留人。"

事实上,现在国内激光装备领域"挖人"现象突出,一些单位对团结普瑞玛培养起来的科研人员虎视眈眈,许以高薪为诱饵。罗敬文说,要营造"环境留人、空间留人、待遇留人、感情留人"的氛围,对每一名员工的信任和支持,鼓励其在岗位上发挥特长。

在罗敬文信念里,要把团结普瑞玛办成激光装备领域的"黄埔军校",在这里,人才得到良好的学习和锻炼。

作为吉林大学、江苏大学、湖南大学客座教授,罗敬文每年带教几名硕士研究生。他常说:"学历不代表能力,文凭不代表水平,知识不代表智慧。"他带教的研究生,特别注重实践能力的培养,研三主要围绕市场化做课题。通过几年的培养,丰富其实践经验,使他们在同学中成为佼佼者。

打铁还需自身硬。罗敬文是上海市唯一的激光加工装备工程技术研究中心主任,也是上海市企业技术中心主任,2012 年荣获国务院特殊津贴,先后获得上海市优秀学科带头人、上海市领军人才、闵行区科技之星等称号,以及多项发明专利、实用新型专利和软件著作权。

他说,企业需要转型,自身也要完成转型,从而为团结普瑞玛今后的健康发展奠定基础。所以,罗敬文认为企业下一步要做的是:"选才、育人、抓战略"! 对于年轻的一代,不仅要扶上马,送一程,而且要授人以渔。

罗敬文的助理任德财就是公司从基层培养出的管理骨干,任德财自2001年就来到团结普瑞玛,当时他还是一名一线装配工,他见证了团结普瑞玛的一步步发展,自己也获得不断进步。在工作中多次提出改进意见并被采纳,而后获得"优秀员工"、"先进个人"等称号并晋升为全公司最年轻的"班长",做到班组全年无安全事故、班组装配机器交检合格率100%。

走过来是坎坷,回过头来是风景。谈起在团结普瑞玛的工作经历,任德财用"绝不认输"来描述。凭着这股"绝不认输"的劲儿,在装配人员、生产面积没有增加的情况下产量持续提升,并创造每年人均产能1.2台设备的行业纪录。

2013年罗敬文提出"集约、文化、跨越"的管理思想,让像任德财这样普通员工赢得自信,获得发展。他强调坚持"一个中心、两个基本点",即以发展为中心,让员工分享企业发展成果;持续不断提升客户满意度,持续不断进行技术创新、管理创新为公司的两个基本点。

中国制造,世界品牌

现在,团结普瑞玛又有了一个新梦想:下一个十年,要变成一支国际化的先进部队,实现自己的梦想,为中华民族制造出世界一流的激光装备。通过三年努力,实现30%的产品出口;通过五年的努力,进入国际四强,最终实现"中国制造,世界品牌"。这种自信,让国际行业各大巨头不敢小觑。

很多同行问,团结普瑞玛是怎么做到的? 意大利合作伙伴也拿着上海公司研制出来的新产品,问,"为什么我们意大利还没有生产出来,你们却做到了?"

回首起步的历程,罗敬文深深感到当时打拼的不易:"要资源没资源,要资金没资金,但是我们很努力。"

"二十年前,与老外交流,他们很傲慢。"罗敬文回首往事,"那个时候,我心里就有了一个梦想。2000 年,公司初创时,我还是觉得国外的什么都是先进的,什么都是好的。但是到后来,外方对待我们的态度已经完全不一样了。"

通过持续大力度的研发和创新,团结普瑞玛目前年产 300 余台激光加工成套产品,全球同行业销量排名第四,已向市场投放 2 000 多台设备,成为国内大功率激光加工装备的领跑者。产品广泛应用于航空航天、交通运输、石油等国家战略领域,以及电梯、空调、电器开关、纺机、家用电器等行业,还远销到印度、澳大利亚、韩国、越南、新加坡、马来西亚和中国台湾等国家和地区。

2010 年,正逢团结普瑞玛十周年庆,罗敬文发布"新起点,新契机,迈向国际市场"的未来十年新战略。他说,以后每个十年,都会有一个中长期发展规划。

未来十年,"我们将打造五个中心,建立国家级的技术中心、国家级的展示中心、国际级的培训中心、全球级营销中心、亚太级的制造中心"。

"目前,团结普瑞玛进入了发展的关键时期,中国在变,世界在变,公司也必须改变现有发展模式。我们的核心竞争力就是善于洞察周边生存环境的变化,制定出优于竞争对手的策略。"罗敬文指出,"今后的市场博弈一定是世界范围的人才博弈、技术博弈、资金博弈、战略博弈。团结普瑞玛下一个十年的目标,要从一个中型企业成长成为一个大型企业;要从年销售量 6 个亿达到 30 亿的规模;要从年产量 300 台达到 1 500 台的能力。"

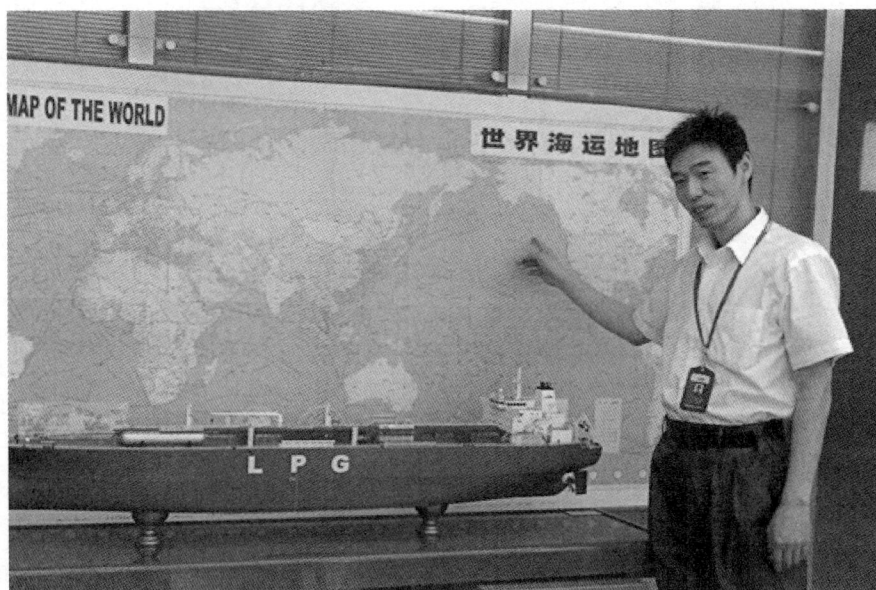

创新 实干

陈 兵 1970 年 10 月生,研究员级高级工程师。1993 年 7 月毕业于哈尔滨船舶工程学院。现任江南造船(集团)有限责任公司开发研究部部长。

长期从事船舶开发与设计工作,主持江南型散货船系列、江南型液化气船系列,以及集装箱船、油船/化学品船的研发、设计,承担国家重点产品的科研攻关项目。

近年来获得国防科技进步二等奖,国防科技进步三等奖一次;中国船舶工业集团公司科技进步三等奖;中国造船工程学会科学技术三等奖;上海市科技技术三等奖;上海市优秀新产品成果二等奖;江南造船集团科技特等奖;撰写船舶科技报告数篇;荣获 2009—2010 年度上海市"科技标兵"称号;获 2011 年上海市领军人才。

大胆创新敢为人先，
厚积薄发远征深蓝

——记江南造船（集团）有限责任公司开发
研究部部长陈兵

　　江南造船（集团）有限责任公司的前身为清朝同治年间（1865 年）
创立的江南制造总局，曾创造了无数个中国第一，"敢为天下先"成为江
南文化的精髓。而在科学技术迅猛发展的今天，作为带领整个江南造船
技术创新体系的尖端团队—开发研究部开展研发工作，如何传承和发扬
江南的创新精神，是摆在这个团队的负责人—陈兵面前的一个重要
课题。

　　肩负这百年江南赋予的神圣使命，他夜以继日，以智慧加勤勉，延续
了江南造船继续创造中国第一乃至世界第一的优秀传统，一次次取得令
业界惊叹的成果。他以敏锐的洞察力和深邃的技术认知能力，一次次捕
捉到了市场的需求，并将其与技术创新有机地结合。同时以高超的技术
管理、领导力带领研发团队共创辉煌，在全球造船领域，增强了"中国江
南"这一品牌的技术底蕴和市场认可度。每一次创新，每一次奋斗都记
载了他勇攀高峰的信念和无私奉献的理想。这就是陈兵，一个从事船舶
行业 20 载，创下无数业界佳话的船舶研发领军人物。

打造精品-激情与实干的研发之旅

　　在大学毕业进入江南造船之后，怀着对造船事业的一腔热血，陈兵
同志从基层做起，经过在生产、设计、研发部门的实践锻炼，系统性地掌
握了船舶研发、设计和建造的专业知识。带着执着追求和一股似乎用之

不竭的干劲儿,陈兵把自己的热情全部奉献在船舶新产品的开发上。不怕辛苦、敢拼敢闯、孜孜不倦、对工作的满腔热忱磨砺出了今天的他,使他成为专业前沿的行家。正是这股勇往直前的激情和实干让这条研发之旅有了风雨过后的阳光。由于能力突出,在三十岁出头的时候即被公司委以重任,全面负责江南造船的开发研究工作。

2003 年开始,散货船曾因共同规范(CSR)新要求而面临全面更新换代的局面。陈兵临危受命从船型开发总负责人的角度,提出了追赶和超越国际一流水平的目标,精心组织进行计算分析,开发出了指标先进、油耗低、载重量大的 7.6 万吨第五代"江南型巴拿马散货船"。自她诞生至今已经累计为集团公司获得了 100 余艘的建造合同,创汇超过 40 亿美元,该船型一直为市场的标杆,这一成功案例是对"科学技术是第一生产力"的完美诠释。该船型先后获得了工信部、中国造船学会、中国海洋工程协会、中船集团和上海市科技进步一、二、三等奖。

江南在市区的原厂只能建造 8 万吨以下的船舶,在江南搬迁长兴岛这一历史性机遇面前,陈兵冷静思考,结合市场需求和新的现代化造船基地的情况,通过科学分析、论证,在几大传统的船型分类上,创造性地提出了"MiniCape 型"散货船的设计理念,同时大胆地开展了一系列技术创新,突破传统船舶线型开发的思维定式,提出了"节能隐形球艏(VS-BOW)"的船型设计理念,并带领研发团队进行了大量的计算、分析工作,成功自主研发出了 11.6 万吨"江南型 MiniCape"散货船,主要船型技术指标首次达到了国际领先水平,这标志着中国造船业的重大突破。该船型一经推向市场,立刻获得订单 30 艘,创汇超过 16 亿美元。创新型的节能隐形球艏线型还获得国家知识产权局的发明专利授权。

7.6 万吨和 11.6 万吨散货船的成功并未让陈兵停止创新的步伐。随着 7.8 万吨首制船"INFINITY 9"号的顺利试航归来,陈兵带领团队开发设计的精品船型—第七代"江南型"巴拿马散货船,给市场再次带来了惊喜。以一系列船型的开发成功为基础,陈兵开始打造"绿鲸系列"的"江南型"散货船品牌,其主持开发并具有节能线型(VS-BOW)的散货船都被冠以江南"绿鲸"系列。之后陈兵又主持自主开发了"绿鲸系列"的"江南型 18 万吨"、"江南型 21 万吨"散货船,并都为公司获得定单、出口创汇超过 3 亿美元。这些船型使江南在大型散货船领域实现了船型全覆盖,为公司应对市场波动提供了有力的支撑。

未雨绸缪-领军重大工程研究运筹帷幄，
勇攀船舶科技高峰

陈兵认为，作为研发工作的领军人物，长远规划、未雨绸缪是其应考虑的头等大事。在2008年前后全球船舶建造市场行情高涨，船厂接单、盈利屡创历史纪录的前提下，陈兵居安思危、冷静思索，对公司乃至造船业的全面乐观情绪进行了逆向思考。从长远发展的战略眼光和忧患意识的角度出发，极力主张在市场大环境良好，船厂运营压力较小的情况下，投入巨额研发资金和技术人员，开展全冷式液化气船等高端船型的研发工作。

超大型全冷式液化气船（VLGC）是市场上典型的三高（高技术、高难度、高附加值）船型，长期受日、韩船厂的垄断和技术封锁，此前一直是中国造船界的空白。在此背景下，陈兵带领江南研发团队组织立项开发"中国江南版VLGC"，带队咨询专业船东、国际知名船级社。他严格组织管理，攻克了一项项技术难关，通过不懈的努力，2011年最终掌握了"大型低温液货舱＋支撑结构的设计建造"、"次屏壁的温度场计算"等十项核心关键技术，并圆满地按时完成了全部工作，该研发项目还获得了国防科工委科学技术进步三等奖、集团公司科技与管理创新成果一等奖。2012年6月，随着一家欧洲著名船东宣布在江南订造8艘VLGC，全球造船界将目光再次投向了中国-江南。陈兵和他带领团队的锐意进取使江南成为中国唯一能够自主研发、设计、建造VLGC的船厂，再次创造了新的"中国第一"，也填补了改革开放后困惑中国造船界30多年的空白。

金融危机爆发后，全球造船业迅速陷入低谷，以散货船为代表的常规船型需求、价格低迷，多数以常规船为主船厂订单缺乏，经营生产难以为继；而江南则凭借着自主研发的三高产品（以VLGC、21 000 m³乙烯船、22 000 m³LPG船和35 000 m³乙烯船为代表的系列液化气船），在市场接单上异常活跃，订单饱满，甚至出现了供不应求，多家船东争抢江南造船的局面。

这一切，都与陈兵在数年前规划、布局并亲自带队实施高端产品研发密不可分。以此为基础，江南也成功地实现了其造船产品的升级和转型发展。

团队管理－技术与管理并重，
创新与团队并举

陈兵做事干练利落，敢为人先，追求完美，在科研工作中亲力亲为，同时他也有着卓越的管理能力，作为开发研究部的部长，陈兵除了负责日常行政事务之外，还要充当技术领军人物、学术带头人的角色。一滴水只有放进大海才能永不干涸，他注重团队建设，随着公司搬迁至长兴岛厂区后，随着船型研发工作量迅速增加，人才缺口日益明显。陈兵在主持工作时，针对部门技术人员缺口较大，人才梯队不完整的不利局面，高度重视人才队伍建设。他科学组织，精心安排，一面大胆启用新人，一面邀请专家进行把关，同时通过自己的言传身教、定期组织老专家和资深员工开展专业培训讲座、进行培训交流等，在产品开发、设计及其技术革新方面为公司培养了许多业务骨干，为公司打造了一支高素质、高质量、高效率、专业素质一流的研发团队。在大批造船企业出现订单荒的情况下，江南造船则凭借丰富的船型储备和技术指标优秀的产品，订单充足，生产任务饱满。

在团队建设的同时，陈兵结合实际工作需求，注重能力建设；在人员队伍扩充的同时，员工的研发能力和水平也得到了大幅提升，实现了"做大、做强"的同步实现。以江南造船研发团队和能力建设为背景申报的"走向深蓝的船型开发"获得了上海市2012年度科技进步一等奖，在对江南造船船型研发技术创新体系褒奖的同时也是对陈兵同志主持的团队建设、能力建设工作的肯定。

不经一番彻骨寒，哪来梅花傲骨香，正是在追求卓越、坚持创新的科研理念下，陈兵和他的团队一次次刷新江南的技术高度，谱写了江南造船新的篇章。从江南的精品船型到公司的拳头产品，从获得国家发明专利的"垂直节能隐形球艏线型（VS－BOW）"，再到十年磨一剑的三高复杂船型 VLGC 等等，无不书写着陈兵对工作的奉献和对船舶行业的领军作用。在他和他所带领团队的锐意进取下，江南造船将迎来永续辉煌的"江南长兴"新时代，走出长江，奔向大海，远征深蓝！

求实创新，快乐造船

楼丹平 1966 年 6 月生，船舶设计高级工程师（研究员级），现任沪东中华造船集团公司副总工程师兼船舶开发研究所所长。

主要从事船舶产品研发工作，攻克了船舶开发设计中的诸多关键技术和难题，特别是在大型集装箱船和大型液化天然气船等的开发设计中开创了多款达到国际先进水平的优秀船型，填补了多项国内空白，为我国海洋装备制造业的发展做出了突出贡献，成为国内造船业、海洋装备制造业领域的专家。

曾先后荣获上海市科技进步奖一等奖，国防科工委科技进步奖一等奖，中船集团公司科技进步奖一等奖等奖项。

打造精英团队,开发一流产品

——记沪东中华造船(集团)有限公司 副总工程师楼丹平

倾心建设精英团队

2001 年楼丹平开始担任沪东中华造船集团有限公司开发研究所所长。此时的开发研究所刚组建不久,技术人员的中坚力量由一批工作多年经验丰富的老法师组成,但是老法师们过不了几年即将退休,而年轻人员还没有完全成长起来,开发研究所的人才结构面临着青黄不接的困境。如何实现骨干技术人员的新老交替,是楼丹平面对的首要问题。

为了建设好所里的人才队伍,他秉承发现人才,培养人才,留住人才的原则。熟悉并了解每一个员工的特质,尽量让他们在最适合自己的岗位上发挥作用;让老法师和青年人结成对子,通过"传帮带",尽可能多的让年轻人学到东西;工作中,大胆启用年轻人才,让他们在老师傅的帮衬和指导下,多接触重要的工作,通过工作的锤炼,积累经验,加快成长。人文关怀和薪酬激励的有机结合是楼丹平留住人才的主要方式。给年轻人搭建更好的成才平台,给青年人才争取更好地成长机遇。

在工作方式上,他主张人尽其才,才尽其用,人事相宜,打造高效的研发团队。他认为,只有每个人都能充分发挥自己的才能,每个人的才能都能够得到发挥,让所有的事都有合适的人去做和管,让所有的人都能去做和管相应的、合适的事,如此才能最大限度地发挥个人能力与特长,实现工作效率最大化。例如,在 LNG 船项目团队中,由老、中、轻三代组成,老法师提供资深的技术指导,中年骨干负责项目管理,年轻人则充分发挥主观能动性,积极推进项目开展。经过初期的磨合,每个人都能很好地找到自己的位置,不断优化各自的工作方式和手段,成为一支配合默契的、高效的团队,为沪东中华在 LNG 船研发上的快速发展做出了卓越的贡献。

在楼丹平的努力下,开发研究所的人才队伍不断壮大。从刚成立时不足 20 人的全新部门成长成一支拥有 60 人的菁英团队,其中研究员级高工 8 人,高工 14 人,工程师等 28 人,团队成员中曾有四人次获得上海市劳动模范、中国船舶工业集团公司优秀科技人才等称号,并有 2 人享受政府特殊津贴。

潜心尖端技术研究

开发研究所承担我公司民用船舶产品的研发任务,近几年,楼丹平同志主持、负责并参与了多项国家科技部、发改委等部委和上海市多项重点科研攻关项目,如"71 000 吨巴拿马型油轮开发设计与建造"、"5618TEU 集装箱船设计与建造关键技术研究"、"超大型集装箱船船型开发"、"大型液化天然气船"等。

在九五期间被国内外造船界誉为"中国沪东型"的 74 500 吨巴拿马型散货船,就是楼丹平同志带领技术人员不断创新研发而形成的国际著名船型,该型船建造了 50 多艘,创造了非常好的经济效益和社会效益,获得了国防科工委科学技术一等奖等奖项。

超大型集装箱船是目前世界上高技术含量的船型之一,在楼丹平及其团队的努力下,沪东中华公司对此型船舶产品的从无到有、从有到强,并最终形成与世界先进水平同步的系列船型设计。以楼丹平同志为首的研发团队攻克、解决了各种技术难题,自主设计建造了具有自主知识产权的我国当时最大集装箱船 8 530 箱集装箱船,该型船长 334 米,载重量 10.2 万吨,主机 9.3 万马力。该船解决了总体布置、快速性、船体结构有限元直接计算、舵空泡、超厚高强度钢板焊接工艺等关键难题。该型船为公司获得了 14 条订单,于 2010 年获上海市科技进步一等奖。

沪东中华造船集团公司于 2008 年 4 月成功交付第一艘大型液化天然气(LNG)船,标志着我国掌握了世界造船尖端技术,打破了国外在该领域垄断的局面。LNG 船是以高难度、高技术、高附加值著称的"三高"船舶,被世界造船界誉为"皇冠上的明珠"。楼丹平作为该船型的主要开发设计者之一，带领技术团队，从 1997 年开始 LNG 船攻坚战，2001 年底开始着手准备国内首个 LNG 船建造项目的投标，倾注了大量的心血。由于 LNG 船在国内是全新技术，整个产业链都是空白，他带领开发所的设计人员在探索中前行，奋力拼搏，攻克了一个又一个技术难关。参与策划和实施了大量国产化的配套项目，比如绝缘箱流水线、泵塔制造、膨胀珍珠岩制造、不锈钢管子预制等。在设计建造过程中，攻坚克难、不断创新，解决了 LNG 船三大技术难题，它们是蒸汽透平推进系统在船上的应用、零下 163 度低温围护系统设计和安装技术、货物操控系统的设计制造技术。通过组织攻关有力地推动了公司设计水平和能力的提升，被公司授予"勇于创新奖"。同时，楼丹平带领的团队不满足于已取得的成绩，持续努力，又研发了具有世界先进水平的 16 万 m^3、17.5 万 m^3、22 万 m^3 电力推进 LNG 船和 17.2 万 m^3 低速机加再液化系统 LNG 船等新一代 LNG 船系列，并已成功推向市场，使公司在 LNG 船设计与建造中继续保持国内的领军地位。在埃克森美孚/中船三井的项目中，沪东中华成功中标了 4 条 17.2 万 m^3 LNG 船的建造合同，为中国船厂打入国际 LNG 船市迈出了坚实的第一步。此后，他带领的团队又马不停蹄地投入到中海运/中石化的 6 条 17.4 万 m^3 电力推进 LNG 船项目和英国燃气/中海油的 4 条 17.5 万 m^3 电力推进 LNG 船的项目中去，为我国新能源海上运输的装备保障提供了有力的技术支持。

用心开拓高端市场

近年来，受金融危机影响，船市出现下滑。船舶工业面临新一轮市场调整，船厂的产品结构转型迫在眉睫，只有造出高科技含量，高附加值的船舶，才能让船厂逆势向前。楼丹平积极研究行业动向，满足适应市场需求，在沪东中华传统产品（散货轮，油轮，集装箱船，LNG 船等）的基本面上，又带领科技团队向 45 000 DWT 集装箱滚装船和 38 000 DWT 化学品船这两种新船型发起了攻关。目前，他还集中精力进行着 12 500 TEU、22 万立方米 LNG 船、LNG－FPSU、LNG－RV 等系列新船项目的开发，逐步打造沪东中华自有的品牌特色，为公司跻身世界造船十强做好充分的技术储备。同时，在金融危机的冲击下，根据国际海洋工程装备及航运市场的特点，他组织人员投入到海工产品的研究开发中,为产品多样化和持续发展打下基础。

楼丹平大学毕业后一直从事船舶研究与开发设计工作,在船舶行业已经辛勤耕耘了25年。他作风严谨踏实,为人随和低调,潜心科研,淡泊名利,将热血与智慧都奉献给了我国的船舶工业,为我国的装备制造业做出了不可磨灭的辉煌贡献!

大道至简

金　波　研究员,1972 年 3 月出生,2000 年获华东理工大学控制理论与控制工程博士学位。现任公安部网络侦察研发中心副主任、公安部第三研究所所长助理、公安部第三研究所首席科学家、信息网络安全公安部重点实验室主任、上海辰星电子数据司法鉴定中心主任。

长期从事网络信息安全的理论研究与技术应用,主持国家发改委专项、863 计划、国家科技支撑计划、上海市科委重点等项目 20 余项,发表专业学术论文 30 余篇;获发明专利 30 余项;研制完成信息网络安全、计算机犯罪侦查产品 20 余项。

获国务院政府特殊津贴、国家科技进步二等奖、全军科技进步二等奖、王选新闻科学技术一等奖、公安部科学技术二等奖、上海市优秀专业技术人才等奖励和荣誉,多次荣立个人嘉奖与个人三等功。

敢为人先，励志报国

——记公安部第三研究所金波研究员

引领学术创新，攻克科研难题

金波多年来一直奋战在公安科研的第一线，积极承担项目，攻克多个科研难题，为保障我国信息网络安全、打击计算机犯罪工作做出了突出贡献。

2007年，他完成国家高技术研究发展计划（863计划）项目《数字图像信息防伪鉴定技术研究》申报。在2010年科技部组织的该项目验收中，专家组一致认为：项目针对图像防伪鉴定的迫切需求，研究了数字图像真伪主/被动鉴定的核心技术，包括专有可信水印检测鉴定、自然图像篡改检测鉴定、计算机生成图像检测鉴定的关键技术；项目研制完成的数字图像真伪主/被动鉴定软件系统集成了课题提出的核心算法，在声像资料司法鉴定、知识产权保护领域具有广阔的应用前景。

2008年，他承担了国家发改委项目《网络边界安全接入与数据交换平台产业化》关键技术的研究。该项目的研究成果在认证能力、访问控制能力、监控能力、工作模式、管理能力等方面具有明显优势，通过了国家保密局安全保密测评中心、公安部等级保护评估中心等权威机构的检测和攻防测试，在多项技术上达到国内领先水平，已在全国100多个省公安厅、市公安局的公安信息通信网边界接入平台建设中应用，产值超过4 000万元，带动相关效益超过6 000万元，创造了巨大的社会效益和经济效益。2009年，该项目获公安部科技进步二等奖。

2010年，他完成国家发改委项目《网络真实身份管理系统产业化》申报，获国拨资金1 000万元。该项目拟通过多平台系统信息综合利用,实现网络真实身份多角度应用、挖掘和分析,为我国全面推行居民网络身份证(eID)制度奠定坚实的技术基础。项目实施将有助于保护民生服务、商业服务和公安服务,防范计算机网络犯罪,最终提升我国互联社会公共安全领域的核心竞争力,促进国家的信息安全建设。2012年,他承担了国家发改委IPv6信息安全专项试点工程任务,为构建下一代互联网的安全基础设施打下了工程与实践的基础。

历年来,金波取得了多项重要的原创性科研成果,工程和实战应用效果显著,其中包括:公安部某网络犯罪侦查系统、网络安全审计系统、解放军某部信息安全系统、互联网安全检查工具、入侵检测系统、外联监控系统、介质取证系统、数据恢复软件、计算机犯罪案件勘查箱等。他主持研发的网络犯罪侦查系统已在全国所有地市以上公安局使用,在数万起案件的侦破中发挥了显著作用,抓获犯罪嫌疑人上万名。

创建标准平台,支撑实战应用

我国电子数据鉴定标准的前期研究起步晚,基础薄弱。金波以引领电子数据取证与鉴定技术发展为目标,围绕电子数据取证与鉴定应用领域,借鉴吸收国际先进标准化成果,组织进行了电子数据取证与鉴定标准体系、路线图设计、支撑平台创建等原创性工作。

在国内电子数据鉴定领域,金波首次从鉴定对象、对象的状态、检验方法三个维度提出了一个多层次的电子数据鉴定标准体系框架及组成,带领团队着手制定各项鉴定技术标准,同时研发支持电子数据鉴定基础标准、设备标准、鉴定方法标准、鉴定实验室管理标准的基础支撑软硬件平台原型系统。他主持制定的《电子数据法庭科学鉴定通用方法》等3个公安行业标准已经正式发布;主持制定的《电子邮件检验技术方法》等4个公安行业标准已进入报批稿阶段。

2010年4月,以基础平台为支撑的上海辰星电子数据司法鉴定中心建立了满足国际标准ISO/IEC17025和《司法鉴定机构资质认定评审准则》两个标准要求的质量管理体系,成为我国电子数据鉴定领域第一家同时通过实验室认可与国家级资质认定的专业实验室。

在实战方面,以鉴定技术标准和规范为具体应用的上海辰星电子数据司法鉴定中心已受理司法鉴定案件委托近2 000起,出具司法鉴定报告 1 000 多份,占全国同类案件的 6% 以上,其中包括了李长春同志批示的部督"3.15"罗维邓白氏个人信息非法买卖案、央批"12.9"专案、部督"家帝豪"传销案、部督"3.15"涉外信用卡诈骗案、部督"3.02 系列制售、伪造涉外信用卡"案件,部督"2.11 侵犯微软知识产权"、部督"信用卡诈骗案"、部督"世界药房"非法经营案件、国家工商总局督办"家和家园"、"财富的秘密"系列传销案等,并获得众多委托单位的一致好评,感谢信、荣誉锦旗等不胜枚举。

强化科学管理,打造一流团队

尽管工作繁忙,金波仍坚持每天学习和研究,不断追求新进步,除了单位工作,他还兼任中国合格评定国家认可委员会实验室技术委员会法庭科学专业委员会委员,中国刑事科学协会试听技术检验专业委员会委员,中国通信学会云计算专家委员会委员,中国计算机学会大数据专业委员会委员,上海市司法鉴定协会电子物证司法鉴定专业委员会主任,上海计算机学会信息安全专委会副主任,上海市信息安全管理协会理事,《计算机应用与软件》编委,《中国司法鉴定》常务理事,《信息网络安全》编委。

作为信息网络安全、电子数据司法鉴定领域的权威专家,他积极开展广泛的国际交流与合作,多次受邀在 IEEE APSCC 2012 等国际会议上发言。同时他还注意加强对青年人的培养工作,担任了上海交通大学、重庆邮电大学、西安交通大学、华东政法大学兼职教授,悉心指导硕士生的研究工作。

而金波所带领的团队"国家反计算机入侵和防病毒研究中心"、"公安部第三研究所信息网络安全研发中心"、"信息网络安全公安部重点实验室"是一支平均年龄不足 34 岁的年轻队伍。针对目前信息安全技术更新迅速的特点,他梳理了团队内部的组织架构,按科研进程管理团队,采用最新的软件工程的方法组织开发工作,开发并实施全员工作日志管理系统,根据公平、公正、实效易行的原则建立了全员的绩效考评体系。绩效考评体系实现了根据岗位职责对每个人的定量考核。考核的结果与科研人员职级调整、奖金直接挂钩。全员绩效体系的建立,建立和完善了激励竞争机制和自我约束机制,有效调动了团队人员的积极性和创造性。

截至目前,该团队的学术委员会包括沈昌祥院士、方滨兴院士等国内知名专家,基本形成了学术骨干、博士、硕士等 50 多名固定科研人员组成的完整学术梯队,在电子数据取证、网络犯罪侦查、信息系统安全管理等信息网络安全领域处于国内领先地位。2012 年 8 月"信息网络安全公安部重点实验室"顺利通过公安部科信局组织的四年周期评估,评估专家组对实验室的建设情况给予了高度评价,一致认为:实验室紧密结合公安实际需求,承担了国家和省部级科研项目,研究内容与实验室发展方向一致,研究水平国内先进,成果推广应用效果明显,走在公安部重点实验室建设的前列。

人生价值的实现，不仅仅靠努力和进取

关键还要有创新思维

张 军 教授级高工，男，1966 年 4 月生，大学本科，现任中国电信上海公司副总工程师，中国电信集团"A 类"人才，享受国务院颁发的政府特殊津贴，2011 年入选"上海领军人才"。

长期从事光通信领域中的 SDH/MSTP/ASON/WDM/OTN 等传输技术，以及网络同步、光纤/光缆、PON 接入等技术的应用研究工作。参加过国家 863 项目，主持建设了全球最大的本地同步时钟网、单域 ASON 网络、MSAP 网络，在上海"城市光网"技术创新中，破解了一系列影响 FTTH 规模部署中的关键技术难题，发表论文十余篇。获上海市科技进步二等奖、三等奖、中国通信学会科技进步二等奖（部级）、中国电信集团科技进步一等奖各一项。

务实进取，开拓创新

——记中国电信上海公司副总工程师张军

从零做起，追求卓越

张军有幸成长在我国通信事业蓬勃发展的时代。1988 年大学毕业后他怀着满腔热情和无私奉献的精神，来到邮电部上海东方设计所（后改制为上海邮电设计院）工作，主要从事光通信专业方面的工程设计、网络规划、建设方案和规范制定等工作。刚进单位，知识、经验、能力等方面的匮乏摆在他的面前，但年轻的张军有股初生牛犊不怕虎的斗志，他觉得人生不能碌碌无为，一定要脚踏实地，从零开始，努力学习，务实进取。为了尽快弥补各种不足，他潜心钻研，虚心向老同志请教，始终以务实的工作态度，严谨的工作作风要求自己，并全身心地投入到每个项目的实践中。缜密的设计方案、详细的数据分析、一次次的实地勘察都凝聚着他的汗水与智慧。功夫不负有心人，由张军承担的多项工程设计项目，荣获部、局级优秀设计奖。

凭借着精湛的技术水平、卓越的工作业绩、良好的领导才能，张军在上海邮电设计院工作期间先后升任为有线勘察设计室副主任、主任，并于 2001 年末，调入上海电信任总工程师助理，2008 年 1 月起任上海电信副总工程师。

开拓创新，攻坚克难

张军担任副总工程师后，作为上海电信传输与接入专业技术带头人和重大项目技术负责人，主持过上百项通信网络技术方案的制定和科研项目,组织制定了五十多项企业内部技术标准。整个专业团队在他的带领下,不断推进网络转型和技术创新等工作,破解了一道道关键技术难题。

2009年6月3日,上海电信正式对外宣称全面启动"城市光网"建设,张军深刻认识到"城市光网"作为上海"智慧城市"建设和发展的基石,对提高城市管理水平,加快社会转型,带动高科技新型产业发展,变革居民生活方式等方面的作用巨大。而全面实施以"光纤到户(FTTH)"为特征的"城市光网"是一场革命,它将颠覆传统的技术、建设、运维和管理模式,在业内没有成熟的经验可借鉴。由于我们与日、韩等国,在国情文化、住宅结构、网络资源上的差异,也无法照搬照抄国外的模式。

为此,作为"城市光网"的技术负责人,张军全面组织开展了系统化的技术创新和技术攻关工作,提出了一整套适合于中国国情FTTH解决方案,制定了系列化的建设标准和规范,破解了FTTH规模发展中光缆入户、ODN网络规划与部署、资源与业务配置、异厂商PON设备间互通、家庭联网技术、运维支撑系统精细化等难题。截止到2013年6月,上海电信完成了750多万的FTTH网络覆盖和300多万FTTH用户,为上海电信在"十二五"内完成FTTH网络全覆盖,实现对市政府的承诺,打下了扎实基础。目前,上海电信在"城市光网"方面的技术创新所形成的规模发展能力,领先于其他国际化大都市,在全国范围内起到了良好的示范效应。相继有二十多个兄弟省市竞相到上海电信学习交流;英国电信,德国电信、法国电信、西班牙电信等多家世界一流电信运营商也慕名来上海参观学习,并对张军同志领衔的上海"城市光网"的技术创新成果给予了高度评价。

顾全大局,成效显著

张军在解决关键技术难题时,善于创新思维,大局意识强,注重专业间的协同,能从网络的架构和顶层设计入手。2009年上海电信承接了CDMA移动通信网,进入全业务(固网与移动业务)经营时代。在移动基站回传技术方案制定时,张军没有盲目跟从业内主流的SDH环网的技术路线,而是根据上海电信长期以来在大客户传输专线业务开展中积累的丰富经验,结合本地光缆网和传输网的网络结构特点,确定了成本更低、建设更快的 MSAP 基站回传技术路线。实践证明,MSAP 基站回传技术方案在解决 3G 基站建设中发挥着重要的作用,为上海电信在 2 个月内完成近 2000 个 3G 基站的建设,提供了关键性的条件,大大缩短了传输工程建设周期,节省投资 70%。2012 年底,针对移动通信基站设备形态的变化,张军凭借自己敏锐的洞察力和对技术发展前瞻性的判断,从顶层设计入手,又提出了 BBU 集中的移动通信基站组网架构,充分发挥了上海电信丰富的光缆网络资源和局站资源优势,可进一步缩短基站工程建设周期、节省投资成本,并能更好地适应移动通信基站未来向 BBU 池和 BBU 云方向发展。

"平安城市"在治安管理、城市管理、交通管理、公共安全、应急指挥等方面发挥了积极的作用,是"智慧城市"的一个重要组成部分。但"平安城市"的建设投资非常大,针对该问题,张军通过对视频监控技术发展趋势的研究,以及不同视频承载方案的技术和经济分析,他大胆地摒弃了传统的点对点视频承载方案,提出了点对多点的 PON 技术承载监控视频的思路,制定了"平安城市"承载网技术方案。从工程投资来看,上海某区域"平安城市"项目中的承载网部分,若采用传统的点对点承载方案将投资 1.7 亿,而采用 PON 技术承载只需 7 000 万,整整节省了 1 个亿;从实际部署的效果来看,既保证了监控视频的质量,又方便了系统的运行和维护。目前该技术方案已在全市规模推广。

培养团队,注重方法

张军不但自身技术精湛,还十分重视专业技术骨干队伍的建设。他作为技术带头人,积极发挥组织、协调能力,加强专业间、部门间的交流和沟通,营造全程全网、团结协作、转型和创新的文化氛围,既注重通信理论和技术标准的学习,又注重跟踪前沿技术的发展。在专业团队中,能充分发扬和调动大家的积极性,依靠集体的智慧和力量,同时也培养和锻炼出了一支技术创新能力强、专业素养好的科技队伍。由他领导的专业团队,其技术实力在国内电信运营商中首屈一指。

张军也总结了自己通过二十五年工作实践而形成的工作方法:首先是要提高对工作目标的认识,而认识是要通过不断学习来提高的;只有统一认识、统一思想,才能共同把握好工作方向和目标。二是要围绕工作目标,开展创新思维;只有持续不断的开拓创新,才能真正地解决实际问题,适应未来发展,才能不断提高企业的竞争能力。三是要依靠集体的智慧和力量,团结协作,注重沟通,关心专业团队的思想动态,充分调动大家的工作积极性;一个人的作用是渺小的,集体的力量才是广大的,实际工作中的许多创新思路来自群众之中,要加以保护、鼓励、培育、发扬光大。四是要将各项创新成果转化为规范和标准,只有规范化和标准化了才能形成产业链,才能规模化的复制和推广。

锲而不舍，金石可镂

陈伟华 生于 1954 年 1 月，教授级高工。现任上海电器科学研究所（集团）有限公司电机分所所长、上海电机系统节能工程技术研究中心有限公司总经理、国家中小型电机及系统工程技术研究中心常务副主任。国务院政府特殊津贴获得者，国家科技支撑计划重点项目专家组成员，全国旋转电机标准化技术委员会秘书长。

长期从事电机及其系统控制等方面的研究，代表中国参与 5 项国际标准的制定；拥有专利 16 项；主编和参编专著 4 部；主持了国家重大科技成果转化、国家 863、上海市高新技术成果转化等 23 项科研项目。

近五年获得上海市五一劳动奖章、上海市科技进步奖、机械工业科学技术进步奖、中国标准化贡献奖、上海研发平台科技创新服务先进个人等 11 项。

睿智创新助节能，
勇于开拓促发展

——记上海电器科学研究所（集团）有限公司
电机分所所长陈伟华

攻克行业难题，助力节能减排

在中小型电机领域，他所率领的团队始终处于国内技术领先行列，代表国内最新技术水平，并引领了行业产品的更新换代，所研发的 26 个系列高效节能电机及系统产品，大部分产品技术水平达到国际先进水平，部分技术水平处于国际领先水平，填补了多项国内空白，研发的技术及产品市场占有率已达到 70% 左右。其中 2007 年至 2012 年组织针对高效、超高效、专用电机的设计、工艺、材料、制造等多方面取得重大突破，针对最新 IEC 异步电机能效标准和测试方法等难点，掌握了电机的效率和附加损耗实测后的电机损耗变化规律、附加损耗的分布曲线、合适的通风与新风扇结构、低损耗冷轧硅钢片的选用、耐冲击电压和耐电晕的新绝缘结构研究、绕组耐电晕寿命测试方法研究、轴电流抑制结构等技术取得了多项创新成果，开发了 9 个系列高效、节能型电机系列产品，产品及相关技术共申请 26 项专利（发明专利 14 项）、发表 21 篇论文、软件著作权登记 6 项，制定 11 项国家标准。这批产品的效率平均提高 3%—5%，成为我国高效节能电机发展进程中的标志性产品，作为第一完成人获得上海市科技进步二等奖及机械工业科技进步一等奖。上述产品中有 4 个系列产品已成为国家节能产品惠民工程高效电机推广的主导产品（《节能产品惠民工程高效电机推广实施细则》）。据实施这些技术的 139 家企业统计，每年产量 1.2 亿千瓦，年节电量约 288 亿千瓦时,相当于节1 008万吨标准煤,为我国节能减排低碳经济做出了重大贡献。

引领技术发展,促进行业进步

近五年陈伟华率领团队开发了几乎覆盖中小型电机主要应用工况的9大电机系列产品,5套测试系统,3个系列装置,成为我国新一代系统节能电机系列产品族,解决了国内电机产品单一,不同负载、工况使用同一类电机大马拉小车、高成本的高效电机不节能或节能效果不明显,测试精度不高等问题。这些产品已向全国近100家139多家次电机及系统生产企业、国内外相关机构,实施转化,并已大规模生产应用,仅据其中15家生产电机的骨干企业统计,实现新增产值103亿,新一代中小型高效、专用电机的市场份额已超过60%,对我国相关行业技术能力提升、产品更新换代及产业发展起到极大的推动作用。

同时面对国际上对高效电机精确测试的日益重视,陈伟华同志从上世纪末就组织团队开展电机精确测试技术和方法以及测试系统的研究,建成了国内第一套高精度高效电机测试平台,并培养了一支高素质的检测队伍,形成了雄厚的检测实力。于2000年通过美国实验室认可机构的评审,成为亚洲第一个获得美国NVLAP电机能效检测实验室认可的检测机构,先后承接了韩国现代集团、台湾东元集团、台湾大同公司以及国内众多企业出口到北美地区的高效电机测试任务。近几年组织开发的LUTR系列电机效率低不确定度测试装置已在江苏大中电机有限公司、无锡欧瑞京电机有限公司等36家单位使用,其中为广东江晟特种电机制造有限公司开发的2 500 kW试验系统,系统运行噪音低,运行效率高,可扩展性强,自动化水平高,大大提高了企业从事高效电机生产能力,使我国在高效以及超高效电动机的测试水平与国际上的先进水平一致,提升了产品整体技术水平和市场竞争力,为国家节能工程实施和节能环保产业发展做出了重大贡献和支撑。

维护行业利益,引导产业提升

作为全国旋转电机标委会秘书处秘书长,近5年来,他组织研究和负责制订了43项电机及系统节能的标准;作为专家他代表我国参加了IEC/TC2 WG12、WG28、WG31 三个工作组7个国际标准的制订工作。通过承担相关标准技术研究和全球循环比对试验工作,获得了许多具有建设性的理论成果和实验依据,在国际标准制订中据理力争,得到了国内外专家的一致赞誉,提升了中国在国际 IEC/TC2 组织的地位和话语权,维护和保证了我国电机行业的利益。

21 世纪初,凭借深厚的技术功底和对国际前沿技术的研究,陈伟华敏锐地察觉到电机及系统节能新技术的出现,率先提出了占总发电量60% 以上用电量的中小电机及系统节能解决方案,组织力量调研,并亲自主笔撰写报告,为国家发改委和相关部门制定节能减排政策、电机能效提升政策、国家惠民补贴政策的制订提供了重要依据,并凭借自身技术优势,他战略性地提出了系统性地开发新一代的节能电机系列和专用匹配控制产品,以电机及系统的高效化、专用化、智能化、一体化以及精确、自动测试等技术改造电机传统产业,他撰写的《电机及系统节能建议》代表我国参加了"中日节能研讨会"、"亚太五国节能交流论坛"等国际重要会议,在这些会议上首次给出了电机系统节能、电机系统绿色节能的定义,并分析、总结了电机系统节能的一系列误区,为电机系统节能领域的发展指明了方向,启动了我国电机系统节能行业的发展历程。

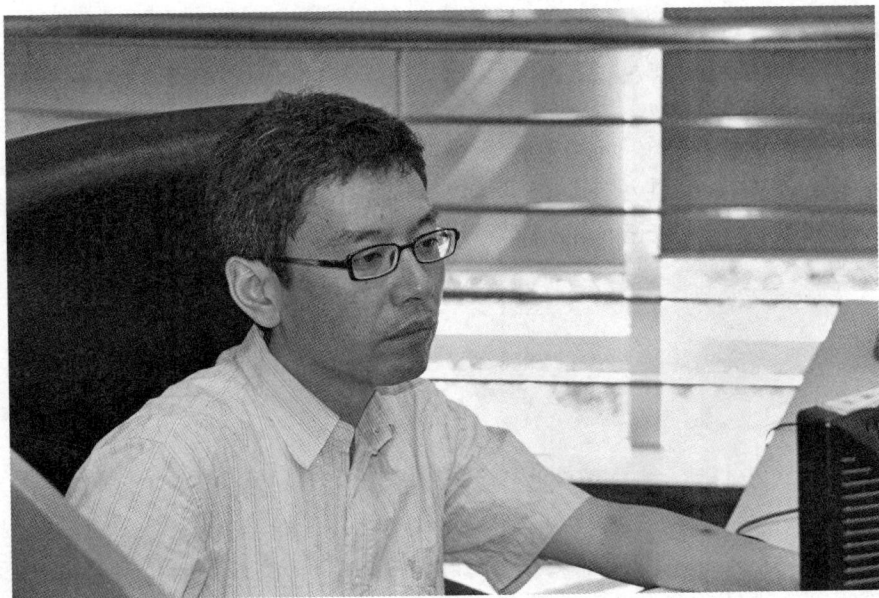

享受工作. 享受人生.

　　俞　军　1968 年 3 月出生,毕业于复旦大学电子工程系无线电电子学专业,硕士学位。现任上海复旦微电子集团股份有限公司执行董事、副总经理,复旦大学微电子学院副院长,研究员,并兼任上海集成电路协会专家委员会委员。

　　作为复旦微电子技术总负责人,率领技术团队瞄准世界先进水平,攻克非接触智能卡,深亚微米非挥发存储器,高精度、低功耗电路设计等技术难题,共开发了安全与射频识别、非挥发存储器(NVM)、智能电网、专用模拟电路等拥有自主知识产权的四大系列 90 多个产品,获得专利授权 40 余项。

　　获得国家级科技进步二等奖,国防科技进步一等奖,军队科技进步二等奖,上海市科技进步一等奖、三等奖。

创"芯"人生

——记上海复旦微电子集团股份有限公司
执行董事、副总经理俞军

创业艰难百战多

俞军自复旦大学毕业之后就留校参加了"复旦大学集成电路与系统国家重点实验室"的各项工作。当时的国内集成电路市场,完全被国际集成电路大厂所垄断。身在象牙之塔中的集成电路研发人员,也只能拿着微薄的薪水,做着技术和产品的研发。国外的研究环境、产业条件以及更大的收入差距,逼迫很多的重点实验室的技术人员不断加入出国的行列。由于复旦大学在国内领先的集成电路研究水平以及"重点实验室"严格的训练和业界的声誉,在"重点实验室"工作经历就如同拿到了硅谷工作的通行证,俞军很多的同学都纷纷离开了实验室,离开了复旦,离开了中国。当时的复旦和实验室的领导虽然感到痛心和惋惜,也对此无能为力。当时的状况深深地刺激了俞军,从那时候起这几个问题就一直萦绕在俞军的脑中"中国集成电路行业有没有发展的机会,中国集成电路行业的从业技术人员能否为自己和家人创造更好的生活条件?"

作为一名拥有诸多赴海外工作机会的集成电路设计人才,俞军怀着对祖国的热爱,对中国集成电路创业环境的信心,决定留在国内实现自己的理想,发挥自己的聪明才智,创建自己的事业,很快在复旦大学和上海市商业投资集团的支持下,俞军和他的创业伙伴们在 1998 年发起组建成立了上海复旦微电子集团股份有限公司。

公司成立之初,俞军不仅亲身投入设计开发第一线,担任项目开发的主要负责人,为配合市场的拓展,还与销售人员一起走访客户,配合用户解决系统上的应用难题。他曾经专程去西南,利用自己丰富的系统应用知识,为国内著名摩托车生产企业解决了困扰该行业多年未解决的技术难题,该产品至今保持着国内市场占有率三分之二以上的佳绩。

公司成立初期的两年内,俞军同志领军的研发队伍开发出数十款产品迅速进入市场,实现销售收入快速的增长。

机遇只留给有准备的人

集成电路是个高投入的行业,没有大量的资金支撑公司难以快速发展。正值香港联交所新开创业板,向国内的高科技企业进行推广。年轻的复旦微电子公司把握住了机会,从全国数百家、上海数十家候选企业中脱颖而出,依靠优秀的管理团队、完善的管理架构、清晰的产品方向于2000年实现香港上市,成为国内第一家上市的集成电路设计企业,在成功的道路上迈出了坚实的一步。复旦微电子的成功上市是公司发展史上重要的转折点,凭借上市募得的资金,公司在俞军带领下开始在产品和技术上快速发展,人员配备日益合理,人员数量快速增长,研发所需的软硬件各项基础设施不断加强,很快公司就明确了智能卡、电力电子、消费电子等几条主力产品线,人员、技术、产品围绕产品线得到快速发展。

创新是企业发展的源泉

复旦微电子产品的销售规模在上市后有了快速的发展,但俞军敏锐地看到了存在的隐忧,产品和技术"跟随"策略不可能催生出伟大的企业。要成为伟大的、持续成功的企业必须要具备自己的核心技术体系。从"跟随"到"自主创新",整个公司从人员结构、资金投入、思路策略都需要巨大转变,也必然包含着巨大的风险。俞军从公司长远目标出发,坚定地领导并推动着这种转变,即便这种转变带来短期的销售下滑和内部的激烈争论和矛盾,他也努力说服着团队跟随这个方向发展。经过几年的努力,"自主创新"的思路带来的转变使得复旦微电子成功的从单纯的集成电路芯片供应商变成了对用户和市场带来更大影响力的"完整解决方案供应商",复旦微电子的产品、技术储备都上了一个新的台阶。

创新是企业发展不竭动力,管理创新也同样不断推动公司前进。俞军同志在产品中心率先提出并推行产品项目管理制和项目银行制,即产品的设计开发以项目组为单位,人员可以自主结合,开发人员可以在产品生命周期中分享产品销售的收益,产品项目经理由部门人员自由竞争上岗,此举给了技术人员很大的发展空间与自主权。制度一出台,公司的技术人员感到了压力,如果在岗位上不能"持续创新",公司就会请你"下课",如果你能够不断创新,即使是本科生,照样能当课题负责人。俞军同志认为创造一个公正、公平的竞争环境,可以促使设计人员不断"冒尖"。只讲规则,不论人情,结果考核,不论过程。创新机制使得公司成立三个月后,产品就能够上市赢利,同类产品的开发周期从一年缩短到六个月,开发组人员评价减少了一半,极大地提高了研发效率和公司盈利水平。

桃李不言,下自成蹊

拥有优秀的人才是高科技企业竞争的核心要素。俞军同志不仅自己投入设计一线,还着力培养年轻的技术人才。在公司繁忙工作的同时,还担任复旦大学微电子学院副院长,坚持在复旦大学授课,并承担了研究生的导师工作,将自己在集成电路领域研究以及实践的心得传授给更年轻的学生。同时在公司中大力培养技术人员,积极为他们创造各种环境,使得技术人员快速成长,目前一批年轻技术人员已经迅速成长起来,成为公司设计的中坚力量,复旦微电子的设计团队已经达到了近四百人的规模。

除了加入复旦微电子团队以外,俞军还有大量的学生活跃在国内的集成电路行业,很多都成为各个团队的领军以及核心人员。

硕 果 累 累

2001 年,俞军组织项目团队开展非接触智能卡的研究工作,经过多年的技术积累和沉淀,公司的智能卡芯片打破了由国外大公司长期垄断的局面,系列产品目前已销售超过十亿片。

2006 年,在俞军的领导下,公司进军 NFC 应用领域,相关技术水平已站在了世界的领先水平。俞军带领的团队提出的具有广泛适用范围的智能移动应用平台,成为国内最早自主开发成功的 NFC 近场通讯应用芯片。

俞军还根据国家科技发展规划和国家军用元器件国产化需要,领导承担了许多国家重点项目的开发工作。2002 年,公司承担了国家有关部门重点攻关项目 32 位嵌入式微处理器开发,俞军是该项目负责人和首席专家,该芯片获得国家国防科技进步一等奖。

在俞军的领导下,公司也成功研制了抗辐射 32 位嵌入式微处理器,该处理器已经搭载某试验卫星在太空运行,运行情况良好,完全满足空间辐射情况下的太空应用,填补了国内空白,也为国家的航空航天事业做出了突出贡献。

近年来,俞军还负责承担了抗辐照大容量 Flash Memory 及抗辐照 FPGA 两项国家重大专项课题研制任务。这些课题属于国家中长期科技发展十六项重大专项之一的"核心电子器件、高端通用芯片及基础软件产品"中的核心电子器件部分,是国家信息战略高技术的发展重点。

经过 15 年的努力,上海复旦微电子集团股份有限公司已初步形成了以集成电路设计为核心、涵盖集成电路测试、专用终端设备以及集成电路系统开发的企业集团。放眼未来,俞军和他的技术团队正在以发展中国微电子产业为己任,赶超国际先进水平。

经济的发展，离不开科技创新

帅鸿元　瑞典籍华人。现任上海瑞华集团董事长兼总裁，上海瑞华新能源汽车有限公司董事长兼总裁等职务。

自 1992 年以来帅总在上海及全国各地建立的企业涉及新能源汽车、机械制造、电力、环保、工业自动化等多个高科技领域，始终是走在了创新的前沿。其成果获得授权发明专利 26 项，实用新型专利 106 项。

近年来荣获上海市白玉兰纪念奖、上海市白玉兰荣誉奖、第一届华侨华人专业人士"杰出创业奖"、上海市领军人才、上海市科技创业领军人物、上海市重大工程立功竞赛荣誉证书、"十一五"交通港航行业优秀科技人员、长宁区节能先进个人、杨浦区拔尖人才、上海市侨界风云人物"最佳节能环保奖"等。

绿色公共交通新纪元的开拓者

——记上海瑞华集团董事长兼总裁帅鸿元

千里之行，始于足下

自从 1992 年在上海成立了第一家中瑞合资的"上海瑞华电器有限公司"开始，帅鸿元就将他的事业发展、他的人生轨迹完完全全地融入到了中国——这片充满着希望和激情的土地上。

2001 年，瑞华集团的各个产业正都处于蒸蒸日上的发展阶段，帅总领导下的瑞华管理层决定：向新能源汽车行业进军。要研制出一款能替代石油，能减少污染的低耗能、零排放汽车动力系统，并实现产业化，以改变汽车产业对石油的依赖，改变百年来汽车"非油不动"的状态，并切实有效地减少车辆尾气排放对城市环境所造成的危害。

十年前的今天，尽管能源和环境问题已是急需人们考虑的头等大事，但在中国，要研究、制造新能源汽车似乎还是件十分遥远的事情，类似的课题还只是出现在学术论文或实验室里。大家都知道，在任何领域里，越是超前的研究，投入也就越大，风险也就越大，很有可能最后只能成为一块铺路搭桥的奠基石。瑞华集团要将大量的人力、物力投入到那么前沿的领域，风险是无疑的。有人说：还是等等看吧，看有什么政策支持。也有人说：这样大的事情还是由实力更雄厚，资源更广泛的国有企业去做吧。但是帅鸿元义无反顾，他愿意为中国在新能源汽车领域的开拓创新承担风险，愿意为社会的可持续发展，为子孙后代的明天承担风险。

一切从零开始。没有多少经验可以借鉴，没有多少资料可作参考，帅鸿元带领着瑞华的技术团队投入到了新能源纯电动汽车这个全新的领域当中。1 000 多个日日夜夜,近 2 亿资金的投入,瑞华集团自主开发出了新能源"电池＋电容"纯电动汽车动力系统总成。该"双电"技术是纯电动汽车中最先进的一款技术路线,经中科院上海科技查新咨询中心查新结论为:综合技术在国处于领先、并达到国际先进水平。其中超级电容与动力锂电池混合模式,达到国际领先水平。同时该产品的各项性能指标:最高时速、加速时间、续驶里程、使用寿命等等都达到国际水平,通过了国家有关部门的专项检测,列入工信部和发改委的公告目录,2012 年 6 月又通过了欧盟的 CE 认证,产品出口意大利。

十年一剑,成果斐然

这十年中,帅鸿元总投入的并不仅仅是财力、物力,他投入了整个身心。今天,资源和环境问题已到了迫在眉睫的地步,瑞华集团向全社会奉献了自己的成果,展示了在节约能源、保护环境漫漫征途上精彩的一页。

据上海环境科学研究院调研结论:以 2 万辆城市公交为例,每年可节省柴油 50 万吨;减少二氧化碳排放 151 万吨;一氧化碳排放 1 万吨;氮氧化合物排放 4 万吨。

到目前为止,在全国 20 多个城市中已有 1 500 多辆瑞华"双电"汽车在运行。2008 年的北京奥运会、2009 年的大连达沃斯论坛上都有瑞华的产品。2010 年上海世博会期间瑞华的"双电"纯电动大巴、中巴作为世博局 VIP 接待用车,接待贵宾 1 550 批次,其中用于接待中央领导及各省市领导 426 批次,美国国务卿希拉里、印度总统、印尼总统等外国政要 190 批次,184 天中共计出车 1 978 次零故障。

2007 年 6 月装有瑞华集团"双电"动力总成的新能源纯电动汽车在上海公交 825 线路上试运行,这也是全球范围内超级电容与动力锂电池混合驱动技术第一次在纯电动汽车上的应用。

2012 年上海启动公交客车改造试点工作,首批由上海巴士集团与浦东公交联合招标活动中,瑞华集团的产品以绝对的优势中标,首批 200 中的 91 辆车已在浦东、闵行、嘉定等公交公司的线路上运营。

2012 年 5 月,5 辆"双电"汽车出口至中国台湾地区;

2012 年 6 月,首辆"双电"汽车出口意大利;

2012年9月,首辆"双电"汽车出口巴西;

2013年7月,获得中国民用航空局颁发的《民用机场专用设备审定合格证》,该产品可以提供给机场作摆渡车用。

除了提供优质的产品外,还根据纯电动汽车的特性,根据不同的客户对象,提供不同的销售方法,有整车销售,有分期付款,还有如电池租赁这样新颖的模式。总而言之,要让受众能用得起、能用好纯电动汽车,这样才能持续有效地使该产业得以发展。

这十年中,瑞华集团先后获得了"上海市高新技术企业"、"上海市科技小巨人培育企业"、"上海市明星侨资企业"、"上海市企业技术中心"、"上海市专利示范企业"、"上海市著名商标"、"上海名牌"等称号。"双电"纯电动汽车动力系统总成技术也先后获得了"上海市科技进步二等奖"、"中华全国工商业联合会科技进步一等奖"、"国家电网公司科学技术进步一等奖"、"国家及上海市重点新产品奖"、"上海市自主创新产品"等荣誉。

节能环保,一生追求

帅鸿元是一个有着强烈社会责任感的企业家,节能环保是他的事业,也是他一生的追求。瑞华集团除了有"双电"纯电动汽车动力系统总成,还有"垃圾气力输送系统",该项目在上海世博会园区、北京奥运会会议中心、广州亚运城等重大场所得以应用,效果良好。

进入2013年,帅鸿元带领的瑞华技术团队在节能减排领域又有了新的拓展:研究"双电"总成在船舶上的应用,目前属世界首创。

我国幅员辽阔,江河湖海的辐射面很广,在国家建设和国内外贸易活动中,船舶运输发挥着重要的作用,还有分散在全国各地的成千上万个水上旅游景点。所有这些对船只的需求量是很大的,而目前这些以燃油为主要动力的船只,所消耗的能源,释放的有害气体,对环境造成的破坏程度绝不低于燃油汽车,该项目的成功,将是"电池+电容"混合驱动模式又一项突破性的应用。

另外,瑞华技术团队还进入了另一个节能领域的研究——智能微网技术。这也是我国目前需要快速发展的一个领域。该类产品不用筑坝挡河,不用建设大规模的工程,无论在海边、在高山、在边区、在内地,只要有流动的水、有风、有阳光,就可用来发电,可一家一户,也可一村一寨,可自给自足,也可并入公网。瑞华集团有着多年储能产品的生产经验,有自行研发的多通道数据采集装置,信号分析系统,数据采集平台等基础技术支持。系统采用集散控制的堆积模式,分布式的混联模式可任意的方式叠加,在最大系统数的限定内,完成自由组合,输出的功率也将由逆变器的并联数决定最大的输出功率。储存的能量将由储能系统的模组参与数决定,整个促能系统控制采用了一种开放式的链接模式,可以依照需求灵活实现组合、分割,在不同的区域、不同的物理能量的分布配置过程中,可以采用菜单式的方式实现组合,能量的堆积取决于用户系统的能量需求。该项目已在四川省境内的河流里开展试验,该项目已获得4项发明专利和16项实用新型专利的授权。

帅鸿元是中国绿色公共交通行业的开拓者,他将毕生的精力投入到了节能环保事业当中,他那敢于负重的社会责任感、超前的市场战略眼光、科学严谨的研究创新精神、脚踏实地的企业家素质,使他在节能环保的坎坷道路上坚定地向前迈进。多少年后,当天空重新湛蓝,人类不再为石油而战,历史一定会记住瑞华集团,记住帅鸿元。

仁者不忧，知者不惑，勇者不惧

陈志坚 1961 年 6 月出生，大学学历，中国勘察设计优秀企业家、上海市注册咨询专家、高级经济师、高级政工师。曾任上海邮电设计咨询研究院总经理、党委书记。现任中国通信服务上海公司总经理、党委书记。

陈志坚长期从事技术研究和管理工作，终保持着前瞻性的战略眼光和探索性的攻坚胆识。2011 年担任中国通信服务上海公司总经理后，陈志坚站在更高的层次上深刻理解产业未来趋势，密切关注行业发展、关注技术进步、关注客户需求，以敢闯敢干、大胆实践的工作激情，认真踏实、任劳任怨的工作作风，大力倡导和推动技术进步、持续创新，为企业可持续发展开辟更为广阔的道路，荣获 2010 年上海市企业 100强、上海市服务企业 50 强、上海市文明单位等称号，成为上海通信服务业的龙头企业。

339

科技兴企,创新引领

——记中国通信服务上海公司总经理、党委书记陈志坚

转型领先,构筑核心能力

面对始于 2005 年的国内各大运营商全面业务转型,时任上海邮电设计院总经理的陈志坚敏锐地察觉到,这次转型浪潮对于通信设计企业机遇和挑战并存,将直接决定企业未来的发展,必须积极思考如何结合自身特点,逐步探索、推进和实现企业转型的问题。为此,他在行业内率先提出由传统设计业务向综合咨询业务转变,打造科技型企业的设想,并为此开展了细致、扎实、有效的工作。

在他的主持和推动下,2006 年,上海邮电设计院成立新产品研发中心,以无线网优产品为突破口,拉开业务转型序幕。2009 年 8 月 8 日,正式更名为"上海邮电设计咨询研究院有限公司",向综合信息咨询领域全速挺进。2010 年,上海邮电设计咨询院当选为"上海市工程咨询行业协会副会长单位",在当年全市五十余家设计咨询企业中,成为优秀咨询成果奖获奖最多的企业,取得了历史最好成绩。目前,上海邮电设计咨询院已经形成了规划、咨询、研发为主的业务转型矩阵。

担任中国通信服务上海公司总经理后,面对更加复杂的环境和更为宽广的管理幅度,他提出要从"从单一增长方式向多元化复合型增长方式"的企业转型思路,经过长期酝酿和潜心实践。2011 年,两家新型合资公司破茧而出,其一,深刻领会上海市推进智慧城市和光纤到户的精神,在市政府和有关部门的推动下,与上海市信息管线公司合资成立了国内首家新建住宅建筑通信配套设施第三方维护公司——上海市建筑

通信网络公司，推动电信企业平等接入权，满足用户对通信运营商的自主选择权；其二，准确把握移动互联网迅猛发展带来的商机，与全球无线数据网优产品领导者美国拜特公司的合资成立中通服网优公司，借助国际化合作，形成优势互补的移动互联网优化产品整体解决方案及服务，为公司带来先进的技术、产品、市场和服务理念，推动企业技术进步，提升核心竞争力，开辟了新的"蓝海"。

创新领跑，攻克技术高地

"苟日新，日日新，又日新。"陈志坚深知，企业转型的核心是创新，必须坚持以"创新为轮"，驱动企业列车疾速前进。在上海邮电设计咨询院，他倡导成立科学技术委员会，举办首届科技节，设立创新拓展奖励基金，以此构建系统化、体系化的创新能力，提高产品服务的科技含量和价值含量。

2008 年，陈志坚将"科技创新"确定为上海邮电设计咨询院工作的主题，并且身体力行，他作为上海市十二五信息化发展规划预研课题《上海信息基础设施发展思路、重点和对策研究》副组长潜心专项研究课题和技术攻关，获得了四项个人发明专利。在他的带领下，几年来，上海邮电设计咨询院获得了近 20 项发明专利，成为上海市专利试点单位；参与部级建设标准 7 项，运营商级设计建设标准及软件课题研究近 20 项，当选为中国通信标准化协会（CCSA）理事单位；积极参与高层次的科研攻关，承担国家科技支撑计划课题《通信用燃料电池备用电源系统关键技术研究与运行考核》，与同济大学联合成立塔桅研究中心，对关键技术实行联合攻关，力争成为国内乃至国际专业影响力较强的通信铁塔设计研发中心。他还十分注重将精确管理模式推行到企业创新的全过程，2009 年 3 月，上海邮电设计咨询院通过 TL9000 质量体系认证，取得全球通信设计行业首张 TL9000 证书，为企业创新奠定了坚实的质量基础。

担任新的职务后，他对创新工作提出了更高的要求，率先在中国通信服务范围内成立省级公司科技委员会，站在整体发展层面统一规划、统一布局，强化内部资源的共享和协同，全方位、多角度、宽领域地推动业务创新。目前，中国通信服务上海公司所属为企业共有高新技术企业

9家,近三年新增软件著作权、专利等知识产权 165 项,形成了高清 IPTV 机顶盒、城市光网新型引入光缆、基于智能手机的电子账单、新媒体联网广告、WIFI 增值业务等方面一批起点高、市场反应好的产品和项目。同时,积极响应国家节能减排号召,与同济大学共同研发通信行业应用的新能源燃料电池,得到科技部部长万刚的充分肯定,希望该技术在全国范围内推广中起到典型示范作用。

文化领航,塑造服务品牌

一流的企业必须要有一流的文化,陈志坚深谙服务与品牌是推动企业转型和创新成功与否的关键。在他的带领下,上海邮电设计咨询院坚持重大项目实行驻地服务、重要客户实行贴身服务、重点伙伴实行贴心服务的"零距离"服务模式,从客户的角度、为客户的需要和提升客户的价值出发,提供量身定制的专业化解决方案,深得各大运营商和政企客户的赞誉,确保了技术与创新的成果有效"落地"。他所倡导的"零距离"服务文化入围上海市综合系统精神文明创建活动品牌。同时,上海邮电设计咨询院被评为上海市品牌企业。

作为本地最大的通信设计咨询企业的领军人,陈志坚始终秉持要将企业的发展主动融入上海城市信息化建设的大环境之中。在他的领导下,多年来,上海邮电设计咨询院参与了上海几乎所有重点工程的通信支撑保障工作,连续七年获得上海市重大工程立功竞赛优秀公司。2010年,世博盛会在上海举办,借助这一展示平台,上海邮电设计咨询研究院自主研发的"智控围护结构自然冷源间接换热系统"等节能技术成功应用于世博通信,受到了三大运营商的高度肯定和赞誉,以过硬的技术实力和服务口碑为世博通信支撑保障做出了应有的贡献。

为了进一步推动技术创新和企业转型,他又打出了一系列"组合拳",从顶层设计层面,明确将企业转型发展、技术创新作为中国通信服务上海公司三大发展定位之一,在机制体制上大胆创新,勇于先行先试,力争成为创新转型的"先行者";从考核激励层面,倡导原中宣部部长朱厚泽提出的"宽容、宽松、宽厚"思想,创新激励方式,加大对有自主创新意识、有较高技术含量的专业公司鼓励力度;从具体操作层面,围绕社会信息化需求和发展趋势,公司每年研发 3—5 个能够拉动公司亿级收入、千万级利润的产品，支撑公司市场拓展和长远发展。

人才领军，汇聚一流团队

作为知识和技术密集型企业，人力资源是企业转型和技术创新的最重要的资源。无论是在上海邮电设计咨询院，还是在中国通信服务上海公司，陈志坚始终将人才经营作为实现转型和创新的重要抓手，营造崇尚科学、尊重知识、尊重人才的氛围。

在实践中，陈志坚设计和打造了一条从识才、选材、育才到成才、用才、聚才的"人才经营链条"。一是建立"荐才＋赛马"的人才选拔机制、"能力＋贡献"的人才评估机制、"考核＋激励"的人才发展机制，从制度层面创造良好的技术创新环境。二是创造性地推出了诸如"导师制"，从高起点打造优秀人才；"首席设计师制"，构建人才发展的 H 型通道，拓宽员工职业生涯通道；"客户点名制"，从客户角度发现人才。三是大力推进高端人才建设，通过管理层授课、设立专家工作室、与同济大学等高校合办工程硕士班、推进人员综合化工作等措施，形成了高端引领、中层突破、基础扎实的整体技术人才模型，进一步适应企业转型和技术创新需要。

陈志坚在人才经营方面一系列独到举措，引导激发了青年才俊的创造智慧和奉献精神，在他的示范引领下，中国通信服务上海公司涌现和聚集了如享受国家特殊津贴杨宏澜、宋玲玲，上海市劳动模范杨海燕、陆巍等一大批中青年专家型人才，形成了团结有力无坚不摧的强大团队。正是有了这样的人才队伍，中国通信服务上海公司朝着成为信息化领域科技领先、核心竞争力突出的主导企业的步伐更加底气十足、更加稳健扎实。

我随"芯"动,伴"芯"飞翔!

张志勇 1962 年 5 月生,研究员,1983 年毕业于电子科技大学,现任上海华岭集成电路技术股份有限公司董事、总经理;国家科技部 863 专家库专家,信息产业部电子发展基金专家库专家,上海市优秀学科带头人,上海市领军人才。

长期从事集成电路技术研究,作为项目负责人承担了多项国家和上海市重点研究项目,开发了多项极大规模集成电路测试技术,获得国家科技进步二等奖等十多次国家和省部级奖励,作为上海华岭的创始人,带领上海华岭不断成长,使上海华岭成为上海首批登录全国"新三板"企业。

情系"中国芯"

——记上海华岭集成电路技术股份有限公司董事、总经理张志勇

与"芯"结缘

张志勇1983年毕业于电子科技大学后,投身到原电子工业部第24研究所,从此开始了"芯"的路程。此时,时逢我国"六五"科技攻关的攻坚时期,国家在微电子领域整合国内优势资源,开展了大容量存储器为代表产品的联合攻关。他进入攻关团队由24所从四川来到了江苏无锡,带着报效祖国的满腔热情,全身心地投入到了"芯"的科研开发中,从此与"芯"结下了不解之缘。他求知若渴,找资料,搞研究、写程序,先后到美国、日本、新加坡、韩国等发达的国家和地区去学习、考察和开展研究工作,从理论和实践中汲取知识,增长才干,并不断地投入到新的科研工作中去。他从"六五"科技攻关开始,经历了我国"六五"—"十一五"的发展和创新时期,直到今天他仍然奋战在"十二五"国家科技攻关的第一线。在30年的科研与生产工作经历中,他见证了我国微电子的发展历程,我国的民族微电子从3英寸晶圆研制,已经发展到12英寸生产线量产,制造线宽从3微米技术已经发展到了28纳米技术,集成度从大规模、超大规模,发展到极大规模,不断缩小与世界先进水平的差距,在很多领域已经和世界先进水平同台竞技。他也从一个热血青年,一路破格晋升为工程师、高级工程师、研究员,成为改革开放后原国家电子工业部第一批破格评定的研究员之一,成长为上海市优秀学科带头人,上海领军人才,先后获得国家科技进步二等奖等十多项国家和省部级奖励。虽然他不足35岁已经是我国半导体行业中年青的研究员,但直到

今天,他仍然是我国微电子战线上的一名"芯"兵。

用"芯"缔造

2001 年,随着中芯国际、宏力半导体等一批骨干半导体企业在上海成立,我国微电子也进入了快速发展阶段,芯片设计业已经开始蓬勃发展,制造水平得到了快速提升,而产业链上与设计、制造、封装技术密切相关的重要环节—集成电路测试业,几乎是空白,已经成为民族微电子产业发展的瓶颈。由于集成电路测试技术和资金需求都非常高,国内初创型和发展中的集成电路设计企业,缺少技术和手段来完成产品的测试技术研发和产品测试,无力购买昂贵的芯片测试系统,产业链发展极不均衡,急切需求能够为产业提供测试技术和测试服务的第三方集成电路专业测试企业的诞生和发展。于是,他毅然放弃了国家研究所优厚的待遇和金饭碗,在复旦微电子集团的支持下,带领团队来到我国微电子最积聚的上海,创立了上海华岭集成电路技术股份有限公司,专业从事集成电路测试技术开发和产业化测试服务。十多年来,在他的带领下,上海华岭从小到大,已经发展成为拥有 100 多项自主知识产权,技术先进,装备一流,有特色、有规模、有技术、能服务的先进集成电路测试企业,被上海市授予高新技术企业、小巨人培育企业,上海市创新性企业。2011年 9 月,上海华岭成功地登录"新三板",成为"新三板"扩容后,第一批上板的企业之一。

伴"芯"飞翔

伴随"中国芯"自主创新发展和技术进步,芯片测试技术和测试能力面临新的挑战,为了更好地为"中国芯"提供测试技术服务,他带领他的团队,刻苦钻研,不断创新,近年来开发了 400 多种集成电路测试软件,申请发明专利 36 项,软件著作权 77 项。他作为项目负责人承担了"极大规模集成电路测试技术研究及产业化应用"、"XXX 核心芯片评价与检测技术"、"12 英寸测试生产线建设"、"集成电路测试公共服务平台"、"高端 SOC 测试技术开发及应用"等国家科技重大专项、国家发改委、科技部、工信部和上海市的重大项目的研究任务,被国家科技重大专项"极大规模集成电路制造装备和成套技术实施管理办公室"评选为2012 年度先进个人;他不断追求创新与发展,提升集成电路测试技术和测试能力,建立了十二英寸测试平台,实现了 28 纳米设计和制造的"中国芯"产业化测试;他带领团队,实现了技术成果和平台技术向国内外200 多家行业用户的推广应用,使上海华岭荣获工信部"十年中国芯"最佳支撑服务企业奖,上海市十年创新成就奖;2010—2012 年连续三年被评为"上海市大型科学仪器共享服务先进集体",他常常用"为中国芯护航,伴中国芯飞翔"来激励自己和员工,不断创新,力争为我国微电子的发展做出更大的贡献。

记水真真财事

程家骅 1965 年 11 月出生，二级研究员，2006 年获中国海洋大学渔业资源专业博士学位。现任东海水产研究所副所长。"863 计划"、"农业行业科研专项"项目首席科学家，2009 年入选新世纪百千万人才工程国家级人选。

长期从事海洋渔业资源调查、渔业生态、渔业资源养殖和渔业信息领域的研究，主持承担的 30 余项研究项目涉及国家 863 计划、973 计划、国家专项、部委专项等。发表论文 120 余篇，专著 5 部，负责制订国家标准 1 项，获实用新型专利 10 余项。

获国家科技进步奖 2 次，获农业部科技进步三等奖 2 次，获上海市科技进步一等奖 2 次、二等奖 2 次，获国土资源科学技术一等奖 1 次，获海洋创新成果二等奖 2 次，获中国水产科学研究院科技进步一等奖 1 次。

踏踏实实做好科研工作

—— 记中国水产科学研究院东海水产研究所
程家骅研究员

苦干实干加会干

众所周知,海洋渔业资源研究是一个艰苦的专业。要想在工作中取得成绩,就必须长期坚持在一线参加海上调查工作,取得第一手调查数据。这就要求,从事该项研究工作的人员,必须具备苦干与实干的工作态度和奉献精神。20多年来,程家骅在渔业资源、渔业生态和渔业资源增殖研究方面,主要从事我国渔业资源的调查与评价、渔业资源管理、渔场学、渔业生物种群动力学、群落生态学、渔业生态系统等方向的研究。先后主持承担科技部973计划和公益性项目、农业行业专项、农业部近海渔业资源调查专项课题20余项。项目具体执行过程中,他除了负责整个研究项目的整体技术路线设计和组织实施外,总是发挥表率作用,自己带头出海执行海上调查任务。和平常人一样,海上工作的难关是晕船。在没有科学调查船的情况下,既有的调查工作全部依靠租用渔船来进行海上作业,但他总能不惧艰苦,克服晕船关,在风浪大时他总是让其他人躺着,自己边吐边工作。多年来,他上过的调查渔船已涉及我国绝大多数作业形式,不管是小快艇还是木质渔船,他从没因为晕船难受和条件艰苦等主观原因,而回避出海工作和放弃任何一个海上调查站位。即使是担任研究室负责人后,他也总能坚持每年到海上一线去。苦干与实干的结果,使他获得了大量的第一手调查数据和宝贵的实践经验,并为后期的渔业资源研究分析工作顺利开展和科学成果的取得奠定了基础。

同时,相比国民经济中的其他行业,渔业又是一个技术管理相对落后的产业。要想改变这种落后局面,作为一个有职业敏感性的科研人员,程家骅除了始终坚持苦干实干外,他更知晓需要巧干。借助于信息科学的迅速发展,程家骅研究员十分注重渔业信息技术在我国远洋渔业资源高效开发、近海渔业资源科学管理和水产养殖科学管理中的应用研究,其研究重点已开始聚焦于将传统渔业资源学与信息科学的有机结合,主要从事渔场环境信息获取和处理分析、渔业 GIS、现代移动通讯和卫星遥感等高新技术在渔业领域的应用。近年来,他先后主持承担了863 计划"北太平洋鱿鱼渔场信息应用服务系统及示范试验"和"渔场环境信息自动采集仪"项目,农业部专项"渔捞日志自动采集分析系统示范试验"、"海洋捕捞动态信息采集网络建设与运行"和"全国水产养殖面积遥感监测评估"等项目。这些工作的相继开展,为我国渔业产业的更新升级和信息化程度提高起到了很好的示范作用。

求是创新懂支撑

功夫不负有心人,踏踏实实的科研精神,苦干实干加巧干的工作方法,实实在在的研究成果与应用,使程家骅研究员的工作业绩也得到了同行和上级主管部门的认可。

在渔业资源评价与管理研究领域,程家骅先后编著出版和发表了《东黄海渔业资源利用》、《伏季休渔的理论与实践》、《东海大陆架生物资源和环境》、《东海区渔业资源及其可持续利用》等专著和数十篇研究论文。在近海渔业方面,他重在探究我国近海海域的生态系统结构功能及其演替规律、主要经济渔业资源的种群动力学特征和渔情渔汛特点、资源数量与渔场环境的关系,以及渔业管理策略等问题。在远洋渔业方面,他重在探究大洋渔场的形成规律、大洋渔场渔情速预报技术、大洋渔业资源的高效开发等问题。在增殖渔业方面,他重在探究渔业资源的增殖规范和功效评估等问题。

在渔业信息技术应用研究领域,他负责研建的"渔捞日志自动采集与分析管理系统"和"全国海洋捕捞动态信息采集系统",已实现了海基组网和岸基信息点组网的业务化运行,首次建成了具有自主知识产权和鲜明军民两用特色的我国海洋捕捞动态信息采集网络,全面提升了我国海洋渔业资源的监测能力,使国家对海洋渔业动态的掌握由愿景变成了技术现实。他负责开展的"全国水产养殖水体资源遥感监测"工作,现已查明了全国31个省市自治区以县为基本单位的水产养殖水体资源分布,并已将高分遥感技术应用于我国水产养殖信息综合应用服务系统的建设与应用示范。

在配合主管部门做好技术支撑方面,程家骅作为国家水生生物资源专家委员会委员,为我国海洋伏季休渔制度不断完善与调整、为我国渔业资源科学管理提供的诸多建设性建议已付诸实施;他历任中日海洋生物资源专家组组长,很好地维护了我国的海洋渔业权益;历任中日韩三国大型水母工作组中方组长,引导了三国关于大型水母问题的研究方向,提升了我国负责任渔业大国的形象;作为起草人或主要起草人之一,负责或参与了国务院印发的《中国水生生物资源养护行动纲要》、《关于促进海洋渔业持续健康发展的若干意见》,农业部《水生生物增殖放流管理规定》、《中国海洋渔业资源状况报告》,环保部《生物多样性战略行动计划》等政策性文件的编制工作。

荣誉责任系事业

程家骅对待科研工作,正如他自己申报二级研究员岗位时所说,研究员是一个学术荣誉感与责任感并存的业务岗位,在此岗位上就应具备如下几个方面的基本认识和工作能力:一是应时刻保持勤学敏思、格物致知的研究工作态度,注重对外合作交流,不仅要及时掌握本学科前沿动态,而且也应密切跟踪交叉学科的最新发展动态,以不断强化自身的业务理论功底。二是应具备良好的科研道德规范,不仅在学术上,而且在科研作风上应在同行中起到表率作用,不浮躁、不弄虚作假,踏踏实实做好科研工作。三是要有海纳百川的胸怀和大家风范,善于组织、培养和使用人才,学术上应具备团队和合作精神,尊重持不同学术观点人,具有建设和引领好学术团队的能力;四是要注重研以致用,特别是对于应用性较强的资源学科,既要具备从实践中寻找课题的能力,又要具备将研究成果及时转化为生产力和解决实际问题的应用能力。

他是这样说的,也是这样做的。

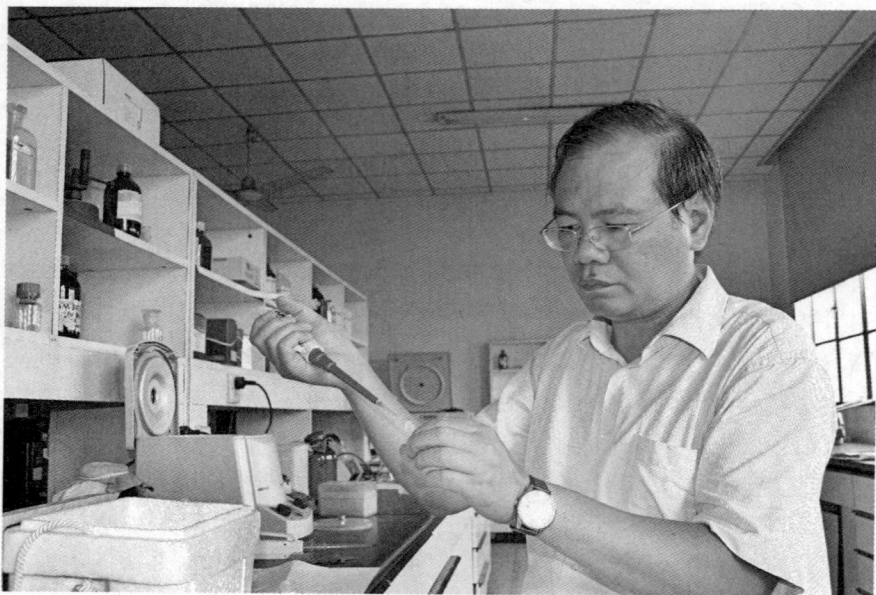

没有追求就没有收获.

　　陈明杰 1965 年 6 月生,博士,上海市农业科学院食用菌研究所研究员、南京农业大学及上海海洋大学硕士生导师;中国食用菌协会香菇分会常务理事,农业部食用菌产业技术体系育种与菌种繁育研究室岗位专家,上海市农业遗传育种重点开放实验室副主任。

　　目前从事食用菌的抗逆机理(草菇低温自溶机制)、主要食用菌染色体核型分析、主要食用菌种质资源的遗传评价等研究工作;开展食用菌的原生质体融合技术、转基因技术、分子标记辅助育种技术和构建食用菌有效转化体系的技术研究。

　　主持与参加了多项国家及部省级课题,在中外期刊杂志发表论文 120 篇,申请专利 18 项,其中授权专利 4 项。获国家科技进步二等奖等多项国家及部省级奖励。

明达笃杰，奉献科研

——记上海市农业科学院食用菌研究所 陈明杰研究员

潜心科研、追求科研、 奉献科研是其最大的人生价值

作为一名科研工作者，他积极学习专业知识，关注学科发展的前沿动态，努力地提高自己科研能力和业务水平。虽然承担大量的教学及管理工作，但从未放松科学研究。搞科研、出成果是其最大的目标和追求。

在过去的几年中，他共主持各类项目4项。分别是："食用菌重要功能基因的发掘和新品种培育"沪农科攻字（2011）第1—2号；"草菇低温诱变菌株VH3配套栽培技术的研究"，沪农科攻字（2007）第6—2号；国家食用菌产业体系良种与菌种繁育研究室香菇育种岗位科学家，CARS－24。食用菌菌种质量评价与菌种信息系统研究与建立子项目—华东地区食用菌菌种质量评价与菌种信息系统研究与建立子项目，农业部（2007—2010）；共参加项目12项，其中香菇安全稳定的同源转化体系的建立，上海市科委（2008—2010），排名第3；香菇纯"自交系"育种技术的应用研究，上海市农委（2008—2010），排名第3；香菇交配型位点的分子遗传学结构的解析，上海市科委（2008—2010），排名第2；"中国栽培灵芝药用价值的评价"，沪农科攻字（2002）第1－4－3号，排名第3，"翘鳞香菇的驯化、栽培和应用研究"，沪农科攻字（2007）第6－1号；排名第3。近五年，作为通讯作者发表文章10多篇。在专利申请方面，作为主要参加者获得授权专利5项，申请发明专利5项，通过检测DNA浓

度测定基质中食用菌菌丝生物量的方法,授权号 ZL201010275831.1;一种草菇 V23 菌株的特异性分子标记及其获得方法与应用,授权号 ZL20121057558082;一种草菇增产的方法,授权号 ZL2010 10283421.1;一种蛹虫草菌种的快速检测方法,授权号 ZL200910196456.9。

交流学习、取长补短、精益求精是其最优的科研品质

要想在一个领域有所贡献,要想及时全面掌握科研信息,全面提升个人的综合素质和业务知识,就要相互交流学习,这是一种必要的手段。

2007 年先后到美国乔治亚大学和斯洛文尼亚进行合作访问和交流;参加了由菌物学会主办的第八届全国食用菌学术研讨会暨新产品新技术交流会和 2007 食用菌—香菇论坛暨第五次中国香菇生产区协作网工作交流会,并进行了会议发言。2008 年参加了在南非开普敦召开的第 17 届国际食用菌科学大会,并在会上进行了分组发言;2012 年参加了在北京召开的第 18 届国际食用菌科学大会,并在会上进行了分组发言,协助日本福冈大学的第五届远东亚食用菌产品研讨会组委会进行了会议召开的筹备工作;此外还参加了在长春召开的中日及泛亚太地区菌物学论坛、在武汉召开的中国菌物学会第四届会员代表大会暨全国第七届菌物学学术讨论会以及和马来西亚马来亚大学的互访学术交流,参加了香港中文大学理学院的合作交流及互访。2009 年参加了 9 月在江苏南通召开的国际药用真菌大会;应邀到印度尼西亚给东盟药用菌培训班学员授课。

功夫不负有心人,默默研究终究会有喜人的成绩,各种奖项的获得成为不竭的动力。"香菇育种新技术的建立与新品种的选育",2008 年度国家科技进步奖二等奖,排名第 9;"草菇低温诱变菌株 VH3 配套栽培技术研究",2011 年度上海市科技进步三等奖,排名第 1;"香菇菌种鉴定系统的构建技术及应用",2007 年度上海市技术发明奖二等奖,排名第 1;"食用菌工厂化生产关键技术与应用",2008 年度上海市科技进步奖二等奖,排名第 9;"香菇杂交育种程序的建立和新菌株的选育",2007 年度神农中华农业科技三等奖,排名第 3。

无私奉献、言传身教、
德才兼备是其一贯的优良作风

"陈明杰老师为人谦和，与同事打交道总是带着微笑，热心周到。无论是自己工作份内的还是份外的，他都积极参与，乐于为同事和学生服务。他经常早出晚归，加班加点，兢兢业业，毫无怨言，及时认真完成工作任务。他那种扎实的工作作风，无私奉献的敬业精神，以身作则的榜样力量深深感动和激励他身边的同事和学生，在学生的心中他是一位好老师，在同事的心中他是一位值得学习的楷模。"

在培养学生方面，在南京农业大学和上海海洋大学具有招收硕士研究生资格。在个人的努力和学生的勤奋下，作为研究生论文协作指导教师，共指导 9 名硕士研究生和 2 名博士研究生通过学位论文答辩获得学位；作为指导教师，共指导 13 名硕士研究生通过学位论文答辩获得硕士学位。

另外，他还担任上海市生物工程学会农业生物技术委员会委员、中国食用菌协会香菇分会常务理事，同时也是农业部食用菌产业技术体系岗位专家，上海市领军人才，闵行区领军人才。

今天，陈明杰研究员取得了科研上一项项成果，但他认为"虽然有了一点成绩，但依然很平凡普通，平凡普通的如一滴水。事业如江河，集体如湖海，只有置身于江河湖海，才会永不干涸，永不枯竭。"不管今后科研之路多么荆棘和坎坷，敬业、乐业、勤业的他将一如既往地以团结协作，优势互补的互助精神；不计得失，甘当蜡烛的奉献精神；不等不靠，求真务实的敬业精神；开拓进取，勇于探索的创新精神作为其人生的航标，都将一如既往地站在科研道路上，把爱洒在食用菌的土地上，把心交给食用菌所的集体中。

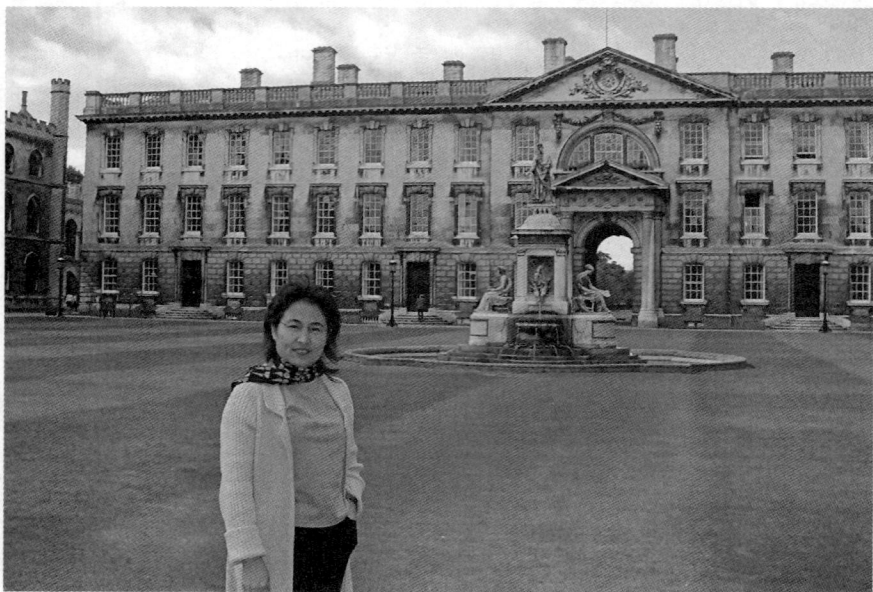

人生格言

守静以致远

成素梅　1962 年 12 月生,研究员/二级教授。2003 年获山西大学哲学博士学位。现任上海社会科学院哲学研究所所长助理,科学哲学学科带头人,《哲学分析》杂志常务副主编,上海社会科学院院学术委员会委员,华东师范大学哲学系博士生导师,教育部人文社会科学重研究基地山西大学科学技术哲学研究中心兼职教授、博士生导师,教育部新世纪优秀人才入选者,上海市哲学社会科学优秀成果一等奖获得者,中国自然辩证法研究会常务理事,上海市自然辩证法研究会副理事长,上海市思维科学学会副会长,上海市科协第九届委员。

长期从事科学哲学和量子力学哲学研究,主持完成国家及上海市科研项目多项,发表论文 140 多篇,出版学术专著 6 部,合著 2 部,主编或合作主编 8 部,译著 5 部。

厚德精业,追求卓越

——记上海社会科学院哲学研究所成素梅研究员

　　成素梅多年来一直工作在科研、教学和管理工作的第一线,科研成果丰厚,影响力大。她在《中国社会科学》、《哲学研究》、《学术月刊》、《自然辩证法研究》、《自然辩证法通讯》、《科学技术哲学》、《学习与探索》以及《社会科学》等杂志发表学术论文140多篇;出版的专著有《论科学实在:从物理学的发展看自在实在向科学实在的转化》(1998年)、《跨越界线:哲人科学家海森堡》(1998年)、《科学与哲学的对话》(2003年)、《在宏观与微观之间:量子测量的解释语境与实在论》(2006年)、《理论与实在:一种语境论的视角》(2008年)以及《量子论与科学哲学的发展》(2012年);合著《引进国外智力引论》(2002年)和《当代科学哲学的发展趋势》(2009年);主编或合作主编《在科学、技术与哲学之间》(2008年)、《科学哲学名著赏析》(2007年)、《科学技术哲学概论》(2006年)、《科学哲学的新进展》(2008年)、《当代科学哲学问题研究》(2009年)、《当代科学哲学的发展趋势》(2009年)、《科学哲学的新趋势》(2010年)、《转型中的科学哲学》(2011年)以及《当代科学哲学文献选读(中英对照)》(2013年)等;出版译著《人类思想中的休闲》(与马惠娣等人合作,2000年)、《科学哲学指南》(与殷杰合作,2006年)、《科学之话语》(与李宏强合译,2006年)、《改变秩序:科学实践中的复制与归纳》(与张帆合译,2007年)、《科学结构的表征与不变性》(2011年)。担任《科学名著赏析》丛书和《山西大学科学技术哲学》译丛副主编,《当代科学技术哲学论丛》主编;曾担任国家教育部哲学社会科学重大攻关项目"当代科学哲学发展趋势研究"课题执行主持人;主持完成国家及省部级科研项目 20 多项。

她在科学实在论与量子力学哲学研究方面有所建树。主要观点曾在《中国哲学年鉴》（2004 年）、"国内'实在论'研究近况"（《哲学动态》,1996 年）以及由北京大学汤一介主编的《20 世纪西方哲学东渐史：实在论在中国》（2002 年）等书目与文章中有所介绍与评介。她的专著《以宏观与微观之间：量子测量解释语境与实在论》获上海市第九届哲学社会科学研究优秀成果一等奖（2008 年）,专著《理论与实在：一种语境论的视角》获上海市第十届哲学社会科学优秀成果三等奖（2010 年）,译著《科学哲学指南》获全国第六届（2006 年度）引进版社会类优秀图书奖（2007 年）,论文"技能性知识与体知合一的认识论"获上海市第十一届哲学社会科学优秀成果三等奖。

她注重学术交往,长期以来与许多国际知名哲学家一直保持学术联系,曾在许多国际一流的大学进行过访问研究。2001 年 10 月到 2002 年 5 月,她受国家教育部系主任与科研骨干行动计划项目资助在牛津大学哲学系进行高访;2004 年 6 月到 10 月在英国剑桥李约瑟研究所和剑桥大学科学史与科学哲学系访问;2005 年 8 月到 9 月德国柏林理工大学哲学系访问;2006 年 6 月到 12 月受日方资助在京都大学人文科学研究所作访问教授;2007 年 7 月到 2008 年 7 月在美国斯坦福大学哲学系访问;2009 年 7 月 20 日到 2009 年 8 月 20 日赴美国斯坦福大学从事合作研究,2012 年 5 月到 9 月国家留基金资助赴丹麦波尔研究所进行合作研究。曾赴美国、英国、荷兰、日本、德国、伊朗、希腊等国参加国际会议。这些国外的访学与研究经历,开阔了她的学术视野,建立了广泛的学术联系。

她除了出色地完成自己的科研工作之外,作为上海社会科学院哲学研究所所长助理,所务委员会成员,还协助所领导处理所里的日常事务,特别是为哲学所申请到哲学一级学科硕士学位授予权,并在新增学科点的导师遴选、培养方案修订、新增一级学科下二级学科目录设置等工作中倾注了较大的工作热情。2010 年,她主要参与了创办了《哲学分析》杂志的工作,并担任杂志的常务副主编,三年来,《哲学分析》杂志在社科院领导和所领导的关心下,在主编的领导下,在她的精心策划下,于2011 年获社科院乙类期刊,2012 年获华东地区优秀期刊,在《新华文摘》、《中国社会科学文摘》和人民大学报刊复印资料中心主办的哲学类期刊的转载量逐年上升,取得了可喜的成绩,办刊质量得到了国内哲学界专家学者的肯定与好评。

她作为科学哲学学科带头人和科学哲学室主任,具有很强的学术组织能力。全面规划了科学技术哲学学科建设的目标和方向,制定出今后重点研究的主要课题,并整合现有力量,与研究室的每个科研人员商量制定了各自的研究方向和课题。成功组织过三届"理解科学"的全国学术会议,组织了院重点学科的申报工作和特色学科三年的评估工作等。她还通过熟悉的学术资源网络,邀请国内外教授到社科院作客智库论坛或大家讲坛等。同时,积极联系国外机构,为学术团队成员出国访问创造条件。2011年还与德国汉诺威大学哲学所科学哲学与伦理研究中心签订了"中德科学哲学论坛"双边会议机制,至今已经在德国和上海成功举办三届。这些活动学术活动既为青年科研人员的成长提供了平台,为上海社会科学院科学哲学学科向着国际化方向发展奠定了基础。

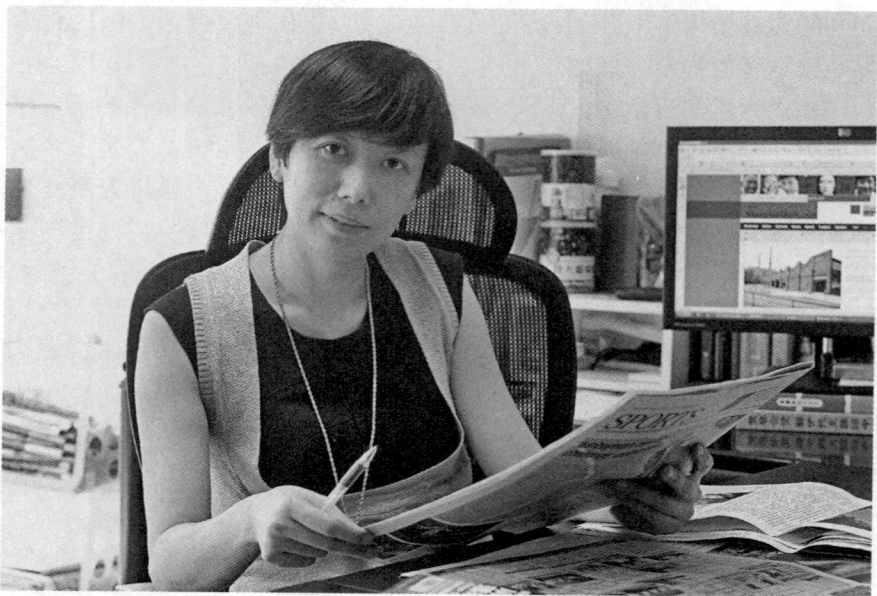

Whatever is worth doing is worth doing well.

任何值得做的，就把它做好。

吴　正　1971 年 5 月出生，主任编辑。1993 年以优异的成绩从复旦大学新闻系本科毕业。现任上海日报社总编辑、全国及上海市新闻出版行业领军人才、国家级世博先进个人、上海市三八红旗手。

参与创办中国内地第一份全彩色英文日报《上海日报》，长期坚持工作在新闻工作的第一线，负责报社中外采编团队的管理和新闻采访工作，坚持抓好报道内容和报道质量，建立了一支稳定、有质量的记者编辑外宣队伍。此外，她也是一位译作颇丰的业余翻译家，翻译出版了诺贝尔文学奖获得者奈保尔的数部作品以及美国畅销小说家米奇阿尔博姆近年来的所有作品。

2000 年获外宣银鸽奖一等奖，2001 年获上海市韬奋新闻奖，2008 年获亚洲传媒奖"最佳头版设计"大奖，2010 年获国家级世博先进个人称号和上海市三八红旗手称号，2011 年被评选为上海市领军人才，2012 年被评为全国新闻出版行业领军人才。

坚持新闻理想，专注外宣事业

——记上海日报社总编辑吴正

坚守岗位，专注事业

吴正 1993 年以优异的成绩从复旦大学新闻系本科毕业，参加工作。曾任中国日报上海记者站记者。1998 年至 1999 年期间，赴美进修，在夏威夷大学新闻学院学习新闻与大众传播。回国以后，参加《上海日报》创办工作，先后任经济新闻部主任，新闻采访中心主任，副总编辑分管多媒体采访中心，现为报社总编辑。

十余年间，她从一名新闻记者成长为《上海日报》总编辑，始终坚持在外宣工作第一线，负责报社中外采编团队的管理和新闻采写工作。她始终秉持对新闻事业的信念和理想，坚守在媒体行业，专注外宣这份事业，不改入行初衷，坚守对这一行业的执着，用敬业和专业的精神，做好每一天的工作，带领和见证《上海日报》逐渐成长和蓬勃发展的历程。目前，中国内地第一份全彩色英文日报《上海日报》已经是上海及周边地区发行量最大的英文日报，是中国最有影响力的地方英文媒体品牌，是第一份登录亚马逊电子阅读器的亚洲报纸。每年有近一万多条稿件被境外主要媒体转载和引用，并通过互联网等发行渠道直接进入西方主流社会，具有巨大的外宣影响力。

人才者，事业之根本也。新闻事业亦是如此，因此吴正重视对新闻事业人才的培养和管理，注重团队的建设，不断挖掘和培养了一大批优秀外宣人才。在日常管理中，她通过好的内容策划、报道，为记者、编辑提供良好的工作平台。通过定期组织培训讲座及出国培训，为记者编辑提供学习机会，提升业务能力。在她的培养下，许多年轻记者、编辑已经渐渐成长为报社的业务骨干和首席资深,他们的作品获得了很多荣誉和奖项,其中包括:上海市银鸽奖金奖、上海市新闻奖各类奖项、文新新闻奖各类奖项、杭州市金桂奖金奖等。在她的带领下,《上海日报》逐步建立起一支较为稳定、有质量的记者、编辑队伍,为上海乃至全国的外宣事业冲锋陷阵。

钻研业务,成绩显著

吴正不断钻研业务,在业内成绩显著。她业务功底深厚,具有很强的新闻采写和策划能力,对新闻事件有敏锐的观察力,采写和编辑的新闻作品深受读者喜爱,在国内外产生广泛的影响。2000 年吴正采访徐匡迪市长的文章,获得了当年外宣银鸽奖一等奖。2001 年荣获上海市韬奋新闻奖。2010 年荣获上海市三八红旗手称号。2011 年被评选为上海市新闻出版行业领军人才。2012 年被评选为全国新闻出版行业领军人才。

在工作之余,她还出版了不少翻译作品,包括诺贝尔文学奖获得者奈保尔、美国畅销书作家米奇阿尔博姆和英国畅销书作家彼得梅尔的数部作品,深受广大读者的喜爱。

另外,作为一名共产党员,她思想觉悟高,政治立场坚定。她曾获上海市宣传系统优秀共产党员称号和"创先争优,世博先锋行动"五带头先进党员称号。是报社全体党员的身边的榜样和楷模,也在报社中形成了"学先进、赶先进、做先进"的良好氛围。

追求质量,做好新闻报道

吴正思想觉悟高,注意学习,努力把握党和国家的路线、方针、政策,贯彻落实市委对新闻宣传的要求和指示,坚持正确新闻出版和舆论导向,坚持抓好报道内容和报道质量。2007 年特奥会、2008 年奥运会和2010 年世博会一系列大事件相继发生,这些给了她和《上海日报》在外宣报道上新的机遇和挑战。2008 年吴正所编辑的"奥运火炬设计方案揭晓"的版面获亚洲传媒奖"最佳头版设计"大奖。2010 年,出色地完成英文《世博日报》、英文《上海世博通讯》、英文《世博文化演艺活动月报》以及《大海的激荡，人类的智慧 —— 百位世博名人谈世博》的出版工作。在她的带领下上海日报世博报道小组荣获国家级、市级世博先进的称号，同时个人荣获国家级世博先进个人称号。

2012年积极组织开展"走基层，转作风，改文风"活动，她引导记者编辑到基层一线去。鉴于报纸读者定位为在上海工作生活旅游的外籍人士，策划开展了一系列贴近老外生活的报道，取得了骄人的外宣效果。近年来，《上海日报》相继推出了各类新版面及各种特别策划报道活动，其中包括：周末旅游专刊；StyleHai专刊，周四Ideal专刊，金融特刊，汽车特刊，长三角巡访活动，大运河申遗系列报道等等，深受广大读者的喜爱。

面临挑战，寻求创新转型

近年来传统媒体的发展面临着巨大的挑战，面对新形势，传统媒体必须创新。作为一个新闻人，吴正充分认识到这一改变，通过自己的努力学习新的知识和技术，积极探索发展规律和发展方向以适应新的变化。网络时代，技术创新是革命性的，也为新媒体创造了前所未有的发展机遇。

在吴正的带领下，作为上海主流英文媒体《上海日报》紧跟新媒体发展步伐，充分抓住机遇发展平台，利用平台，立志在新媒体发展上有所作为。目前，《上海日报》除纸质日报外，还拥有两个网站shanghaidaily.com和idealshanghai.com，以及所有移动端的新媒体产品和国内外社交媒体账号。报社所生产的英语产品输出海外市场，使报社和网站获得"2011—2012年度国家文化出口重点企业和重点项目"（上海唯一入选的一家新闻媒体单位）和国家首批数字出版转型示范单位。最近报社已经制定出未来的三到五年的新媒体发展计划，总的思路是聚焦上海，扩大上海及中国的国际影响力、知名度和美誉度，使shanghaidaily.com承担起作为上海英文门户网站的重任，使idealshanghai.com成为生活在上海及长三角地区的外籍人士一个首选的生活服务平台。

> 人的一生始终坚持做个好人，
> 能做好、做成一件事并持之以恒
> 就很有意义了。

肖　雅　生于1964年3月。中国最早的戏歌两栖明星，国家一级演员、著名越剧青年演员、尹派小生、第21届(2004年)中国戏剧"梅花奖"得主。

获奖情况：

2003年 第七届"映山红"民间艺术节，荣获剧目金奖和编剧一等奖等12项个奖；

2004年 凭借《状元未了情》获得了第二十一届全国戏剧最高奖项——梅花奖；

2011年 被评为上海市领军人才；

2012年 被评为全国文化体制改革先进个人。

为戏而生，为舞台而活

——记上海肖雅文化艺术有限公司肖雅

肖雅生于上海，很小时期就表现出了过人的艺术天赋并有着一副天籁般的好嗓音。14 岁时就去报考上海音乐学院，由于年龄未到而未能录取。15 岁时顺利考入上海戏剧学校，专攻越剧表演。

1982 年从戏校毕业，进入上海虹口越剧团，工职小生，起先专攻徐派和范派，很快就成了剧团的当家小生。不久素有越剧皇帝之称的越剧尹派创始人尹桂芳大师来到虹口越剧团，发现了肖雅这棵好苗子，决定收其为徒，专攻越剧尹派。徐派和范派的唱腔风格和尹派是大相径庭的，从高亢刚硬的演唱风格一下要转到委婉缠绵的演唱风格，对声线的变化、发声的变化要求极高，是一般演员难以做到的。而肖雅凭着天资的聪慧和扎实的演唱功底，通过刻苦钻研很快转入了尹派的风格，并大获成功。先后排演了《沙漠王子》、《重阳山恩仇记》、《一枝梅》、《盘妻索妻》、《何文秀》、《绿林奇缘》等二十几台大戏。每次在戏院登台演出，买票的观众可以排上上千米的长队。在当时的江浙沪越剧领域声名鹊起。同时，肖雅也大胆尝试进入流行歌坛，她也是改革开放以后中国文艺领域最早的戏歌两栖演员之一。凭着一首《月亮走我也走》唱红了大江南北，期间肖雅多次参加各种大型比赛，无论在越剧比赛还是在流行歌曲的比赛中都屡获大奖，当时获得的各种奖项真是不计其数。她还曾受上海歌剧院邀请，出任歌剧《请与我同行》女主角；中央电视台拍摄肖雅主演的音乐风光片《呼伦贝尔情》，荣获全国民族音乐风光片特等奖。当时的肖雅真可谓是红极一时。

进入到 80 年代末，上海文艺领域就当时的肖雅现象展开了一次大讨论。各种评论和报道大量呈现于媒体报刊，有肯定的，也有否定的。

特别是有一些戏剧艺术家们认为戏剧演员从事流行歌曲的演唱是属于不务正业,不予肯定和接受。面对当时的现状和压力,肖雅陷入了迷茫和彷徨之中,一时不知所措。并于1991年离开了上海,旅居美国。当时此举在上海引起了很大的震动,有一些专家、学者在各大媒体上尖锐地指出:肖雅的离开是上海文艺戏曲领域的一重大损失。

在旅美近十年期间,肖雅是过着极其优裕和安逸的生活,但她从未割舍对舞台的情结。她始终坚持练功练唱、静心沉思,她不断收到来自祖国忠实的戏迷和热情观众的大量信件和电函,字里行间都表露出对她的关心和思念并极力期盼她能回国重返舞台。终于,肖雅感悟到了她此生是为戏而生,为舞台而活,能登台为观众倾情演戏是她此生活着的最大精神动力和幸福。因此她毅然决定放弃优裕安逸的生活,回到祖国,重返舞台,继续为观众奉献她的艺术。

一回到国内,她就忙碌开了,并于2001年4月,上海东方电视台、解放日报和上海记者协会共同为她举办了《东方雅韵——肖雅尹派演唱专场》演出。演出结束后她把演出所得30多万元票款全部捐献给上海慈善基金会,并成立了肖雅专项基金,用于每年捐助10位品学兼优家境贫寒的戏校学生。一直到今天有近110位贫困学生受益。有很多已经毕业在各自领域成了不可多得的人才。

2001年5月她受到上海越剧院的邀请,参加《早春二月》的演出,扮演萧涧秋一角。这是为庆建党80周年而排演的现代戏。这对从未演过现代戏的肖雅来说,是一次有里程碑意义的跨越。她成功地塑造了柔石烈士笔下的萧涧秋形象,演出结束受到了孙道临老师的充分肯定和赞誉,更是获得了观众的欢迎,专家的好评。

通过这一次合作,有很多大的国家院团,包括上海越剧院都向肖雅抛出了橄榄枝。然而,肖雅又陷入了沉思,她隐隐感觉到国有院团的现状、机制和模式很难给她足够的空间让她自由发挥去实现自己的艺术梦想。她又一次痛下决心:自己干。

这一决定在当时的上海戏剧界又引起了很大的轰动和反响。反面的、消极的声音不断。当时整个戏剧市场不景气,很多国家院团都还要靠着国家的补助才得以生存。再说上海是一个文化大市也是一个文化强市,上海的京、昆、评弹、话剧、沪、越、滑稽戏都是很强的,在这样一个竞争激烈,政府顾暇不及,连国有院团都难以为继的文化大市场里面,民营院团怎么可能生存下来？更别提发展了。但是，肖雅毅然决然的上阵了。为了她执着的梦想：重返舞台为观众演更多的好戏，明知山有虎，偏向虎山行。

2002年6月，肖雅在文艺戏曲体制改革的浪潮下，敢为人先，勇于站在改革大潮的风口浪尖上，成立了上海第一家民营越剧院团。院团创立最主要的目的就是要拥有自主权，要多排戏，排好戏。通过演出为观众朋友们呈现出一台台脍炙人口、饱人眼福的经典剧目及优秀剧目；通过演出不断打造院团的文化品牌，提升艺术形象；通过演出不断努力开拓市场，在巩固已有的老观众、老戏迷的基础上，最大程度的去培育新的、年轻的越剧观众。

2002年排演了第一部原创越剧《状元未了情》，肖雅在剧中领衔主演，饰演主人公杨雪筠。2003年10月，肖雅带着自己的剧目进京参演首届北京国际戏剧演出，反响热烈，并获得巨大成功。2004年，肖雅凭借在原创古装剧《状元未了情》里成功地塑造了杨雪筠这一人物形象，凭借精湛的表演艺术，荣获了第二十一届中国戏剧"梅花奖"。肖雅在此戏中突破了原有传统的尹派唱腔，在表演艺术和演唱上均达到了一个新的高度同时也充分展示了肖雅深厚的表演和演唱功力。此剧也同时在第七届中国"映山红"艺术节上获得表演一等奖、剧目金奖、编剧一等奖等多个奖项。在之后的几年之中，肖雅又复排了尹派名剧《盘妻索妻》、《何文秀传奇》再次把经典剧目完美地呈现在观众面前。随后，肖雅又排演了一出现代越剧《秋海棠》，并饰演剧中的主人公秋海棠。这一角色的塑造，让肖雅的表演艺术臻于炉火纯青之境，同时使得她的舞台形象亦更趋于丰富与完美，也为越剧舞台上的现代小生形象更增添一道亮色。2007年之后，肖雅再次重排自己当年的得意之作《绿林奇缘》和具有现实教育意义的古装剧《巡按斩父》等。2010年7月肖雅院团的原创越剧《状元未了情》参加了首届全国民营艺术院团优秀剧目展演，并受到中央领导同志的亲切接见。同年，肖雅被评为"第二批上海市非物质文化遗产项目代表性传承人"。2011年肖雅被评为上海领军人才。

如今肖雅的唱腔在当今越剧界乃至整个戏曲界都是首屈一指的。她的努力和探索大大缩短了传统戏曲和青年观众的距离，形成了她个人独特的艺术魅力。

阅读刷新生活，
阅读温暖社会。

施宏俊 1968 年 9 月出生，副编审。复旦大学哲学硕士、北京大学光华管理学院 EMBA。上海世纪出版集团副总裁，北京世纪文景文化传播公司创办人。

从事哲学、社会学、经济学、文化研究等社会人文学科学术著作、大众普及读物的编辑、策划工作。

近年来获奖情况：2000 年，责编《产权的经济分析》，获上海市第五届哲学社会科学优秀成果奖；2005 年，《他改变了中国：江泽民传》任项目负责人，获上海图书奖；2011 年，《中国震撼》任项目负责人，获第十二届上海图书奖一等奖，入选中宣部、新闻出版总署第四届优秀通俗理论读物推荐书目。2000 年，上海市十大文化新人提名奖；2005 年，第二届上海出版新人奖；2010 年，全国新闻出版行业领军人才；2011 年，上海市领军人才。

一介书生的书业人生

——记上海世纪出版集团副总裁施宏俊

创造可能的阅读领域，
坚持高品质的出版

施宏俊1994年从复旦大学硕士研究生毕业后进入上海人民出版社工作，历任编辑、总编助理，先后从事哲学、社会学、人类学、经济学、政治学等社会人文学科学术著作、大众普及读物的编辑、策划工作。他责编和参与责编的重点丛书包括："当代经济学系列"、"当代中国哲学研究丛书"、"社会与文化丛书"、"世纪文库"、"袖珍经典"、"西方思想家文集"等。其中，《博弈论与信息经济学》、《企业的产权分析》、《逻格斯与空间》、"涂尔干文集"（6卷）等图书曾获得"全国十佳经济读物"、"华东地区优秀政治理论读物"特等奖等奖项。

2002年2月，集团为拓展全国出版市场，施宏俊赴北京组建和运营上海世纪出版集团在北京的分支机构——北京世纪文景文化传播有限公司，担任总经理和党支部书记。在很短的时间内，他从选题结构、业务流程、管理制度、人力资源、公司文化等方面着手，把文景公司打造成为一家"知性、新锐、专业"的大众商业出版社，每年都至少有一本市场排行前10名的畅销书，不断引领市场阅读潮流，是国内文学、社科出版市场中的轻骑兵。

在人文图书方面，施宏俊除了参与"世纪人文系列丛书"外，由他主持策划的《罗念生全集》（10卷）、哈贝马斯文集、施米特文集、贺麟全集等图书在学术思想界、读书界的反响强烈，为文景公司树立了很好的形象。在大众图书方面，从2003年开始，文景公司在权威图书排行榜上年年都有销量达几十万册的畅销书,例如《达·芬奇密码》销售超过 200 万册,《他改变了中国:江泽民传》和《追风筝的人》销售都超过 100 万册;2010 年,由他本人担任责编的《心术》,半个月的销量就超过了 20 万册;2011 年,他参与编辑、营销的《中国震撼》,发行超过 70 万册,还组织了 20 多场作者的演讲、签售等活动,社会反响强烈;2012 年,他参与策划、营销的《2666》销量超过 7 万册。

高度重视团队建议,人才培养

施宏俊在积极拓展业务同时,十分重视队伍建设。在担任北京世纪文景文化传播有限公司总经理、党支部书记期间,在他的领导和培养下,带出了一支对图书内容有专业理解和判断、对市场营销有操作能力的富于创新精神、充满热情和朝气的年轻出版团队,其中两位原来的年轻公司副职领导,现在已经被提拔为正职,开始独立管理和运营文景公司,她们还成为被其他出版社邀请授课的出版营销才俊。目前,文景公司新的一批副职领导干部也已脱颖而出,为提升集团出版面向市场的能力和年轻干部培养做出了贡献。

认真对待每项工作,奋战在一线

从 2005 年底开始,施宏俊陆续担任上海世纪出版集团、世纪出版股份有限公司的领导职务,分管报刊和法务工作。他通过对集团报刊工作的调研,积极推进报刊资源的做大做强以及在集团内部的优胜劣汰,调整某些经营不善的刊号,逐步解决社办报刊中图书产品线与报刊资源的配合问题,理顺报刊产品线,使集团期刊整体上呈现逆势上扬的趋势。2011 年,《世界时装之苑 ELLE》、《伊周》、《名车志》等时尚类杂志发展迅速,印数和广告额创历史新高,稳居全国时尚类杂志领头羊的地位;《理财周刊》的品牌影响力继续扩大,广告收入增长强劲,发行数量大幅增加;《大众医学》、《科学画报》、《科学》等科技类期刊继续保持传统优势;少儿类期刊《小福尔摩斯》自推出以来市场反应和发展势头良好,《故事大王》、《少年科学》等期刊通过举办大型活动,扩大延伸产品,拓展发行渠道,发行总量有一定增长;《语文学习》、《小学语文教师》等教育类期刊继续发挥书刊互动的优势,发展平稳;《中华文史论丛》等学术类期刊的学术权威性和学术影响力继续保持。

在法务工作中,他把重心放在建立长期有效的法律风险防范机制上,并在具体工作中正确处理好法律风险与业务发展的关系。根据集团工作流程规范,要求法务部对提交审核的合同文本提供法律意见和建议,减少可能的法律风险,领导法务部打击网络图书侵权等工作。

不遗余力
乃见天意

郑大圣　上海电影（集团）有限公司国家一级导演，上海市领军人才，上海电影家协会理事，中国电影导演协会会员。1990 年毕业于上海戏剧学院导演系，后留学美国芝加哥艺术学院电影系，1995 年获艺术硕士学位。1996 年进入上影集团。

　　近年来执导多部影视剧，作品屡屡获奖，创不凡佳绩：

　　2008 年京剧电影《廉吏于成龙》，第十三届中国电影华表奖优秀戏曲片奖，第十八届中国电影金鸡奖最佳戏曲片，第五回"先锋光芒"影展；2009—2010 年上海世博会中国馆主题电影《和谐中国》，古戏台馆版昆曲《牡丹亭》世博会驻场演出；2011—2012 年电影《危城》、电影《天津闲人》，第十三届电影频道百合奖一等奖，第二十届北京大学生电影节奖、最佳低成本电影导演奖。

坚守艺术创新的创作道路

——记上影优秀中青年导演郑大圣

妙用影剧虚实,老树发新花

京剧电影《廉吏于成龙》是郑大圣在保存传统戏曲精华的基础上,将电影与戏曲两大艺术本体相互交融,尤其在电影语汇与戏曲语汇的双向结合上,开拓性地推动了戏曲电影这个有着百余年历史的中国电影的独有品种。

在影片创作中,郑大圣突破了以往"戏曲迁就电影"或"电影迁就戏曲"的局限,在尊重戏曲表演的夸张性、假定性与虚拟性的同时,最大限度地调动了电影镜头语汇的表现力,实现了戏曲表演与电影技巧的深度融合。

针对这出新编戏本身程式化动作不多但演员表情却很丰富的特点,在拍摄中充分调度了多机位、多角度的中近景,以快捷爽利、精准对位京剧锣鼓点的剪接大大催动了情节的推进节奏、强烈地增强了影片的现代感,一扫戏曲片惯常的沉闷拖沓。

郑大圣通过自觉地将摄影棚摄入画面,以"实景—置景—实景"的情境设计实现了主人公"从历史中来,回历史中去"的轨迹;史无前例地将琴师作为富含寓意的主题意象与剧中人同时呈现在镜头中,不但鲜明地外化了人物的内心世界,而且丰富了银幕世界的视觉空间和思维空间感,是对电影本体非常大胆的美学尝试。影片中充满虚实相间意味的转场手法娴熟自如,导演运用了大量电影技巧突破了舞台特有的起承转合的空间局限,真正做到了细节精致、气势磅礴。

当代最重要的京剧表演艺术家、影片男主角于成龙的扮演者尚长荣盛赞电影《廉吏于成龙》"妙用虚实,出入古今",淋漓尽致地实现了传统舞台表演艺术与现代电影拍摄方式的完美结合。

让现代照亮传统

2010 年,中国上海世博会隆重举行,国家馆中国馆的主题片《和谐中国》在中国馆"东方之冠"的冠顶——49 米层的 700 座主题影院内隆重献映。这部 8 分钟的短片每天循环放映 600 场,日均接待观众 4 000余人。可以说,它已成为上海世博会观众人次最多的一部影片。而该片的导演正是郑大圣同志。

在上海世博会筹办后期,上影集团光荣地接受了制作中国馆主题影片这一重任。当集团领导又把这一艰巨的拍摄任务交给郑大圣时,他二话没说,毅然挑起了这个重担。从创意到交片,时间只有八个月。上海世博会的主题是"城市,让生活更美好",而本片的主题则是中国馆的主题——"城市发展中的中华智慧"。如何使用影像表达这一主题,并且用 8 分钟来表述完整? 郑大圣给创意团队提的要求是:影片构思既要有"视觉奇观",也要体现"中国馆'光、明、正、大'的气质"。

2010 年这届中国上海世博会可以说是一次"影博会",各种投影屏、显示屏、特型银幕铺天盖地。各个国家馆、主题馆为了吸引眼球,把当今的影像新技术全都汇集在浦江两岸了。在"多"、"新"、"奇"、"特"的汹涌大潮里,如何使中国馆电影的影像风格卓尔不群,而且具备中国气派,足以代表中国文化? 在推翻了许多方案后,他大胆地使用了水墨动画这一中国传统手法。

主题片创意团队在郑大圣的带领下,做足功课,把各种奇思妙想都投入到每一次的头脑风暴中。从创意工作初期开始,他一直在汲取各国纪录片、广告创意片的营养。许许多多的构思被推翻。一个大会议室里,满墙都是大家记录创意构思的纸条。最后,他把主题片的风格定为平实、朴素,但又不停留在平常的视角:要让中国观众重温改革开放 30年历程,让外国观众了解中国人最平凡的城市生活。大家一致认定,用"一家、一城、一未来"作为影片的主题,用朴素的 8 分钟来感动观众。由于时间紧迫,竞争激烈,以郑大圣为主的上影集团策划小组经历了三次严酷的评比,每一次上影集团的方案都获得了世博局的高度好评。郑大圣将水墨、论语和中国最普通的家庭有机地融合为一体。充分展现中国文化和中华文明的华彩。整个方案既大气博文、符合 2010 世博会中国国家馆的气势,且平和动人、完全摆脱了一般观众印象中的电视宣传片的模式。

方案成功,还取决于制作的精良。在中国,水墨动画源于上海美术电影制片厂,《小蝌蚪找妈妈》等一批水墨动画被国际动画界誉为"中国学派"。在走访求教了中国水墨动画的前辈创始人后,郑大圣导演大胆地设想,在《和谐中国》里将传统的手工水墨与实景拍摄相结合,创造一种新的影像语言。郑大圣带领团队潜心研究、反复试验,并在数字技术领先的专业公司团队的全力配合下,克服了制作工艺复杂、周期较长的困难,运用现代数字技术手段,使手工水墨与实景得到了贴切的融合。在中国馆巨大的银幕上,《和谐中国》彰显了中国水墨动画的魅力,演绎畅想城市生态的完美和谐,充分体现了"城市,让生活更美好"的世博会主题,以大气、平和、动人的笔触,为中国馆主题影片做了最好的呈现,获得了上海世博局和市有关领导的好评,同时也让世界各地的观众看到了一个画面精美、内容感人、创意十足的主题影片。《和谐中国》成了中国馆的一大亮点。

商业乱流中的艺术锚地

郑大圣从影以来,不仅注重传承中国传统艺术和美学观念,还钟情于"文学电影"的创作策划,而且有其独到的创新和研究。2012 年他一口气套拍完成了两部改编自小说名著的艺术电影——《天津闲人》和《危城》。

在唯票房论的商业大潮下,这两部恪守艺术本位的电影难能可贵地赢得了口碑美誉和不俗的参赛成绩:《危城》入围第三十六届蒙特利尔国际电影节的"世界聚焦"单元、第十六届上海国际电影节"多元视角"单元,《天津闲人》荣获第二十届北京大学生电影节低成本电影最佳影片和最佳导演奖,第十三届中国电影百合奖优秀影片奖。

上海电影家协会副主席、著名电影史论学者石川特别评论道:《天津闲人》充分调动方言、评书、旧照片、环境音效的视听感染力,对环境和时代背景加以渲染、烘托和强调。故事充满了讽刺、揶揄、嘲弄和影射,演员的表演也尽显刻意的舞台化和假定性。导演在真实与虚构之间,勉力维持着一份亦真亦假、虚实相生的戏剧张力。说它真时它便真,因为它投射了国家民族一段生死危亡的历史运命;说它假时它也假,因为它不过是津门书场一段供人调笑取乐的市井白话。真和假的界限,原本以黑白、彩色两种色调加以区隔,分别代表"现在"和"过去"两重时空。前者对应着书场,后者对应着故事。可真是杜鹃泣血,屈子天问。人生的莫名,现实的荒谬,穿透笑闹无常的市井街巷,顿时显得沉重狰狞起来。也正是郑大圣导演的精心耕作,才使得这部小说的精髓得到了淋漓尽致的展现。

如果说《天津闲人》是部市井讽刺电影作品,那么《危城》就更像一部才子佳人的爱情传奇。影片里透露出一股浓郁的,被喧闹嘈杂的中国式大片暌违已久的宁静和典雅。不论是女子欲言又止的斜睨眼神,还是诗书礼乐背后掩藏着的家国忧思,无不散发出"庭院深深深几许"古典诗意。

《危城》的故事很简单,叙事的重心绝不在外部动作的夸张描绘,而在于郑大圣导演精心对人物心理的细腻刻画。表面上的波澜不兴,却难掩内心的暗潮汹涌。这一静一动之间,承载的恰是导演的一种历史凝望,一种对人物情愫的深切探问。若从风格上渊源上看,这部影片甚至可以说是远离了喧嚣的当下,回溯到了才子佳人传奇、"鸳蝴"派小说和"五四"新文艺才有的那种洗练悠远、动静相宜的古典韵味当中。也许,在有些人看来,郑大圣此种不无复古的韵味,未免有点不合时宜,也未必能在市场上得到多么热烈的回应。但是,这也许是我们这个时代不得不付出的一种代价,因为古典和传统,原本就是需要有人来追慕和坚守的,哪怕它真的要违逆时代的大势。从这个角度上说,郑大圣恰是这样一个"反潮流的英雄。"

《天津闲人》、《危城》在 2013 年上海国际电影节展映,获得观众热情追捧,一票难求,更收获了好莱坞的青睐。美国娱乐产业权威媒体《好莱坞报道》称:"作为一部杰出的技术派力作,来自中国的艺术电影《天津闲人》以其巨大的张力和创新弥补了地方性叙事和方言俚语所带来的差异和隔阂。"同时该媒体对导演也青睐有加。"这个讲述了发生在 1930 年间的天津,自命不凡的年轻懒汉爱上美貌女骗子的年代故事,彰显了郑大圣导演的非凡才华。"

郑大圣的作品,用现代电影技术手法,浓墨淡彩地抒发对中国传统文化的敬意,传承与创新,孜孜以探求,别具的风格,彰显华彩的魅力。

真心待人 诚心做事

朱士青 1969 年 5 月生,研究员。工学硕士。现任上海航天技术研究院科技委常委,型号总师。

长期从事防空导弹武器系统、导弹制导控制系统和仿真等方面的研究,参与了我国第一代中程空空导弹、第一代雷达半主动型地空导弹的研制,主持完成了我国某第二代地空导弹、首型弹炮结合防空武器的研制和某第三代空空导弹的方案设计。撰写科技报告 128 篇,专著 1 篇,公开发表论文 9 篇。

近年来获国防科技进步一等奖 1 项、二等奖 1 项,国防科技工业武器装备型号研制一等功 1 次,中国航天基金奖 1 次;获上海市优秀共产党员等多项荣誉称号。

年轻的航天型号领军人

——记上海航天技术研究院研究员朱士青

年轻老总,潜心导弹

· 在航天科技战线,有一部分专门从事导弹武器研制的人员,他们默默奉献、功勋卓著,他们的工作和成果不能公开报道。上海航天技术研究院年轻的型号"老总"朱士青,就是其中的一员。1991 年大学毕业后,满怀报国之志的他义无反顾地选择了"为中国研制尖端武器"作为自己终身奋斗的事业,并一头就扎进了战术导弹的研制工作中。

导弹武器系统的研制是一项涉及众多专业的复杂系统工程,90 年代初中期,当同龄人大多忙于出国和赚钱的时候,他不为所动,潜心研究专业技术,不断拓宽专业领域,很快就成为研制队伍的技术骨干。凭着对事业的执着和无限忠诚,20 多年来,他扎根技术,默默耕耘,经常工作到深夜,参与了我国第一代中程空空导弹、第一代雷达半主动型地空导弹的研制,主持完成了我国某第二代地空导弹、首型弹炮结合防空武器的研制和某第三代空空导弹的方案设计。他用自己的智慧和力量,一步一个脚印,从科研队伍中脱颖而出,逐渐成为上海航天技术研究院最年轻的战术导弹型号总师。

临危受命,攻坚克难

2003 年 12 月 6 日,对朱士青来说可能是个终生难忘的日子。那天在西北某国家靶场,某地空导弹武器型号终于顺利通过了设计定型飞行试验的考核,并创造了我国雷达半主动型地空导弹攻击超低空目标的新纪录。至此,由他负责历时两年多的艰难攻关终于画上了圆满的句号。

提起某地空导弹武器系统,曾经经历过该型号的同志总是心潮澎湃,该型武器倾注了两代上海航天人十多年的心血。2002 年,在经历两次设计定型飞行试验失利之后,该型号面临下马风险,朱士青临危受命,毫不犹豫地挑起了寻找靶试失利原因的重任。在分析数据缺乏、故障离散的困难情况下,凭着扎实的技术功底和忘我的工作精神,他和相关科研人员通过大量仿真和艰苦细致的工作,终于完成了两次设计定型飞行试验失利的原因分析,提出了硬件整改和设计优化的方向,并以常人难以想象的毅力完成了系统设计复查工作。在靶试失利原因分析和设计复查基础上,上海航天技术研究院上下清醒地认识到,要圆满完成该型号的设计定型,必须攻克雷达半主动型导弹拦截超低空目标的世界难题。面对困难,朱士青再次临危受命,他义无反顾地接受起了挑战,不分昼夜地带领团队开展技术攻关、产品试制和半实物仿真验证工作,终于在半年不到的时间里攻克了这个难题。那段时间,朱士青和他的团队每天都要工作到凌晨 2 点,单位成了家。

2003 年,朱士青成为上海航天技术研究院导弹型号最年轻的副总师,直接负责该地空导弹设计定型的技术状态重新确定和导弹硬件产品的重新生产,他和他的同事们一起,忘我工作,在不到三个月的时间内,硬是把参加设计定型飞行试验的导弹生产了出来。

2003 年 12 月 6 日,随着最后一发设计定型试验的导弹在夜空中击落空中飞行的目标时,这个坚强的年轻人眼里流出了眼泪,那年他才34 岁。

创新不止,赶超一流

面对未来我国面临的军事威胁,对战术导弹的发展提出了更高要求。“瞄准未来、为国分忧”是这些年朱士青工作的动力和源泉,凭着深厚的技术功底和对未来军事需求的前瞻,朱士青带领科研人员,接受了一次又一次的挑战,创造了一次又一次辉煌。

2004 年,从进一步完善我国防空体系出发,需要一型导弹和火炮相结合的防空武器。由于这型武器研制进度快而且国内未曾研制过,接到任务后,朱士青带领相关同志吃住在单位,用不到一个月时间研究了国外弹炮结合武器的情况,完成了该型武器系统的方案论证,给出了技术成熟度高、性能指标先进的武器系统详细方案。2005年初,该型武器在空军组织的竞标中上海航天技术研究院脱颖而出一举中标。为了实现上海航天技术研究院在投标过程中提出的两年内完成设计定型并小批量投产的目标,朱士青和研制队伍迎难而上,提出"周六保证不休息、周日休息不保证",硬是在2007年完成了该型武器系统的设计定型,并于当前就开展了该型武器的小批量生产,实现了上海航天技术研究院的庄严承诺。

2008年,时任上海航天技术研究院第八设计部副主任的朱士青接受了开展某型空空导弹方案论证和关键技术攻关的重任。为了获得更高的武器性能,他和团队对外合作,掌握了先进技术,并开展样机研制,2009年在沧州某空军基地,他们研制的导弹样机通过空中挂飞试验证明在国内同类型武器中是"看"的最远的,该型武器于当年获得了国家正式立项批复。

2010年,朱士青接受新的挑战,成为上海航天技术研究院最年轻的战术导弹型号总师,负责某第四代防空导弹武器系统等四个重大工程的方案论证和关键技术研究。针对未来战术导弹的需求突出体现在飞得更远、打得更准、抗干扰能力更强的特点,朱士青和他的团队刻苦学习、广开思路、多方比较,他带领科研人员夜以继日地开展新型动力试飞器、制导设备、控制设备等样机的研制,脚踏实地地进行复合制导、控制、引战、结构防热等技术的攻关。功夫不负有心人,历经2年多的技术攻关和样机研制,相关技术取得了突破性进展,技术成熟度具备了正式开展工程研制的条件。

"创新不止,赶超一流"始终是朱士青和他的团队苦苦追求的目标,他们的努力和奉献取得了累累硕果,他和他的团队为国防现代化建设作出了重要贡献。

不求功名,无私无畏

作为年轻的航天型号领军人物,工作和事业的位置在朱士青的心目中始终放在首位。他淡泊名利、为人谦逊。2010年,当一型新的武器型号需要他技术领衔时,他二话没说毅然放弃了很有行政仕途的总体设计部副主任职务。在他看来,行政职务只是一纸任命,而科学技术是永恒的。

参加工作 20 多年来,他总是脚踏实地地做好每一件事,工作上他始终是严谨的,他写的技术报告,一是一、二是二没有任何修饰;他担任技术领导后,始终冲在工作的第一线,强调技术严谨和技术民主,要求研制队伍吃透技术、眼见为实,要求技术讨论发扬民主,谁有道理就听谁的。

"真心待人、诚心做事"是他的座右铭,他的心中装着别人、装着事业。心底无私天地宽,他对同志的真诚和对事业的执着,感召了周围的科研人员,他以自己的实际行动,带领研制队伍积极投身国防现代化事业的建设,他是当之无愧的航天型号领军人物。

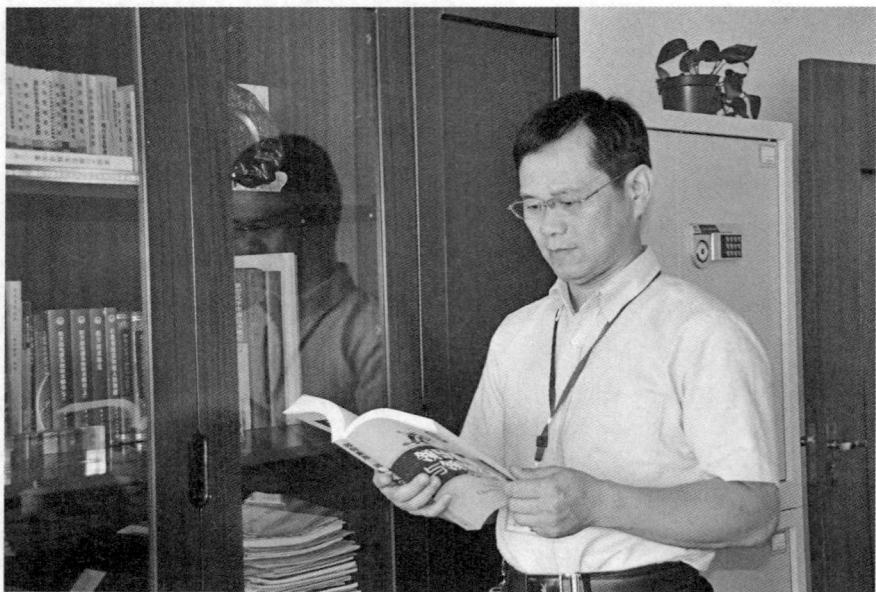

踏实勤勉，敬业执着；
真心奉献，追求卓越。

李瑞祥 1964 年 5 月生，研究员。1990 年 3 月获上海交通大学工学硕士学位。现任上海航天技术研究院科技委常委。中国航天基金奖获得者，享受国家政府特殊津贴。

主要致力于航天飞行器结构与机构研制，分别从事了载人航天、卫星型号等结构与机构研制工作。承担了 863 计划、载人飞船、卫星和国际合作等几十个国家重大项目，发表论文十几篇。

近年来获奖情况：2000 年，获国防科学技术二等奖，2002 年，获国防科学技术三等奖，2007 年，获国防科学技术进步三等奖，2010 年，获上海市科学技术三等奖。2000 年，荣获国家高技术研究发展计划（863 计划）工作中做出重要贡献的先进个人，2003 年，荣获中国航天基金奖，2006 年度，荣获国防科技工业有突出贡献中青年专家，2010 年，荣获上海市优秀学科带头人（B 类），2011 年，荣获上海市领军人才。

热爱航天，无私奉献

——记上海航天技术研究院李瑞祥研究员

为飞天梦插上翅膀

李瑞祥研究生毕业后不久就参加了国家航空航天部组织的载人航天联合论证组的工作，为"921工程"载人航天的论证、立项和研制做出了重要贡献。工程立项时，我国在航天器太阳电池阵和对日定向驱动机构方面还是一片新的领域，东方红三号通信卫星的太阳电池阵和对日定向驱动机构还是向国外购买的。为此，他同其他十一位同志一起，赴苏联莫斯科航空学院学习载人航天技术，在完成两年学习后，即刻回国投入到紧张的载人航天工程研制工作中，参加了方案论证、初样研制和正样研制。他利用学习到的知识，第一个设计出了载人飞船的四个翅膀——太阳电池阵。在研制过程中，作为电源分系统副主任设计师，先后组织同事们进行了太阳电池阵展开锁定机构、压紧释放装置和对日定向驱动机构的技术难点攻关，解决了太阳电池阵正弦振动试验中出现基板受损、对日定向驱动机构高低温输出力矩下降和堵转等技术难度较大的问题。在国内首次提出并组织实施了大型高低温展开试验室建造，代替了要在大型热真空罐中进行的展开试验，节省了上千万元的试验费用。同时，花费了近九个月时间，解决了高低温热循环展开试验中出现低温下展不开等关键技术问题，为飞船从初样研制转向正样研制扫清了障碍。并且，攻克了太阳电池阵在阴影区不能展开的问题，扩大了飞船的发射窗口。经过神舟一号至神舟十号飞船的飞行试验，太阳电池阵全部展开顺利，对日定向驱动机构运行正常，飞行试验获得圆满成功，为载人飞船太阳电池阵的研制成功做出了突出贡献。为此，他主持研制的

《试验飞船太阳电池阵》荣获国防科学技术二等奖。

为卫星研制再创辉煌

在完成载人飞船太阳电池阵研制任务以后,他转入到卫星型号研制,担任了研究所的卫星型号指挥,先后承担了风云三号、风云四号气象卫星太阳电池阵分系统和有效载荷机构研制,以及其他十几个型号的太阳电池阵展开机构、对日定向驱动机构和天线展开机构研制等型号任务。在卫星型号研制过程中,进行了一系列的技术攻关,解决了许多关键技术问题。通过优化设计,解决了太阳电池阵有源和无源展开机构中锁定信号不稳的关键技术问题。组织各方面的力量,解决了太阳电池阵CCL(闭环索)断裂的技术难点。利用国内优势单位的资源,花费近三个月时间,找到了对日定向驱动器中CMOS管烧断的原因,从而解决了其技术问题。通过各种技术手段反复试验和验证,找出了导电滑环出现瞬间断点的根本原因,确保了产品验收并参加飞行试验。在某卫星天线展开机构方面,由于进口产品的进度严重滞后,所以在国内第一次提出并研制出了带阻尼器的稳速展开机构,取得了良好效果,进行了技术鉴定,替代了进口产品,完成了国产化的研制,节省了上百万美元,并获得了国防专利。组织研制的国内卫星第一个最大面积的单翼偏置展开的太阳电池阵,经过三次飞行试验,均取得成功解锁、顺利展开、稳定运行的圆满成果,为此,该项目获得国防科技进步三等奖。风云三号卫星单翼偏置对日定向太阳电池阵和微波成像仪,经过两次飞行试验,取得了成功,同时解决了01星中出现的太阳电池阵和微波成像仪的耦合振动的关键技术难题,并在02星上得到了验证,为此,《风云三号卫星太阳电池阵驱动技术》荣获上海市科学技术三等奖。

为航天发展瞄准前沿

除了从事繁重而又复杂的型号任务以外,还进行了后续太阳电池阵、对日定向驱动机构和天线机构等方面的预研工作。先期,作为课题组长承担了863课题空间站两自由度大面积太阳电池阵关键技术的研究工作,为我国空间实验室、空间站和大型航天器太阳能的应用开辟了新的途径。开展了空间网格桁架式展开机构的技术难点攻关,在国内首次研制出了第一台在空间可多次伸缩的大型桁架式展开机构工程样机,并研制出了大面积太阳电池阵集成演示样机,突破了传统的太阳电池阵在轨只能一次性展开的技术。为此,由他主持完成的《空间站两自由度大面积柔性太阳电池阵关键技术研究》课题荣获上海市青年科技成果二等奖,《空间实验室两自由度大面积太阳电池阵技术集成演示》课题荣获国防科学技术三等奖。

李瑞祥负责并参加了《合作研制并提供太阳帆及平衡调节板》、《合作研制并提供高精度天线展开机构》、《高精度、高可靠驱动机构技术研究》等国际合作项目,经过与外国专家的交流和沟通,掌握了相关的关键技术,为型号任务的国产化研制打下了基础。

光荣在于平淡
奉献在于实干

  姚崇斌 1967 年 5 月生,研究员。1989 年获上海科技大学(现上海大学)工学学士学位。现任上海航天电子通讯设备研究所副所长。中国第二代卫星导航系统重大专项卫星导航技术专家组成员,第二届航天电子对抗专业委员会成员、中国兵工学会太赫兹应用技术专业委员会成员。

  长期从事雷达、微波遥感有效载荷等方面的研究工作,承担国防科工局、总装和上海市科委等十多个重要项目研究工作。

  2004 年获国防科技工业成果三等奖,2006 年获国家科学技术进步二等奖,2011年获上海科技进步三等奖,2011 年获国防科学技术进步一等奖。

能打硬仗、
善打硬仗的"老航天"

——记上海航天电子通讯设备研究所姚崇斌研究员

攻关微波载荷,勇攀世界巅峰

地球静止轨道毫米波亚毫米波探测仪是在地球静止轨道通过微波遥感方式对大气全天候、全天时高时间分辨率连续监测的微波遥感设备,它的应用将对卫星全球数值天气预报、区域数值预报产生革命性影响。美国和欧洲都曾经研究过静止轨道卫星微波探测仪,但终因技术难度大遭搁浅。

2007年底,姚崇斌就敏锐地意识到静止轨道微波遥感这一领域大有可为。然而研究这个世界首创的微波载荷,没有任何前人成功的经验可以借鉴,难度可想而知。挑战越大,机遇也就越大,在"没人干""干不了"时姚崇斌主动作为,2008年初组建了地球静止轨道毫米波亚毫米波探测仪项目组,把原先两三名从事概念研究的人员扩充成了一支"实打实"攻关的团队。

打铁还需自身硬,姚崇斌原本是搞雷达出身的专家,自己先义无反顾地一头扎进了微波辐射计这个全新的领域。他从《微波遥感》这本经典教材入手,推公式,论系统,解指标。为了能充分掌握辐射计领域最新动态,每天早上六点钟就来到所里,看论文,查资料。不少设计师都会在清晨刚起来时接到他的电话或短信,探讨技术问题。两年来,姚崇斌和他的团队将国内外的辐射计资料研究了个遍。凭借雷达领域研制的技术功底,他从外行变成内行,进而成为专家。国内外辐射计资料他能信手拈来,如数家珍。他组织设计师将各类辐射计资料整理成册,这种技术的积累和资料的共享,对整个团队拓宽专业视野,提升技术水平有非常大的帮助。压力大进步也大,在姚崇斌的带领下,创新团队在辐射计领域取得了很大的进展。通过两年的前期研究,地球静止轨道毫米波亚毫米波探测仪完成了从"一个概念、几页报告"到 2010 年科工局"十二五"民用航天预先研究项目立项。

2011 年至今的短短三年半时间里,姚崇斌带领团队成员攻克了探测仪系统设计、天线扫描、准光学馈电、亚毫米波接收机、系统定标等一个又一难题。对于最关键的天线扫描技术,研究团队前前后后做了近十种方案才找到了正解。如今,国际首创的地球静止轨道毫米波亚毫米波探测仪系统方案、多台关键技术攻关样机,累累硕果充分展示了姚崇斌和他所带领团队的智慧与辛劳。

在国际卫星气象领域,中国正在研制静止轨道微波探测仪项目引起了不小的反响,包括国际卫星气象组织前主席在内的国际著名科学家和工程师都对毫米波亚毫米波探测仪创新团队的研究进展高度赞扬,世界气象界都看到了中国,看到了姚崇斌和他的团队取得的突破进展。

开拓新型载荷,引领技术革新

姚崇斌自 2011 年起组织、带领团队进行兼容北斗和 GPS 体制的星载 GNSS - R 海洋微波遥感器的研制,已经有整整三个年头。星载 GNSS - R 海洋微波遥感器作为在国际上都是全新的无源微波遥感载荷,无论是从方案的确立、论证,还是工程化的实现,对于中国航天人来说都是极大的挑战,更遑论要从无到有的建立一个集总体到单机,从系统可行性论证到工程设计皆能的高素质团队。

姚崇斌不但凭着自身过硬的微波射频、数字信号等方面的技术素养帮助团队设计师们进行查漏补缺,而且还十分注重总体、设计人才的培养。他常常深入到现场一线,与总体设计师、型号设计师谈技术、谈问题、谈方法,毫无保留的将自己的总体设计心得传授,更时常将自己在工作中的新体会、学习到的新知识及时分享给团队,开拓了团队设计师们的眼界。姚崇斌的眼光不仅仅限于当前的载荷研制工作,而是着眼于更远的将来,制定了 GNSS - R 技术的长远发展目标,要求指标世界一流、国内领先,设计思想具有超前创新意识。

为获得国内专家的支持,他先后多次前往北京、西安、哈尔滨、武汉等全国各地的高校和科研院所,详细了解国内专家在这项技术上的最新研究成果,并积极与他们合作,逐一破解了项目中的难题。最终使得项目研究成果得到了国家遥感中心的高度认可,并已于2013年9月在第64届国际宇航大会上进行技术交流,表明中国在该项技术的研究上已经处于世界先进水平。

姚崇斌还领导了亚毫米波临边探测仪、太赫兹通信、星间链路等重大前沿课题,带领团队填补了一项又一项空白。

工作率先垂范,打造一流团队

从雷达领域设计工作到主管全所卫星型号产品、主导遥感载荷研制,再到主管全所预研和技术体系创新工作,姚崇斌通过自身刻苦钻研、引领团队、努力实践,成为一名"通宇航与地面、通载荷与平台、通型号与预研、通技术与管理"的全能型人才。

他严于律己、待人以宽、待事以严。每审阅一份报告,无论是分系统报告还是子系统或单机报告,宏观立意、方案细节、器件选用、字体格式每一个细微的错误都逃不过他的眼睛。而每次看他亲自编写或修改过的报告和ppt,设计师都感觉是一种学习与欣赏。

他培养的多名研究生已在所里的各个部门和研发团队中成为技术骨干。他鼓励技术讨论与争论,经常以一个普通设计师的身份听取设计师的不同见解,越是听到与他相反的技术观点,他越是能欣然聆听。他总是能从国内外技术前沿和发展的角度,从多学科交叉的视角给学生和设计师讲问题。大家都感到那么多不同专业方向从一个人的角度条分缕析地讲述,有这样机会学习与聆听,实属不易。

姚崇斌每日都忙碌在多条线的工作中,沉浸在多个团队的课题研究工作中,有时他也会疲倦,有时也会碰到挫折。然而每当遇到研究的一个新进展,或找到一条新途径、新线索时,他和他的团队又燃起了新的激情,因为就在此时,他们又向世界领先水平迈进了一步!

不积跬步，无以至千里；不积小流，无以至江河

黄沈发 1967 年 9 月出生，教授级高级工程师。现任上海市环境科学研究院副院长、国家环境保护城市土壤污染控制与修复工程技术中心主任，兼任华东师范大学、东华大学研究生导师，上海市生态学学会副理事长、上海市人类居住科学研究会副理事长、上海市城乡建设和交通委员会科学技术委员会委员、上海市水利学会湿地专业委员会委员、《环境污染与防治》期刊编委、《环境科学与技术》杂志社理事。

长期从事城市化过程生态环境影响研究，在城市生态规划与评价、自然生态保护与恢复、土壤环境治理与修复等领域，主持或为主承担完成了 20 多项国家级、省部级环境科研攻关和国际合作等重大项目。研究成果获得环境保护部科技奖 1 项、上海市科技进步奖 6 项、福建省科技奖 1 项、上海市决策咨询研究成果奖 3 项，授权专利 3 项，发表学术论文 50 余篇，出版专著 3 部，编制上海市地方标准 2 项。

潜心科研打基础，
精益求精出成果

——记上海市环境科学研究院
副院长黄沈发教授

夯实基础，积极创新，
助力上海城市转型新发展

上海作为人口高度密集、地域相对狭小的特大型城市，城市各子系统错综复杂、相互作用，构成了独特的城市生态系统。研究城市生态系统的结构和功能，掌握城市生态系统过程及其机理，有助于推动上海城市发展转型，实现社会经济可持续发展。进入环保行业二十余年来，黄沈发聚焦制约城市可持续发展和关乎人民群众切身利益的关键性生态环境问题，潜心钻研，取得了突出成绩。

在从业之初，他深入水环境非点源污染控制实践，并在非点源污染排放特征、污染物迁移转化规律、污染控制技术、工程示范研究、法规政策保障和最佳管理措施等方面都取得了较大突破，逐步在该专业领域具备了系统、坚实的理论知识和研究实践经验，相关研究成果获得了上海市科技进步三等奖 2 项（1999 年和 2004 年），形成了 3 项专利技术（2 项发明专利和 1 项实用新型专利）。

基于非点源污染控制领域的长期研究积累，他又作为主要负责人组织实施了国家 863 计划项目"城市水环境质量改善技术与综合示范"，并负责开展水体就地净化与水生生态修复重建研究，探索了对水质改善直接有效的城市景观水体就地生物净化技术方法，设计建成了"苏州河梦清园景观水体生物净化系统示范工程"。该领域研究成果现已成功应用于上海地区和其他省市的多个景观水体治理工程,为水环境质量改善和水生态修复提供了技术支持,取得了良好的环境效益和社会效益,研究成果获得了上海市科技进步一等奖(2008 年)。

在城市生态建设与环境规划领域,黄沈发深入开展了不同尺度的区域生态服务功能与资源环境承载能力研究,探索实践了环境保护参与宏观决策的战略环境评价技术方法,建立了城市生态系统基础信息提取技术方法,创新提出了城市生态系统供需指数理论和区域生态风险评价方法。基于相关研究基础,黄沈发长期跟踪指导上海崇明生态岛建设科研与实践,组织开展上海城市生态系统调查评价、功能区划和保护规划研究,主持承担了我国海峡西岸经济区、中原经济区和长江中下游城市群等国家大区域发展战略环境评价工作。该领域有 6 项研究成果分别获得了环保部科技一等奖(2013 年)、福建省科技二等奖(2013 年)和上海市科技进步二等奖(2005 年)、三等奖(2006 年和 2012 年)、上海市政府决策咨询成果一等奖(2012 年),并形成了 2 项上海市地方标准。

前瞻研究,聚焦热点,
开拓土壤环境保护新方向

近二十年来,随着我国经济社会高速发展,土壤环境压力也日益加剧,土壤污染严重威胁了人民群众生产生活和身体健康,成为公众关注的焦点。上海作为工业史悠久的特大型城市,也必须面对这一制约区域社会经济持续发展的重大环境问题。

早在 90 年代初期,黄沈发就开始涉足农田土壤环境问题研究,2000年以来先后组织开展了"上海城市发展中污染土地利用对策"、"受污染土壤的环境损害评价及补救办法"、"上海菜篮子基地土壤环境调查评估"、"上海土壤污染调查及处理与管理对策"等前瞻性课题研究,为上海启动土壤环境保护相关工作奠定了扎实基础。2009 年开始,为确保上海世博会的顺利举办及其场馆后续利用的安全性,他率领团队又积极为世博会区域受污染土壤的调查评估和治理修复出谋划策,为世博区域污染土壤的控制与修复提供了技术指导。2010 年,黄沈发主持了本市土壤环境保护专项规划研究工作,确定了"十二五"期间本市土壤环境保护工作的目标、任务和保障措施。

在黄沈发的带领之下,上海市环境科学研究院近年来承担了大量土壤领域相关的科研任务、工程技术咨询与服务项目,研发储备了先进的专业技术,积累了丰富的工程应用实践经验。基于环科院初步具备的人才优势、技术研究和产业化能力,为进一步提高城市土壤污染防治政策咨询水平和增强工程技术研发及应用能力,2010 年黄沈发带领团队开始组建国家环境保护城市土壤污染控制与修复工程技术中心,历经数年的不懈努力,最终于 2013 年 3 月获得国家环保部批准。该中心是目前我国唯一以土壤污染控制与修复为目标,面向国家环境管理服务的工程技术中心。

中心将立足我国城市土壤污染控制领域,开展重金属、有机物及复合性城市土壤污染修复有关技术、设备开发和产业化,开展该领域共性与关键技术创新、开发、转化,承担领域内技术咨询与服务,促进多学科融合、产学研一体化,推进城市土壤污染控制与修复产业发展,为环保监管和决策部门提供技术支持和服务,开展国内外交流与合作,培养和造就优秀专业技术人才和管理人才队伍。该中心的建设,为我国城市土壤污染控制与修复开启了全新的篇章。

悉心培育,严格要求, 打造环保专业素质新团队

黄沈发非常注重人才的培养和知识的传承,充分发挥团队协作优势,帮助年轻科研人员快速成长。

他更多地通过言传身教、以身作则的方式去感化人,与他共事的研究团队耳濡目染他对于环保事业的热爱,感受到他废寝忘食的投入以及对学术追求的精益求精,潜移默化之中这些都成为整个团队做人做事的标杆。更加为人称道的是黄沈发同志的无私奉献,他时常和同事们分享学术生涯中的心得,利用他渊博的知识帮助年轻人破解难题,提高团队的科研能力。他还积极为年轻同志搭建广阔平台,提供锻炼机会,充分让他们施展自身的聪明才智,学以致用。在生态遥感调查、土壤保护规划、崇明岛生态建设等多个重大科研项目的实施过程中,他都大胆启用年轻人,对于年轻人因经验不足出现的失误,他以鼓励为主、批评为辅、耐心分析、共同研究,悉心为新人挡风遮雨。在他的栽培下,团队中的年

轻人快速成长。近年来,多人次获得国家和上海自然科学基金项目资助,获得省部级科技进步奖,有些已经成为业界有影响力的学者,不少还走上了领导岗位,开始带领新的研究团队,实践着一人引领、代代传承。

同时,作为研究生导师,他深切地体会到教育必须重视理论知识与工作实践的有机结合,他给了学生很多宝贵建议,鼓励学生积极思考、各抒己见、开拓创新,以培养复合型研究人才为教育目标,现已培养了多名硕士研究生。在他的教导及带动下,毕业的学生不仅学业突出,而且都具有端正的科研态度和良好的工作作风,老师认真、忘我的科研工作态度将不断激励他们以他为榜样努力工作。

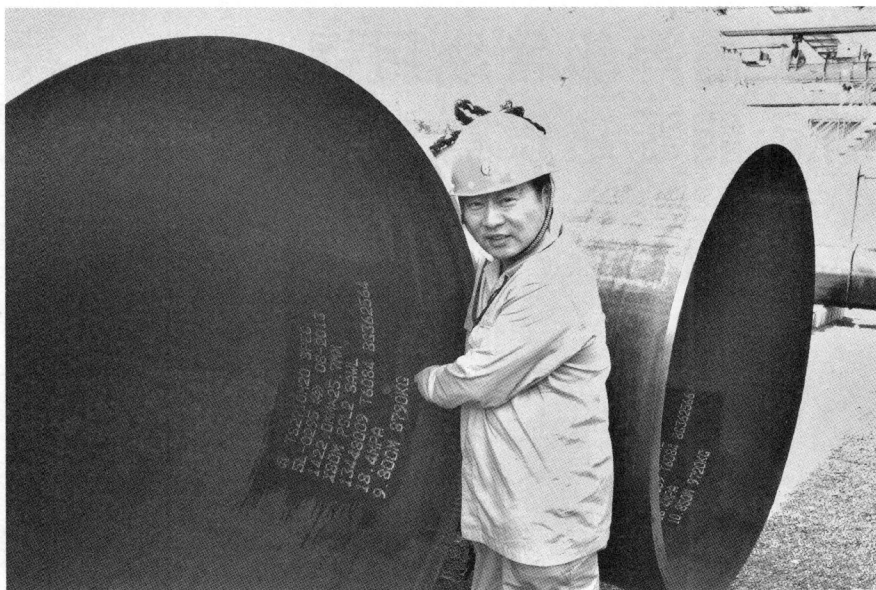

实践出真知

郑 磊 1958 年 3 月生,教授级高级工程师。2007 年获上海交通大学工学博士学位。现任宝山钢铁股份有限公司研究院首席研究员,国务院政府特殊津贴获得者、上海市劳模获得者、宝钢集团有限公司终身技术业务专家。

长期从事以管线钢等为代表的低碳微合金化钢铁产品的研究开发,解决了以往我国管线钢产品依靠进口的问题。在国内外期刊和会议发表论文 60 多篇。

近年来获奖情况:2012 年广东省科学技术奖二等奖,2012 年宝钢技术创新重大成果奖二等奖;2011 年冶金科学技术奖一等奖,2011 年中信 2009—2011 年度中信铌钢技术进步奖特等奖;2010 年宝钢技术创新重大成果奖二等奖,2010 年宝钢技术创新重大成果奖三等奖。

开发高等级管线用钢，
满足能源建设需求

——记宝钢集团公司高级工程师郑磊

急国家能源建设之需，
开发高等级管线用钢

石油天然气是重要能源,采用长距离管道输送是目前最经济、安全和环保的运输方式。为节省管线工程的建设投资、提高输送效率、保证安全,要求选用具有高强度高低温止裂韧性和良好焊接性的高等级管线钢。

我国管线用钢的研发和生产起步较晚,20世纪90年代随着我国能源建设从稳定东部开发西部的战略转移,对高等级管线钢提出重要需求,但以往这类管线钢都为进口。郑磊当时就以国际管线钢技术发展趋势和国家经济建设需求出发,进行管线钢的研发。这一阶段他与宝钢管线钢的研发团队开发的管线钢品种主要是"铁素体+珠光体型"热轧板卷,通过实验室研究和工业化试制相结合,提出采用低碳微合金化和低硫钙处理的技术解决管线钢韧性不足的问题。并深入宝钢现场和用户焊管厂进行工业性试制,跟踪使用情况,对大量的成分、工艺数据和焊管试制等数据进行统计分析,稳定管线钢的性能,形成宝钢的管线钢成分工艺体系。他们开发研制的"铁素体+珠光体型"管线钢批量应用我国重要管线工程,实现管线钢国产化的首要目标。5万多吨X60和2 400吨X65管线钢分别在"陕西—北京"天然气长输管线工程和"库尔勒—鄯善"输油管线工程上得到成功的应用。在不到2年的时间,使中国管线钢的开发和应用水平从X52提高到X65,解决了中国以往这类管线用

396

钢长期依靠进口的问题。开发的管线钢达到当时国际同类产品的先进水平,并参与国际竞争,开发的管线钢热轧板卷还先后应用于印度输油管线工程、苏丹输油管线工程、土耳其输气管线工程、巴基斯坦管线工程等国际管线工程。

随着管线钢管向厚壁、大口径方向发展,为满足海外市场和我国未来管线工业发展需求,郑磊课题组还进行 X65 厚规格高强度管线钢开发。提出关键的成分和工艺进行 16.5 mm 厚 X65 管线钢板卷的试制,并和当时国内最好的"焊管厂"一起进行 φ1 422 × 16.5 mm 焊管试制,探索了生产高钢级厚规格 X65 管线钢和管线管的生产可行性,积累了实际工艺数据。为宝钢后来进行西气东输工程用管线钢的开发和生产积累了经验。并为我国管线钢向更高水平发展奠定了基础。

不断进取,开拓创新

进入 21 世纪,郑磊带领的宝钢管线钢课题组在稳定产品质量的基础上,对满足特殊环境需求,组织进行更高质量等级的用于酸性环境使用的具有抗 HIC(Hydrogen Induced Crack 氢诱裂纹)性能的高性能管线钢的开发研制,在具有高强度、高韧性的同时具有良好的抗 HIC 性能。经过多轮实验室的成分工艺试验,和组织性能研究及 H2S 腐蚀试验,得到最佳的成分工艺参数,再经过多次工业试制验证了研发结果的可靠性。开发产品在我国第一条对高强度管线钢提出具有抗 HIC 性能要求的忠武天然气长输管道管线工程得到成功的应用,向该工程提供了 6.8 万吨抗 HIC 的 X65 管线钢和 4 万吨的 X60 抗 HIC 管线钢。开发的 X52 抗 HIC 管线钢批量出口科威特和阿曼等中东高含硫地区,成为我国批量出口海外的重要产品。在这过程中采用针状铁素体组织管线钢研究成果为下一步西气东输工程用针状铁素体型 X70 厚规格管线钢的研制打下了基础。

西气东输管线工程贯穿中国东西,全长 4 000 km,采用 φ1 016 mm 口径焊管,工作压力 10 MPa,选用具有高止裂性的针状铁素体组织特征的 X70 管线钢。针对西气东输用钢的具体要求,郑磊在跟踪了解到国家的需求后,立刻有针对性地组织课题组从成分设计到工艺控制进行多次试验和试制,提出以超低碳含铌微合金化,结合纯净钢技术和优化的

TMCP 工艺开发出具有高强度、高韧性和高止裂性以针状铁素体组织为特征的 X70 管线钢。在冲击韧性方面,针状铁素体型 X70 管线钢则比含碳量相对较高的铁素体 + 珠光体型管线钢具有更高的低温 Charpy 冲击韧性和更低的 DWTT 冲击韧脆转变温度,具有更好的抗低温动态撕裂能力;这些对保证大口径输气管的止裂性能具有重要作用。并为西气东输管线工程提供了 47 万吨 14.6 mm 厚的针状铁素体 X70 管线钢板卷,保证了西气东输工程的用钢需求和工程顺利进行,促进了我国高压天然气管道建设的发展。同时,进一步提高了我国管线钢的产品等级,将我国管线钢水平从以"铁素体 + 珠光体"组织为特征提升到以"超低碳针状铁素体"组织为特征的新高度。

2005 年前,管线钢国际标准规范中处于最高钢级是 X80,全球 X80 管线不到 2 000 公里。考虑未来几年中国将建设多条高压输气管线,X80 钢级的管线钢在工程上的应用将逐渐增加。为满足这种发展的需求,郑磊带领的课题组又开始具有更高强度的 X80 管线钢的开发研究,并与我国第一条 X80 输气管线应用工程相结合,使开发试制的 X80 管线钢于 2005 年 3 月铺设于中国第一条 X80 管线示范段。为随后我国大规模应用 X80 提供了重要的技术数据,促进了我国西气东输二线工程中全面采用 X80 管线钢。

海洋总是充满了诱惑,海上油气资源的开发使海底管线的重要性日益凸显。由于海洋环境远较陆地恶劣,海上施工条件的特殊,对海底管线的施工和运营安全性的要求远高于陆地管线。管线钢走向海洋对其质量稳定性的要求是重大的挑战。"番禺—惠州天然气海底管线"是当时国内首次全面采用国产海底管道用钢的工程。海底管线为直缝埋弧焊管,需满足高强度、高韧性、良好的焊接性要求。同时不仅对焊管管体横向提出强度性能要求,还要求焊管纵向强度也需满足相应的技术规范要求。为此,郑磊组织宝钢管线钢的课题组针对海底管线的特殊需求,进行开发试制,并到焊管厂进行跟踪试验,以保证焊管性能满足海底管线管的各项性能要求。通过多次试验和验证,开发的焊管各项综合性能很好地满足海底管线的要求,通过专家签定。6 万吨 X65 海底管线用钢成功地应用于"番禺—惠州海底管线项目",实现我国管线钢从陆地走向海洋的跨越。

开发更高等级管线钢品种,
提高国际竞争能力

为进一步满足我国管道建设用材料的需求和国民经济发展需要,2005 年后宝钢先后建设投产了先进的 5M 宽厚板生产线、HFW(ERW)焊管生产线和 UOE 直缝埋弧焊管生产线,管线钢的产品研发也由原来的板卷形式向卷、板、管等多种形式转变。以发挥宝钢具有从冶炼、轧钢到焊管制造的全流程一贯制管理的优势,更好地、全方位地满足了国内外石油天然气管道建设需求。对管线钢的研究从冶炼、轧制发展到焊管的成型和焊接、无损检测等多方面。

此时,跟踪国际管线钢的技术发展,郑磊组织课题组开发试制了目前国际管线钢强度等级最高的 X120 超高强度管线钢和 X100、X90 超高强度管线钢。当时有人认为 X70 管线钢就已经够用了,X80 还没大量使用,没必要进行 X100 这样的研究。但郑磊他们课题组认为,技术是不断发展的,我们研发就要不断走在市场前面,生产一代、试制一代、预研一代。

宽厚板和 UOE 生产线的投产,开发试制的 X80 管线钢板和 UOE 焊管很快地就应用于西气东输二线工程,在西气东输二线工程中批量应用达 40 多万吨 X80 宽厚板和 UOE 焊管,使我国管线钢的产品研发和应用更上了一个台阶。同时宝钢管线钢焊管产品以钢铁的最终产品形式走向国际市场、参与国际竞争,宝钢的管线管产品批量出口澳大利亚、北美等海外市场。

人生格言

有志者 事竟成

吴毅平 1963 年 4 月生,教授级高工。1998 年 10 月获东北大学硕士学位。现任上海宝信软件股份有限公司资深技术总监,宝钢集团技术专家,上海市工业与数学学会理事,上海市优秀学科带头人,2009 年上海市软件行业标兵,2011 年评为上海市领军人物。

长期从事钢铁自动化工程、轧钢过程自动化技术、钢铁企业能源管理技术等方面的研究,参加了国家 863 计划、国家发改委和工信部项目,承担了上海市科技攻关、宝钢等大型钢铁公司自动化工程等 30 多个项目。

近年来先后获得上海市科技进步二等奖 2 项,上海市企业管理现代化创新成果一等奖,获得宝钢科技进步奖多次。

勇于探索,开拓创新

—— 记上海宝信软件股份有限公司
技术总监吴毅平

瞄准一流,填补空白

宽厚板是经济建设和国防建设重要的原材料。宽厚板的品种繁多,性能各异,质量要求高,自动化控制复杂。高水平厚板自动化控制核心技术长期以来被个别外国电气公司所掌控,国内高水平厚板生产线的自动化控制系统工程都被国外公司所垄断。作为一位从事轧机自动化近30年的专业技术人员,吴毅平以振兴我国装备制造业,提升重大成套技术装备自动化和智能化为己任,多年潜心钻研,利用掌握的轧钢和自动控制专业知识,深入研究宽厚板自动化控制技术,突破宽厚板控制的核心关键技术,成功开发了全自动宽厚板自动控制系统,并在实际工程中成功应用,填补了我国在高水平宽厚板轧机自动化控制技术上的空白。

厚积薄发,勇挑重担

作为上海宝信软件有限公司资深技术总监,长期从事自动化和能源管控技术方面的技术研发工作。这些年来在国家863,发改委和工信部等研发项目,宝钢重大工程建设,宝信公司技术创新、产品研发和市场开拓方面做了大量的工作。

2004年作为宝钢2050热轧过程机系统改造负责人,他基于前期对国外先进技术方法深入消化的基础上,制定完善的改造方案,精心准备在线测试和不停产切换方案,实现了大型热轧过程控制系统不停产实现切换的成功案例。该项目获得上海市科技进步二等奖、宝钢科技进步一等奖。2005 年作为国家 863《冶金工业 MES 架构和关键技术研究与示范应用项目》冶金模型子课题负责人，他组织人员，深入研究冶金工业重点工序过程控制模型技术，项目研究成果丰富了我国 MES 架构体系，为冶金企业 MES 标准奠定了基础。2007 年宝信承接了国家发改委大型产业化项目《高炉生产过程综合自动化系统》，他作为该项目的组织者，研究大型高炉自动化集成技术，开拓性地将人工智能和高炉模型控制技术相结合，项目的成果使得宝信软件具有自主集成世界最大容积高炉自动化控制系统的能力。宝钢 1880 热轧工程建设期间，他作为过程机系统技术指导，带领团队研究国内外先进轧机模型和控制平台软件，大胆采用新技术，实现了 1880 热轧工程控制精度世界一流的高水平，该项目获得 2010 年冶金科学技术一等奖、2009 年宝钢技术创新重大成果一等奖。宽厚板控制难度大，功能复杂，核心控制技术长期由国外厂商掌控。他作为国内轧钢控制技术业务专家，立志要改变现状。2010 年，他策划并负责了该年度上海市高新技术产业化重大项目《宽厚板自动化控制系统产业化实现》。他利用自身熟练掌握的轧机控制技术的优势，结合宝钢先进的轧机数学模型和宝信公司自动化控制平台，以西门子等一流厂商宽厚板解决方案为目标，研发厚板核心模型，采用面向对象的设计方法，开发了具有自主知识产权的厚板自动化控制系统，为厚板生产线自动化控制提供整体解决方案，并在宝钢集团八一钢铁公司厚板厂工程进行成功应用。八钢厚板项目实施期间，他长期待在现场，不辞辛劳，及时解决出现的各种技术难题。该工程的成功投产为我国西部建设做出了贡献，其自动化水平达到国内领先，填补了国内高等级宽厚板自动化控制系统的空白，该项目获得 2010 年宝钢科技进步二等奖。

绿色制造，节能减排

我国工业能源消耗占全社会能源消耗的 70% 以上，钢铁工业是消耗能源资源和产生污染排放的重点行业。为响应国家加速推进钢铁行业节能减排的要求，这些年来他先后承担或参加了国家 863"冶金能源综合平衡模型及优化调整技术及应用"项目、2009 年上海市科委"上海市制造业能源管理系统技术工程研究中心"、"冶金企业能源管理技术、标准研究与示范应用"和"冶金能源系统基于产品能耗的最优化分析技术及全自动煤气回收技术"等项目,这些项目的开展,极大地提高了宝信软件能源管理解决方案的水平,推进了宝信软件公司企业能源管理解决方案的研发和市场推广工作。宝信近年承接了全国40多个大中型企业的能源管理工程项目,实现50%以上的钢铁企业能源管理系统市场份额,每年获得1个多亿的销售收入,市场遍及钢铁、重机、石化和有色等行业。更为重要的是,企业能源管理系统的实施有效地支撑了企业节能减排,以信息化手段来管理企业能源运行,同时,实施能源管理的企业每年仅借助能源管理系统优化调度就可实现企业二次能源合理利用,为企业获得丰厚的利益。如300万—500万吨年产量规模的常规流程钢铁企业仅减少煤气放散一项可实现年经济效益3 500万元左右/年。能源管理技术极大地提高了能源密集型企业对能源的数字化管理,而且还能对煤气、电等介质实施动态优化调度,提高综合利用率,提高环境质量,减少温室气体排放有着十分重大作用。

锐意进取，求实创新

当前,钢铁企业受产能扩张,市场萎缩,原材料价格和能源成本上涨等因素影响,经营十分困难,同时节能减排任务严峻。如何帮助企业走出困局,他和他的伙伴们采用智能手段研究钢铁企业工序节能产品研究,借助合同能源管理模式实现双赢。为了开拓市场,他带领团队开展工序节能方面的调研,基于工艺控制模型与人工智能相结合,先后开展了高炉热风炉提升风温的技术研究,加热炉燃烧控制系统节能技术研发,热轧高压水除鳞节电技术产品开发,烧结风机节电技术研究,利用变频技术实现设备级节能以及产线能源管理系统开发。这些项目都涉及企业的节能减排问题,关系到企业的运营成本。产品的研发成功,对钢铁企业节能减排有十分大的推广意义。

一切商业模式，本质上只有一个，
最高的工资给最优秀的人才 最优秀
的人才创造最大的价值！

陈天桥 1973 年生，中共党员，浙江绍兴人。毕业于复旦大学，取得经济学学士学位。现任盛大网络董事长、首席执行官，公司创始人。

自 1999 年公司创立起，陈天桥即担任董事会主席和首席执行官。创立盛大前，他于 1998 年至 1999 年，担任金信信托投资公司总裁办公室主任；1994 年至 1998 年，于陆家嘴集团担任若干管理职位。第十一届、第十二届全国政协委员，担任上海市工商联副主席、上海市青联副主席、上海青少年发展基金会副会长、上海信息服务业协会副理事长、复旦大学校董等社会职务。

弘扬大文化，开创大未来

——记盛大网络董事长兼首席执行官陈天桥

与 时 俱 进

陈天桥深知，新时期文化的创作和传播，离不开科学技术，因为它打通了来自广大人民群众的文化创造来源，也是文化创新的巨大推动力。2012年，新闻出版总署公布了全国第七批"民族网游工程"选题，盛大网络旗下盛大游戏的《零世界》得以入围。与入围的其他选题不同的是，这部作品不再仅仅把思路着眼在"中国艺术元素"的点缀上，而是破天荒地如"盘古开天、女娲造人"一般，将游戏场景的设计、故事的编排和规则的制定转交给了亿万网民，由他们来打造和经历一个属于每一个人的"盘古开天"、从零开始的精神生活。这部对伟大中华文明进行最深邃思考、充分展现中国民族无穷勇气、魄力和豪迈精神的巨作，背后依托的恰恰是如今全球互联网业界钻研不息的、依托高速计算和海量存储的云计算技术。

陈天桥常说："要通过多元化的技术来创造文化的内涵。"以盛大文学为例，与传统文学的定位不同，它立足于抓住互联网的特点、构建用户良性互动的环境。如今，盛大文学的读者可以通过PC机、电子书或手机等多种移动客户端轻松地阅读到及时更新的文学作品，并且可以通过网络、电话和移动POS机随时完成"千字2分钱"的"微支付"。目前盛大已经拥有700万部文学作品，日更新文字近1亿，吸引了上亿读者，也诞生了数十位年收入过千万、数百位年收入过百万的草根作者。还依托原创文学内容，推动和推出了影视、音乐、动漫、游戏等其他相关文化产业的发展，打通了整个文化产业链。这就是基于互联网技术的创新的商业模式,它实现的是整个产业链的和谐共赢。

扬 帆 远 航

作为一家以原创内容为核心竞争力的互联网文化企业,盛大在陈天桥的带领下,把在世界舞台上传播中华文明的精彩、提升中华文化的国际影响力,作为自己为之骄傲的事业和社会责任。

盛大游戏从最早代理国外的产品到产品出口,到投资收购国外的开发和运营商,再在如今在海外开设自己的分公司直接开展研发和运营,这"三步走"着实走出了一家中国互联网文化企业的自信。

盛大游戏从2007年成立负责产品出口的IP输出部开始,目前产品已经出口到91个国家和地区,成为海外收入最高的网游企业。它们在韩国、东南亚等地成立了全球研发中心,并在美国、德国等地成立了多个全球运营中心,以便发挥不同区域和语言群体的创造力和服务体系,继续扩大海外的产品开发和渠道运营。从收入来看,近两年来盛大游戏一直高居行业第一,2011年海外总收入达8 000万美元,2013年海外收入接近2亿美元。在未来预期中,海外业务将成为盛大游戏现有成功盈利模式之外新的长期的利润增长点。

盛大网络旗下的另一个大主力内容业务——盛大文学,它的连载付费阅读等原创的商业模式被国际出版界公认为国际三大主流数字出版模式之一。美国知名学府乔治城大学予以了高度关注,将"在美国复制盛大文学商业模式"列入其EMBA案例分析。旧金山市政府、纽约市政府等美国当地公务机构还专门成立办公室,学习和推动这一寓文化、寓公益的商业模式在当地落地和成型。

开 放 创 新

规划总占地面积390亩的"盛大天地"项目坐落在上海张江国家自主创新示范区,以"员工社区化、企业平台化、科技实用化"为宗旨。首先它将完成盛大整个体系下,互联网文化系统和互联网服务系统的全面接入。其次,它将开放盛大在技术、客服服务、用户、投融资平台等多元化的资源,吸引文化创意企业或个人加入,形成一个引进、孵化、扶植、壮大、产业化的生态系统,共享创业的成果。最后,依靠"盛大天地"的建设运行带来的人才流、信息流、资金流、服务流,它将有效地改变上海文化产业以至各类现代服务产业的发展环境,树立起一个文化创意产业的新地标。

早于基础设施的建设的是盛大以"大资本"为驱动引擎的文化对冲基金和文化产业基金,则是推动事业乃至整个行业孵化成长的保证。盛大的投资基金专注用户行为分析和内容推荐的扶植,全面覆盖文化内容领域和创新技术领域的"大数据"。2003 年至今,盛大网络累计投资超过 150 个项目,投资总额超 10 亿美金,现金支出超 50 亿元人民币。由中国咨询机构 ChinaVenture 投中集团发布的权威榜单显示,在以业内大型企业为主导的 TMT(科技、信息)行业,盛大成为最活跃的战略投资者。

陈天桥认为,要做大做强文化产业,必须为文化内容从线上到线下,从虚拟到现实创造落地生根的环境,必须为越来越多的新鲜智慧提供孵化哺育的条件。唯有这样,才会有开放的文化、活跃的文化和有生命力的文化。

弘 扬 正 气

2008 年 5 月 12 日,当一场强烈地震发生在四川省汶川县以后,灾区的一举一动深深牵动了每一个盛大网络员工的心。在陈天桥的倡议下,盛大党支部、团委积极响应,开展了"虚拟世界,一样有爱"向地震灾区捐款的活动,向汶川灾区捐赠 1 000 万元,并发动盛大员工、用户、合作伙伴捐赠 500 万元,并在哀悼日率先关闭并号召同行关闭所有游戏服务器,并且利用网络向广大群众普及必要的防灾知识,呼吁互助友爱。此后盛大又在 2010 年向玉树地震灾区捐款 1 500 万元、向西南五省干旱灾区捐款 500 万元。

2002 年以来,盛大先后在西藏、青海、宁夏、安徽、甘肃等地建立了希望小学,三年累计向希望工程捐款超过 300 万元。目前盛大累计各类捐款已经超过 6 500 万元。由于积极投身社会的各类光彩慈善活动,盛大网络被誉为一家有社会责任的企业。

自 2008 年起,作为第一位互联网业界的全国政协委员,盛大网络董事长、首席执行官陈天桥已连续 7 年参会（2013 年他继任十二届全国政协委员）。7 年来，他累计提交提案近 16 篇，涵盖转变发展方式、文化创新、金融改革、社会民生、版权保护等多个领域，有效地推动了各个领域的改革和发展；他始终如一地为推动中国互联网产业和文化产业的进步奔走呼吁；他坚定不移地为知识产权保护添砖加瓦；他创新性地提出了互联网内容开放、渠道开放的思想。

盛大网络是一家平均年龄不到 28 岁的企业，在企业管理中，创新性地提出了"游戏式管理"，"像管理游戏一样管理公司，像服务用户一样服务员工"；快速成长中的盛大，通过关注员工纵深发展和关注知识经验分享的"一纵一横"两条主线，搭建了一个系统的、科学的学习平台，全方位地为员工提供各种形式的再学习机会；而以"讲道理"三字闻名的盛大企业文化，更是向内向外传递了准确、严谨、规范和负责任的形象。

与人为善 精业进取

杨培强 1966 年 1 月出生。1985 年毕业于上海师范大学物理系，1993 年获华东师范大学无线电物理专业理学硕士学位。入选 2011 年上海市领军人才，并当选为中国仪器仪表学会分析仪器分会第八届理事。

致力于低场核磁共振技术研发二十余年，积累了丰富的专业理论知识和行业实践经验。创立并任上海纽迈电子科技有限公司、苏州纽迈电子科技有限公司总经理。杨培强带领的上海纽迈、苏州纽迈均被认定为高新技术企业，获得"中国科学仪器科技成果奖"、"上海科学仪器创新奖"、"上海科学仪器应用成果奖"等奖项，取得 10 多项发明专利、20 多项知识产权，发布论文 30 余篇。与此同时，杨培强带领纽迈技术团队承担了多项省级以上科技创新和成果转化项目，且作为项目总负责人，率领七家国家一流高校及科研院所承担起 2013 年国家重大科学仪器设备开发专项。

开创特色之路

—— 记上海纽迈电子科技有限公司总经理杨培强

　　自 1990 年以来,杨培强从事低场核磁共振技术开发,先后在国内医疗行业和世界 500 强企业负责重要研发项目,并担当高级管理职务,积累了丰富的专业理论知识和行业实践经验。2003 年 10 月,杨培强参与创办上海纽迈电子科技有限公司,开始了创业之路。

　　回首创业之初,杨培强作为公司创始人之一,仅以技术专家的身份参与投资,并没有参与具体的经营管理。由于技术尚不够成熟,专业人才匮乏,再加上经营管理不完善,虽经几年奋战,但到了 2005 年,企业仍没有成功开拓市场,没有带来任何产值,反而亏空上百万元。如此惨淡的经营现状,让其他几位合作伙伴决绝地选择了退出,离开了纽迈科技。面临即将瓦解的创业局面,经过冷静的思索、艰难的探索,杨培强选择了坚守。凭着对核磁共振这份专业的挚爱,凭着对尝试创业的一腔热忱,他毅然决定全身心投入,并果断决策将企业产品定位在开拓低场核磁共振应用领域。

　　自从全面接管纽迈科技以来,杨培强身兼数职,既是总工程师,负责引领项目研发、科技创新,攻克一个又一个技术难关;又是营销总监,带领营销团队网罗市场信息,挖掘行情,抢占商机,为产品进入市场投入了极大的精力和时间;更是企业管理者,没资金了要想办法筹措,没合适的人才要想办法培育,管理环节不顺畅了要想办法理顺,员工遇到困难了要想办法提供帮助……

　　然而,纽迈产品打开市场的道路并非顺利,当时,低场核磁共振的国内市场基本被国外进口仪器所占领,仅德国的布鲁克和英国的牛津两家国外著名品牌仪器就占有国内市场份额约95％,要想在这个领域分得一杯羹,其艰难程度是显而易见的。无数个白天,他带领技术骨干钻研技术;无数个夜晚,他为开拓市场而绞尽脑汁,但坚持和努力,始终是他和他的团队的信念!

到了2006年,在杨培强的带领下,纽迈科技终于成功研制出国内第一台低场核磁共振教学仪,终于有了开拓市场的自主产品,市场的大门似乎向纽迈科技开启了一条缝。然而,在与同类进口仪器竞争中,国产科学仪器一度被歧视、被用户冷落、被市场所抛弃。在曙光初现、还没来得及兴奋之时,却因产品缺乏竞争力而使企业再度陷入困境。面对技术的匮乏,面对产品的被认可度低,杨培强并没有被击垮,也没有就此打退堂鼓,而是以更加高昂的斗志迎接挑战。他开始思索、分析低场核磁共振行业发展"瓶颈"所在,通过对市场的精心调研,通过与大量客户的深入交流,他倾听到了客户的"声音",从客户的反馈中获得了有价值的市场信息。原来关键的瓶颈在于——低场磁共振的技术这一新兴的技术,与高场核磁相比,其原理同样深涩难懂,很多科学家并不清楚核磁技术真正能帮助他们解决什么问题;而不同领域科学家所研究的对象又各不相同,仅靠单一化的产品,根本无法满足他们的各种特定需求;再加上纽迈品牌知名度不够高,业内普遍对纽迈缺乏了解,加上大多数人对国产仪器持怀疑态度,很多客户非常担心国产仪器产品质量不过关,售后服务不好……

找到了瓶颈,发现了问题,随后杨培强开始尝试从问题中找方案,从客户身上找思路,他越来越清晰地认识到开发适用于更多不同应用领域需求的产品势在必行,企业的未来发展需要适销对路的产品、专家顾问式的服务、最优质的解决方案,只有这样才能获得客户认可,才能快速占领市场。基于已掌握的具有国际先进水平的专业技术,那么接下来的目标就是如何用专业技术体现出其特有的性价比,让更多的客户体验到纽迈核磁共振仪器设备带来的高品质服务,从而使产品得以市场化、规模化、产业化。杨培强由此独创了适合纽迈产品的"专家顾问式销售"的营销理念,有效地引导了客户需求,更是积极地创造了客户需求,并通过提供差异化和个性化解决方案来为客户解决实际问题;加上纽迈产品的优异性能和高性价比作为强有力的支撑,由此带领纽迈营销团队快速打开了国内市场。产品先后成功销往上海大学、清华大学、复旦大学以及中科院化学所、中科院寒旱所、中科院岩土力学所等国内几十家著名高校院所，同时被推广至中石油、中石化、通用电气等多家大型企业，甚至漂洋过海，在美国、俄罗斯、西班牙、韩国等国外市场占得了一席之地。

为了推进市场，杨培强带领纽迈科技的技术团队快速响应客户，以客户满意为目标，坚持产品同客户需求相绑定的模式，不断探索新技术研发，陆续开发出了具有国际先进水平的 NMdigI 谱仪、射频线圈、低噪声前置放大器、梯度线圈、磁体，以及相配套的专用数据分析处理软件，并相继设计开发出 MicroMR、MesoMR、MacroMR 等多个系列产品，大大地拓宽了低场核磁共振仪器的应用领域，潜心研制的全新低场核磁技术产品，帮助科学家们攻克了一个个课题难关。期间，杨培强先生还先后发表各类论文 30 余篇，并获得了基于低场核磁共振核心技术的相关知识产权 20 余项，其中已授权的发明专利 7 项，已授权实用新型专利 5 项。

在企业逐渐成长的过程中，杨培强始终不忘回馈社会，担负起更多的社会责任。纽迈科技多年来为上海理工大学医高专、福州大学等高校的品学兼优的学生提供奖学金，为培育社会有用之才而出力；积极为高校学生提供教学实习平台，并解决了部分高校毕业生就业问题等等。纽迈科技先后与上海理工大学、浙江工商大学食品学院、上海交通大学等国内知名学府共建了多个核磁共振联合实验室。借助这些实验平台，纽迈科技将产品的应用范围拓展至石油、多孔介质、农业食品、生命科学以及高分子材料领域的研究、应用中，并随之衍生开发了大量的软件、硬件，形成了具有"纽迈"特色的"专业低场核磁共振技术与应用"解决方案，纽迈的产品从原来的单一化走向了多元化的发展道路，获得了政府的充分肯定和社会的高度认可。

正是由于杨培强的不懈努力，正是由于杨培强先生的孜孜以求，使得纽迈科技凭借着领先的核磁共振技术在诸多应用领域开创了国内先河，甚至在某些方面赶超了国外同类产品，打破了国外技术垄断，开辟出了一条真正属于纽迈的特色之路，并以高效高质的服务带动了一大批科研应用需求，带来了巨大的潜在市场。

十年创业路，十年坎坷路，一路风雨一路艰辛，然而，所谓不经历风雨怎么见彩虹，相信在杨培强先生的带领下，未来的纽迈将向着更高、更远的目标迈进，努力争创创低场核磁第一品牌，纽迈的明天必将更加辉煌！

做一了求善的人，坚守公平正义；
做一了求真的人，明辨是非曲直；
做一了求和的人，促使纷争止息；
做一了求美的人，致力独善兼济。

陈乃蔚 1957年8月24日生，籍贯上海，上海市锦天城律师事务所高级合伙人，高级律师，法学教授，法学博士，美国华盛顿大学法学院任高级访问学者，美国宾西法尼亚大学法学院富布莱特研究学者。

曾任上海交通大学法律系主任，知识产权研究中心主任等职务，陈律师同时还担任了上海市律师协会副会长、中华全国律师协会理事、中国科技法学会副会长，上海市知识产权研究会副会长，上海市知识产权发展研究中心研究员，中国国际经济贸易仲裁委员会仲裁员，上海仲裁委员会仲裁员，国际商会仲裁院仲裁员，国际奥委会体育仲裁院仲裁员，香港国际仲裁中心仲裁员，复旦大学、上海交通大学、中国人民大学教授。

曾获上海市司法行政先进个人、浦东新区政法英模、世博会知识产权保护专项行动先进个人、上海市领军人才等荣誉称号。

利剑斩荆棘，热血护正义

——记锦天城律师事务所高级合伙人 陈乃蔚律师

明辩是非曲直，促使纷争止息

　　拥有丰富执业经验的陈乃蔚律师成功代理过许多具有里程碑意义的案件。由他领衔代理并获得胜诉的"衣念（上海）时装贸易有限公司诉浙江淘宝网络有限公司、杜国发侵害商标权纠纷案"被列入最高人民法院 2011 年知识产权司法保护十大典型案例之首。他在本案中代理了原告方衣念公司，此案确定了网络交易平台服务提供者承担帮助侵权责任的过错判断标准。另一起由陈乃蔚代理的浙江 L 集团股份有限公司诉上海 D 实业发展有限公司、浙江 R 股份有限公司侵害发明专利权纠纷案，曾引起社会的广泛关注和业界的巨大震动。这是迄今为止大陆地区索赔额最大的专利侵权诉讼，陈乃蔚接受 L 公司的委托代理此案，排除万难并在完成证据收集和公证保全之后，向上海市第一中级人民法院提起诉讼主张 1 亿元损害赔偿。由于事实与法律依据充分，浙江 R 股份有限公司积极地与 L 公司达成了和解，双方最终化干戈为玉帛。国际染料巨头德国德司达公司总裁哈利先生对此给予了高度评价："这是中国染料界的里程碑式的事件，在此之前专利无足轻重，在此之后专利决定一切。"

　　在涉外知识产权案件中，中国公司往往处于弱势一方。外国公司时常以知识产权之名，行商业竞争之实。2013 年，陈乃蔚就打了场保护中方公司利益的经典战役。世界最大的轮胎用酚醛树脂制造商圣莱科特国际集团曾向中国法院提起诉讼，指控华奇公司生产轮胎用树脂的工艺技术侵犯了其商业秘密和专利申请权,并提出巨额赔偿。在接受华奇公司的代理后,陈乃蔚依赖其在知识产权法领域的深厚理论功底和精湛的业务水平,对涉案数量庞大的各类证据及复杂的技术流程进行不厌其烦的、细致的对比、论证,历时三年同身在美国的圣莱科特国际集团在法律上,在技术上进行博弈,最终成功维护了中国公司的合法权益。

作为一名有社会责任感的律师,陈乃蔚为 2010 上海世博会重要场馆的正常运营做出了突出贡献。他代理的锦天城知识产权团队代理的上海世博会法国馆"高架立体建筑物"发明专利侵权案,被最高人民法院评为 2010 年十大知识产权司法保护案件之首。在此之前,陈乃蔚律师领衔的知识产权诉讼团队已经成功处理了世博会荷兰馆侵权专利纠纷,陈乃蔚凭借其非常丰富的知识产权诉讼经验,保障了世博会重要场馆的正常运营,在当时获得了各界的广泛关注,取得了良好的社会效果。

求索学问之道,屡获荣誉佳绩

陈乃蔚不仅拥有丰富的实践经验,他还是一名专业化、学者型的律师。近年来他已发表学术论文百余篇,出版学术著作 10 余部,其中包括《知识产权法新论》、《科技仲裁与诉讼》、《科技法教程》、《公司法教程》、《经济法学》、《投资浦东法律导航》、《知识经济与知识产权》、《计算机软件的法律保护》、《企业孵化与技术创新的法律保障》、《在线法律实务 200 问》、《数字技术知识产权保护》、《中国 KNOW-HOW 法律保护研究》、《平行进口货物中的商标侵权问题研究》、《技术转移公共服务平台建设的理论与实务》等。他还参加了中国一些重要法律、法规的起草、修订工作,如《中华人民共和国科技进步法》、《中华人民共和国合同法》、《中华人民共和国专利法》等。

2009 年至 2010 年,由陈乃蔚领衔担纲的"上海服务外包产业发展中知识产权问题及对策研究课题"研究组历经一年多的时间,通过案头研究、调查访谈、报告撰写和修订,对上海服务外包产业特别是信息服务外包和创意产业的知识产权来源、归属、使用等进行了界定,通过对企业的大量访谈和调查掌握了该领域内知识产权的现状和问题,并进行了详尽的分析,所提出的建议具有高度针对性和可操作性,获得了评审专家的一致好评。

　　2010 年,由陈乃蔚带领的《上海社会体育保障条例》立法调研课题研究组也取得了硕果,通过搜集整合材料、发放调查问卷、统计数据、撰写报告和最终修订,最终完成了该项课题,课题组八个子报告主题内容各有侧重,大致反映了上海社会体育活动主要领域的现状和存在问题,并参考发达国家和地区的社会体育保障制度,提出了有益的立法保障建议,向上海市政府提交了一份圆满的答卷。

　　作为有深厚海外留学背景和国际仲裁经验的法学专家,陈乃蔚能说一口熟练的英语,他曾经多次赴美国、欧洲、日本、东南亚、台港澳等地参加国际学术研讨会,在会上发表学术观点;并多次受邀在国外著名大学和企业界演讲,受到社会各界的热烈欢迎。

　　在 30 年的执业生涯中,陈乃蔚严格遵守职业道德、具有高度的社会责任感,敬业奉公,创造出了一个又一个优异的成绩,树立了良好的律师形象和声誉。陈乃蔚在 2009 年荣获上海市司法行政先进个人荣誉称号并获得司法部颁发的个人三等功勋章。同年他还荣获上海市浦东新区政法委颁发的浦东新区政法英模称号。2010 年,因成功代理了上海世博会法国馆、荷兰馆等知识产权案件,他为上海世博会的成功举办做出了突出贡献,从而荣获了国家知识产权局、公安部、海关总署、国家工商总局、国家版权局、最高人民检察院、贸促会、国务院新闻办等中央八部委联合表彰授予的《2010 年世博会知识产权保护专项行动先进个人》殊荣,据悉上海律师界荣获此项荣誉仅陈乃蔚一人。2011 年他又获得了"上海领军人才"的荣誉称号。但是陈乃蔚并未因为这许多荣誉而放慢他的脚步。他相信,上海律师业的发展十分迅猛,定将成为全世界律师向往的热土。

天人之变
一家之言

黄风义 1964 年 12 月生,1994 年获美国宜利诺斯大学香槟分校(UIUC)电子材料科学和工程博士学位,2001 年投资创立爱斯泰克(上海)高频通讯技术有限公司,董事长。

长期从事半导体器件以及无线通信芯片与系统等方面的研究。近几年在投资创业及研发方面获得的荣誉:负责研发的产品获得"上海市科技进步奖";被授予"国务院特殊津贴专家"称号;被上海市科委授予"学科带头人"称号;被授予"上海市领军人才"称号;被国务院侨办、上海市侨办授予"杰出创业奖"。承担了上海多个重大项目,获发明专利 3 项,发表论文 50 多篇,其中约 30 篇是第一作者,在英国物理学会出版社出版的《薄膜工艺和技术手册》上著有两章。

心系祖国,引领科技

——记爱斯泰克(上海)高频通讯技术有限公司黄风义博士

国 外 留 学

黄风义本科就读于北京大学物理系,在复旦大学获硕士学位。20世纪80年代末,为了在专业上进一步深造,只身到海外求学。

1990年,在"英国海外留学生奖学金"的资助下,自费在英国巴斯大学(UNIV. OF BATH)电子系就读硕士生。在硕士期间开始在国际著名学术杂志上发表高质量的科研论文,并于1991年进入美国宜利诺斯大学香槟分校(UNIV. OF ILLINOIS, URBANNA, CHAMPAING),专攻材料科学和工程(半导体电子)专业,并取得博士学位。博士毕业后于1994至1997年间,在美国加利福尼亚大学落杉矶分校(UCLA)电子工程系任博士后研究员。

1997年7月进入IBM(美国纽约)公司,在高等半导体技术中心任高级工程师,负责高频通讯大规模集成电路电子器件技术和产品开发及大规模生产线的管理。在IBM从最早一代开始,作为核心的高级工程师,参与了国际先进的主要用于高频通讯器件的锗硅工艺和产品三代技术的开发和大规模生产,并领导了新一代用于超高速光纤通讯电子器件的开发。曾获IBM微电子部总经理的杰出贡献奖。

在美国留学和工作的10多年间,黄风义拥有十多项美国专利,已在国际一流学术期刊和国际会议上发表了近50篇论文。在高频通讯的电子及光电子领域的材料、器件,以及工艺领域积累了丰富的经验。

回 国 创 业

2001年，鉴于中国大陆在半导体技术方面的巨大潜力，黄风义同国内半导体企业的有关集团公司多次沟通，希望在大陆共同推进高频通讯芯片生产线（如砷化镓芯片生产线）技术。黄博士为此作了许多努力。2001年7月，为北京市北方微电子基地领导小组发起《北京砷化镓高频通讯战略研讨会》。2002年1月，应邀出席上海《东方科技论坛》（国家科技部863计划光电新材料专项）《光电新材料和器件战略研讨会》，并做邀请报告。2003年3月，应邀为深圳市科委做《高频通讯芯片技术》研讨会专题报告。

同时，黄风义为多个城市的高新技术园区的招商做过项目咨询，包括为其中一个城市同国际著名的芯片生产线的合作谈判提供项目技术咨询。

创 业 历 程

黄风义在美国留学、研究及工作10多年，在高频通讯的相关领域积累了大量第一手实际经验，并和国际及国内业界的许多公司和单位建立了多年的合作关系。在新材料领域，黄博士在国际上作为开拓人之一，最早提出了利用价格低廉的硅可协变衬底（compliant Si substrate）制备昂贵的稀有半导体材料这一技术方向。在此领域做出了多项国际领先的实验，并且创立了一整套理论。研究成果多次发表在国际最有影响的学术和技术杂志上。

鉴于高频通讯领域潜在的巨大商业价值，以及中国目前急需的、市场应用广大却全部依靠进口的特种半导体材料和芯片产品的现状，黄博士于2001年底，在推动产业发展的同时，创立爱斯泰克公司，致力于高频通讯材料、器件和芯片产品的开发以及产业化。

在创业之初，公司得到了上海市政府以及浦东新区的大力支持。浦东软件园当时二期尚未竣工，一期入住已经饱和。软件园胡宏亮总经理想方设法解决办公室问题，并一直关心公司的发展。公司特别得到了浦东创业资助资金的资助。负责管理这项资金的浦东生产力促进中心的总经理陈克禄,亲自为公司的启动规划做咨询,并提出了几项很有价值的建议,形成了公司今后发展的主要模式。公司在 2002 年 3 月得到该项资助。该资金的资助,使企业在有了一个良好的开端,缓解了公司在项目启动上的资金压力,为公司在短期内开发出一项核心的高频通讯芯片技术提供了主要支持。公司在此基础上一步步走上正轨。

所 获 成 就

黄凤义于 2001 年在上海投资创立爱斯泰克公司,任董事长总经理。在致力于推动大陆砷化镓芯片产业发展的同时,并负责代表国际一流水平的前沿技术的开发,在产业发展和技术开发两个方面取得了一定成就。

在产业方面,所创立企业是大陆最早的专业从事微波单片集成电路芯片自主开发的商业企业之一,通过几年的快速发展,已经成为微波芯片领域国内领先、并具有一定国际影响的企业。所开发的化合物半导体(如砷化镓、锗硅等)高频微波单片集成电路芯片(MMIC)产品在国内实现了零的突破,打破了国际产品和技术在国内的垄断和封锁。公司通过 4 年多的快速发展,2010 年经过审计的公司总资产已经超过 2 300 万元,总销售超过 5 000 万元。

公司是国内同国际著名化合物半导体芯片加工生产线厂家之间最先建立合作(韩国、欧洲、美国等)并加工订单最多的企业,产品的开发能力特别是在高频大功率放大器芯片方面接近国际一流水平,是国内微波(毫米波)芯片产品领域处于领先水平的商业企业。产品 2006 年获得上海市科学技术进步奖。

在技术开发方面,带领团队在微电子和集成电路模型领域取得的成果,以第一作者发表在国际集成电路领域最权威的杂志《固态线路杂志》上,是此杂志创刊 40 年来,以大陆为依托单位在此杂志发表的第二篇论文。成果被《科技导报》评为"2006 年中国重大科学进展"之一。负责了多个国家项目,包括"国家科技重大专项",以及科技部"863"项目等。

人生格言

创意 创新
创造城市未来

孙业利 1957 年出生,中共党员,复旦大学经济管理学院博士后,英国伦敦大学皇家学院访问学者。现任上海圣博华康文化创意投资股份有限公司董事长。曾任浦东新区经济贸易局副局长、上海市主题公园领导小组办公室主任、上海创意产业协会秘书长等职务。

长期从事创意产业领域的研究,在创意园区规划、开发、运营等方面也颇有建树,目前主导运营 9 个创意园区项目,每年为 50 余个创意产业项目提供咨询顾问服务。

曾获得"2010 中国文化创意产业杰出贡献奖"、"2011 年上海领军人物"称号、"2012 年中国经济优秀人物"称号、"2012 长三角文化创意产业金鼎奖最佳园区规划师"、"2013 年浦东十佳文化创意领军人物","2012 年首届浦东智库特别奖"等荣誉。

智慧领航，构筑城市创意生命力

——上海圣博华康文化创意投资股份 有限公司董事长孙业利博士

打造创意产业领军企业，步入创意蓝海

2001 年至今，孙业利已经将上海圣博华康从规划咨询界新秀，发展成为一个集团化、综合性文化创意发展的股份制公司，拥有涉及规划、咨询、设计、投资、运营、物业等多家专业公司，成为向客户提供多层次、多领域的城市价值化开发和创意园区系统解决方案和服务集成的专业机构。

圣博华康连续多年被评选为"上海优秀管理咨询企业"、"上海十大创意企业"，是国家商务部和工信部"走出去"战略指定咨询服务合作伙伴，现已成为国内文化创意领域的领军企业之一。截至 2012 年，圣博华康受国家发改委委托参与了十一五、十二五规划及创意产业相关课题研究 20 余项；创意产业园区规划面积超过 300 万平方米；集团投资、管理创意产业园区 9 个，园区产值年平均 30 亿元，就业人数 20 000 人。

近几年，凭借对创意产业的透彻认识和卓越的远见，孙业利所领导的圣博华康集团对促进创意产业发展起到了重要的作用。孙业利携团队先后打造的同乐坊创意园、上海 2577 创意大院、徐州彭城壹号、徐州创意 68、上海陆家嘴波特营、武汉江城壹号、上海音乐谷等创意园区已经成为各地创意产业地标项目。

经过 10 余年时间发展，圣博华康已经在上海、济南、青岛、武汉、重庆、南京、厦门等地建立了分支机构，拥有了一个人数超过 200 人的核心团队，其中 80% 以上为硕士以上学历，40% 以上海外教育背景。

引领创意产业发展，成绩斐然

孙业利作为上海文创领域参与比较早的人物之一，在 2004 年就发起和承办首届中国创意产业发展论坛，对推动上海创意产业的迅速发展做出了突出贡献。

2005 年，创意产业的热潮开始来临，孙业利在创意产业领域的规划研究与园区实践成绩获得社会的广泛关注。同时，圣博华康集团逐渐形成了在项目甄选、规划定位、工程营建、企划招商、品牌推广、运营管理等方面完整的业务价值链条，并通过对文化创意产业业务链的整合、价值发现、挖掘和提升，形成了品牌自身独有的业务增值体系和盈利模式。

2007 年，孙业利当选"上海十大创意产业领军人物"，其亲自经营管理的 2577 创意大院成为"2007 年度中国十佳创意产业园"、"上海优秀创意产业园"。2009 年孙业利当选"上海创意产业协会"秘书长。2010 年，孙业利荣获"2010 中国文化创意产业杰出贡献奖"。2011 年，孙业利当选上海市浦东新区政协委员，入选"2011 年上海领军人物"。

2011 年，圣博华康正式转制为股份制公司，开启了成为中国创意产业第一品牌的努力。同年，解放日报对圣博华康专题报道，称圣博华康发起的 2.0 版创意园区，作为上海设计之都的重要文创发展模式被推广到了全国各地，孙业利博士作为行业内领军人物，对于创意园区平台载体的模式设计和特殊贡献，也随着项目的推广走出上海，走向全国。

2012 年，孙业利获得"2012 年中国经济优秀人物"称号，入选"2012 年品牌中国行业年度人物"，荣获"2012 长三角文化创意产业金鼎奖最佳园区规划师"。2013 年成为"浦东十佳文化创意领军人物"，荣获"首届浦东智库特别奖"。

回顾集团过去的进步和行业发展，孙业利董事长作出的巨大贡献正在获得了越来越高的社会知名度与美誉度。

从官员到学者到创意大师的转身

孙业利 1990 年 5 月从部队转业后，成为上海市政府浦东开发办公室的成员，是浦东的"老开发"。1999 年 10 月担任浦东新区经贸局副局长,主要负责外资、外贸和外经工作,后来赴英国留学,回国后于2001年创立了上海圣博华康。

作为英国文化委员会交流项目的受益者,孙业利1993年来到英国埃城大学学习,最终以优异的成绩获得了英国工商管理硕士学位。以后,他又数次到美国的宾夕法尼亚大学、华盛顿乔治顿大学及美国摩根斯坦利投资银行进修,并师从诺贝尔经济学获奖者劳伦斯·克莱因教授。1997年至1999年,他进入著名的中欧国际工商管理学院攻读工商管理硕士,成了英语班中少有的政府官员。1999至2001年,攻读了师大经济系的国际企业管理博士。2001年7月进入复旦大学师从苏东水教授,并参加陆家嘴集团博士后科研工作站,主攻"国际化城市流量经济分析"的课题。同时作为英国伦敦大学皇家学院的访问学者,研究城市发展功能。纵观他二十年来的学习生涯,他共获得两个专科、一个本科、两个硕士、一个博士文凭。他先后参加国内外学术交流会70多次,10余篇学术论文获得全国性的奖励。

2001年成立圣博华康之后,拥有国际化视野和先进规划咨询理念的孙业利博士学以致用,快速组建培养了圣博华康创新型、学习型团队,并在区域经济、创意产业、新型城市化等领域积累了规划、开发、运营等方面的丰富经验。凭借不断努力和在实践中快速学习,孙业利提出的上海创意产业园"三变三不变"原则、创意产业与创意空间相结合的"反规划理论"、经济功能规划与形态空间规划、商务经营规划相结合的"三规合一理论"、"服务集成为核心的颠覆性商业规划"、"创意园区造商理念"等创新性思想正在不断影响着很多城市创意产业发展的道路。

目前圣博华康在创意之邦的品牌蓝图上,加快在全国拓展和布局,不断整合品牌无形资产,对接资本市场,以示范性创意园区为依托,拓宽大创意的品牌之邦。

周　晔　1966 年 9 月生,上海科技大学硕士,中欧国际工商学院 EMBA。现任汇付天下有限公司总裁,上海市徐汇区第 12、13 届政协委员会委员,徐汇区工商联第 13 届副主席、中欧校友电子商务协会副会长、上海市电子商务行业协会副会长、中国支付清算协会第一届常务理事。

长期从事互联网电子支付及相关增值服务,是中国互联网支付行业的开拓者。先后承担国家科技部科技支撑项目、国家发改委电子商务试点专项、上海市科委科技创新行动计划、上海市经信委战略新兴产业等 10 余项目。

近年来获得"2009 年第九届中国信息产业经济年会突出贡献奖"、"2011 年上海市领军人才"、"2012 年上海市高新技术产业化推进工作突出贡献个人"、"2012 沪上十大金融创新人物"等多项荣誉称号。

以科技创新路引领行业发展

——记汇付天下有限公司周晔总裁

　　市场经济时代,尤其是处在高度竞争的行业中,企业必须坚持以人为本,以制度创新为核心。一个企业的经营、发展依赖于卓越的领军人,以及其所带领的强大的人才队伍,将成为企业发展的核心竞争力。

　　汇付天下有限公司总裁周晔,正是这样一位引领产业发展,以差异化为犁的拓荒者、领头羊。2006年创立了汇付天下有限公司,周晔先生凭借对行业的深刻理解以及对商业模式的成功把握,在成立之初就带领团队切入到产业链支付和金融支付,和同行业的以提供个人应用支付服务为核心的第三方支付企业形成差异化竞争,在产业链领域和金融理财领域实现了拓荒性的突破。以创新为企业发展动力,在短短数年间即开拓出一条自主创新的发展道路,使汇付天下仅用了26个月就实现了盈利,成为国内所有支付公司中盈利最快的一家。7年过去了,汇付天下从一家成立时只有30人规模的高科技创业公司发展为中国电子支付领域的领军者之一,截至2012年年底拥有员工1 000多人,年营收超10亿元,年复合增长率超300%,同时入选2012年上海市软件企业20强。

奠定业内领先地位

　　在周晔的带领下,汇付天下实现行业多个"第一"的里程碑式的突破。包括:首家获得中国证监会批准开展网上基金销售支付服务;首批获得中国人民银行颁发的《支付业务许可证》;2011年,作为第三方支付行业唯一代表,成为科技部认定的首批"国家现代服务业创新发展示范企业";2012年汇付天下成为国家发改委"国家电子商务试点城市"的首批试点项目企业。

根据赛迪顾问 2013 年 7 月发布的《中国第三方支付行业发展研究报告》显示,汇付天下占中国第三方支付行业整体第三,在金融支付领域排名第一,成为中国第三方支付领域的领先者。

专注行业解决方案,坚持创新驱动发展

周晔将公司定位于为行业提供支付解决方案的专家,将电子支付扩大到诸多传统行业。他主导的创新业务如:电话支付、信用支付、PNR 钱管家、天天盈等成为中国软件和金融服务的特色产品。

带领行业在产业链领域实现突破,汇付首创开发"钱管家"系统,整合了支付清算、分账、融资、账务管理等多种功能,支持跨地区、多银行的服务,为不同行业提供定制化服务,解决了产业链上的中小企业的电子商务瓶颈问题,从而带动整个产业链的电子商务快速发展,已得到诸多行业的广泛应用,航空业全国每 5 张机票中有 1 张是通过汇付天下系统完成支付,解决方案也正进一步扩展到更多行业,汇付天下已与中国规模前 30 家网上购物商城达成合作,在物流、保险、快速消费品及批发市场领域快速拓展。同时,汇付天下注重运用新型的技术手段,以实现支付方式的创新,并且注重新的商业模式所产生的支付机会。

在金融理财领域执着创新,周晔凭借对基金支付执着的信念和坚持,用了近四年时间,把整个论证、系统研发、实名验证等全部环节建设打通完成。2006 年 9 月,汇付天下天天盈平台的设计和研发工作宣告正式开始。4 年间,汇付天下始终坚持定期与证监会进行沟通,随时汇报项目进展,并根据证监会、基金公司的反馈完善天天盈平台。在 2010 年下半年完成试点工作,2011 年初正式在市场上进行推广,基民只要能上网,就能实现"持任意银行卡,购买各基金公司直销产品"。电子支付行业从 Web1.0 时代就是一种生活型支付,就是简单、方便、实用,目标客户是个人,发展到 2006 年 Web2.0 时代,支付已从生活扩展到商务领域,而在 web3.0 时代金融支付阶段,实现足不出户就能在家轻松理财。周晔带领汇付天下率先进入电子支付的 web3.0 时代。2010 年 11 月汇付成为国内首家在证监会完成备案,首获证监会基金支付牌照的企业,提升了中国基金业的电子商务水平。

周晔还将汇付天下的业务扩展到移动支付、金融理财支持服务、POS 收单等领域。

服务中小微企业，加速城镇化进程

坚持 POS 收单领域发展，随着城乡居民消费结构升级加速，现金结算等传统支付手段无法满足城镇小微商户的资金管理需求。周晔着眼并带领团队深入地了解区域小微商户的需求，针对中国多元化城乡结构和小微企业差异化的市场需求，创新金融收单直销和外包结合服务模式，补充金融服务的市场力量，为中小商户提供完善的金融支付服务。此外针对中小企业难以获取金融增值服务、IT 和财务管理能力欠缺等特点，周晔带领团队在推动 POS 收单业务的同时叠加金融化的服务，为中小企业提供账务管理、现金理财以及授信垫资等功能，加速中小企业资金周转，提高支付资金周转效率。

随着金融体制改革的深入，周晔先生所带领的汇付天下所在的第三方支付产业作为创新的金融服务业态，将进一步发挥创新优势，推动信用服务功能，促进传统产业电子商务化转型，架起城乡小微企业与商业银行的桥梁，帮助银行满足小微企业的信贷需求。为实体经济提供专业高效的资金支付、清算、管理一体化的解决方案，加快资金周转效率，助力上海市的经济增长实现创新驱动，转型发展。

顺应政策导向，勇担社会责任

《电子商务"十二五"发展规划》中明确指出：要"鼓励支付机构创新支付服务，丰富支付产品，推动移动支付、电话支付、预付卡支付等新兴电子支付业务健康有序发展，满足电子商务活动中多元化、个性化的支付需求"。

周晔顺应国家号召，承担 10 多项国家级及省部级重大项目，对电子商务信息化工程建设提供强有力的支撑，推动了中小企业电子商务的发展。

业务发展快速的基石是人才，周晔最重视人才团队培养。他注重建立健全各层次人才培养、选拔、考核、使用、激励相统一的长效机制，做到

"广纳贤才、人尽其才",从多渠道引进人才,积极从基层培养、选拔人才,以事业、感情、待遇留住人才,充分发挥每一位员工的能力与干劲,使员工与企业共同成长,从而打造一流团队,才能实现企业的持续发展。

周晔总说,企业做强需要担负起更多社会责任,他为支付专业人才培养不但提供充足的经费,还从企业战略、业务发展及员工成长三个层面来满足公司及员工快速扩张的各种培训需求,将人才培养计划落到实处。本着"让平凡人成功"的人才理念,通过内部培训、外派培训及外聘内训相结合的方式,全面提升管理团队的领导能力以及各岗位人员的知识水平和专业技能,加强全员职业素养,全面打造一支高素质、高效率、高创新力的职业化工作团队。

把握人生曲折,
拥抱时代机遇。

韩申瑶 1955 年 4 月生,1995 年毕业于中欧国际工商学院(CEIBS),获 EMBA 学位。1999 年 4 月加入华腾软件,先后担任市场副总裁并负责公司电子商务部管理工作;销售和市场副总裁;高级副总裁负责公司市场销售工作并兼任公共服务事业部总经理;执行副总裁,负责公司日常工作;2006 年 2 月起任公司总裁 &CEO。

在加入华腾软件前,韩申瑶先生 1984—1997 年担任上海市政府办公厅信息中心主任、办公厅信息技术处处长,1997—1999 年担任中欧国际工商学院(CEIBS)院长办公室主任。在此期间他还曾担任上海市信息港建设专家组成员,全国行政首脑机关办公决策系统专家组副组长。

近年来获奖情况:国家机电部科技进步二等奖,国家科委科技成果第一完成人证书,上海市科学技术进步一等奖、二等奖、三等奖。"上海优秀软件企业家","国务院十八号文件十周年——中国软件研发生产力企业标杆人物"奖。

跨越不同角色,开创成功人生

——记上海华腾软件系统有限公司总裁韩申瑶

从普通工人到大学老师

由于历史的原因,韩申瑶最初是一名普通工人,但对于理想的不懈追求最终改变了他的命运。在"文革"后恢复高考的第一年(1977年),他一举考入国内知名高等学府——上海交通大学,成为我国恢复高考后的第一届大学生,成功迈出了人生关键的一步。大学四年的刻苦学习,为韩申瑶今后的发展提供了丰厚的知识储备。同时,他也积极参与社会实践,在校期间曾荣获优秀团支部书记和上海市三好学生等荣誉称号。毕业后,韩申瑶选择了留校任教,完成从工厂到高等学府、从工人到大学生再到大学老师的角色转换。

从大学老师到机关干部

1984年春天,应工作需要,经组织调动,韩申瑶离开了交大,调入上海市政府办公厅工作,进入人生另外一个重要角色——机关干部。他曾先后担任市政府办公厅信息中心副主任、主任,信息技术处处长等职,得到了难得的锻炼机会。在担任办公厅信息中心主任期间,韩申瑶曾主抓市政府的内部信息系统建设,在上海市政府信息化建设的起步阶段组织、部署和实施了大量诸如市政府大楼内的网络设计、应用系统开发等项目,大大推动了上海市政府办公自动化进程,使上海成为全国政府系统办公自动化的样板。因其出色的工作表现,韩申瑶还担任了全国行政首脑机关办公决策系统专家组副组长,在国务院有关部门的直接领导下工作。在担任市府办公厅信息技术处处长期间,韩申瑶参与了上海市信息化应用的组织部署,规划指导全市区县委办局的计算机应用,并作为上海市信息港建设专家组成员,参与指导各地政府的信息化应用建设。这次的人生角色的转变使韩申瑶成长为了一名信息技术的管理专家,又一次实现了人生价值的飞跃。

回到管理学院

在拥有 14 年宝贵的政府机关工作经历之后,1997 年韩申瑶又毅然回到了熟悉的校园。在获得中欧国际工商管理学院(CEIBS)EMBA 学位之后,韩申瑶留校担任了院长办公室主任一职。这一时期虽然历时不长,但经过国外先进管理理念的熏陶以及广泛的人脉积累,韩申瑶为在体制外开展管理教育、创出"不出国的留学之路",贡献了自己的力量。

企业高管之路

1999 年,韩申瑶再一次做出重大选择,加入上海华腾软件系统有限公司。华腾软件是一家成立于 1993 年、具有中外合资背景、专业从事软件开发与系统集成,具有旺盛生命力与充沛激情的年轻企业。在华腾软件,韩申瑶从负责市场与销售的副总裁到高级副总裁、执行副总裁,再到公司总裁兼 CEO,逐步走上了一条崭新的企业高管之路。在他出任公司总裁后的七年多时间里,华腾软件从三百多人逐步发展为两千多人、营业规模跃上六亿元台阶的大企业。在企业发展过程中,韩申瑶始终坚持"自主创新、自有品牌、立足上海、服务全国"的发展战略,尤其注重公司内部研发,坚持业务和技术创新的结合,走国产化解决方案之路。经过多年来的沉淀、积累、提炼和实践的验证,华腾软件已拥有软件著作权和软件产品登记总数分别达 106 项和 86 项,以及 2 项实用新型专利。

在韩申瑶的带领下,华腾软件先后成功实施了多项具有行业和时代特征的大型工程项目,其中包括:国内首个城市公共交通卡一卡通系统——上海交通卡核心清算系统、自主研发国内首创的上海轨道交通一票换乘大清分系统、全球最大的银行卡交易系统——中国银联新一代信息交换系统,以及国内首个自主产权的大型场馆票务系统——2010 上海世博会票务系统等，积极推进民族软件产业的发展和应用，华腾软件已经开始逐步成为中国软件业的领军企业，并被中国软件行业协会授予"中国软件产业脊梁企业"。

凭借其为行业和社会发展所做出的突出贡献，韩申瑶先后荣获了"上海市软件企业优秀企业家"、中国软件行业协会"生产力标杆奖"等荣誉称号；2011 年获聘国家级"城市物联网技术研究院"特聘专家以及上海市领军人才；2012 年入选"国家住建部数字城市专委会"常务委员及"智慧城市产业联盟"专家。

人生不同角色的转变与跨越，造就了韩申瑶丰富的人生经历，使得他的人生充满了激情与挑战；而成功驾驭着这些不同角色，又使他的人生显得如此的非凡与卓越。我们毫不怀疑，凭借着其宝贵的人生财富和社会阅历，韩申瑶必将在今后的人生舞台上继续演绎出新的更加绚丽的篇章，从成功走向再一次成功。

心系祖国、创新图强

　　施晓旦　1960 年出生于浙江省余姚市。1987 年在法国科学院研究中心攻读博士学位,1990 年获理学博士学位。后主要从事高分子材料的开发和应用,特别是造纸涂布用的高分子化学品的开发和应用。2003 年开始"东升新材"的创业之旅,成立了上海东升新材料有限公司。截至 2013 年 7 月底,共申请国家发明专利 271 项,获得授权发明专利 163 项。

　　曾多次受到国家、省、市级表彰与奖励,先后被授予"千人计划"国家特聘专家、"千人计划"上海特聘专家、"千人计划"上海联谊会副会长、上海市优秀学科带头人、上海领军人才、上海市徐光启科技奖金奖等荣誉、"泰山学者"海外特聘专家等。

心系祖国,创新图强

—— 记上海东升新材料有限公司总经理
施晓旦博士

攻坚克难,自主创新

在国外工作的十年时间里,施晓旦曾就职于大型跨国集团公司从事科研开发工作,主营造纸化学品的进口、生产与销售,负责公司在中国的业务发展及项目投资。对天然高分子聚合物的理论研究和外国公司高层任职的丰厚实践使之积累了丰富的研发及管理经验,当之无愧地成为了高分子聚合物开发和应用专家。

作为 2010 年度上海市仅有的 4 家、也是唯一的 1 家民营企业荣获国家知识产权局颁布的"全国企事业知识产权示范创建单位"称号的企业,东升公司十分注重自主创新和知识产权保护,特别是专利申请与保护工作上有一套较为完善的管理模式。

面临造纸化学品行业竞争日益激烈的国内外环境,东升公司始终贯彻"自主创新、以科研升级产品,以创新发展企业"的基本战略方针。自创业之初就开始申请专利,并于 2005 年开始实施知识产权战略管理,并设立专门的知识产权管理机构——知识产权办公室。该办公室专职负责知识产权申请与维护、知识产权成果转化、知识产权战略制订、知识产权保护等工作。东升的知识产权工作也得到了政府部门的认可,2009年 9 月 4 日,由上海市科技创业中心牵头,公司与中国银行上海市分行在上海市科技创业中心正式签订 300 万元的专利权质押贷款协议。这是上海市首笔无政府托底、无担保的纯专利质押贷款。

自从实施知识产权以来,东升公司的专利申请量大幅增长。截至

2013年7月，累计已获授权的发明专利数为163件。东升公司形成了具有一定规模的知识产权储备库，在同一时间点，有多项专利产品处于小试、中试、投放等不同阶段。东升公司也从专利保护与产品研发相结合的战略中受益，2012年高新技术产品收入占总销售收入的80%以上。产品普遍达到了国外先进水平。

严慎细实，培养团队

在管理团队方面，施晓旦挑选了一批包括多名曾经在国际知名企业担任过财务、销售、研发、项目管理、企业管理等业务模块的经营与管理、具有丰富管理经验的高级管理人才，同时，从企业内部选拔人才进行培养，组织了一支高效的管理团队。

在发展过程中，施晓旦摒弃老的管理理念、建立符合公司发展的新管理模式，只有这样才不会对公司进一步的发展产生束缚。时至今日，东升公司仍在管理方面做一些必要的调整，把有先进理念、愿意为公司发展贡献更多力量的有价值的人放到更大的平台上，让他们去发展、去施展才华，只有这些人才进步、发展了，公司才会发展的更加迅速。而作为对这一理念的辅助，公司每年会花很大一部分经费，派中层以上或是有培养前途的管理干部参加外部的各种层次的培训学习。

东升公司与华东理工大学联合共建"华东理工大学—上海东升新材料有限公司联合实验室及研究生联合培养基地"，并在上海东升的市级技术中心设立联合培养基地。联合培养基地的建立是公司在产学研合作模式上的一次重大突破，双方利用双方优势，共同培养研究生。在东升公司技术中心建立研究生的培养基地可以使研究生在就读期间选择具有实际应用意义的课题进行研究，取得的科研成果可以直接投放市场、取得效益，在毕业后也可以直接为企业所用，企业可以将技术难题交给研究生进行研究，利用学校雄厚的科研软硬件实力突破技术瓶颈，取得双赢局面。

目前联合培养基地已培养了2名博士研究生和2名硕士研究生，由公司出资，共同研究了包括"大型超细搅拌磨机在造纸涂布用重质碳酸钙中的应用"、"重质碳酸钙湿磨超细过程中的非线性动力学研究"、"超细碳酸钙悬浮液稳定性与分形研究"、"重质碳酸钙湿磨超细过程中的两相流流场仿真研究"等多个基础理论研究课题,为技术中心进一步提高产品研发能力,夯实理论功底,打下了坚实的基础,为产品研发提供重要的理论模型和依据。

正是由于施晓旦带领的团队学以致用、振兴民族工业、造福人类的卓越创业理念,科学严谨的工作作风,与世界接轨的管理方法,使得公司组织结构鲜明、管理制度完善,使得整个管理、研发、生产、销售、投资体系有条不紊,运作高效。

客户第一,质量第一

坚持"客户第一,质量第一"的观念,走以质量兴企之路,不断建立健全质量管理体系。坚持以顾客的需求和顾客的满意为中心,注重诚信,强化了质量管理和产品的实现过程的控制两个重点,即从确定顾客需求,通过强化管理,实施产品和服务过程控制,以达到顾客满意的目的。东升公司从总经理、分管负责人、车间主任到一线工人,层层质量把关,上下齐抓共管。积极推行 ISO9001:2008 质量管理体系,按照标准要求制定、修改、完善了一系列质量管理文件,提出了以"品质求生存,创新求发展,服务为客户,改进为永续"的质量方针。以过程控制为主,以预防不合格为目的的管理思想融入质量管理中,使质量管理更加科学化、系统化、规范化。质量管理体系的建立为规范我公司的质量管理、稳定提高产品质量,使质量管理与国际惯例接轨,将起到积极的推动作用。

目前东升公司构建了以管理体系、质量体系、安全体系既相互结合又独立运行的制度体系,辅以公司特有的授权架构,为公司业务的发展提供了制度的保障,构建了符合公司和员工共同发展的制度体系,充分调动了员工的工作积极性,确保了员工的切身利益,为创造具有东升特色的企业文化,有效促进公司和员工共同进步、提高做出了应有的贡献。

质量体系经过八年多的运行,在体系的充分性方面,主要体现在能够较好地满足 GB/T19001－ISO9001 标准要求,质量职责明确,质量职能分配合理,体系组织结构合理,部门之间的接口衔接较好,体系文件齐全,能覆盖所有过程和有关产品类型;体系与员工素质相适应,公司具有实现质量方针、质量目标的能力,因体系文件贯穿于以"顾客为关注焦点和持续改进的原则",对内部和外部环境的变化具有良好的适宜性,文件的可操作性强,体系运行规范有序。

为追求卓越,成就一流的产品品质,提高企业的整体绩效和能力,公司积极参与上海市质量技术监督局举办的《卓越绩效评价准则》培训,成为上海市质量技术监督局"两千一百"工程培育对象。在推行ISO9001：2008 质量管理体系的同时,按照卓越绩效评价准则的要求制定、修改、完善了一系列质量管理文件,提出了以"品质求生存,创新求发展,服务为客户,改进为永续"的质量方针。东升员工秉承拼搏的精神,在任何时刻都奋斗到底,以顾客的需求和顾客的满意为中心,强化了质量管理和产品的实现过程的控制两个重点,即从确定顾客需求,通过强化管理,实施产品和服务过程控制,以达到顾客满意的目的。将以过程控制为主,以预防不合格为目的的管理思想融入质量管理中,使质量管理更加科学化、系统化、规范化,为规范公司的质量管理、稳定提高产品质量,使质量管理与国际惯例接轨,起到积极的推动作用。

厚积薄发,打造品牌

在先后开发出高保留低磨耗重质碳酸钙、轻质碳酸钙、真空镀铝纸用高光乳液、塑性颜料、纳米表面施胶剂等多项节能环保的高科技产品。公司对产品的低碳环保特性给予极大关注,公司系列产品的使用有利于大大降低造纸生产对环境的污染,推动造纸产业结构升级。公司承担了多项国家和地方重点科研项目,如;"涂布用重质碳酸钙 GX－GCC"等 2 项产品获国家级重点新产品称号;"表面施胶剂 DS－SS"等 4 项产品获上海市重点新产品称号;"可再分散乳胶粉"获国家火炬计划项目支持;"低磨耗超细重质碳酸钙"等七个项目还被认定为上海市高新技术成果转化项目。

在政府相关部门的关心和支持下,上海东升新材料有限公司先后荣获高新技术企业、2012 年度造纸化学品最具竞争力企业、国家企事业知识产权示范创建单位、中国工业创新型先进企业、国家火炬计划重点高新技术企业、中国留学人员创业园百家最具成长性留学创业企业、奇士杯科技企业创新奖、上海市知识产权示范企业、上海市专利工作示范企业、上海市创新型企业、上海市中小企业信息化应用示范企业、上海市外商投资先进企业、上海市科技小巨人企业、上海市品牌企业、上海最具活力科技企业等，并多次承担国家、市区项目的开发与建设；公司使用注册商标也被评为 2012 年度名牌产品及 2011 年度上海市著名商标。

关爱员工，回报社会

2013 年 3 月，施晓旦夫妇在他们共同的母校——余姚中学，设立以他们老师名字命名的"袁子良助学基金"，帮助品学兼优、经济困难的学生完成他们的"求学梦"。

施晓旦还参加了"中欧校友爱心联盟"组织创立的"中欧珍珠班计划"，帮助众多的贫困学生圆了自己的大学梦。此外，东升公司还为玉树、雅安等灾区同胞积极捐助，奉献爱心。公司积极参与公益事业，根据实际情况每年开展献爱心送温暖活动。

同时，东升公司人员还积极参与徐汇区交通路口志愿服务，本着"奉献、友爱、互助、进步"的志愿精神为维护路口的交通秩序贡献了自己的一份力量。

员工关爱方面，东升公司对各条战线做出突出贡献的"资深职工"、"劳动模范"进行了奖励。公司每年还会组织全员体检，组织员工进行旅游拓展等活动。公司关爱员工、爱惜人才、弘扬先进的举措，为公司的企业文化注入了新的内涵。

同时，每当员工遇到困难，公司都会毫不犹豫地施出援手。自成立以来，东升公司累计为 10 几位员工发起爱心捐款。体现了东升人助人为乐的精神，用爱心托起了一个个家庭的未来。

难 包容 共享 发展

　　沈树康　1984 年毕业于上海大学无线电与通讯系,并留校担任学校的微波实验室老师。

　　1994 年 5 月借助上海大学产学研平台,创建上海杉达电子电器系统工程公司,踏上了创业征途的第一步。2000 年公司成功转制,更名为上海杉德金卡信息系统科技有限公司。自 2003 年起,相继成立了杉德银卡通、杉德巍康等多家杉德系公司。

　　被评为上海市徐汇区高级经营人才;2009 年 12 月获得第六届徐光启科技奖章,2010 年被推荐为徐汇区拔尖人才、2011 年徐汇区领军人才。

勇敢海燕展翅搏击金融支付
服务的海洋

——记杉德系公司创始人、总裁沈树康

下海弄潮，迈出创业第一步

1984年，沈树康从上海大学毕业，因学习期间的优异成绩和良好表现，被母校留任，担任学校微波实验室的老师，肩负起"传道、授业、解惑"的重任。当时的中国正处在改革开放时期，"下海"成为当时的"潮流"。在担任了10年的老师后，不满足于现状的他决定要改变目前单调的"两点一线"生活模式，在经过多天的深思熟虑后，毅然决定"下海经商"。1994年5月，借助上海大学产、学、研平台的优势，上海杉达电子电器系统工程公司悄然成立，沈树康担任了杉达的总经理。作为三产的杉达是学校的非主流业务，只能自己到外面去求资源、找业务。

就是在这样的困难局面下，杉达开始起步了。从贸易开始做起，主要经营兼容计算机之类的商品，经常冒着雨骑着黄鱼车给别人送货。沈树康在当时设定的目标非常简单：能赚到奖金、公司能生存下去。

在杉达运作了6个月后，公司终于发放了第一笔奖金。当时公司所有员工真的是相当的感慨和激动，而沈树康也从此真正走上了创业者的道路。

在沈树康的带领下，杉达的经营逐步走向正轨。尽管大家很努力且充满激情，公司也有了一定的起色，但一向眼光看得比较远的沈树康深深感到通过贸易做公司是做不下去的，公司必须转型，毕竟大家还年轻，没什么好怕的，就算是跌倒了，爬起来再往前走。时间一天天过去，一时也没什么好的方向，大家在焦虑中等待机会。

机会永远留给有准备的人

1997 年的一天，晚上 10 点，在忙碌了一天后，沈树康还在考虑公司的发展策略，这时传呼机突然响了起来，原来是在银行工作的校友。他说：银行要做八运会项目，要采购法国安智公司的 POS 机，现在安智公司需要本地技术服务商，你们愿意做吗？不过兄弟和你讲清楚，刚开始没有钱赚，只给你们人头费，而且要提醒你注意，这个项目你是要贴钱的，不过好处是你可以进入银行体系服务。凭着对业务的敏感，沈树康当即决定，同意接手此项目，并由杉达投入资金。事实证明，跟银行做事，绝没有错——印证了犹太人的哲学：距离金钱近的行业都是好的。

杉达依托八运会项目，顺利进入了银行体系，从而由贸易型公司成功转型为技术系统集成型公司。尽管是一个电话的起因，有很大的偶然因素。但之前，杉达也已积累了一定人脉及少量资金。在这个重要的时刻，敢于倾尽所有财力，把贸易生意所赚来的钱，全部补贴到技术系统集成型的人才及项目上，最终完成了转型，为将来杉德系列公司的诞生奠定了坚实的基础。

无悔的选择，一如既往向前走

时间进入 1999 年，当杉达公司不断发展壮大的时候，学校开始关闭所有的三产公司。由于杉达的所有生意都在外面，营业期也已经到了，属于被关闭的范围。是留在学校还是出去再创业，痛苦的选择摆在了沈树康的面前，留在学校，可以过着稳定的生活，选择创业，会更加辛苦，甚至会一无所有。凭着一股不服输、坚韧自信精神，沈树康最后坚决地选择了后者。

2000 年，成立了杉德系第一家公司——杉德金卡，注册资金 60 万。由于公司太小，觉得没前途，学校编制的研究生都先后离开了。但是杉德金卡克服种种困难，依托交行、建行，迅速发展壮大，2001 年已有 800 万利润。但是公司想要生存，想要前进，与主要客户——交行和建行，进一步合作发展的路在哪里？

2002 年，为了提高上海地区银行卡收单专业化服务工作的质量，银联推动银行卡收单 POS 专业化服务项目。计划在上海设立一家专业化服务公司。在获知此信息后，沈树康再一次捕捉到商机。同时也深深知道，这是一把双刃剑，如果抓不住机会，杉德金卡业务会不断萎缩，甚至会倒闭，但是如果杉德能够为上海地区所有的银行服务，将会获得绝处逢生的机会。

通过之前为交行、建行服务获得的口碑，沈树康带领团队在银行、市信息委、银行同业公会及人民银行努力游说，终于打动了所有监管部门领导的心，最终市领导一锤定音，下达了这个行业要打破垄断、有序竞争的指示，上海市银行同业公会把这个业务向社会开放，引入第二家 POS 专业化服务公司。沈树康再次带领团队成员，在短短的两周内成立了杉德系第二家公司——杉德银卡通。在"上海市银行卡产业领导小组第二次会议"上，副市长还亲自为两家公司揭幕。

杉德银卡通凭着优质的服务，迅速得到了银行和商户的认可，公司在上海地区的市场份额逐步增加，逐渐掌握了主动权。市场份额从原先的三分之一不到，到 2006 年的时候，已占领了半壁江山。但是在成功面前，沈树康没有骄傲，他深感市场局限于上海的切肤之痛。

孟子说：必求垄断而登之，以左右望而网市利。这个行业，最多只给前三家生存空间，后面的小鱼小虾只能在夹缝中求生存，前景不乐观。在上海做小家公司没出路，如不走出上海，必将被市场压垮。所以，沈树康毅然决定：必须走出上海，走向全国，成为大家公司！

果断出击，走出上海、走向全国

2005 年底，杉德银卡通江苏分公司在南京正式成立，吹响了进军全国的号角，长三角、珠三角、环渤海湾，中西部各主要城市均出现了杉德人的身影。通过近五年的艰苦奋斗，踏踏实实的工作，杉德银卡通在全国成立了 20 多家分公司，近 100 个营业部和办事处，员工人数达到 2 000 人，成为行业的全国第二，宣告了杉德银卡通走向全国战略的基本成功。

精彩世博、杉德服务

2010 年，举世瞩目的世博会在上海召开，本届世博会是一届全球瞩目的盛会，是历史上规模最大的一次世博会。本次盛会历时 6 个月，园区内的 400 余家商户将为来自世界各地的 7 000 万人次提供服务。如此空前的规模,对世博园的金融支付服务提出巨大的挑战。

作为上海世博会的全球合作伙伴,交通银行在经过慎重挑选后,把世博金融支付服务的重担交给了杉德。公司主要承担三大块业务:一是园区内商户 POS 机具投放与维护;二是为移动信息亭提供组件和技术支持;三是 ATMU 组件和技术支持。如此大的工作量,这对杉德来说,是一次严峻的考验。

这是一项艰巨、光荣的任务,而且不允许出现任何差错。为此杉德系公司全员行动,从 2009 年末开始投入了大量的人力、物力,成立了专业的技术研发团队、服务团队、培训团队,广开思路,准备了 100 多个应急预案,并不断的给予调整和完善,为世博金融支付服务做好周全的准备。在整个世博会召开期间,80 多名一线维护人员加班加点,不怕苦、不怕累,始终以饱满的热情投入到服务工作中,最终杉德配合交通银行出色的完成了世博园区所有商户及展馆内 POS 机具的投放、培训、维护等艰巨而重要的任务,保障世博会银行卡支付顺利平稳的运行。

创新是公司发展的基石与核心

在沈树康的带领下,杉德金卡、银卡通等公司不断发展壮大。不仅在业务上取得了辉煌的成绩,在知识产权方面也收获颇丰。杉德金卡拥有授权有效专利 19 项,软件著作权 6 项以及 20 多项核心技术。杉德金卡和银卡通公司先后被评为"上海市高新技术企业"、"上海市软件企业"、"上海市科技小巨人企业"、"专利培育企业",POS 产品率先通过了全球最严格"EMV"LEVEL2 认证,金融电子支付终端被评为"上海市名牌产品"。在全球,杉德建有海外销售服务团队,业务覆盖 30 多个国家,产品出口到 20 多个国家和地区。

沈树康一直把杉德公司比喻成金融行业"农民工",因为公司没有雄厚的背景,从事的是金融支付行业末端的工作;把自己比喻成一棵"小草",没有大树的挺拔和雄伟,没有大树的英俊和洒脱,也没有大树的根底和牛气。但是,小草紧紧贴服着地面,有着韧性和柔性,低调沉着,坚忍不拔,百折不挠,以柔克刚,以弱胜强,能承受飓风的袭击,能承受暴雨的洗礼!

学无止境

肖 宏 1967 年 11 月生，1994 年毕业于美国加州伯克利大学，EECS 专业，博士。肖宏博士在 IC 设计领域有多年的工作经验，曾经在 IBM 研发中心工作，荣获 1996 年 IBM 公司发明成就奖。

近年来获奖情况：2004 年亚太地区尖端科技快速增长 500 强企业之一、2009 年获得第三届中国半导体创新和技术奖、2010 年获"中国留学人员百家最具成长性创业企业"称号 、2011 年获得上海领军人才称号。

脚踏实地,勇攀高峰

——记新相微电子(上海)有限公司肖宏总经理

努力钻研业务知识,积极投身工作中

1989 年毕业于复旦大学,1994 年毕业于美国加州伯克利大学,EECS 专业,博士。

肖宏博士在 IC 设计领域有多年的工作经验,曾经在 IBM 研发中心工作,荣获 1996 年 IBM 公司发明成就奖。

1998 年参与创建专业从事 CMOS SENSOR 产品设计的 IC MEDIA 公司,专攻研发面向高清晰度手机、数码相机、PC 摄像头以及其他图像应用的 CMOS 传感器芯片,成就了 IC Media 公司在 CMOS 传感器领域里面的领导地位。

1999 年与他人合作创建了 LCD 驱动芯片公司—Ultrachip 公司。至 2004 年底,肖宏博士一直担任美国区和中国区的总裁。该公司在美国硅谷、中国上海、台湾分别设立有办公室,员工总人数超过 100 人,在 2004 年,其年销售收入接近 6 000 万美元,还被评为 2004 年亚太地区尖端科技快速增长 500 强企业之一。

肖宏博士目前已拥有 15 个国际专利,4 个国内专利。并已在国际权威杂志上发表论文 21 篇。

拼搏奉献,硕果累累

2005 年 3 月,肖宏创办新相微电子(上海)有限公司,凭借其丰富的 IC 项目设计和公司管理经验,以及其对国外 LCD 产业大规模向国内转

移这一商业契机的把握,秉承建设 TFT LCD 产业中国驱动芯片的责任感,致力于将公司建设成世界先进的驱动 IC 设计企业,并推进 TFT－LCD 相关产业链进一步发展。

肖宏博士创办的新相微电子,拥有一支成熟的技术团队和骨干管理团队。团队主要管理人员年龄均在 35—45 岁之间,多为本科以上学历,毕业于知名国内外大学,他们有着较强的专业背景和综合素质。专业技术骨干人员都在业内工作多年,有较丰富的技术创新和实践能力;财务、HR 管理人员亦有着多年上市公司的管理经验。他们同为企业的成长和发展做出了卓越的贡献。

公司为管理团队制订了有效健全的激励机制,给予他们企业股份期权,增强他们的企业主人翁责任感,并依照他们的年度贡献不断给予新的福利保障及生活便利。公司为核心技术人才办理上海市人才引进,还充分给予他们培训进修的机会和经费补贴。

新相的团队是有成长力和创新力的团队,是核心技术与管理人才相融合的高素质、高效率的团队,他们正在为新相日新月异的发展做着孜孜不懈的努力。

已完成并成绩显著的项目有:

2005 年 12 月 ,公司和上海经委和广电 NEC 签署液晶驱动 IC 产业化的整机联动项目;

2007 年 4 月,公司获得工信部电子产业基金驱动 IC 产业化项目;

2007 年,公司大中屏产品获得上海市高新技术产业化项目;

2008 年,公司 IC 项目获得国家创新基金项目;

2009 年,12 月获得国家发改委平板电视驱动 IC 产业化项目。

大胆创新,再做贡献

2010 年起,肖宏博士立足于公司发展,着力于以下发展战略:

(1)进一步扩大公司现有的显示器驱动 IC 的市场份额;

(2)做大做强中尺寸显示屏:平板电脑,GPS,数码相框等产品的驱动 IC 产品线;

(3)进一步扩大通用手机产品的驱动 IC 产品线;

(4)开发电视,智能手机产品的驱动 IC。

从研究开发角度,肖宏博士正在实施和开发的具有创新意义的项目有:

(1)电子标签显示驱动 IC 项目:带有低功耗,如电子纸,显示功能的电子标签可以广泛应用于银行信用卡,电子门票,车票和商品标签等领域。我们正在研发把电子标签和电子纸集成在一起的 SOC IC。

(2)触摸屏驱动 IC 项目:电容式触摸屏是一种新型的人机界面,大大提高了用户体验。我们开发把电容式触摸屏的控制 IC 和 LCD 显示 IC 集成在一起的技术,使得现在的触摸屏更加薄化。

(3)TV LCD 驱动 IC 项目:TV 用的 LCD 驱动 IC 比一般的 LCD 显示器 IC 需要跟更高的精度和显示更丰富的色彩。我们计划在年内推出相应的 IC 以填补这一领域的空白。

(4)3D LCD 驱动 IC 项目:3D 显示也是当今显示领域的一个重要发展方向。我们已开发出裸眼 3D 光栅驱动和 TFT 显示功能集成在一起的 IC。使得用户不戴眼镜就可看到 3D 显示效果。

(5)X-ray 驱动 IC 项目:医疗用数字化 X-ray 设备是新型的医疗器材,会逐步代替利用底片的 X-ray 成像设备,具有广阔的成长空间。我们以研发出第一代数字化 X-ray 成像的关键部件:X-ray 读出 IC。

以上项目在 TFT 驱动 IC 研发设计领域都具有重要的意义。

人生格言

不同的挑战和多样的体验是
我人生最大的财富。

包叔平　1955 年 11 月出生。1988 年获日本京都大学工学博士学位。现任上海海隆软件股份有限公司董事长兼总经理。

作为我国第一批公派留学生,包叔平先生学成后主动归国投身于我国高科技发展的建设事业中。他创立了上海海隆软件股份有限公司,把国外先进管理经验结合我国实际,形成独到的经营管理思想和经营管理模式。在他的带领下,企业员工从最初的几十人发展到 1 000 多人,公司为世界著名企业提供一流的软件外包服务。根据上海市商务委统计,2010 年起公司出口登记额在上海非关联业务软件外包企业中出口额排名第一。

拼搏进取,追中国软件业
强盛之梦

*——记上海海隆软件股份有限公司董事长兼
总经理包叔平先生*

公司发展的三个阶段,
领军人才志在高远

第一阶段:公司初创,奋斗的第一个十年。

包叔平在日本学成归国,在上海创建了海隆软件的前身上海中立软件有限公司。初创时期,公司主要业务是当时最新的 IT 基础技术研究,对 UNIX 操作系统日化、CAD 软件等基础系统软件做研究开发。

十年来,在包叔平领导下,公司逐渐培养建立起一支技术精湛的研发队伍,研发团队一直跟踪最新 IT 技术的发展,在操作系统、网络、通讯、数据库、嵌入式软件和各种大型信息系统应用等方面做了大量的研究,积累了开发大型复杂系统的经验。

同时,包叔平参照国外先进管理理念,建立了较为完善的管理制度,包括符合现代公司制度的人事制度、财务制度和内部控制制度。按照国际标准和跨国公司客户的要求建设质量控制制度,使公司在软件质量和及时交货方面一直得到市场的认可。

通过第一个十年奋斗,公司在包叔平的领导下,有了一定的技术和管理积累,在日本市场上有了一定的知名度和美誉度。

第二阶段:公司转型上市,奋斗的第二个十年。

由于早期公司是一个研究型的公司,产生很多研究成果,怎么把这些成果产业化,使公司得到快速的发展,包叔平面临这样的新课题。

包叔平通过大量的调查研究,发现从事对日软件外包有很大的市场。公司也已经有了足够的技术和管理经验积累,可以利用这些商机,使公司得到快速的发展。

包叔平从对日软件外包的要求出发,以上市为目标,对公司进行股份制改制。以现代公司制度来规范公司,建设信用体系,

公司从研究型转向软件外包,人员增加了10倍。为开展对日软件外包,公司建立日语培训体系,请来日籍教师,大规模的培训新员工。

趁着日本软件外包市场的繁荣,公司软件外包业务快速发展。公司为了保证软件质量和企业声誉,主动控制增长速度,使业务持续以每年30%以上的速度稳定增长。

到2007年,公司成功在深圳中小板上市,这时,公司已经有了近1 000员工,已经有了证券、保险、手机、轨道交通等行业的著名跨国公司为稳定客户,年营业额达到1.5亿元,净利润2 648万元。

第三阶段:公司要做出贡献,再奋斗十年。

公司上市是一个新起点,包叔平为下一步发展运筹帷幄。他提出下一个10年公司营业额和利润要增加十倍,公司一些干部对这样的目标是否能完成持怀疑态度。包叔平提出了较为详细的实现目标的路径:

以日本市场为基础,看到日本市场软件外包的比例仍不太高,有很大潜力可挖,仍以30%增长是可以达到的目标。公司必须开拓欧美市场和国内市场,5年后欧美市场和国内市场占公司营业收入的比例达到50%。

除了内涵性的发展,公司还要利用上市公司为融资平台,做外延式增长。为此,公司投资参股了一个风险投资公司,选择和尝试和公司互补的企业为目标,加以收购兼并,使公司从外部获得有价值的新资源,以期获得爆发性增长。

看到这些具体的通向目标的路径,大家的有了信心。包叔平说,10年前,他提出10年要增加10倍的计划时,大家也是疑惑的,但最后目标还是实现了。这次也一样,包叔平要继续拼搏10年,带领全体员工实现这一目标,为祖国软业业的发展贡献一份力量。

重视行业规律探索和理论研究

为了做好对日软件外包,包叔平广泛调查,潜心研究软件外包的理论和规律。

包叔平很早就提出,中国的软件外包企业要提升自我、赶超印度,必须要从开发模式创新,开发过程管理创新,人才培训创新,技术创新四个方面建立自身的核心竞争力。公司通过客户需求紧密型开发模式、软件包开发模式和嵌入式软件开发模式形成自身独特创新的外包业务模式,成长性与稳定性兼具,为公司带来稳定的现金流入和较大的利润空间。针对客户需求不同和员工意识不同,制定完善适合特定客户、特定企业、特定项目的过程管理方法。通过 CMM 软件过程管理、ISO27001 信息安全管理等多方位管理规范,使得企业开发过程管理与国际接轨。外语、技术、管理三位一体的完善的员工培训体系,又为公司业务的稳定快速成长提供了人才保障。通过研发适合于本企业外包开发中使用的技术提高竞争力,通过开发工具、平台提高生产性,通过新技术的运用提高附加价值。包叔平先生通过以上的种种创新思想和举措,使得海隆软件得以形成独特的核心竞争力,并引领了中国软件外包企业追求创新的良好风气。

包叔平研究分析软件外包的各种业务模式,为提高企业竞争力及可持续发展,提出软件外包必须走向高端的观念。软件开发的各个过程中,有一个"微笑曲线"理论,需求分析,基本设计和结合测试,综合测试以及上线后维护处于软件开发产业链中的高端,附加值较高;而详细设计和编程测试则统称为制造过程,处于软件开发产业链中的低端,附加值较低。随着软件产业在全球范围的分工与合作,欧美及日本等发达国家企业按照价值最大化的原则,从软件开发工程的低端开发业务开始逐步外包。但是承接低端开发业务量具有峰谷变化大,软件外包承接公司被替换性高的不利特点。对此,包叔平带领海隆软件坚持向软件外包的上游业务挑战。通过培养高端人才,组织起一支强有力的开发队伍。在外包软件的开发过程中,做好下游工程,逐步熟悉业务,获得客户的认可,从而向上游工程渗透。另外,充分利用海隆的贴近客户的优势,积极参与需求分析,基本设计和结合/综合测试及上线后维护等工作,从上游工程入手来确保下游工程的业务量的相对稳定。高端业务量占公司总业务量的比重正逐年加大。

另外,包叔平在业务模式上也大胆创新,从低端项目外包模式走向高端的开发中心模式。一般而言,软件外包以按单项目需求提供外包服务较为常见,这种模式会带来业务量的大幅波动,对稳定发展不利。还有一种较常见的外包模式是按固定人数和期间提供外包服务,俗称"包人制"。这类模式对客户来说可以保证既定的人力资源,并通过长期Knowhow的积累减少了每个特定项目的学习过程,对公司来说可以有效计划和调配资源,确保稳定的"高开工率"。包叔平还创新性地提出了更高端的共同开发中心这一业务模式。即和客户共同建立开发中心,以保证必要的核心开发人员,由双方合同投资,共享成果。协商制定开发中心近期和远期的业务发展计划和人员培养体系。这种模式对于行业业务知识要求高、技术入门难、开发依存于特定的环境和设备、并具有长期稳定开发项目的外包业务尤其适用。这种业务模式虽然需要一定的早期投入,一旦进入轨道后开发效率会大幅度提高,容易获得稳定的开发及维护升级业务。

目前,上海的商务成本迅速上升,成本敏感的软件外包企业遇到极大困难。包叔平经调研后提出了建设后方基地的理念。设想在一个有较多大学资源的二三线城市,设立子公司。就地招收大学毕业生,由于存在显著的地租差价,这样公司商务成本和员工的生活成本急剧下降。员工在家乡工作,会更加稳定幸福。但这也会带来管理、研发、培训等方面的一系列新课题。包叔平领导管理和技术团队,对这种异地运作新模式做了大量的研究和实践,完善了组织机构、设计修改了业务流程、改进了通信和网络设施、提出了统一培训等新的方式。通过努力,公司在南京设立的后方基地已经发挥出巨大的作用。

重视执行力的建设,
亲力亲为解决战略性的课题

企业的经营,总是会遇到各种困难,特别是对日软件外包,目标市场在国外,遇到的风险就更多了。公司近年来就遇到过多次重大事件,如SAS在中国肆虐、席卷全球的金融风暴、日本大地震及引发的海啸和核泄漏、钓鱼岛之争等，每一个事件如果对应不好，都将对公司产生灾难性的后果。每次包叔平都身先士卒，领军团队用最快的响应速度，详细周到的计划措施，及时化解矛盾，使公司在事件中受到的损失最小。

举例来说，当日本发生大地震时，公司有近百位员工在日本工作，他们在客户公司，承担设计和系统运营等工作。地震后，引发海啸和核辐射，日本交通、电力系统受到很大破坏，这些员工的工作生活环境恶化，另外国内媒体有了较多灾害进展的报道，使这些员工的亲人都非常担心，大家都想早点离开日本回国。在此紧急时刻，包叔平在第一时间赶到日本，在向客户请假后，把所有在日员工撤到安全的关西，包叔平和大家一起客观地分析了形势，评估了灾害的严重性和发展走向。包叔平告诉大家，在危险因素消失前，他自己将和大家在一起。最后大家一致认为，灾害还没有到必须撤回国内的地步。第二天，所有员工全部回到工作岗位，不少人是步行几个小时到岗的。包叔平根据交通和电力的情况，和客户商量解决方案，包括把部分可以远程操作的业务，转移到中国进行；包叔平为每位员工购买回国机票，一旦核辐射影响员工的健康时，允许员工及时回国。由于一系列有效措施，员工的情绪稳定了，和客户一起投入到救灾中去。公司的努力得到日本客户的高度评价。由于包叔平先生处理得当，地震后，公司的对日软件外包业务反而快速增长。

包叔平是有抱负、有理想，重视研究探索软件企业经营理论，并勇于实践、身先士卒的领军人才。在他的领导下，海隆软件正不断发展壮大，必将为祖国的繁荣昌盛作出应有的贡献。

伟大的认识开启伟大的实践
伟大的时代开创伟大的事业

关建中 1954 年 3 月生,1978 年山西财经学院毕业。现任大公董事长兼总裁。享受国务院政府特殊津贴专家,中国证券业协会证券资信评级专委会主任,中国信息协会信用信息服务专委会会长,北京交通大学兼职教授,天津财经大学兼职教授、博导。

关建中是中国信用评级行业创始人之一,改革国际评级体系的首倡者和推动者。长期致力于信用思想理论研究,著有《国家信用评级新论》《改革国际评级体系 推动世界经济复苏》等数十篇(本)近百万字具有国际影响力的理论文章。

荣获上海市北高新技术服务业园区"产业之星奖"、"上海领军人才"称号;"2011CCTV 中国经济年度人物"提名奖,"绿动·2011 中国经济十大领军人物"、"影响中国改革 20 年 20 人"和"2012 中国改革十大创业领袖"等称号。

志在国际评级话语权，
心系信用评级业发展

——记大公国际咨询评估有限公司董事长
兼总裁关建中

创建评级思想理论

　　关建中经过多年的研究与实践,陆续公开发表《改革国际评级体系 推动世界经济复苏》等一系列关于国际信用评级体系和中国社会信用体系建设的纲领性文件,引起社会舆论高度关注和强烈反响。人民日报出版社因为《改革国际评级体系 推动世界经济复苏》这项评级理论创新成果的重要价值,首次为个人推出中英文单行本。

　　关建中在《改革国际评级体系 推动世界经济复苏》中,从信用关系入手研究二战结束后 60 年世界经济发展逻辑,探求全球信用危机形成、发展和结束的内在规律,发现生产与信用、信用与评级是推动当代世界经济发展的两对矛盾。在这两对矛盾中,信用与评级是主要矛盾,评级则处于主要矛盾的主要方面。现存国际评级体系没有遵循这一规律,违背了信用增长必须以财富创造能力为基础的原则,顺从生产与信用矛盾运动的需要,向债权人持续提供错误评级信息,最终导致国际信用关系破裂。全球信用危机是对依据错误评级信息建立缺乏偿债能力的信用关系的一个调整过程,增加信用供给制造虚拟信用关系的做法只是在转嫁危机而不能救助危机,建立一个体现信用经济本质要求并能够承担世界评级责任的新型国际评级体系,通过公正的评级建立具有财富创造能力支撑的信用关系才能挽救处于风雨飘摇中的世界经济。

　　这一系列创新研究成果既是马克思主义哲学在信用领域的创新应

用和推动发展,也是人类信用经济发展以及国际评级体系改革坚实的理论基础。

作为中国信用评级思想理论体系的创建者,关建中近几年发表并出版了数十篇(本)、近百万字的理论著述,在不同论坛或场合做了数十场专题讲座或报告,他创建的信用思想理论,改变了世界对信用与信用评级的传统认识,引领后危机时代国际信用评级理论的创新发展,将对中国信用评级行业和民族评级机构的可持续发展发挥出重要的指导作用,也将为对信用经济全球化发展和国际金融秩序的稳健运行发挥出重要的指导作用。

创建新型评级标准

关建中作为有责任、敢担当的信用评级机构领袖,一直认为中国作为世界第一大债权国、第二大经济体,需要有代表国家的评级机构和公正的评级标准,并为此付出长期不懈的努力。

从 2006 年开始,垄断全球评级市场的美国穆迪、标普、惠誉等利用中国信用评级管理的薄弱,经过长期蓄意准备,在没有任何障碍的情况下长驱直入,开始对中国信用评级机构进行全面渗控。目前全国性的信用评级机构中,只有大公始终坚持民族品牌国际化发展战略。

关建中坚持通过构建新型国家评级标准,争取国际评级话语权,支持中国"走出去"发展战略,维护国家金融主权和安全。他所领导创建的大公国家评级标准不以意识形态划界,平等维护国家信用关系各方利益,从评级的根本立场上与维护西方债务国利益的美国三家评级机构有着明显的差别,充分体现了中央领导关于改革国际评级体系讲话的丰富思想内涵,以及"和谐世界,和平崛起"的中国理念,关建中评级思想理论和大公评级实践得到了国际社会的高度肯定与广泛支持,国际媒体舆论将大公称为"新兴国际评级机构",因而为中国评级机构争取国际评级话语权打下了坚实的基础,做出了历史性贡献。

关建中领导下的大公,是国家实施社会信用体系建设战略的咨询机构、是相关法律法规起草制定的参与单位。大公正在从国家战略利益考虑,研发 100 个行业的国际评级标准。作为中国信用风险评价体系的开创者,关建中在传播信用思想文化、开发评级市场、制定评级技术与评级标准、社会信用体系建设等方面卓有建树,并提出《信用管理社会化社会管理信用化》理论著述和实践路径,帮助有关部门推进中国社会信用体系的建设和发展。

在关建中的领导下,大公通过综合建设,形成了服务地方经济发展,提升金融机构信用风险防范能力,促进企业信用融资能力的一体化市场服务体系,创建和丰富了中国社会信用体系建设理论、技术基础。大公开发出我国第一个拥有自主知识产权、与国际接轨并适合中国国情的《大公信用评级方法》,填补了中国信用评级领域的技术空白。自主研发出《大公国家信用评级标准》、《大公地方政府信用评级标准》等世界领先的评级标准,成为世界信用评级技术革命的里程碑。

推动国际评级体系改革

关建中2009年4月在博鳌亚洲论坛发表《构建新型国际信用评级体系》的专题演讲,以此为标志,构建新型国际评级机构的理论体系正式形成。

为建立适合世界信用经济发展的国际评级体系,关建中积极联合国际业界人士,应邀出访许多国家参加国际会议,并与30多个国家驻华大使和政府政要共商构建新型国际评级体系,获得广泛支持和高度认同。

2010年7月11日,大公作为世界第一个非西方国际评级机构发布包括美国在内的50个国家的主权信用等级,宣告非西方的新兴评级机构登上国际评级舞台,形成新型国际评级机构建设的向心力。

2011年2月16日,关建中在吉隆坡东盟10+3债券市场论坛发表《改革国际信用评级体系需要新思维》演讲,标志着新型国际评级机构的构建正式启动,组织建立非主权国际信用评级机成为国际社会的共识。

2012年10月24日,由大公作为主发起,联合美国和俄罗斯独立评级机构在北京向国际社会发布《北京宣言》,正式发起成立"世界信用评级集团",这个不代表任何国家或组织的利益,非主权、多元文化的国际信用评级机构已于2013年6月底在香港正式成立,通过双评级制度的推广，将开创并主导国际评级体系新秩序建设的未来。

关建中主导的一系列符合人类社会发展需要的新型国际评级体系建设实践，打破了美国三家评级机构对国际评级话语权的百年垄断格局。在国内外媒体引发了强烈反响，在资本市场引发了强烈震荡并得到国际社会的积极响应。

挚情　承诺　敬业　报效

　　曾　犁　出生于1968年5月,经济师。1998年获美国康奈尔大学工商管理硕士学位(MBA)。现任上海数据港投资有限公司总裁兼副董事长,上海市闸北区人大代表,中国云计算产业知名的领军人物;2012年上海市政府授予曾犁先生"上海领军人才"的光荣称号。

　　历任全球知名信息企业美国EMC公司亚太区副总裁、大中国区首席运营官,全球战略联盟总监以及美国昆腾(Quantum)公司北亚洲区总裁等职务。2009年,在上海市政府的关心和支持下,曾犁先生集聚了中国国内一批顶尖的云计算技术和管理专家,创立了上海数据港投资有限公司。2012年,数据港还成为中国第一个获得全球知名机构、具有国际数据中心产业"奥斯卡"之称的Datacenter Dynamics的两项国际大奖"大型数据中心创新奖"和"年度数据中心最佳团队奖"。

热情、承诺、效率、极致

——记上海数据港投资有限公司总裁曾犁

　　2009 年 11 月,曾犁携手国内云计算、数据中心领域的知名专家和管理团队,与上海市北高新集团联合创建上海数据港投资有限公司。2011 年 1 月,曾犁作为中国云计算产业的代表,被选入企业家代表团成员随同前国家主席胡锦涛对美国进行正式国事访问;2013 年 3 月,随同新一任国家主席习近平对俄国进行正式国事访问。

　　上海数据港投资有限公司是国内领先的绿色数据中心供应商和中国云计算产业的领军企业。在曾犁的带领下,数据港公司还参与起草制定了《上海市云计算产业三年推进计划》即"云海计划";数据港公司是上海市云计算产业基地的运营商和开发商,专注于云计算中心为基础的数据服务业务,是上海市云计算产业联盟的理事长单位。在短短成立不到三年时间,数据港公司已经拥有 16 项云计算技术发明专利等知识产权。

　　在曾犁的领导下,数据港公司投资建设了中国第一个云计算中心;数据港公司的客户包括中国互联网业界的顶级企业——腾讯、阿里巴巴、百度等,以及德国电信、英国电信、Verizon、AT&T、付费通、上海外汇交易中心等国际国内的金融机构、电信运营商以及政府等。目前数据港公司为客户管理超过 3 万台服务器,在数据港运营管理的云计算基础设施上,为客户处理总额每年 2 000 亿人民币电子商务交易的日志分析,和每天 17 亿次页面浏览量。

　　以曾犁为项目负责人,数据港公司承接了上海市高新技术产业化重大项目——云计算基础设施服务平台,该项目经上海市第十三届人民代表大会第四次会议正式批准成为"上海市政府 2011 年重大工程项目",

目前,项目基本建设完成。

数据港公司广泛与微软、戴尔、华为、中兴、甲骨文、中国电信、国网信通、上海超算中心等国际、国内知名云计算厂商和同济大学、浙江大学等科研机构合作,开发及运营云计算基础服务及孵化平台。数据港与微软共同设立"微软数据港云计算应用孵化中心",同华为公司共同承担上海云计算应用示范项目,打造国内首个"健康云",该项目得到了国家卫生部的高度评价并且推荐为全国建设统一的居民健康档案管理示范工程。数据港公司自主研发、具有国际先进水平的集装箱式云计算中心"云积木",得到云计算产业界、用户和国内外媒体的高度关注和大量报道;中国工程院院士、中国云计算专家委员会委员李德毅院士等一批国际国内知名专家对该项成果给予了高度肯定。数据港自主研发、具有完全自主知识产权的国内首个基于国际 ITIL 标准的云计算基础设施资源管理软件。2012 年,数据港还成为中国第一个获得全球知名机构、具有国际数据中心产业"奥斯卡"之称的 Datacenter Dynamics 的两项国际大奖"大型数据中心创新奖"和"年度数据中心最佳团队奖"。

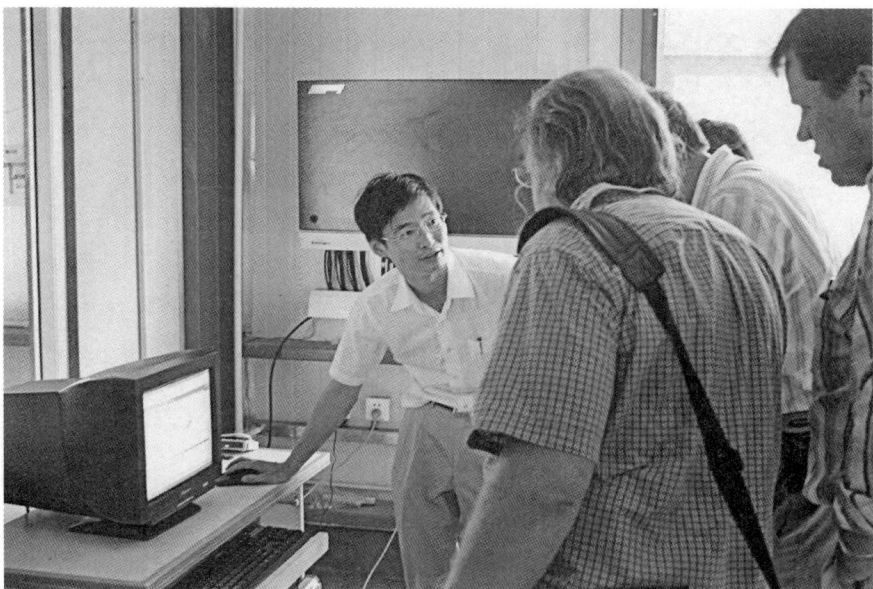

用科学创造幸福生活。

周　强　1973年1月生,研究员。现任上海都市绿色工程有限公司副总经理、上海可控环境农业工程技术研究中心主任、国家设施农业工程技术研究中心主任。长期从事设施农业技术研究工作,承担国家"863"计划、国家科技支撑计划、财政部成果转化项目、上海市创新行动计划等课题38项,发表论文8篇。

近年来获奖情况:上海市科技进步一等奖、二等奖、三等奖;上海领军人才,上海市"讲理想、比贡献"科技标兵,国家科技部星火科技先进工作者。

坚持科技创新，铸造绿色都市

——记上海都市绿色工程有限公司
副总经理周强

自主创新、创造第一

1998 年上海电气（集团）总公司与上海市农业科学院合资组建上海都市绿色工程有限公司开拓国产化的现代化自控温室，周强作为园艺与设施农业方面的专家由农科院委派到都市公司，担任技术副总。

10 多年来在周强带领下，都市绿色工程有限公司已成长为国内最大的温室装备制造企业，温室装备已经累计销售 600 多公顷，覆盖了南至南沙、北至黑龙江伊春、西至西藏等全国各地，并出口 100 多公顷，销售额达 10 亿多元，其中全开型温室的国内市场占有率超过 80%。由于不断技术创新，公司在温室行业创造了多项第一，如：

第一座大规模国产化玻璃温室：2000 年在上海孙桥，国内首座国产化 3 公顷 WSBRZ 型自控玻璃温室诞生；

第一座超大型高低跨 PC 板温室：2003 年在上海鲜花港，国内首座 5 公顷 WSPGZ 型自控尖拱型连栋 PC 板温室诞生；

第一座屋顶全开型玻璃温室：2004 年在上海金山，国内首座 5 000 m^2 WSORZ 型屋顶全开型玻璃温室诞生；

第一座屋顶全开型 PC 板生产温室：2005 年在广东深圳，国内首座 5 000 m^2 WSORZ 型屋顶全开型 PC 板温室诞生；

第一座屋顶全开型 PET 薄膜温室：2006 年在上海鲜花港，国内首座 5 000 m^2 WSORZ 型屋顶全开型 PET 膜温室诞生；

第一次大批量自主知识产权温室出口非洲：2006 年出口到坦桑尼

亚,35ha"都市"品牌塑料薄膜温室出口非洲;

第一座大型节能自控展览玻璃温室:2006年在上海金山,国内首座国产化8 000 m²异形展览玻璃温室诞生;

第一座海岛"四防"温室:2007年在海南西沙群岛,国内首座抗极端恶劣环境的2 000m²"四防"温室(防台风、防日晒、防暴雨、防腐蚀)诞生。

攻坚克难,硕果累累

周强长期致力于温室环境控制技术的研究,作为首席专家,周强主持完成了上海市重大攻关项目《温室精准调控技术集成与示范》,在温室控制中采用了串级预估控制、模糊神经元控制、智能多模态控制、专家控制等先进控制策略和算法。使系统具有以下特点:

(1)实时采集和传送环境数据并完成相关传感器的国产化选配;

(2)采用遗传算法和差异进化等新技术、新方法建立温室环境模型,并通过应用和试验对模型参数进行优化;

(3)采用智能、先进控制策略和算法,完成智能玻璃温室环境气候的自动精准调控,和灌溉营养液的自动精准控制;

(4)通过网络宽带技术,实现温室生物信息与环境信息的远程实时监视和远程视频传输,以及温室主要设备状态的远程控制。

周强近年来加快了在设施农业设计、建造和管理中的节能及新能源应用研究工作,主持完成了市科委攻关项目《大型节能、自控温室关键技术研究与示范》、《节能循环型玻璃温室的研究》等,取得了"节能型温室的屋脊密封结构"、"一种节能温室天沟的密封结构"等实用新型专利的授权。并成功应用在金山EP项目、天津农科院项目中。这些项目的主要技术进步点为节能循环型玻璃温室的研究与开发,通过新技术和综合措施的采用提高温室的总体透光率和密闭性,增加温室内的温度,优化加热系统减少冬季能耗,提高温室作物的产量和抗逆性,从而使单位产量的能耗大大降低,其创新点有:

(1)研究成功具有节能型天沟和密闭型屋面的新型温室覆盖体系,增加了密闭性;

(2)采用大块玻璃,将温室小屋顶从3.2 m增加到4.0 m,减少温室结构件的遮阳;

（3）温室肩高达到 5 m，使温室环境空间的缓冲容量更大，作物的抗逆能力加强，作物更加优质高产；

（4）研发出采用了新型钢缆驱动活动保温幕系统并提高温室活动帘幕系统的折叠性能，减少温室固定遮荫；

（5）温室四周采用活动垂直保温幕布降低温室能耗；

（6）采用活动外遮阳系统，减少夏季能耗；

（7）节能循环型加热系统技术集成及关键设备的研发，包括烟气处理及 CO_2 施肥、短期储能系统等冬季节能措施。

通过以上措施，每公顷温室年可节能约 20—30 吨柴油，在采用太阳能、浅层地热能、生物质能后的节能效果将更显著。

2007 年周强率领其团队成功地研发出节能循环型屋顶全开温室并应用于西沙永兴岛，开创了在极端气候条件下温室应用的先河。2007 年 2 月，海军后勤部向科技部提出请求，希望解决海岛部队"吃菜难"的难题。科技部十分重视，提出了当年"八一"见菜的目标。

由于西沙地处"四高一多二缺"典型地区，即高温、高湿、高盐、高日照，多台风，缺淡水、缺土壤，因此，要求温室项目必须做到"四防"，即防台风、防日晒、防暴雨、防腐蚀。近乎严酷的技术要求，这对我们的创新能力是个考验。周强带领团队依托前期的技术储备，经过 4 个月的努力终于完成了"四防"（海岛型）屋顶全开型温室的开发。温室经历了台风、高温、暴雨的考验，成功地在海岛建成一个"小江南"。走进海岛温室，让人目不暇接温室内各种蔬菜长势良好，一批批高质量的新鲜蔬菜开始收获。2007 年"八一"建军节前，"国家科技部海岛蔬菜生产技术示范基地一期工程"（"四防"温室）如期举行落成典礼，国家科技部部长万钢、海军副政委刘晓江中将等专程从北京赶来剪彩。"四防"温室获得领导和官兵的好评，认为这是国内"理念最新"的现代化温室。

在西沙成功经验的基础上，2010 年已将"四防"温室建到了南沙永暑礁、美济礁，目前正在为南沙其他小礁，以及南极的中山站、长城站设计温室，将绿色与祖国的关怀送到考察队员的身边。

瞄准前沿，引领未来

2006 年周强带领技术团队组建了专门的研发机构"上海可控环境

农业工程技术研究中心"，在节能温室、极端环境温室、封闭式温室、温室环境与灌溉计算机控制系统、都市型设施园艺生产技术等领域进行深入研究。

2010年科技部批准依托都市绿色公司和同济大学成立了"国家设施农业工程技术研究中心"，更大程度上整合国内设施农业工程研究资源，提升领域研究水平和产业实力。中心未来的发展，将以现代工业技术和农业信息技术为依托，联合上海科技、先进工业和现代农业的综合优势，以产学研联合方式建成一个具有国际一流科研设施和人才队伍的设施农业国家级研发和成果转化基地，通过装备技术的持续创新和转化，进一步提高中国设施农业装备和技术的研究、生产、营销和综合配套服务能力，使中心成为我国设施农业技术创新的源泉、成果转化的推动力和行业的领军者，成为开展国内外技术合作交流的平台，增强中国设施农业产业国际竞争力。

从实践中去体验，从体验中去创新

沈国康 1956 年 3 月生，工程师。1986 年获上海交通大学学士学位。现任博科资讯股份有限公司董事长兼总裁。中国软件行业协会常务理事，中国物流与采购联合会常务理事，上海市软件行业协会副会长，第一届"静安杰出人才"提名奖获得者。

长期从事计算机软件的研发和企业管理工作，对企业战略与运营管理理解深刻并颇有研究，熟悉中国企业的管理现状，因而在企业管理软件的研制开发和推广中得心应手，不断创新。沈国康作为编委会主任，主持编写了上海市紧缺人才培训工程现代物流岗位资格培训指定教材——《现代物流管理》。

无码开发,回馈社会

——记上海博科资讯股份有限公司董事长兼总裁沈国康

不安现状,勇于"拼博"

1992 年,不安分的博科创始人,时年 36 岁的沈国康放弃安稳的机关工作,凭借仅有的 3 000 元,在一间 14 平米小阁楼里成立了博科软件工程部,胸怀"以技术创新打造管理软件行业民族品牌"的梦想,走上了坚持管理软件企业应用和平台技术研发并行发展的道路。

1998 年,中国首款构件化可成长企业管理平台研发成功,并于 1999 年荣膺 IBM 全球应用方案大奖,成为唯一获此殊荣的华人企业。

2002 年,首创 J2EE 为服务端,.NET 为客户端的构件化平台 Himalaya,迅速获得中石油、中石化、小松(中国)、中国移动等世界 500 强企业的垂青,奠定了其行业优势地位。

2009 年,博科进军企业管理信息化整体应用市场,将数千家高端用户的最佳管理实践成功移植到 MAP 平台,通过 Yigo 语言形成了将 SCM、ERP、CRM、OA、HR、PM 等应用融于一体也能单独销售的自助软件(面向管理业务人员的无须编程的客户化)系列,将客户化效率提高了十几倍。

2011 年 3 月,公司成功研制了面向管理软件的移动应用系列产品(Mobile Application Platform),实现了应用系统在客户端、浏览器、移动终端等环境的全面应用;博科管理自主平台软件(MAP)被国家科技部、环保部、商务部、质检总局等四部委认定为国家重点新产品。

2012 年博科以集团财务、企业资源集成(ERI)等为代表丰富了管理业务模型体系,提出了"软软件"的构建思想,MAP 平台进而发展成为管理软件 CAD,并命名为博科管理软件计算机辅助设计及自动制造软件(简称:CAD&Auto Run)。

科技创新,硕果累累

经过多年的研发,博科核心技术——图表化原型描述语言 Yigo,被中国科学院上海科技查新咨询中心检索认定为达到国际领先水平,基于 Yigo 研发的产品颠覆了传统软件实现的模式,从有码开发升级为无码开发,实现了企业"无码、快速、低成本"拥有切合自身需求的管理应用系统。

其中,基于 Yigo 研发的 MAP 自主平台软件被认定为国家重点新产品,基于该平台研发的物流供应链软件经 CCID 赛迪顾问市场研究报告统计,产品市场占有率连续多年国内排名第一;审计监管、ERP 自主平台等多种软件被列入上海市重点新产品以及上海市高新技术成果转化项目,亦得到了客户的高度认可和赞赏。基于 Yigo 自主研发的平台产品,支撑着包括中国石化、中国石油、中国移动、中国航空油料集团、中航工业集团、长江航运等各类企事业单位的高效运营,并成为其行业信息化开发支柱软件。据 CCID 统计数字显示,博科物流管理系统、博科管理自主平台软件、博科审计实时监控软件三项产品的市场占有率均列全国第一。这些企业自主创新软件产品的品牌效应得到了充分的发挥,并带动了相关产业的积极发展。

沈国康带领博科资讯帮助国内各类企业成功进行了信息化建设,获得了包括中石化、中石油、中海油、中国移动等一系列世界 500 强企业的高度赞赏,赢得了 IBM、Oracle、Microsoft 等世界知名公司的广泛而深入的合作,博科公司已经成为中国本土最具竞争力的物流供应链管理软件、审计管理软件和集团管理监控软件供应商。

目前,博科资讯已获得计算机软件著作权 51 项,专利申请 3 项,先后 22 项软件项目被列入国家及上海市重点新产品、国家及上海市火炬计划项目或上海市高新技术成果转化项目。被评为国家及上海市规划布局内重点软件企业、上海市高新技术企业、上海市创新型企业、上海市科技小巨人企业、上海市著名商标及上海名牌企业。

　　此外,沈国康本人因其卓越业绩获得众多荣誉,其中包括中共上海市静安区委和上海市静安区人民政府授予的"上海市静安区第二批领军人才"称号;中国电子信息产业发展研究院和中国软件行业协会颁发的"2007 年度中国软件十大领军人物"称号;中国物流与采购联合会颁发的"科技进步一等奖"称号等。

敢想. 敢做. 敢突破.

石力华 1956 年 12 月生,高级经济师。2005 年中央党校经济管理专业本科毕业,美国加州管理大学工商管理博士学位。现任老凤祥股份有限公司党委副书记、副董事长和总经理。

参与国家 973 计划、863 计划等重大项目建设工作,获奖论著多篇。全国质量管理优秀工作者,轻工部劳动模范、上海市劳动模范;第四届"青年企业家"金鹰奖获得者,获全国优秀企业家金奖,上海市质量管理金奖,上海市创建卓越品牌特别贡献奖;获上海市优秀质量管理领导者、上海零售业十大杰出人物、第九届上海商业优秀企业家、"十一五"期间上海黄金珠宝行业"杰出掌门人"和"风云代表"、2010—2011 上海市职工信赖的经营管理者等荣誉称号。

力风石上起,华采凤中扬

——记上海老凤祥有限公司总经理石力华

　　创始于1848年的老凤祥,是一家具有悠久历史和深厚文化底蕴的老字号珠宝首饰企业,在不断传承发展过程中,曾面临着诸多困难与危机。石力华,就是在老凤祥濒临亏损、面临巨大挑战的2001年"临危受命",只身一人来到了老凤祥,以其领军人物特有的决断魄力和睿智才华,在充分调研,务实求证的前提下,对企业管理体制、产品结构、品牌营销和企业发展战略等方面进行了大刀阔斧的改革调整,将老凤祥打造成中国珠宝首饰业的龙头企业。

　　在石力华带领下,经过近十年的奋斗,老凤祥已发展为集科、工、贸于一身,拥有多家专业厂、子公司、近六百家全国连锁银楼,一千多个销售网点,以及研究所、检测站、典当行、拍卖行、博物馆等;从2001年的7.1亿到2013年近330亿销售额,老凤祥保持着高位数的飞速增长,同时老凤祥品牌囊括了所有国家级品牌,甚至诸多国际荣誉,不仅曾获"中国驰名商标"、"中国名牌"、"中国商业名牌"等称号,还曾经被国际品牌权威机构评为"中国500最具价值品牌"、"亚洲品牌500强","全球珠宝100强"。2009年,老凤祥金银细工工艺荣列国家非物质文化遗产名录;2010年老凤祥被中国黄金协会授予"中国黄金首饰第一品牌"称号;2013年,老凤祥荣获"上海十大品牌"称号。

　　有着163年历史的百年企业,在石力华的领军之下重又焕发出青春的光彩和蓬勃的生机,被媒体和业内外人士形容为老字号品牌"华丽的转身、颠覆性的改变"。

坚持创新驱动，打造人才高地

2001年，石力华受命于危难，从中国第一铅笔股份有限公司总经理的岗位上把工作重心转移到"中铅"控股的濒临亏损的"老凤祥"，任上海老凤祥有限公司总经理，当年企业的销售额仅为7.5亿元，账面利润仅5百万—6百万元，实际亏损1 200多万元，加上行业间竞争加剧，企业岌岌可危。

珠宝行业的"门外汉"，当上了"新掌门人"，面临的挑战可想是多么艰巨。走马上任伊始，务实的石力华花了相当时间在读懂"老凤祥的故事"，经过广泛倾听、调研分析之后，终于对企业四大结构——"产品结构、营销结构、管理结构和资产结构"打出了一系列创新变革的组合拳。在他的理念中，"用上市公司的理念管理企业，用国际金融的理念经营企业"，这就要颠覆原有的老字号企业的落后理念，重塑有活力的现代化企业的管理机制。他把握金交所运行契机，实现从原材料统购统配的计划经济模式到市场经济体制的实质性转变，大胆购入三个交易席位。首次交易便取得第一桶金，从而将黄金原材料到产品生产向新机制转变，给了老凤祥把握国际金价的脉搏和首饰生产销售的双重机遇。在强大的风险环境中，又运用了黄金交易的对冲机制进行了风险管控，为企业生产经营带来了无穷的空间。解决了材料的源头，就为全国的大市场提供了生产、销售的更丰富的产品。他有效地建立了老凤祥物流中心与OEM加工基地到零售、批发中端市场的产业链的资源结合机制，确保了优良运行质量，既保证了市场份额，又确保企业、供应商、经销商的利润。"风险和机遇并存，创新是企业的灵魂"，"敢想、敢做、敢突破"是石力华常挂在嘴边的话。他不仅这样想、这么说，也在这么做。

"培育人才，打造智慧型团队"是石力华一贯的用人观念。通过确立与实施以"共进、共赢、共享"为标志的企业核心理念，他始终把"员工幸福感"作为自身工作考核目标。通过分配机制的激励、职工福利的改善、提供充分的职业发展舞台等手段，石力华充分调动了企业员工的主观能动性，让员工都树立了与企业共同发展的理念。在他的带领下，公司完善资产经营责任制，扩大经营管理、技术骨干持股范围，营造了"干事有舞台，发展有空间"的良好氛围。他积极开展"职工素质工程"，推行"名师带高徒"活动；建立"利益共享、风险同担"的激励机制，在基层一线率先实行"首席设计师"、"首席技师"、"首席制作工"、"首席营业员"四大首席聘任制和开设大师原创工作室，这些举措为企业营造了良好的人才集聚效应，推进了老凤祥的人才优势向市场竞争优势的转化，企业的科技进步与自主创新能力日趋提高。

他积极打造人才高地，建设了一支具有"亮剑"精神的企业经营管理者队伍；组建了一支由国家级、市级工艺美术大师和具有精湛技艺的高级技师、中高级工艺美术师等组成的技术骨干队伍（目前的老凤祥已拥有中国工艺美术大师5名、上海工艺美术大师18名、高级工艺师17名、高级职称26名、国家级和上海市技术能手12名，领衔近百名年轻设计人员的优秀专业团队）；组建了一支具有市场拓展能力、优质服务理念、敢打硬仗，能打硬仗的市场营销团队。正是依靠这些人才，企业每年都有100多项申请国家专利，已累计专利700多项。被评为"国家科技进步奖"。企业在国际、国内重大首饰设计制作大赛中获得了100多个大奖，为企业、为行业争得了荣誉。

优化产业结构，健全质量服务体系

一个传统工艺品牌历经百年沧桑存活至今，不易；一个传统工艺品牌能在百年激荡中存活并重新引领国际潮流，更难。但石力华始终坚信，从不合理的产品结构和产业结构入手，坚持以自主研发创新产品为根本，重新定位产业布局，建立健全标准化质量服务体系，是老凤祥重拾珠宝行业领先品牌的重中之重。

从2003年起，他冲破阻力、坚决从零售银楼，全面清理产品代销，最大限度地实施自营产品，并逐渐扩大的全国市场的自营产品的比例，这样就从代销商中，夺取了一大块利润，也促进了自营新产品的开发。在产业结构上，他还有效地把老凤祥品牌和企业带动工艺美术、旅游纪念品等产品门类的整体发展。在产品结构上，加大了黄金制品同其他门类首饰结构的调整，向高毛利、高创意设计、高工艺产品倾斜。经过多年的调整，老凤祥在业内率先形成从"黄金、铂金、钻石、白银"老四大类首饰，向"白玉、翡翠、珍珠、有色宝石"新四大类首饰产品结构的延伸。从"八仙过海"（八大类产品）到"十全十美"（象牙、旅游纪念品、工艺品等十大类产品）。近两年来,他从可持续发展的战略高度,构筑老凤祥产业链优势。形成了从源头的原材料采购到终端零售的产品链体系,既有首饰研究所、大师创意工作室、珠宝首饰分公司,还有钻石加工中心;既有象牙、玉石、翡翠的专业分厂、礼品加工厂,又有企业营销专业公司,还有拍卖行,典当行等服务产业。坚持产业结构和产品结构的调整,从而取得更高的经济效益。在他的积极倡导下,老凤祥又成功地把握"奥运会"和"世博会"的两大盛事契机,在创意、创新产品中,创造了新的增长点,同时有效地化解了国际金融危机带来的风险,真正地实现了化"危机"为"机遇"。

如果说产品创新是企业发展的硬根本,那服务质量就是品牌基业的硬标杆。石力华历来强调"以人为本、诚信为上"是企业经营的最高境界。他积极实施企业 ISO 质量体系认证,并以出色的业绩,荣获上海市质量管理个人金奖。他努力推广和完善企业的服务体系和特色服务,个性化服务、项目,不断让企业的技术人才走向一线,与消费者零距离接触。他倡导的"服务大风暴"成为老凤祥又一个品牌化的力举,深受市民百姓的喜爱。

2010 年由于同行品牌企业的质量"曝光",和媒体的推波助澜,整个全国珠宝首饰行业产生了一股逆流。一些无中生有的不实报道也产生不少负面影响。因此,他站在维护企业和品牌形象的高度和对消费者负责和企业的社会价值观,在企业内部强化质量教育和检查,并运用各种宣传舆论窗口,大力向社会和消费者承诺一系列的维权措施,并在生产、销售、服务上采取更为严密的措施。消除隐患、完善质量服务管理制度的执行,大大地维护了企业品牌的信誉和消费者的利益,使消费者放心、满意。

十二年来,在石力华力挽狂澜之下,老凤祥的销售额不断高速攀升,全国连锁银楼发展迅猛,企业百年品牌浴火重生,"老凤祥"业已成为中国珠宝首饰业的一道亮丽的风景。

瞄准全球市场,坚持品牌营销战略

早在上任之初,石力华就心怀梦想:要把"老凤祥"这块金字招牌打造成"中国珠宝首饰业第一品牌"、"国际知名品牌"。在他的不懈努力下,从"中国驰名商标"到"中国名牌";从"中国商业名牌"、到"中华老字号百强",老凤祥短短十年间一举囊括了所有国家级品牌荣誉。更于2010年"老凤祥"被中国黄金协会授予"中国黄金首饰第一品牌"的荣誉称号,成为产品市场拓展的利器。在此基础上,又向国际品牌迈进。近几年接连被国际品牌权威评定机构评为"中国500最具价值品牌"、"亚洲品牌500强"、"全球珠宝100强"等殊荣;品牌价值从3年前的31.25亿上升为目前116.72亿元,在圈内名列前茅。

石力华长期坚持品牌发展战略和品牌营销的市场策略,努力推进资源整合、体制改革,积极以品牌优势资源为出发点,按"做优为基础、做强为根本、做大为目标"的品牌战略发展方针,努力推进市场营销网络开拓,主动以市场消费变化调整产品结构,不断扩大品牌的宣传力度,举行丰富多彩的推广活动,使"老凤祥"品牌在全国首饰业中名列前茅。

在全国市场,他积极倡导:要发展更为紧密的战略合作伙伴关系,以"区域总经销、加盟连锁店、特许经销"等为多种形式的品牌发展模式,实现互惠双赢。老凤祥遍及全国的连锁银楼达700多家、近2 000多个销售网点,市场覆盖率达98%,在行业处于领先地位。

但石力华极目纵览,打下全国市场之后又加快海外拓展的步伐。2012年在澳大利亚的悉尼开设国外第一家老凤祥特许专卖店,并着手向港澳和欧美市场拓展。在营销策略上,坚持"创新驱动转型发展"的思路,进行高端产品、开通VIP等新的营销渠道,尝试无店铺营销的新模式。在产品开发上,着手时尚类高端用品的延伸,不断与国际接轨。如今,在石力华的案头已经出现了规划东南亚地区、港澳台地区乃至欧美市场的开发蓝图。"12.5"规划的期间,老凤祥的金字招牌将真正地走向世界。

斐然的业绩,使石力华成为国内珠宝行业的领军人物,获得了诸多荣誉。然而,在他看来,荣誉和业绩只是过去的历史,"创新驱动、转型发展",让百年老凤祥焕发时尚新魅影,艳惊全球是他一直不变的目标。他说,"在黄金珠宝行业,老凤祥过去是一束光,现在形成一道光,将来要变成一片光明。"他的目光更高、更远,要做的将更多、更多。

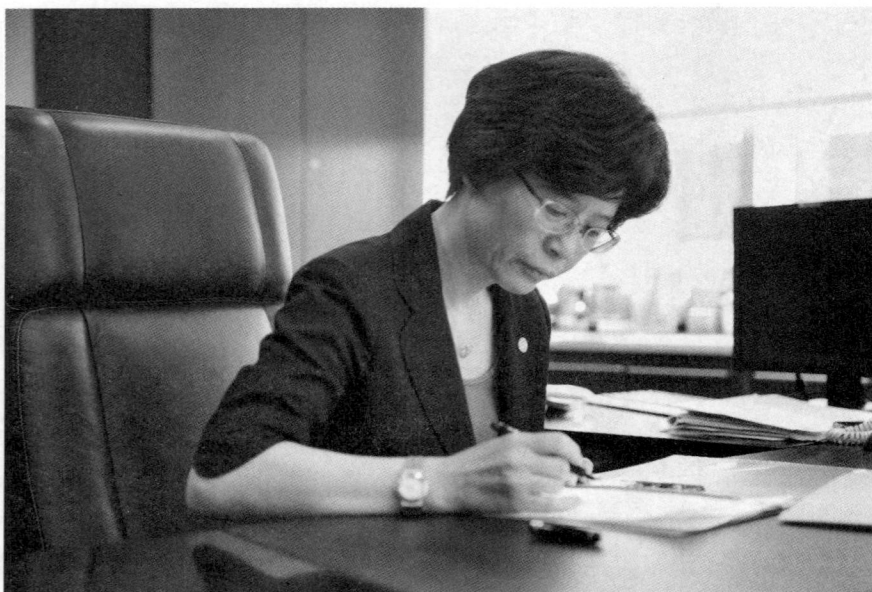

认真做人，勤奋做事。

姚　莉　1961 年 3 月生,1983 年获上海海运学院硕士学位。现任上海锦江航运(集团)有限公司董事长、总经理。

曾获全国女职工标兵、上海市十大杰出职业女性、上海市"三八红旗手"、上海市员工信赖的好经理、国家级企业管理现代化创新成果二等奖(个人)、上海市领军人才等荣誉。

全情付出，心系锦航

——记上海锦江航运（集团）有限公司董事长、
总经理姚莉

力挽狂澜显身手，奋力打拼新天地

作为女性，锦江航运集团的董事长、总经理——姚莉给人们的印象是单薄而柔弱，然而柔弱的身躯不乏至刚秉性。近三十年的航运职业生涯，锤炼出她的拼搏精神和坚毅从容。

在姚莉的心中，一直都怀抱着"创建品牌，打造百年老店"的梦想。2000年的航运业刚刚经历了一波行业低谷，此时的锦江航运集团身陷困境、举步维艰。姚莉提出"以精品航线打造航运业品牌"的全新战略思路，围绕"精"字做文章，推出航运业标准化流程，打造个性化服务模式，全心全意依靠职工办企业。自2008年金融危机以来，航运业发展一直处于低迷态势，集团公司的经营业绩却是航运市场中的"一抹亮色"，不仅承运箱量在2010年就恢复并超越金融危机前的水平，更是在"跌声一片"的2012年创出历史新高，保持着较高的净资产回报率，成为业内的领军企业。同时，还抓住造船市场低谷的时机，签约建造"锦江型"集装箱船舶，一圆锦江航运人的"造船梦"。

随着品牌创建的成功，姚莉对于锦江航运集团的发展思考并没有停滞。她认为，企业要实现更高、更远发展，不能偏安一隅，更不能故步自封，而是要以敢于创新的魄力、勇于创新的实力寻找新的发展平台，挖掘新的突破点，实现可持续发展。姚莉从企业实际情况出发，跟随国际航运、物流发展趋势，适时提出了"一主两翼"发展战略，在做精做强国际集装箱运输主业的基础上，拓展国际航运专业服务、延伸国际航运物流，逐步发展成为航运产业集团。与此同时,这样的发展思路也得到了市委、市政府、市国资委支持,对公司实施增资支持公司发展航运产业集团。在"一主两翼"发展战略下,锦江航运集团将致力于"打造亚洲著名综合航运服务商,建设百年锦航"的发展愿景。

在姚莉的带领下,锦江航运集团先后荣获了"上海市五一劳动奖状"、"上海市著名商标"、国家海事局和上海海事局"安全诚信公司"称号、"上海市五星级诚信创建企业"、连续多年荣获中国货运业大奖"最佳船公司"、"国际班轮运输资质优良企业"等。

服务创新显睿智,品牌攀登新高峰

虽中日航线激烈的市场竞争由来已久,但姚莉始终认为,低价竞争只是企业短期保生存的权宜之计,要实现长期发展必须依靠品牌和品质。锦江航运集团在总结以往航运业的标准化服务模式上不断提炼和完善,做到"人无我有,人有我优,人优我精"的服务创新,逐步树立起了"诚信、创新、共赢"的品牌。集团公司"海运企业打造精品航线的品牌建设"的做法还荣获全国企业管理现代化创新成果二等奖。这其中凝聚着姚莉不断追求创新的智慧与活力。

在锦江航运集团品牌创建的过程中,姚莉明确了三大突破口——打造精品航线、创新服务模式、实施跨国经营。在这一思路的引领下,公司先后打造了"锦江阪神穿梭快航"、"锦江四季快航"、"锦江东海穿梭快航"三条精品航线,覆盖到锦江上海—日本航线全线,班期总数达到每周七班,品牌服务的特色延伸到三条航线和七个港口。通过对客户需求的研究,结合现有的客户服务模式,锦江航运集团成为最早推出 HDS(快速交货)服务的集装箱班轮企业之一,并成为首家提供进出口双向HDS 服务模式的集装箱班轮公司。

为了更好地创新服务、实现差异度竞争,姚莉牵头实施了以跨国经营为突破,市场营销重心东移策略。锦江航运集团在日本相继设立了锦江航运(日本)株式会社、锦化日本株式会社、锦江航运(日本)株式会社大阪支店。她还坚持每年带队赴日开展推广宣传,深入走访东京、横滨和大阪等七大港口,召开客户恳谈会,与日本知名的大商社、大公司进行直面交流,不断增强海外营销力度,增进与海内外代理的交流与沟通。

在创建品牌、创新服务的基础上，姚莉开始思考如何抵御航线单一带来的经营风险，顺势提出了"走向全国，走向亚洲"的航线布局设想，将锦江航运集团的班轮航线延伸至中国北方港口、东南亚地区的主要港口。为此，2011年，锦江航运集团开设了青岛日本航线，将服务范围延伸至北方港口。2012年，开设了华北—台湾地区的两岸航线及上海—泰国、越南航线，再次丰富了航线网络布局；2013年，姚莉进一步明确了要将东南亚地区作为锦江航运集团班轮航线布局的第二主战场，为公司航线布局重点指明了方向。伴随航线覆盖面及公司运力的增加，姚莉同志更加重视信息化建设在提升船舶管理、航线运营方面的重要作用。在她的牵头下，集团化的船舶管理信息系统、集装箱运输管理信息系统升级工作已全面开展。

默默守护"生命线"，安全谱写新篇章

在安全管理上，姚莉始终以"安全生产是公司永恒的主题"来警示全体员工。经过不断探索，最终形成了具有锦江航运特色的安全管理文化和长效机制。十余年来，锦江航运的船舶在素以严苛著称的日本港口国检查中未发生过一起滞留，且检查无缺陷通过率迭创新高，"恒裕轮"更是创造了连续16次"无缺陷通过"的优异记录。这些都离不开姚莉在安全生产中的如履薄冰和兢兢业业。

姚莉坚持集中领导和分工负责制，严格落实安全生产主体责任，在公司内建立起自上而下的严格的责任制和问责制。每年初，姚莉与各轮船长、船长与船员层层签订《安全生产责任书》，签约率达100%；在日常安全管理中，公司实行"安全一票否决制"，"港口国检查滞留一票否决制"的"两否制度"，以及"船舶不适航不上线、人员不适岗不上船"的"两不制度"。

与此同时，在姚莉带领下，公司还形成了具有自身特色的船舶管理方式，既有以"安全，防污，健康"为管理方针的国际安全管理体系，追求船舶管理的全面、规范与严肃；还有坚持实施了十三年的"船舶星级考核"机制，每季度都由公司领导带队上船检查，通过比对与整改，充分发挥船舶的自管、自律、自净功能，提高船员的责任心和事业心。姚莉带领集团公司相关部室研究2006海事劳工公约，根据公约精神和要求，切实

保护船员权益,确保船员职业的体面工作,保障公司所有船舶满足适航要求。

精细管理显内功,文化注入新内涵

姚莉不断提高企业精细化管理的水平,以此提升企业运营效率;不断加强企业内控管理,以此作为企业规避风险、确保资产安全的有效手段。她在系统内推行条线对口管理,通过资源共享、优势互补,发挥出协同效应,并在公司内逐步呈现出统一化、规范化、专业化的特点。

姚莉将学习型组织建设和企业文化建设相结合。一方面,注重提高员工学习能力,建设学习型组织。她把培养、培育、培训人才视作企业支持航运中心建设、加强公司竞争力的一项重要工作内容,并通过"内外结合"的方式,拓宽人才培养渠道。另一方面,建立集团化的企业文化,将公司品牌内化为企业文化的一部分,深化"荣誉、利益、命运共同体"作为企业核心价值理念,通过员工收入每年递增机制、集体合同定期签约机制、工资水平每年协商机制,提升企业内部凝聚力。

姚莉还将女性特有的细腻、关爱渗入日常管理和企业文化建设之中,把职工的利益和冷暖放在心上,干职工最需要的事,做群众最贴心的人。她经常深入船舶和生产经营第一线,了解思想动态,多次支助单亲家庭;她认识到激励机制的重要作用,实行了全员年度绩效考核,营造干事创业、积极向上的氛围;她积极倡导公司承担社会责任,在上海海事大学设立"锦江航运奖学金",用于资助品学兼优的贫困学生完成学业。作为公司领路人,姚莉以强烈的事业心、责任感,科学管理、智慧经营,赢得了良好的口碑,受到了广大员工的信赖,被评为"员工信赖的好经理"。姚莉同志还主动发挥自身所长,连续两届担任全国人大代表,尽职履行代表职责,主动提出多项立法、法律修改的提案,积极参与到推动国家立法完善的工作中。

"雄关漫道真如铁,而今迈步从头越。"姚莉正用她的睿智与才干演绎着精彩人生,带领锦江航运集团迈上第三次创业和转型发展的征程;锦江航运集团在发展航运产业集团的道路上,必将全力投入上海国际航运中心建设的大潮之中,为上海国际航运中心建设添砖加瓦。

聚焦材料科技，创新绿色未来

周　文　1965 年 3 月出生，中国国籍，高级工程师。1997 年 4 月毕业于同济大学，工商管理硕士。1999 年 10 月起，担任上海普利特复合材料股份有限公司董事长兼总裁。中国共产党上海市第九次代表大会代表、上海市第十三届和第十四届人民代表大会代表。

荣获 2004 年上海市优秀中国特色社会主义事业建设者、2004 年至 2006 年及2007 年至 2009 年上海市劳动模范、2007 年中国优秀民营科技企业家、2008 年度上海市质量金奖个人、2008 年上海市科学技术进步一等奖、2008 年虹口区领军人才、2011 年第六届上海市发明创造专利奖三等奖、2011 年上海市领军人才。

志当存高远，商海情为真

—— 记上海普利特复合材料股份有限公司
董事长兼总裁周文

2006 年年底，由上海市科学技术委员会和上海市经济委员会联合组织的上海市科技小巨人企业 20 强评选揭晓。在虹口区委、区政府的大力支持下，上海普利特复合材料有限公司榜上有名。

评选上海市科技小巨人，这是上海为落实全国科技大会和上海市科技大会的精神，加强上海市市区两级政府对科技创新工作的联动，充分调动以企业为主体的技术创新积极性，打造一批具有国内外行业竞争优势的科技小巨人企业，促进地区经济增长而精心组织的重大活动。能够进入首批科技小巨人 20 强，无疑是科技创新的佼佼者。

普利特发展史，就是一部科技创新、自主品牌的发展史。从 1993 年以 3 万元创立普利特化学研究所起家，经过 20 年的艰苦创业，普利特从初创时只有单一产品、几名员工逐步发展到目前拥有六大类型近千个品级、注册资本达 27 000 万元，拥有 3 家独资子公司的国家火炬计划重点高新技术企业、上海市高新技术企业和 A 股上市公司。

普利特获得许多荣誉称号：国家重点新产品 4 项，上海市级科技成果奖 22 项，主导产品荣获"上海市科技进步奖"、"上海市名牌产品"等诸多称号。企业建立了上海汽车用塑料行业唯一一家市级企业技术中心，连续多年荣获上海市名牌产品称号，2006 年被授予"首批上海市知识产权示范企业"，国家和上海市"火炬计划实施企业"，"中国民营企业自主创新 50 强"等称号。领导这个企业发展的就是曾荣获"上海市优秀中国特色社会主义事业建设者"等多项荣誉称号的董事长兼总裁周文。

自主创新，提升企业核心竞争能力

2005 年 12 月 12 日，首批上海市知识产权示范企业创建工程大会在上海科学会堂隆重举行，可容纳 300 人的会场座无虚席。上海宝钢等 10 家竞选知识产权示范企业的代表先后在会上作实施企业知识产权战略的交流发言，其中有一位年轻的发言者最引人注目，他就是上海普利特复合材料股份有限公司董事长兼总裁周文。

只见他镇定自若地站在演讲席上，面对领导和数百听众，打开 PPT，充满激情地在屏幕上演讲企业实施知识产权战略：地壳式知识产权保护模式、知识产权墙、仿集原——自主创新三级跳。洪亮的声音，清晰的思维，从容地谈吐，生动形象的比喻，深入浅出地从理论和实践两个层面将企业实施知识产权战略和盘托出，从而将一个以"聚焦材料科技，创新绿色未来"为使命，"打造中国改性塑料第一品牌"为责任的企业形象生动地展现在与会者的脑海中。精彩的发言，深刻的思想，渊博的知识，创新的思路，不仅博得了与会者的热烈掌声，而且赢得了众多评委和专家的一致好评，最后获得评分第一名。

"争创世界一流"，是周文在普利特创立时期提出的质量文化理念；"做中国改性塑料第一品牌"，是周文为公司未来发展确定的品牌理念。加入普利特化学研究所，周文看到了我国汽车内饰材料只能依靠进口的市场形势，决心走自主创新的研发之路，要在改性塑料材料领域做出一番事业，创出一片天地，于是开始了长达十余年的复合材料创新之路。

令人最难忘的是 1998 年，桑塔纳 2000 型轿车的内饰改型，使上海普利特有了与美国 GE 公司同台竞争的机会。此前，桑塔纳 2000 内饰材料全是用 GE 公司的材料，许多人对国产原材料缺乏认同感。上海普利特提供的产品经对比试验结果表明，所有机械和物理性能指标达到德国大众汽车标准，尤为突出的是：材料的耐光照老化试验一项指标明显优于 GE 公司材料。最终，普利特以过硬的质量，成为桑塔纳 2000 型轿车内饰材料全球唯一定点厂家，成功替代了进口材料。2003 年，普利特在参与上海大众"桑塔纳 3000"汽车内饰改型时，又一举战胜了美国 DOW 和德国 Bayer 两家跨国化学公司，又一次成为上海大众内饰 ABS 材料的独家供应商。与此同时，公司的知名度也在行业内得到很快的提升,成为这一领域国内最领先的企业之一。

2009年12月18日,历经三年的申报历程,公司股票在深圳证券交易所挂牌上市(股票代码002324)。本次股票发行共募集资金净额7亿多元。资本市场的成功进入,大大提升了企业的公众形象,在带来充足发展资金的同时,也使公司的品牌知名度、行业内的美誉度,乃至市场份额都得到提升。近三年来,公司经营业绩保持快速增长势头,2012年业务收入突破12亿元,净利润超过1.5亿元,创历史新高,企业发展迈上了新台阶。

技术制高,市场制胜

周文具有较强的专业技术创新意识和敏锐的市场研判能力,他以求真务实的态度从事科学研究和管理实践,非常注重技术储备,注重提升企业自身的核心竞争能力,努力实现"技术领先,管理领先"战略目标。在企业实施人才战略,构筑人才高地,走培养和引进相结合的道路,建立了包括2名教授、7名博士、41名硕士共计201人在内高层次科研团队。

他与上海交大、复旦大学、上海大学等高校共建研发平台,加强前瞻性技术、应用性技术研究,积极倡导筹建国家级企业技术中心和企业博士后工作站,加大创新性团队建设,挖掘和扩展企业综合竞争力。在他的带领下,公司自主研发的多种汽车用改性塑料材料技术水平接近或达到国际先进水平,打破了国外企业对中国的技术垄断,为轿车制造的国产化和轻量化做出了积极的贡献;同时,为国家节约大量的外汇,创造了非常卓著的社会效益。

他积极推进企业参与国家标准的起草工作,提出了"技术制胜、标准为王"的理念,公司成为国家标准化委员会2007年第六批标准计划《汽车用聚丙烯专用料》国家标准的起草单位,2010年2月《塑料 汽车用聚丙烯专用料第一部分:保险杠》标准已经发布实施,汽车门板、仪表板材料技术标准两个项目已经立项,起草工作也已经完成。

他负责实施的七项上海市高新技术成果转化A级项目,已经全部产业化,累计实现销售收入20亿元,实现利润3亿元,纳税超过2亿元。他先后在国外高分子材料核心期刊上发表论文7篇,申请发明专利106项,授权26项,他提出的"塑料合金材料相容技术"、"高韧性耐划痕聚丙烯改性技术"以及"低气味、低散发汽车材料关键技术"在我国汽车及新材料行业产生较大影响。

在他的带领下，公司被认定为国家火炬计划高新技术企业，4个产品被认定为国家重点新产品，两个项目分获上海市科技进步一等奖和三等奖，公司获得首批上海市知识产权示范企业、首批上海市科技小巨人企业、上海市企业技术中心、上海市创新型企业、上海汽车用塑料材料工程技术研究中心、第六届上海市发明创造专利奖三等奖、上海市文明单位、上海市名牌产品、上海市著名商标等一系列荣誉称号。

注重企业文化，塑造高绩效团队

1993年上海普利特成立之初，周文就确定了公司的企业文化和核心价值理念（团队合作、责任、速度、创新），经过20年的市场运作，普利特已成为一家专业从事汽车用高性能塑料复合材料的开发、生产、销售和服务的国家级高新技术企业。

随着公司规模的不断壮大，他意识到企业在面对发展机遇的同时，也将迎来更大的挑战。2012年公司发布了《2012—2016普利特发展战略》，这是公司面对重大挑战而做出的战略变革。为了适应多组织的管理变化，公司投入巨资开发运行集团化新流程-U9，实施流程变革。以五大激励制度为核心，绩效管理和员工发展为抓手的制度优化已经开始实施。因此，与企业发展相对应的战略、组织、流程、制度等方面的变革已经拉开序幕并稳步推进。

周文知道最难也是最重要的是企业文化的变革，这是摆在每一位普利特人面前的最大挑战。2012年12月，公司员工总结了普利特成功发展20年的10项关键因素。2013年2月18日，周文向中高层管理人员推荐了企业文化建设经典著作——哈佛大学迪尔教授撰写的《企业文化——企业生活中的礼仪与仪式》。2013年5月10日，组织了中、高层的《创建普利特新企业文化》研讨会。研讨会上周文做了《企业变革与企业文化》专题汇报交流，并从变革管理概论、企业文化概论、企业文化变革、普利特新企业文化和普利特使命、愿景、战略等五个方面做了精彩的剖析，进行了为期二个月的全员大讨论，形成了普利特新的企业文化和核心价值观。

在不断变化的世界里，

创新是永恒的主题。

李维德 高级工程师，1959 年 7 月生。现任上海宏源照明电器有限公司董事长兼总经理。国务院特殊津贴专家，时任中国发明协会副理事长、中国发明协会发明企业家工作委员会主任、中国电光源专业技术委员会副主任、上海市照明协会副会长、上海科技企业联合会副会长等职务。

拥有几十项发明专利，20 多篇专业论文，承担了国家火炬计划项目、国家重点新产品计划项目、国家创新基金项目等，获得了上海市科技进步奖、发明创造专利奖等奖项。

带领宏源,扬帆远航

——记上海宏源照明电器有限公司 董事长李维德

胸怀壮志,艰难创业

出生于电光源世家的李维德,对照明有着一种特殊的情愫,对振兴和发展中国民族照明工业有着近乎偏执的追求。1987年,毕业于复旦大学电光源专业的李维德就业于上海亚明灯泡厂,从此步入了照明行业。1989年怀揣雄心壮志的李维德毅然决然的辞去"铁饭碗",举家来到嘉定南翔镇创办了镇上第一家私人企业——上海南翔电光源制品厂。1992年上海南翔电光源制品厂正式更名为上海宏源照明电器有限公司。李维德董事长呕心沥血带领"宏源人"不断使企业壮大,1993年宏源名列上海市纳税大户前十名,是上海第一家购买土地建厂的民营企业,连续多次被评为上海市文明单位和上海市百强民营企业。1994年,上海宏源成功开发了高压钠灯自动化生产流水线,用200万元人民币做成了需500万美金才能进口的设备,开启了钠灯的普及时代。1995年,上海宏源研发的彩色金卤灯系列产品问世,照亮了包括上海外滩在内的国内众多地标性建筑及景观,《文汇报》采用"夜间城市美容师"这一标题进行大幅报道,在国内照明领域产生轰动效应。提到照明,大家会不假思索地说出飞利浦、欧司朗、松下等世界名牌,而中国自主研发的照明名牌在哪里?怀揣这一疑问,李维德毅然决然地做了一个走前人没有走过的路的拓荒者。

自主创新，艰难探索

作为企业家和电光源专家的李维德，他的眼光一刻也没有离开过国际电光源科技的最前沿，多年的商场历练成就了李维德敏锐的嗅觉和独特的视角，为了突破传统的照明技术，李维德带领他的团队查阅大量资料，当看到北欧照明协会主席"二十年后照明业的发展是集成电路的产品"的预言时，更加坚定了李维德自主创新的信念。1999年底李维德随市工商联组织的上海民营企业家考察团来到芯片生产的重要基地——台湾新竹，当时芯片技术已经成功的应用各种电子元件上，李维德由此触发了灵感：能不能将芯片运用到电光源上？他即刻带着这一想法来到北京中关村寻找微电子方面的专家，但是微电子专家却对他的想法不以为然，可李维德没有退却反而越挫越勇，他耐心的介绍此方法的可行性和照明行业的广阔前景，以及改革传统灯具的划时代意义，终于在李维德的诚心感召下，一位微电子专家同意参加这个项目的科研公关。不久又有十几位相关领域的优秀专家加盟，李维德马上成立了"宏源"高新技术研发中心，经过反复论证李维德及他的团队最终确定了研发无极灯以及专用集成电路这一课题，开始了艰苦的科研之路。

早在1907年就有发达国家开始研制无极灯，至今难以实现产业化。科研攻关的征途是崎岖和艰难的，前人百年都没有跨越的瓶颈凭什么在李维德的手上突破？李维德的研发之路受到了诸多的质疑和嘲讽。面对疑难重重的科研征途李维德没有畏缩，因为他知道走一条"走不通"的道路，对于科研本身来说就是一大贡献，更何况他相信自己能做好。由于当时芯片技术的成熟应用，与潜在的广阔的节能市场，终致力于振兴名族照明工业的李维德毅然决然的将全部积蓄投入到研发之中。在微电子线路研发过程中，李维德和他的科研团队曾无数次的否定过一个又一个的方案，不断进行新的探索。李维德鼓励技术人员一定要相信自己能克服难关走通华山天险。功夫不负有心人，人类首次将集成电路技术磁感应技术应用于照明领域的无极灯专用镇流器，在李维德以及他的团队手中诞生了！这项技术当年就申报了国际国内15项专利。为了提高无极灯的光效，李维德带领他的研发团队历经了漫长而艰难的试验论证过程，最后创新性的采用稀土三基色荧光粉的特殊涂覆工艺，提高了光效、光通维持率和使用寿命，改善了灯管的光色和显色性。李维德和他的团队为了进一步提高照明性能，又攻克一个又一个难关：第一，攻克玻璃管腔在保持长期的气密性的基础上，使用特制汞合金及辅助汞齐技术，使灯管能在 −40℃ 的低温下顺利启辉点亮；第二，使用特制汞合金、混合惰性气体，以及优质的稀土三基色荧光粉，使灯管等在 −40℃ 至 125℃ 范围内始终保持 90% 的额定通光率及理想光效；第三，由于无极灯对配套的电子线路要求苛刻，李维德带领他的研发团队研发了专用芯片，并设计出了先进的外围电子线路，使无极灯得以正常工作，且寿命可长达 10 万小时以上；第四，无极灯的电磁感应器的设计颇具独特性，无论是在磁导率、磁感应强度、高频特性、居里温度点、电感量以及电磁感应的制作材料均达到严格的配比；第五，先进的电源抗干扰技术和高频辐射屏蔽，隔断了电路与外围电器之间的色频、谐波、传导性干扰；第六，解决了 1 600 度熔点的高硼玻璃对接和弯管技术，设计了先进的泡壳机械成型设备。这些技术突破使宏源拥有了 100 多项有关无极灯的授权专利，宏源研制的无极灯彻底取消了灯管的电极和灯丝，用无极电磁感应原理使灯管发光，具有长寿命、高光效、高可靠性、高功率因素、高显色性、低温启动、无频闪等特点，并符合 EMC 的要求。这是一次电光源领域的革命！

逆境求存，捍卫主权

就在宏源准备将有着自主知识产权的无极灯推向世界之时，国际照明巨头德国西门子全资子公司欧司朗向宏源伸出了魔爪，欧司朗一纸诉状以宏源侵犯其【96191079.8】号专利为由将宏源告上了法庭，企图利用知识产权的"利器"以及其照明巨头的地位，同化和扼杀宏源，妄图将宏源和千千万万的企业一样沦为在华的代工厂。面对对手，宏源没有妥协，而是拿起自主知识产权这一利器奋起反击，这一举动出乎了欧司朗的意料，也震惊了世界照明领域。法律是公正的，紧握自主创新真理的宏源无惧行遍天下！历时 6 年，这场你死我活的较量终于以宏源完胜而告终，重扬了 LVD 自主品牌威名，捍卫了中华民族的知识产权。欧司朗这块沼泽地不但没有使宏源沦陷，反而使宏源越挫越勇变强变大，国内外舆论一片哗然。宏源完胜欧司朗的知识产权案，被国内百家媒体争相报道。"上海宏源照明电器有限公司"也逐渐在业内大放异彩。

高瞻远瞩，全速发展

　　无论是欧司朗的"知识产权大棒"、竞争对手的伺机模仿还是竞争环境的复杂多变，都不能阻挡宏源迅速发展的脚步和日益壮大的信心。在 CPI 指数、制造业整体形势不断下滑的今天，影响中国价值创造能力的一个重要因素是全球化经营能力和产业规模，于是高瞻远瞩的李维德一举投资 5 亿在江苏盐城建立全球第一条无极灯光源自动化生产流水线——立德照明产业基地，实现了当年开工、当年建成、当年投产、当年纳税的一大壮举，由此完成了无极灯全产业链的布局。宏源再次引领无极灯行业走向持续健康的发展轨道。如今的宏源正在以快速的脚步夺回丢失的六年。行业最先进的全产业链式自动规模化的设备为产品质量与生产交期提供有力保障，立德照明的建立使宏源无极灯市场的开拓大道畅通无阻，使宏源十几年专注于无极灯的研发制造实力得以释放，让全世界都知道，宏源品质，固若磐石，中国创造，值得信赖！

欲穷千里目,更上一层楼。

詹正云　1962 年 7 月出生于浙江温岭。教授、博导。1997 年获美国芝加哥大学有机化学博士学位。2000 年初在加州理工学院 Dervan 教授实验室完成药物化学博士后工作,然后到诺贝尔奖获得者 Sharpless 教授实验室任副研究员。2000 年 7 月到美国 Array 医药公司任高级研究员。

主持完成了省部级的二十余项创新课题,并且作为唯一发明人申报了二十余项国内外发明专利。荣获"上海市领军人才"、"上海市科技标兵"、中组部"千人计划"等称号。

493

勇攀高峰打破国外垄断，
潜心创业开拓高新产业

——记赞南科技(上海)有限公司董事长 詹正云博士

创新突破国际垄断，
创业填补国内空白

　　现代化工医药产品中85%是借助于催化工艺生产的,每种新催化剂及其催化工艺的成功开发,不仅可以创制更好产品,而且能够大幅降低生产成本,引起包括化工、石油加工等重大工业在内的一些生产工艺上的改革,并为改善人类生活质量提供一系列更好的新材料和新产品。

　　在创业早期选择项目时,詹正云博士发现许多新型化工药物合成的关键步骤都会用到催化剂,尤其是90年代发明并且得到广泛应用于烯烃复分解反应、由诺贝尔奖得主Grubbs教授研制的Grubbs催化剂。由于这种钌催化剂属于美国Grubbs公司全球垄断销售,所以价格高昂,也导致了研发成本的居高不下,导致相关应用的产业化受到严重限制。在这种情况下,詹博士领导的研发小组于2004年正式立项开始研究新型的烯烃复分解反应钌催化剂,并于2005年自主创新研制了新型高效的詹氏催化剂,成功突破了Grubbs催化剂的全球垄断,申请并且获得了国内外发明专利的授权。

　　经过第三方权威机构的检测和美国默克药业等跨国公司在抗丙肝重大新药合成中的应用,充分显示詹氏催化剂的催化性能效果明显优于同类国际知名的Grubbs催化剂,可以广泛应用到新药研发和新材料制备两大领域,目前詹氏催化剂已形成了四个系列几十种型号,实现了各

494

种新型高效烯烃复分解反应催化剂的国产化。然后,詹博士以其自主发明的詹氏催化剂为核心制备技术分别开展对高强度聚双环戊二烯(PDCPD)新材料、高性能氢化丁腈特种橡胶(HNBR)和抗丙型肝炎病毒(HCV)新药等项目的应用研发,由此确立了公司未来主要的研发和产业化方向,至今已取得了突破性成果,填补了三项国内空白。2013年9月,赞南科技的"新型高效詹氏催化剂的研发与应用"项目参加中国第二届创新创业大赛,荣获上海赛区初创组决赛第一名。

创建核心技术平台, 开拓特种橡胶产业

氢化丁腈特种橡胶(HNBR)是一种综合性能最好的特种橡胶,也是一种战略物资,具有优良的耐油性、耐腐蚀、耐氧化、耐高温性、优异的机械性能和拉伸强度,广泛应用于汽车同步带、密封圈、航空航天、轨道交通、军工材料等。过去三十年,由于生产HNBR使用的催化剂价格昂贵、生产技术难度很大、设备要求高,全球只有日本瑞翁和德国朗盛二家垄断全球HNBR市场,全球年产量二万多吨,年产值40多亿元人民币。中国所需的HNBR全部依靠进口来加工有关产品,尽快摆脱国外技术壁垒的必要性使得HNBR的国产化呼声日高。

赞南科技成立后创建了以新型高效詹氏催化剂的研发和应用为核心,高分子新材料和新药研发及其产业化为重点的技术创新应用平台,优先解决了制备过程中催化加氢效率等技术难题,打破了国外跨国公司对HNBR的垄断,并且于2012年完成了中试,顺利实现了HNBR产业化,在产业发展上占据了的主动权。

赞南科技生产的氢化丁腈特种橡胶(品名:"詹博特® /Zhanber ® "),依托具有国际领先水平的詹氏催化剂及其创新催化核心技术进行绿色环保、无"三废"加工,产品性能稳定,品质卓越,相比于国外产品更具有本土竞争优势。赞南制备的产品优势在于可以根据市场需求制备不同分子量/门尼粘度[ML(1+4) 100℃:(15-110)]、不同氰基含量(20-50%)、不同氢化度(90-99%)的产品。尤其是超低门尼粘度的产品。据报道,日本和德国二家公司产品的最低门尼粘度为50,而詹博特® 的特殊牌号的门尼粘度可以低至10—20,在应用领域另外开辟了便捷高

效的使用途径。另外,赞南进一步利用特有的低门尼 HNBR 开发成涂覆工艺,将产品溶于溶剂内,再向其他载体进行涂覆,这种工艺是高门尼粘度产品无法实现的。因此,超低门尼粘度的 HNBR 产品今后将成为赞南的全球独家特有的产品。

2012 年,詹博士确立了氢化丁腈特种橡胶生产基地建设项目,于嘉兴化工园区内购买六十亩生产用地,兴建国内第一条氢化丁腈特种橡胶生产线。目前,赞南已成为国内唯一、全球第三家能够自主生产 HNBR 的高科技企业,打破了国际两家企业的长期垄断,使得国产品牌在世界 HNBR 特种橡胶领域占有一席之地。赞南在浙江嘉兴投资建设的氢化丁腈橡胶项目荣获 2012 年度"创新嘉兴-精英引领计划" A 类创业项目立项资助,并且在 2013 年度的浙商创新创业大赛中全票通过获得"十强"双创企业的荣誉。公司秉承以"引领行业标准,奉献卓越技术,全力成就客户"为宗旨,今后将生产出不同型号的高品质氢化丁腈橡胶产品,从而带动支持中下游 HNBR 终端产品加工企业的发展、共同将企业做强做大。

研制重大原创新药, 造福广大丙肝患者

丙型肝炎是严重的全球性传染疾病,据世界卫生组织(WHO)统计,全球约有 3—5% 人口、总计高达 2 亿人患有丙型肝炎,中国的丙型肝炎患者已超过 3 800 万人,而丙肝的死亡率在全球比乙肝的死亡率更高。世界许多著名的制药企业都在积极研发抗丙肝药物。2006 年罗氏公司以 4.7 亿美元收购了 InterMune 临床前抗丙肝病毒化合物的专利。过去两年内,BMS 公司以 25 亿美元收购了拥有临床 II 期丙肝新药的 Inhibitex 公司;最著名创历史纪录的是 2011 年 Gilead 公司以 110 亿美元创历史高价收购了拥有临床 III 期抗丙肝新药的 Pharmasset 公司。这些公司都看好该类新药未来高达年产值 150 亿美元的巨大市场和价值,2011 年美国 FDA 首次批准上市的抗丙肝药物 INCIVEK 新药,尽管疗效一般、副作用严重,上市第一年的销售已突破十几亿美元。

詹博士领导的科研团队在抗丙肝病毒重大新药创制项目的研发中也获得了突破性进展,已发明了二个拥有自主知识产权、能分别高效抑

制丙肝病毒(HCV)中 NS3 蛋白酶和 NS5A 聚合酶靶点、能治愈丙肝患者的"Me-Better 或 Best-in-Class"新药候选化合物。詹博士研发的抗丙肝新药疗效明显优于美国 2011 年已经上市销售的第一代同类产品和其他一些目前处于临床Ⅱ/Ⅲ期的第二代大环状抗丙肝病毒新药的药效,并且毒副作用很小,即使在 1 000 mg/kg 高剂量组的动物实验中也未出现死亡或组织器官病变等副作用。

迄今为止,詹博士团队已完成了临床前各项试验,最新成果分别在 2013 年欧洲肝病学会(EASL)、美国肝病学会(AASLD)等国际性专业会议上发表,目前正在整理资料准备分别在美国和中国申报并进行临床一期试验(IND),计划今后 4—5 年内优先在中国完成全部临床Ⅰ-Ⅲ期试验,并在适当时候与国际知名药企开展欧美的临床试验和上市合作,最终成功研制一个自主研发、具有国际竞争力的 1.1 类"重磅炸弹"原创新药,能够安全有效地治愈丙肝患者,为人类的生命健康和国家战略性生物医药产业的发展做出贡献。

We did it

Make it happen

陈　猛　博士,中共党员,1971 年生,重庆人。1993 年毕业于四川大学,1999 年中国科学院金属研究所博士毕业,2001 年在中国科学院上海微系统与信息技术研究所博士后出站。现任上海超硅半导体有限公司集团董事、总裁。

长期从事 SOI(绝缘体上硅)、集成电路用抛光硅片、蓝宝石、人工晶体、LED 显示与照明、晶体生长设备与集成式系统等方面的研究、开发与工程化和产业化工作。多次负责和参与完成了多项国家、上海市和科学院的 SOI 材料和器件的技术化、产业化和工程化工作。

在国内外发表中英文论文约 100 多篇,单独和合作拥有专利 30 多项。

获得 2006 年国家科技进步一等奖;2005 年上海市科技进步一等奖;2007 年中国科学院杰出成就奖;2009 年上海市嘉定区第二届杰出人才奖;2011 年上海市科技领军人才。

开拓创新，产业兴国

——记上海超硅半导体有限公司集团总裁陈猛博士

不懈追求，硕果累累

陈猛具有坚忍不拔之刻苦精神，锐意进取，在科学与工程上取得了累累硕果。

1996—1999 年在中国科学院金属研究所攻读博士期间，其关于透明导电薄膜电阻率与透明性的理论研究文章就获得相关研究引用迄今已达几百次。

1999 年—2001 年，陈猛在中国科学院上海微系统与信息技术研究所做博士后研究工作；2001 年—2009 年，参与创立上海新傲科技有限公司并全面负责新傲公司的 SOI 相关工作。

自 1999 年以来，是所有微系统所和新傲公司的 SOI 项目的核心，直接领导完成了相关国家、上海市和科学院 SOI 材料和器件的技术化、产业化和工程化工作，为我国 SOI 的研究与开发、工程化、规模化、产业化方面做出了杰出的成绩。他开拓和发展了在超薄 SOI 材料与器件制备技术、图形化 SOI 技术、抗辐照 SOI 技术、高阻 SOI 技术等方面的研究，创造和发展了超低剂量 SIMOX 技术（SLD - SIMOX 技术），创造性的提出和发展了离子注入与键合相结合的 Simbond - SOI 制备新技术。2002 领导建设了我国第一条 SIMOX 生产线；2005 年创建了我国第一条独立自主的键合 SOI 生产线；2005 年独立提出并创造了 Simbond 技术，是 Simbond 技术的专利发明人，并创建了世界上第一条 Simbond 中试生产线。

陈猛在国内外发表中英文论文 100 多篇,是第一个受邀在 IEEE SOI 国际会议上做关于 SOI 邀请报告的中国学者,并受邀撰写 SOI 相关的权威评论文章或综述,其中关于能量剂量匹配关系的氧离子注入制备绝缘体上硅的相关文章获得国内外相关研究多次引用。单独和合作拥有的专利共 30 多项,并包含 PCT 国际发明专利(欧洲、日本、美国)。

但是,SOI 方面的成就显然不能阻挡陈猛博士开拓创新的步伐,他远不能阈于偏安一隅的成绩。

2009 年底,他离开新傲公司,加入上海超硅半导体有限公司,白手起家,踏上真正开始实现自己实业制造、构建真正的高技术企业、回报社会的梦想之路。

开拓创新,乘风破浪

2008 年正值全球百年不遇的全球经济危机之时,世界各个行业包括集成电路固态照明以及新兴的激光产业等高科技实体产业均遭受重大打击,陈猛博士认定经济危机是百年难遇的大好时机,是中国实现产业和结构转型的伟大机会。

2009 年 11 月,陈猛加入上海超硅半导体有限公司,当时,该公司仅是一个注册资本 100 万人民币实到资本只有 20 万并且没有任何业务的公司。

陈猛加入超硅公司后,于 2010 年初引进建设了我国第一条 8 英寸硅片抛光规模化生产线,产能达到 10 万片/月,彻底解决了我国集成电路芯片生产厂家完全依靠国外供应商的历史。该项目一开始,陈猛就力排众议,定位高端,与国际一流的台积电、苏州和舰等合作,快速成长为这些一流公司的合格供应商,并获得台积电大陆工厂 9 年来第一张杰出供应商证书。其后,陈猛博士又于 2010 年 3 月果断进入蓝宝石与人工晶体行业,积极实行边引进边消化边创新边发展的策略,很快实现了知识产权的自主化,成功建设成了我国第一条规模化直拉法 2—6 英寸蓝宝石晶体生长、晶体退火、切割、磨片与抛光以及相应的清洗、质量表征等规模化生产线,是国内唯一拥有晶体生长设备的自主研发与制造并完全使用自主设备的公司,成功的实现了自主晶体生长、晶片制造并建立了完整的质量控制体系,产能达到 30 万片/月;2012 年 3 月,基于直拉法蓝宝石晶体技术，领导建设了具有超硅核心知识产权与国内现有供应商完全不同的规模化的人工晶体包括激光晶体集成式生产线，产能设计到 500 根/年；并于 2012 年底成功生产出高质量的 YAG 激光晶体，该晶体在激光展会上一展出，其晶体质量媲美欧美日，在中国人工晶体领域引起轩然大波。

基于其实现完整产业链的既定目标，2011 年底，陈猛博士组织创建了重庆超硅光电技术有限公司，发展 LED 用集成式显示屏、LED 照明以及高亮度 LED 封装规模化生产线建设。如今，重庆超硅的显示屏产能已经达到 2 000 平方米/月。

在不到 4 年的时间里，陈猛本着诚信、敬业、协作、创新的企业文化精神，开拓创新，乘风破浪，不拘一格引进人才，使超硅实现了跨越式发展。如今上海超硅公司的注册资本达到 5 500 万，投资已经超过 5 亿人民币，市场估值接近 10 亿人民币的集团公司。公司实现了明确的产业布局，实体产业包括先进材料、LED 应用以及先进设备制造三大块，旗下包含上海超硅半导体有限公司、重庆超硅光电技术有限公司、苏州君耀光电公司三家实体制造企业的集团公司。

雄心勃勃，实业兴邦

陈猛认为，古往今来，所有强国、强区，无不是实体制造业发达之地，只有实体制造业强大的国家或地方，其它衍生产业等才可能蓬勃发展，实体制造业是其它产业的基础和根本，这也是中国目前实行的产业结构转型的根本目标，即建立强大的具有持续生命和创新能力的实体制造产业体系。

陈猛为公司设定的目标是：在微电子、光电子与激光领域成长为世界领先的集先进研发、生产、制造和技术服务为一体的核心供应商。因此，陈猛博士领导超硅公司在产业低迷时扩大生产规模，在恐慌犹豫不决之时扩大生产，以最小之成本建设最高效之企业。陈猛博士为公司的 2013—2015 年设定的目标是：蓝宝石逐步达到每月 50 万片，激光晶体达到每年 300 根以上，硅片达到每月 15 万片并进军 12 英寸硅片返抛，封装达到每月 300 kk，显示屏达到每月 10 万平方米，照明达到每月 100 万只等等。

2012 年 12 月,陈猛又果断引入了极大规模集成电路抛光硅片生产线(包含 8 英寸和 12 英寸),正拟在中国大陆建设第一条规模化的极大规模集成电路用抛光硅片生产线,从先进的单晶硅晶体生长炉设计与制造、单晶硅晶体生长以及晶片制备的完整规模化生产线。该线的成功引进,就标志着超硅公司产业布局中先进材料、LED 应用、先进设备制造基本完成。

他说:"我们的国家是全球瞩目的生产大国,但远远不是制造强国,我们国家的很多关键工序、关键材料,离世界水平还很远。"

他说:"国家要实现产业结构转型,什么是转型,就是转到高技术制造业;什么是挤泡沫化,就是回到实体制造业。"

他说:"我们的国家人口众多,资源缺乏,因此我们要以身作则,做大做强 LED 产业,把产业链延伸至节能减排的科技领域。"

他说:"做制造业,要沉得住心,静得下神,不要想到暴利,暴利的时刻一定是不正常的,不能持久的,而高技术产业,是持之以恒的事业。"

他说:"从做研究转变为做高技术企业,既要研究更要产业,我感到我肩上的责任重了许多,在先进材料先进设备等领域,我深深感到,许多关键技术长期被国外企业所垄断,这种受制于人的感受不好受,所以我觉得我有义务去学习,去引进,去升级,去研究、去探索、去打破这种不公平的状态。路漫漫其修远兮,现在仍只是我和我的企业刚刚起步的阶段,未来的路很长也很坎坷,但我坚信——我不会停下脚步!"

他用自己的智慧、执着、勇气和永不满足的追求,开拓出了属于自己、属于全体超硅人的一片天地。

后　记

　　经过相关部门的共同努力,《上海领军人才》第六辑和读者见面了。本书从入选 2011 年第六批上海领军人才培养计划的同志们的事迹文章中,择取部分篇章编辑而成,力求真实反映上海领军人才在推动本市经济社会发展和科学技术进步中所作的贡献。今后我们还将继续该系列丛书的编辑出版工作,在全社会大力弘扬上海领军人才艰苦创业、勇于创新的先进事迹,积极营造关心、重视高层次人才队伍建设的良好社会氛围,推进人才强市战略的深入实施。

　　在编印本书的过程中,相关部门的许多同志付出了辛勤的劳动,在此对他们的工作表示由衷的感谢。

　　限于编者的水平,难免存在一些疏漏之处,真诚欢迎广大读者予以批评和指正。

编　者
2014 年 3 月

图书在版编目（CIP）数据

上海领军人才（第六辑）／中共上海市委组织部
上海市人力资源和社会保障局编.—上海：文汇出版社，
2014.7

ISBN 978－7－5496－1214－7

Ⅰ.①上… Ⅱ.①上… Ⅲ.①先进工作者－生平事迹
－上海市　Ⅳ.①K820.851

中国版本图书馆 CIP 数据核字（2014）第 130026 号

上海领军人才（第六辑）

编　　者／中共上海市委组织部
　　　　　上海市人力资源和社会保障局

责任编辑／黄　勇
特约编辑／刘非非
封面装帧／周夏萍

出版发行／文汇出版社
　　　　　上海市威海路 755 号
　　　　　（邮政编码 200041）
经　　销／全国新华书店
排　　版／南京展望文化发展有限公司
印刷装订／上海宝山译文印刷厂
版　　次／2014 年 7 月第 1 版
印　　次／2014 年 7 月第 1 次印刷
开　　本／787×960　1/16
字　　数／450 千字
印　　张／32.75

ISBN 978－7－5496－1214－7
定　　价／78.00 元